权威·前沿·原创

皮书系列为
"十二五""十三五""十四五"时期国家重点出版物出版专项规划项目

B
BLUE BOOK

智库成果出版与传播平台

数字金融蓝皮书

BLUE BOOK OF DIGITAL FINANCE

中国数字金融创新发展报告（2023）

ANNUAL REPORT ON CHINA'S DIGITAL FINANCE INNOVATION AND DEVELOPMENT (2023)

主　编／欧阳日辉

联合主编／刘　怡　柏　亮

社会科学文献出版社
SOCIAL SCIENCES ACADEMIC PRESS（CHINA）

图书在版编目（CIP）数据

中国数字金融创新发展报告.2023／欧阳日辉主编
.--北京：社会科学文献出版社，2023.10
（数字金融蓝皮书）
ISBN 978-7-5228-2652-3

Ⅰ.①中…　Ⅱ.①欧…　Ⅲ.①数字技术-应用-金融
业-研究报告-中国-2023　Ⅳ.①F832

中国国家版本馆 CIP 数据核字（2023）第 200612 号

数字金融蓝皮书
中国数字金融创新发展报告（2023）

主　　编／欧阳日辉
联合主编／刘　怡　柏　亮

出 版 人／冀祥德
组稿编辑／邓泳红
责任编辑／吴云苓
责任印制／王京美

出　　版／社会科学文献出版社·皮书出版分社（010）59367127
　　　　　地址：北京市北三环中路甲 29 号院华龙大厦　邮编：100029
　　　　　网址：www.ssap.com.cn
发　　行／社会科学文献出版社（010）59367028
印　　装／三河市东方印刷有限公司

规　　格／开　本：787mm×1092mm　1/16
　　　　　印　张：32　字　数：482 千字
版　　次／2023 年 10 月第 1 版　2023 年 10 月第 1 次印刷
书　　号／ISBN 978-7-5228-2652-3
定　　价／198.00 元

读者服务电话：4008918866

数字金融蓝皮书
编委会

组 编 单 位　中央财经大学中国互联网经济研究院
　　　　　　　南开大学金融学院
　　　　　　　易观
　　　　　　　零壹财经·零壹智库

主　　　编　欧阳日辉

联 合 主 编　刘　怡　柏　亮

编委会成员　（以姓氏拼音为序）

柏　亮	邓建鹏	董希淼	杜晓宇	龚　强
何　毅	黄　震	黄　卓	旷婷玥	李建军
李　全	李　涛	李勇坚	李子川	刘澜飚
刘　怡	欧阳日辉	史宇鹏	孙宝文	汤　珂
王　博	王　铼	肖　翔	杨　东	杨　涛
尹振涛	曾　燕	张晓玫	赵国庆	赵　杨
祝红梅				

工 作 组　梁桂铭　　徐睿飔　曾　哲　周　航　虞旻轩
　　　　　　王钰淇　　郭泽帅

机构简介

中央财经大学中国互联网经济研究院　中央财经大学中国互联网经济研究院是中央财经大学的实体研究机构，是清华大学电子商务交易技术国家工程实验室成员单位——互联网经济与金融研究中心、北京市哲学社会科学重点研究基地——首都互联网经济发展研究基地。研究院围绕数字经济理论、数据要素、数字金融和电子商务4个研究方向，进行科研管理体制创新，组建了30余人的专职研究团队；自成立以来获批国家级重大和重点项目10余项，国家和省部级一般项目近30项；入选首批"中国智库综合评价核心智库"、中国智库索引（CTTI）来源智库（2017~2018），荣获2015中国电子商务创新发展峰会颁发的"最具影响力研究机构奖"。

南开大学金融学院　南开大学金融学科历史悠久、底蕴深厚。1919年南开大学建校之初即设商科，并设有银行财政学门（系），由来自耶鲁大学、哈佛大学、纽约大学、伦敦政治经济学院的知名学者担任了历届系主任，到1954年因国家院系调整，南开大学停办金融学。1982年在中国人民银行、中国农业银行、中国人民保险公司的支持下，南开大学重建金融学系，并与美国、加拿大、日本等著名大学联合培养学生，与北美精算师学会联合培养新中国最早的精算硕士研究生，中加合作培养国际金融博士等。2015年，南开大学正式成立了国内综合性大学中唯一的金融学院，将原经济学院金融学系、风险管理与保险学系整建制划入金融学院。学院以"一流研究立院、一流人才强院、一流机制兴院"为宗旨，以"建设国际化、高水平、世界一流的金融学院，实现跨越式发展"为目标。目前，学院共有全职教师 66 人，其中教授 16 人，海外引进人才 21 人；本科生、硕士生、博士生等全日制在校学生规模达 1400 多人（不含金融双学位学生）。在教育部组织的历次学科评估中，金融学科均被评为国家级重点学科。

易观　易观是中国领先的大数据公司，始终坚持追求客户成功的经营宗旨，自成立以来，打造了以海量数字用户资产及算法模型为核心的大数据产品、平台及解决方案，可以帮助企业高效管理数字用户资产并对产品进行精细化运营，实现精益成长。旗下易观分析是国内权威的分析（知识）服务提供商，专注于数字经济的发展研究，是"互联网+"概念的首创者，并对于中国现有市场的产业"智能+"提供长期且专业的研究结果。易观分析经过 10 余年的努力，共帮助 4000 余家企业打开数字化应用的通路。易观大学作为易观数据驱动体系、方法论和模型的承载机构，致力于通过提供知识付费服务和培训课程来践行易观一直追求的"让数据能力平民化"的使命。易观的数据平台是易观方舟，产品家族包括易观千帆、易观万像以及行业解决方案。截至 2022 年 12 月 31 日，易观千帆覆盖 24 亿智能终端以及 6.7 亿用户。

零壹财经·零壹智库　零壹财经·零壹智库，是数字经济产业服务平台。2013 年成立于北京，建立了基于数据体系、专业研究、传播平台相互支撑的数字经济产业服务体系。覆盖数字经济生态的主要领域，提供媒体传播、数字内参、研究咨询、会议活动、产业发展等服务，已服务超过 500 家机构。

摘　要

数字金融蓝皮书（2023）以"深化数字技术应用、推进业态模式创新、支撑数字经济发展、优化数字金融环境"为研究目标，以数字金融创新发展为主题，从理论创新、技术创新、模式创新和治理创新4个层面论述数字金融的发展和治理，并分析国内外数字金融发展态势，强调和突出理论性、实证性和实践性。

数字金融是支撑数字经济发展的金融形态。本报告提出，数字金融是金融与数字技术结合的高级发展阶段，是金融创新和金融科技的发展方向。本书总报告将数字金融定义为，持牌金融机构运用数字技术，通过数据开放、协作和融合打造智慧金融生态系统，精准地为客户提供个性化、定制化和智能化金融服务的金融模式。2021年以来，我国数字金融呈现融合化、场景化、智能化、绿色化、规范化发展特点，以加快推进金融机构数字化转型为主线，数字支付模式不断成熟，数字人民币试点实现规模与领域双突破，产业数字金融成为重要方向，打造数字金融服务平台，加强场景聚合、生态对接，银行数字化转型深耕场景金融，证券业和保险业数字化加快发展步伐，消费金融总体沿着更加提质增效、健康有序的方向发展，为数字经济发展提供多元化支撑。

展望未来，我国数字金融将呈现六大趋势：数字技术和数据要素双轮驱动，数字金融加快创新步伐；数字金融与实体经济深度融合，支持产业数字化转型；产业金融与消费金融协同推进，推动"科技—产业—金融"良性循环；金融业态和模式更加绿色化，完善多层次绿色金融产品和市场体系；

数字人民币应用加速推广，扩展数字人民币应用场景，提升交易规模；金融机构加快组织体系数字化步伐，逐步建立金融监管科技创新体系。监管层和金融机构应该科学把握数字金融发展规律和趋势，强化数字技术和数据要素双轮驱动金融创新，加快金融数字化转型步伐，不断拓展金融服务触达半径和辐射范围，提高金融监管透明度和法治化水平，构建适应和支撑数字经济发展的数字金融新格局。

关键词： 数字金融　数字技术　数据要素　数字化转型　金融创新

目　录 ⟍

Ⅰ　总报告

Ⅱ　新理论新研究篇

Ⅵ 国际借鉴篇

皮书数据库阅读**使用指南**

总 报 告
General Report

B.1

2021~2022年中国数字金融创新与发展报告

中央财经大学数字金融蓝皮书课题组*

摘 要： 2021~2022年，数字支付模式不断成熟，数字人民币试点实现规模与领域双突破，产业数字金融成为重要方向，银行数字化转型深耕场景金融，证券业和保险业数字化加快发展步伐，消费金融总体沿着更加提质增效、健康有序的方向发展。融合化、场景化、智能化、绿色化、规范化是我国数字金融发展的显著特点，数字技术与金融深度融合促进数字金融蓬勃发展，数字人民币、绿色金融、普惠金融等模式创新，支持实体经济发展，推动数字

---

* 中央财经大学数字金融蓝皮书课题组从2012年开始持续跟踪研究我国数字金融（曾用互联网金融、金融科技概念）发展的基本情况、主要特征、存在的问题和发展趋势，已经连续出版7部年度发展报告。该团队的数字金融年度发展报告，曾经获得北京市第十四届哲学社会科学优秀成果奖二等奖、第十三届"优秀皮书奖"一等奖。本次总报告负责人欧阳日辉，系中央财经大学中国互联网经济研究院副院长、研究员、博士生导师，金融学院双聘教授，研究方向为数字经济、数字金融。课题组成员：旷婷玥，博士，澳门城市大学商学院助理教授；梁桂铭、徐睿飏、曾哲、周航、虞旻轩，中央财经大学金融学院。

金融治理向着法治化、规范化迈进。未来，我国数字金融将呈现六大趋势：数字技术和数据要素双轮驱动，数字金融与实体经济深度融合，产业金融与消费金融协同推进，金融业态和模式更加绿色化，数字人民币应用加速推广，金融机构加快组织体系数字化步伐。我国以有效市场和有为政府更好结合推动数字金融创新发展，强调数据要素等基础设施建设，加强数字金融法治建设，完善数字金融治理手段、体系和机制。

关键词： 数字金融　数字技术　技术创新　模式创新　治理创新

2021~2022 年是我国数字金融加速发展的关键时期。2021 年 12 月 29 日，中国人民银行印发了《金融科技发展规划（2022—2025 年）》，明确了现阶段及未来一段时间内金融科技的发展方向和重点任务。近年来，金融科技在银行、证券、保险等行业的应用不断深化，产品更新迭代加速，金融服务更加高效智能。但在数字金融的创新发展中，仍存在许多问题与挑战，同时数字金融治理方面也积累了一些监管经验。我国数字金融进入了规范、普惠的高质量发展阶段，深化金融科技在各金融领域的运用成为行业共识。承前启后，继往开来，在监管顶层的设计、领导下，我国正朝着构建适应现代经济发展的数字金融新格局稳步迈进。

一　2021~2022年中国数字金融发展总体情况

从整体经济形势来看，我国经济基本面相较于疫情初期有了较大的改善。国家统计局数据显示，2021 年 GDP 为 1149237 亿元，同比增长 8.4%；[1] 2022

---

①　《国家统计局关于 2021 年国内生产总值最终核实的公告》，2022 年 12 月 27 日，http：//www.gov.cn/shuju/2022-12/27/content_ 5733697.htm。

年 GDP 为 1210207 亿元，同比增长 3.0%。① 得益于近几年数字经济的不断发展，我国经济有了发展的新动力，表现出了较好的韧性。2021 年以来，在持续改进金融服务实体经济质效、筑牢金融安全网、提高系统性金融风险防范能力的主基调下，我国数字金融行业呈现高质量发展趋势，总体沿着更加提质增效、健康有序的方向发展。

（一）数字支付模式不断成熟

数字支付是一个不断发展的概念，国内主流观点认为，数字支付主要是指借助计算机、智能设备等硬件设施和通信技术、人工智能（AI）和信息安全等数字科技手段实现的数字化支付方式，② 不同于实物支付、现金支付、银行卡支付等传统支付方式，交易过程数字化、非银行主导是数字支付的主要特点。作为传统支付体系的有益补充，数字支付是现代支付体系的最新主导力量之一。经过多年的技术创新和体系建设，我国数字支付市场已处于世界领先地位。

我国数字支付用户规模、使用率持续增长，网络基础设施建设助力数字支付普及。根据《中国互联网络发展状况统计报告》统计数据，2019~2022年，我国网络支付用户规模分别约为 7.68 亿、8.54 亿、9.04 亿、9.11 亿，网络支付使用率分别为 85.0%、86.4%、87.6%、85.4%（见图1）。网络支付的普及离不开网络基础设施的建设，我国现有行政村均已实现"村村通宽带"，农村地区互联网普及率达 58.8%，③ 随着我国农村地区网络普及进一步深化，数字支付用户规模将持续增长。

我国数字支付规模增长态势逐步放缓，但交易规模仍居全球首位。2021

① 《2022 年四季度和全年国内生产总值初步核算结果》，2023 年 1 月 18 日，http://www.gov.cn/shuju/2023-01/18/content_ 5737710.htm。
② 中商产业研究院：《2021 年中国数字支付行业市场前景及投资研究报告》，2020 年 11 月 7 日，https://www.askci.com/news/chanye/20201107/1725421276577.shtml。
③ 中国互联网络信息中心：第 50 次《中国互联网络发展状况统计报告》，2022 年 8 月 31 日，https://www3.cnnic.cn/n4/2022/0914/c88-10226.html。

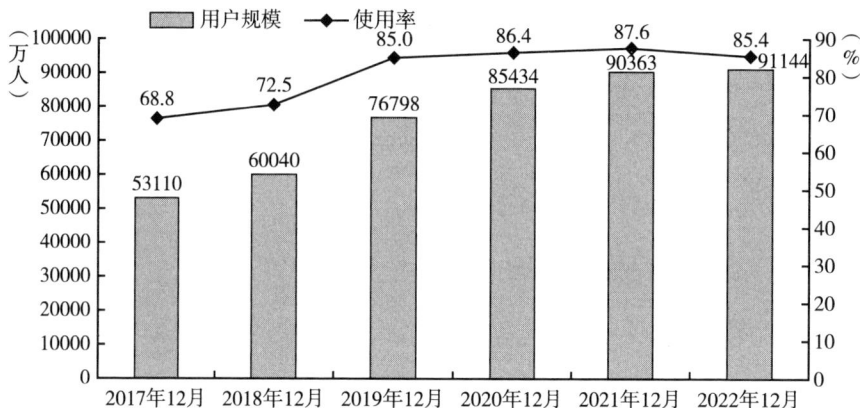

图 1 2017~2022 年网络支付用户规模及使用率情况

资料来源：中国互联网络信息中心：《中国互联网络发展状况统计报告》。

年，银行共处理电子支付业务① 2749.69 亿笔，金额达 2976.22 万亿元，同比分别增长 16.90% 和 9.75%。非银行支付机构处理网络支付业务② 10283.22 亿笔，金额达 355.46 万亿元，同比分别增长 24.30% 和 20.67%。③不同于 2021 年的高增长态势，2022 年，银行电子支付业务量小幅增长，非银行支付机构网络支付业务量略有下降。2022 年，银行共处理电子支付业务 2789.65 亿笔，金额达 3110.13 万亿元，同比分别增长 1.45% 和 4.50%。非银行支付机构处理网络支付业务 10241.81 亿笔，金额达 337.87 万亿元，同比分别下降 0.40% 和 4.95%。④

---

① 银行处理的电子支付业务量是指客户通过网上银行、电话银行、手机银行、ATM、POS 机和其他电子渠道，从结算类账户发起的账务变动类业务笔数和金额。网上支付是指客户使用计算机等电子设备通过银行结算账户发起的业务笔数和金额。移动支付是指客户使用手机等移动设备通过银行结算账户发起的业务笔数和金额。

② 非银行支付机构处理网络支付业务量包含支付机构发起的涉及银行账户的网络支付业务量，以及支付账户的网络支付业务量，但不包含红包类等娱乐性产品的业务量。

③ 中国人民银行：《2021 年支付体系运行总体情况》，2022 年 4 月 3 日，http：//www.gov.cn/xinwen/2022-04/03/content_ 5683319. htm。

④ 中国人民银行：《2022 年支付体系运行总体情况》，2023 年 3 月 20 日，http：//www.pbc.gov.cn/goutongjiaoliu/113456/113469/4822810/index. html。

第三方支付市场稳步增长，金融强监管下支付牌照价值凸显。2021年，尽管疫情持续影响经济复苏，但线上消费的持续火热叠加贸易顺差创历史新高，为稳定第三方移动支付基本盘提供了有力的支撑。根据易观发布的数据，2021年，第三方移动支付市场交易量达310.3万亿元，同比增长22.5%。其中第三方互联网支付市场交易规模为29.1万亿元，同比增长16.4%；线下扫码市场交易规模为54.03万亿元，同比增长44.08%。① 整体交易规模增速较前两年上涨。此外，金融强监管下，获取支付牌照成为计划布局第三方支付领域的互联网公司的必备条件。继拼多多、携程、字节跳动、快手等互联网头部企业通过收购持有支付牌照的支付公司的方式获得支付牌照后，华为、B站、小商品城等更多企业在2021年也开始布局第三方支付领域。

数字支付推动普惠金融进一步发展。一方面，政策持续推动农村网络支付普及。2022年，《数字乡村发展行动计划（2022—2025年）》《"十四五"推进农业农村现代化规划》《关于做好2022年金融支持全面推进乡村振兴重点工作的意见》等政策相继出台，通过加强农村数字基础设施建设、加大"三农"领域金融支持力度等措施，推动网络支付加速普及。数据显示，截至2022年6月，我国农村地区网络支付用户规模为2.27亿，占农村网民的77.5%。② 另一方面，农村网络支付场景不断丰富、使用更加便利。近年来，移动支付便民工程进一步向乡村纵深发展，除覆盖交通、医疗、零售、教育、公共缴费等传统生活服务领域外，还在农村特色产业、农产品收购等领域深入应用，创新助农服务模式，提升农村地区支付便利化水平，带动农村网民使用。

（二）数字人民币试点实现规模与领域双突破

数字人民币是人民银行发行的数字形式的法定货币。2021年以来，数

---

① 易观分析：《2022年中国第三方支付市场专题分析》，2022年7月21日，https://www.analysys.cn/article/detail/20020619。

② 中国互联网络信息中心：第50次《中国互联网络发展状况统计报告》，第44~45页，2022年8月31日，https://www3.cnnic.cn/n4/2022/0914/c88-10226.html。

字人民币研发试点继续稳步推进，基本涵盖了长三角、珠三角、京津冀、成渝都市圈等地区，已在批发零售、餐饮文旅、政务缴费等领域形成一批涵盖线上线下、可复制可推广的应用模式，试点地区的用户、商户、交易规模稳步增长，市场反响良好。概括来说，数字人民币试点实现了应用规模与服务升级双突破。

数字人民币试点地区和使用规模不断扩大。一方面，2022 年 3 月 31 日，中国人民银行宣布，在现有试点地区的基础上增加天津市、重庆市、广东省广州市、福建省福州市和厦门市、浙江省承办亚运会的 6 个城市作为数字人民币试点地区，北京市和河北省张家口市在冬奥会、冬残奥会场景试点结束后也转为试点地区。另一方面，数字人民币使用规模不断增长。从试点地区和城市来看，截至 2022 年底，海南省数字人民币累计发行量为 65.3 亿元，全省支持数字人民币商户为 28.2 万家，较 2021 年底增长 132.2%；[1] 深圳累计开通数字人民币钱包为 2840.75 万个，应用场景为 129.9 万个，交易总额达 376.85 亿元；[2] 长沙数字人民币商户超过 30 万家，累计交易量超过 5325 万笔，交易金额达 83 亿元，较 2021 年底分别增长 88%、270% 和 64%。[3] 从全国整体情况看，截至 2021 年 6 月 30 日，数字人民币试点场景已超过 132 万个，开立个人钱包达 2087 万余个、对公钱包达 351 万余个，累计交易量为 7075 万余笔、金额约为 345 亿元。[4] 截至 2022 年 8 月 31 日，15 个省（市）的数字人民币试点地区累计交易量为 3.6 亿笔、金额为 1000.4 亿元，支持数字人民币的商户门店数量超过 560 万个。[5]

---

[1] 王培琳：《海南数字人民币线下消费金额连续 6 个月全国第一》，《海南日报》2023 年 2 月 16 日。

[2] 中国人民银行深圳市中心支行：深圳金融运行情况媒体见面会，2023 年 2 月 21 日，https：//www.safe.gov.cn/shenzhen/2023/0220/1405.html。

[3] 湖南省政府新闻办：2022 年湖南省金融运行形势新闻发布会，2023 年 1 月 31 日，http：//www.hunan.gov.cn/hnszf/hdjl/xwfbhhd/wqhg/202301/t20230131_29235798.html。

[4] 中国人民银行：《中国数字人民币的研发进展白皮书》，2021 年 7 月 16 日，http：//www.gov.cn/xinwen/2021-07/16/content_5625569.htm。

[5] 中国人民银行：《扎实开展数字人民币研发试点工作》，2022 年 10 月 12 日，http：//www.cncc.cn/gzdt/xydt/202210/t20221013_1122.html。

数字人民币在消费、政务、公共事务等领域不断扩围。在消费领域，2022年以来，各试点地区政府围绕"促进消费""抗击疫情""低碳出行"等主题累计开展了近30次数字人民币消费红包活动。[①] 在政务领域，多地电子政务服务平台开通数字人民币支付服务，支持线上线下渠道办理各类公共事业缴费，利用数字人民币发放退税资金、医保月结款专项资金、困难群众帮扶资金、"专精特新"企业扶持资金等。在公共事务领域，数字人民币服务下沉到县域农村，基于农产品销售、惠农补贴发放等特色场景拓宽农村金融服务覆盖面，助力"乡村振兴"和"数字乡村"建设。

数字人民币不断融入互联网平台，支付生态加快成熟。截至2021年12月，已有50余家第三方平台支持数字人民币交易，数字人民币支付生态愈加丰富。一是生活服务类平台为数字人民币提供多元消费场景，吸引用户使用。以美团、京东、携程等为代表的互联网生活服务平台，连接海量线下实体商户及用户，助推数字人民币快速融入网民日常生活。自2022年1月起，美团面向全国试点城市居民发放数字人民币民生消费补贴，覆盖200多类消费场景，截至4月已累计带动各类民生消费超140亿元。[②] 二是第三方支付平台积极参与数字人民币试点，寻求业务机会。2021年11月，易宝支付开通数字人民币受理业务，并正式在厦门航空官网上线；2022年4月，微信宣布在试点区域中，开放对数字人民币的支持；支付宝上线"数字人民币"搜索功能，帮助新用户更方便地开通数字人民币钱包，截至5月5日，近600万个数字人民币子钱包被推送至支付宝服务的商户。

数字人民币跨境支付加速建设，取得新的进展。一方面，内地与香港跨境支付技术测试正式启动，用以探索数字人民币系统与香港本地"转数快"快速支付系统的互联互通，支持香港当地居民和商户的港币结算需求。另一方面，中国人民银行积极参与国际清算银行倡导的多边央行数字货币桥项目，探索建立基于法定数字货币的跨境支付多边合作机制。

---

① 中国人民银行：《扎实开展数字人民币研发试点工作》，2022年10月12日，http：//www.cncc.cn/gzdt/xydt/202210/t20221013_1122.html。

② 新华网研究院：《2022数字人民币社会价值报告》，2022年4月28日。

（三）产业金融数字化转型加速发展

产业数字金融是以产业互联网为依托、数据为生产要素、数据信用为核心特征的一种新型金融形态。当前我国产业金融规模接近 300 万亿元，[①] 随着数字经济和产业数字化加速度进一步提升，产业数字金融的渗透率也将逐步提升，发展前景将愈加不可限量。

数字新基建的快速发展打造产业数字金融长期竞争力。数字新基建包括信息新基建、数据新基建、产业新基建、数字金融新基建四大方向。在以物联网和移动通信为代表的信息新基建领域，我国已建成全球领先的信息基础设施。截至 2022 年 9 月，我国已累计建成 222 万个 5G 基站；[②] 宽带用户普及率显著提高，移动宽带用户普及率达 108%，互联网协议第六版（IPv6）活跃用户数达到 4.6 亿；[③] 在数据新基建方面，截至 2022 年 6 月底，我国在用数据中心机架总规模超过 590 万标准机架，服务器规模近 2000 万台，全国在用超大型、大型数据中心已超过 450 个，智算中心超过 20 个，数据基础设施搭建正稳步推进；[④] 在产业新基建领域，突出数字经济、发挥带动作用、强调融合赋能成为"十四五"时期科学布局新基建的主要方向；[⑤] 在数字金融新基建领域，构建了以央行现代化支付系统为核心的清算体系，初步形成国家金融信用数据库和市场化征信机构功能互补的格局，并逐步推进场内外交易基建的建设。[⑥]

产业链金融、物联网金融、绿色金融、农村数字金融、科创金融构成当

---

① 百信银行、安永：《产业数字金融研究报告（2021）》，2022 年 5 月 11 日，http：//www. cinic. org. cn/zgzz/qy/1295590. html。

② 刘坤：《全国已建成 5G 基站 222 万个》，《光明日报》2022 年 10 月 28 日。

③ 《国务院关于印发"十四五"数字经济发展规划的通知》，2021 年 12 月 12 日，http：//www. gov. cn/zhengce/content/2022-01/12/content_ 5667817. htm？trs＝1。

④ 《核心产业规模达 1.5 万亿，我国算力发展水平逐步提升》，新华社，2022 年 8 月 8 日。

⑤ 黄鑫：《重点面向数字经济领域，稳步发展融合基础设施——新基建进入科学布局新阶段》，《经济日报》2021 年 10 月 31 日。

⑥ 王鹏：《推进产业金融数字转型，全面服务实体经济发展》，2023 年 1 月 20 日，https：//column. chinadaily. com. cn/a/202301/20/WS63c9fab9a3102ada8b22c2b4. html。

前我国产业金融新业态。第一，产业链金融解决了授信方式单一、金融服务难以向上下游各级企业拓展的问题。以汽车产业链为例，中信银行通过支付结算、贸易融资、现金管理、资产托管4种方式，满足中上游核心企业的金融需求；百信银行致力于用AI加速金融数字化、普惠化，倾力打造"智能汽车银行"，形成智能风控、智能运营、智能账户体系。第二，物联网金融融资功能解决了信贷业务全流程中主体信用识别效率低、管控难的问题，物联网借助传感设备捕捉实时数据，动态感知企业经营状况，保证了主体信用的真实性。第三，绿色金融是为节能环保、清洁能源、绿色基建等领域的项目投融资、项目运营、风险管理等提供的金融服务。2021年5月29日，中国人民银行营业管理部设立"京绿通Ⅱ"专项再贴现产品，旨在发挥商业汇票在推动节能减排、发展清洁环保产业、解决突出环境问题等方面的支持作用。第四，农村数字金融的普及减少了金融服务的信息不对称，精准匹配资金需求，降低了农民和新型生产经营主体的融资门槛，缓解了农村融资难、融资贵、融资慢等问题。第五，科创金融是以赋能以"专精特新"为代表的科创企业为目标，通过金融科技创新与服务机制及制度创新提供全生命周期金融服务的新业态。2021年7月，中共中央政治局会议首次将发展"专精特新"中小企业上升至国家层面，9月注册成立的北京证券交易所（以下简称"北交所"）拓宽了以"专精特新"为代表的科创企业直接融资渠道。

（四）银行数字化深耕应用场景与金融科技

银行业的数字化转型，主要是借助数字的力量重塑经营体系，加快数字系统建设与场景化获客，打造数字时代之下银行的核心竞争力。其核心方向主要集中于数字金融应用场景构建、复合型人才培养、线上获客水平提升。

2021~2022年，银行业加速推进业务数字化，传统业务竞争转移至数字金融场景与数字生态建设。第一，国有大行在政府建设、城市转型、医疗、学校、园区、央企司库等领域不断加强数字化应用。中国建设银行搭建数字乡村基层治理服务场景，推广农村"三资"监管、农村产权交易和智慧村务综合服务平台；交通银行将数字金融应用于医疗、学校、园区、央企司库等场景。第二，城市商业银行数字金融场景应用逐步覆盖零售、数字化营销与获客、运营等多个领域，不过不同银行的侧重点亦有所不同。浦发银行的数字金融场景建设不仅覆盖了财富管理服务体系，同时也为中小企业、人事管理、智能薪酬、个税管理、财务报销、便捷办公赋能；华夏银行创设了数字仓单融资、数字政采贷等产品；北京银行、江苏银行的数字金融场景应用主要覆盖文字客服、智能外呼、数字化业务档案、人财物需求智慧化等。

构建从管理到运营、从业务到科技的多层次、多类型的人才体系正成为各家银行比拼实力的关键性因素。银行业正在进行一场人才储备尤其是金融科技人才储备的竞赛。截至2022年6月，渤海银行总行信息科技部在册人数共744人，同比增长49%；[①] 兴业银行实施科技人才万人计划，2022年上半年引进数字化转型人才超过1200人，截至2022年6月，其科技人才占比达8.67%；[②] 中国民生银行2022年上半年举办数字化金融主力军培养等362个培训项目。[③]

银行业务线上化成为趋势，线上用户规模稳步增长。2022年上半年，中国银行App月活跃客户达7300万户，同比增长15.64%，交易额为2294万亿元，同比增长16.15%；[④] 光大银行手机银行月活跃用户达1601.85万户，同比增长17.42%；华夏银行手机银行平均月活跃客户达409.67万户，同比增长14.65%；浦发银行、兴业银行手机银行App月活跃客户均超过1600万户。[⑤] 深入应用大数据技术，分析与挖掘用户需求，构建智能化手机银行，是银行数字化未来的发展方向。

---

① 渤海银行：《渤海银行2022年半年报》，2022年8月26日，http：//www.cbhb.com.cn/。
② 兴业银行：《兴业银行2022年半年报》，2022年8月27日，http：//www.cib.com.cn/。
③ 中国民生银行：《民生银行2022年半年报》，2022年8月26日，https：//ir.cmbc.com.cn/。
④ 中国银行：《中国银行2022年上半年经营业绩》，2022年8月30日，https：//www.boc.cn/ABOUTBOC/bi1/202208/t20220830_ 21708495.html。
⑤ 北京商报社：《2022年度金融数字化调查报告》，2022年12月12日，https：//www.xdyanbao.com/doc/om1ii2olfk？ bd_ vid=11960322639099181638。

（五）证券数字化稳步发展

近年来，以人工智能、区块链、云计算、大数据等为代表的数字技术为行业引入了新的服务业态、商业模式和增长动力，拓宽了证券行业的业务边界。我国证券行业数字化转型稳步发展，但数字技术的应用水平仍有待提升。

国内证券公司加快拓展互联网技术在证券领域的应用，传统业务逐步向线上转移。艾媒咨询数据显示，我国证券 App 用户规模增长迅速，从 2015年的 4000 万人增长至 2022 年的 1.8 亿人，年平均增速为 31.2%。[①] 鉴于线上证券业务具有不受限于时间地点、业务流程办理时间短等优点，各大证券公司纷纷构建线上业务服务平台，线上用户规模不断扩大。君弘 App 和道合 App 是国泰君安证券的核心服务平台。根据国泰君安年报，截至 2022 年12 月末，君弘 App 手机终端用户为 3901 万户，较上年末增长 2.9%；道合平台用户累计 6.34 万户，覆盖机构和企业客户 8045 家，分别较上年末增长23.8% 和 16.1%。[②]

虽然我国证券业数字化转型正稳步推进，但现阶段仍存在基础不牢、动力不足等问题和挑战。第一，当前多数证券公司是针对局部业务优化而进行的技术性数字化，缺乏系统性规划。第二，我国数据体系尚不完善、数仓等关键基础设施薄弱的现状仍待改变。第三，数字人才欠缺，发展动力不足。目前国内走在数字化前列的证券公司，其科技人才占比在 10%~12%，与国际知名机构（25%）的水平相比仍有差距。[③]

（六）数字化转型赋能保险业高质量发展

在数字经济发展的大环境下，保险业对大数据、云计算、区块链、人工

---

① 艾媒咨询：《2022—2023 年中国互联网证券市场研究报告》，2023 年 2 月 28 日，https://www.iimedia.cn/c400/91871.html。
② 国泰君安证券：《国泰君安证券 2022 年年报》，https://www.gtja.com/。
③ 何大勇、赖华、王中伟等：《券商数字化转型破局之道——概览篇》，2022 年 4 月 12 日，https://finance.sina.com.cn/zl/bank/2022-04-12/zl-imcwiwst1340917.shtml。

智能等信息技术的应用不断深化，通过金融科技提升效能、降低成本成为行业共识。保险的数字化转型从追求规模、粗放式的扩张向精细化经营发展，但目前仍处于应用的初级阶段。

数字化转型助力保险销售与客户经营精准高效。根据循环智能联合瞻新金融科技研究院、金融新观察共同发布的《蓄势增长——2021 保险销售与客户经营数字化调研报告》，超过 80%的管理人认为，管理销售过程中最大的痛点是"对销售中出现的问题发现滞后"和"对销售过程情况缺乏及时了解"，保险公司可借助自然语言处理技术，将保险企业海量的沟通数据"结构化"，以克服销售沟通、用户管理过程中的信息"黑盒"问题。此外，智能 AI 可以协助保险销售、理赔，它能够极大简化服务程序、降低单次服务耗时，在降低人工成本的同时，也可提升员工工作效率。

数字保险逐步从"线上化"向"数智化"发展。当前大数据、人工智能等技术的使用，推动我国保险业数字化转型从线上化向数智化发展，如智能语音客服、人脸识别、自动化流程等功能的使用提高了业务效率、提升了客户体验。中国人寿集团建成全集团统一客户联络中心、统一大数据平台，以及统一人工智能平台"国寿大脑"，为数智化经营提供了有力的技术支撑。截至 2022 年，中国人寿的整体理赔服务时效为 0.46 天，理赔智能化作业占比约为 70%，为客户提供了触手可及的智能保险服务。[1]

二 数字金融技术创新与发展特点

当前时代的发展历程中，数字金融技术正在不断创新，大数据、人工智能、隐私计算、区块链智能合约等前沿数字技术的进步引领着数字金融创新的发展，金融智能化、精准化、安全化和规范化成为必然趋势。腾

---

[1] 柴峥：《中国人寿以数字化转型赋能新时代高质量发展》，新华网，2022 年 11 月 17 日。

讯、百度、中国工商银行、中国人民保险集团等主要科技厂商和金融机构纷纷开始加大相关技术的研发力量投入，中国数字金融技术在不同业务领域中的渗透率逐步提高，整个数字金融生态正在形成完整的闭环，市场规模高速增长。数字金融底层技术在可预见的将来将进入高速、高位和高质量发展阶段。

（一）市场热情助力数字金融技术发展

从资本投融资情况来看，市场对于数字金融底层技术投融资热情高涨。根据中关村互联网金融研究院发布的报告，中国在2021年的金融科技投融资总额达26.3亿美元，同比增长44.09%。分领域举例来看，①2021年到2022年上半年，人工智能行业发生的投资事件达到1345起，总投资金额超过500亿元；②2021~2022年，大数据技术投融资数量达到577起；③信息安全技术2022年上半年发生融资共60笔，预计全年投融资规模有望达到200亿元，隐私计算作为重要的底层技术也将持续受到市场关注；④区块链投融资数量自2021年开始反弹，2021年至2022年8月，区块链投融资数量达到305起，整体金额、规模也在不断扩大。①

数字金融各项技术的市场规模保持高速增长。根据艾瑞咨询《2021年中国金融科技（FinTech）行业发展洞察报告》，2017~2020年中国金融科技行业市场规模的复合年均增长率（CAGR）为14.7%，预计2022年我国金融科技行业市场规模为5423亿元（见图2）。② 其中各底层技术市场规模不断扩大，2016~2021年，中国人工智能产业的复合年均增长率达29.7%，领先于全球19.6%的平均增速，预测2023年产业规模有望突破3000亿元；信息安全市场规模由2017年的409.6亿元增长至2020年的740.7亿元，

---

① 中关村互联网金融研究院：《2022中国金融科技专利技术报告》，2022年12月13日。
② 艾瑞咨询：《2021年中国金融科技（FinTech）行业发展洞察报告》，2021年12月27日，https://report.iresearch.cn/report_pdf.aspx?id=3906。

2023 年我国网络安全行业市场规模有望超过 2500 亿元;[①] 云计算市场规模从 2019 年的 1334 亿元高速增长至 2022 年的 2951 亿元;大数据产业更是稳步增长，2022 年产业规模达到 1.57 万亿元,[②] 根据工信部的预测，至 2025 年中国大数据产业规模将突破 3 万亿元，将成为推动数字金融与数字经济的重要力量。

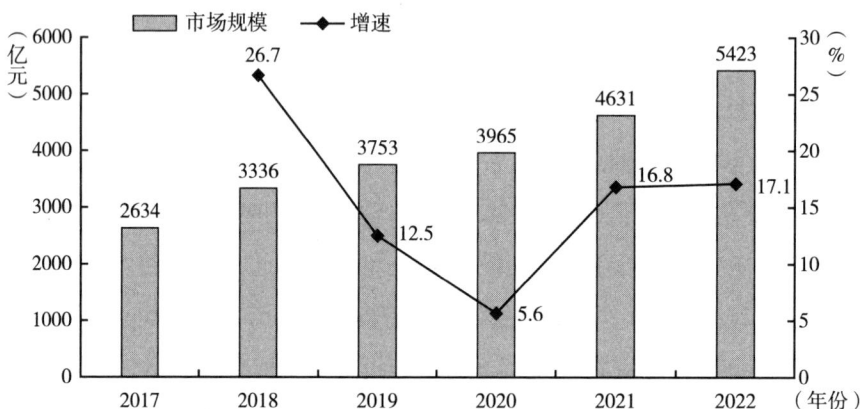

图 2　2017~2022 年中国金融科技市场规模与增速

资料来源：艾瑞咨询：《2021 年中国金融科技（FinTech）行业发展洞察报告》。

（二）中国数字金融技术发展已居全球前列

中国数字金融技术研发专利数量高增，居于世界领先地位。2018 年 1 月至 2022 年 10 月，全球超过 50 个国家和地区共申请了 19 万项金融科技领域相关专利。其中专利申请数量最多的 3 个国家分别是中国、美国和日本，专利申请数量分别是 10.7 万项、3.71 万项和 0.7768 万项。[③] 总体来看，中国金融科技和数字金融技术的相关专利技术不管是数量还是增速都远高于其

---

① 中关村互联网金融研究院：《中国金融科技和数字普惠金融发展报告（2023）》，2022 年 12 月 13 日。
② 《2022 年我国大数据产业规模达 1.57 万亿元》，2023 年 2 月 23 日，https：//www.c114. com.cn/news/16/a1224195.html。
③ 智慧芽：《2022 年金融科技领域技术创新指数分析报告》，2022 年 12 月 13 日。

他主要国家，其中以大数据和云计算技术最为突出，移动支付、大科技信贷、互联网银行等领域的技术水平都位于世界前列。① 在全球金融科技领域专利申请数量排名前十的企业中，有 7 家中国企业上榜，分别是平安集团、蚂蚁集团、中国银行、腾讯科技、阿里巴巴、中国工商银行、中国建设银行（见图 3），尤其是平安集团，金融科技专利申请数量达到 7472 项，在整个数字金融技术的研发上具有明显的优势。从以上金融科技领域专利的申请情况来看，中国拥有强大的数字金融技术自主创新力量，在世界上已经处于领先地位。

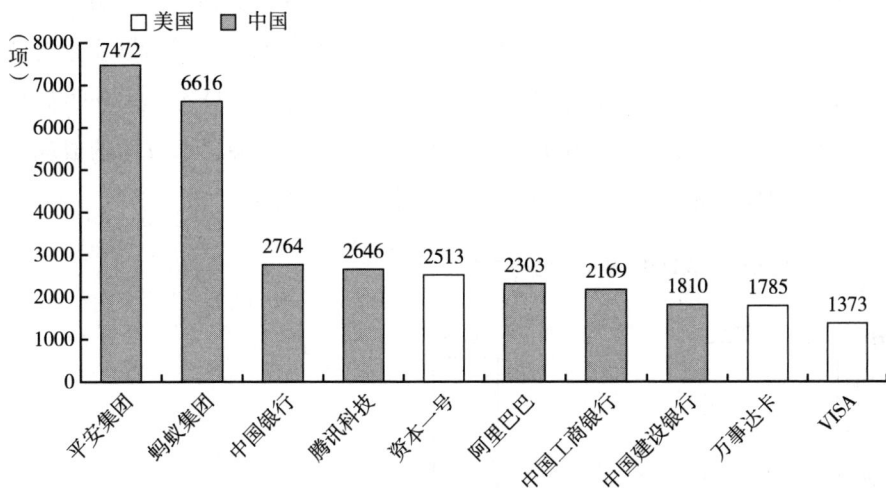

图 3　2018 年 1 月至 2022 年 10 月金融科技领域专利申请数量排名前十的公司

资料来源：智慧芽：《2022 年金融科技领域技术创新指数分析报告》。

中国获得的金融科技成果和奖项在世界上已经处于前列。举例来看，①国际权威财经媒体《财资》（*The Asset*）公布的 2021 年度数字化及国家奖项中，360 数科和 Qupital 作为内地和香港企业夺得了年度金融科技奖项；②

①　中关村互联网金融研究院：《2022 中国金融科技专利技术报告》，2022 年 12 月 13 日。
②　《〈The Asset〉年度金融科技大奖公布 360 数科、Qupital 等上榜》，2022 年 3 月 30 日，http：//www.techweb.com.cn/it/2022-03-30/2885670.shtml。

②中国企业乐信、中国建设银行、兴业银行等凭借自身杰出的科技创新能力获得了全球金融业评选的"三大桂冠"（美国的《环球金融》、新加坡的《亚洲银行家》、英国的《银行家》）的重磅科技创新奖项，表明中国的数字金融技术在世界上一众优秀的金融科技企业和科技创新项目中已经相对杰出，[①] 中国金融科技创新能力已世界领先。

中国的数字金融技术学术指标不断进步，在论文发表以及高层次学者数量上均具有较大优势。从论文发表情况来看，20 余年（2000~2022 年）全球关于数字金融技术的论文发表数量呈现稳步上升态势，从排名上来看，中国的相关论文发表数量居于全球首位，累计达到 584 篇，而美国、英国分别居于第二位、第三位；从发表论文的高层次人才结构来看，进行数字金融技术研究的中国籍学者数量达到 109 人，占全球总量的 24%，具有明显优势。[②] 从这两个维度可以明显看出，中国数字金融在高端学术方面的成就与市场发展规模已相匹配，达到了世界领先水平（见图 4）。

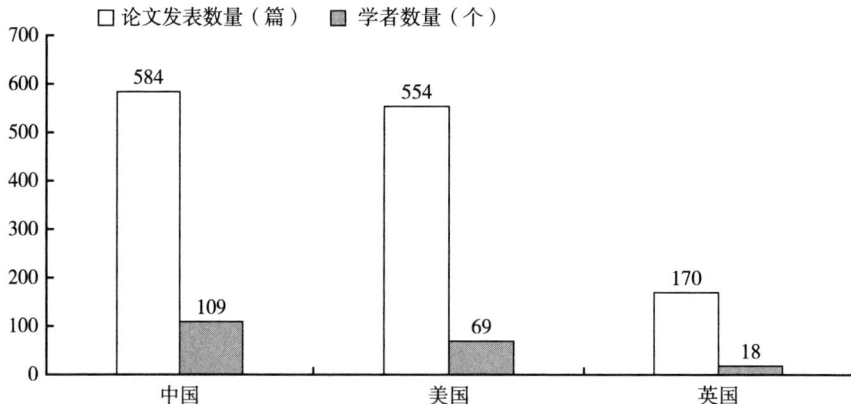

图 4 2000~2022 年全球数字金融技术学术指标各国表现

资料来源：中国工程科技知识中心。

---

① 《连续第 4 年获亚洲银行家认可：乐信夺下国内国际两项大奖》，2022 年 10 月 25 日，http://www.yndxsm.cn/licai/78746.html。

② 中国工程科技知识中心：《大国科技博弈：中国金融科技论文和人才数量超过美国》，2022 年 3 月 14 日，https://www.ckcest.cn/home/focus/details/c9bf0063554000014a33da9013708690。

（三）底层技术革新四大特点：精准化、智能化、安全化、规范化

2021~2022年数字金融底层技术以大数据技术、人工智能技术、隐私计算技术以及智能合约技术为代表，整体呈现精准化、智能化、安全化、规范化的发展特点。

1.大数据技术夯实底层支撑，体现精准化特征

大数据技术指海量、实时、多样化的可被记录、采集和开发利用的数据信息，以及基于大数据的挖掘处理技术，大数据的深度挖掘是金融行业高效利用各类底层技术的重要前提，换言之，各类数字金融底层技术诸如人工智能、云计算等需要先有海量的数据输入才能进行模型建立和训练、特征提取，而大数据技术是各类数字金融技术实现的先导技术，也是面向各类客户提供精准化服务的底层支撑。在数据要素与数据资源愈加受到国家重视的情况下，金融机构也更加重视数据要素的治理并同时提升大数据分析能力，更好地为营销、风控、反欺诈等环节提供支持。首先从营销的角度来看，大数据技术会在用户短暂停留或访问的情况下捕捉用户行为，依靠实时的数据分析能力对客户的偏好做出判断，并及时给出产品推荐，而整个过程依赖于亿万级大数据的高速计算，从感知到输出都控制在秒级时间内，产品推荐和营销的精准度也在大数据技术的加持下不断提高。其次从服务的角度来看，当前各大金融机构已经开始构建数据中台体系连接前台业务和后台数据，换言之，数据中台将前台的业务客户经理以及财富顾问的共性需求归并，以接口和组件的形式与后台的算法与数据专家的技术能力相连接形成纽带，提高了业务响应能力以及产品性能，实现了对业务需求的精准化解决。[①]

作为数据密度极高的行业，作为其他技术运行基础的大数据技术在金融行业的应用已经十分广泛。拓尔思是一家软件开发公司，针对金融行业的消费者权益保护问题，推出了"数据+技术+场景"的复合解决方案，通过

---

① 国家金融与发展实验室、中国社会科学院金融研究所和金融科技50人论坛：《中国金融科技运行报告（2022）》，2022年11月29日。

AI、自然语言处理（NLP）等技术帮助金融机构建立统一的智能消保中台，通过数据的整合和管理平台的搭建，形成了完整的处理和反馈机制，最终实现投诉数据的分析管理和智能化预警，完成从监控到预警的闭环管理，对于消保审查的质量以及效率的提升起到了关键作用。[①]

中国工商银行作为国有第一大银行，使用"采—存—算—管—治—用"的全生命周期数据管理方式，通过构建数据湖、共建大数据服务与大数据资产管理平台并统一全行数据要素资产的标准，建立湖仓融合体系，充分融合数据湖和数据仓库各自优势，最后建立一站式全流程数据运营体系，打造数据研发流水线。[②]

2. AI 技术重建业态模式，体现智能化特征

人工智能指研究、开发用于模拟、延伸和扩展人的智能的理论、方法、技术及应用系统的一门新的技术科学。其通过了解智能的实质，生产出一种新的能以人类智能相似的方式做出反应的智能机器。人工智能在金融行业的应用能够显著提高金融行业运行效率，促进金融行业向智能化发展。从金融的业务环节来说，人工智能主要在产品设计、市场营销、风险控制、客户服务、支持性活动这 5 个环节中的获取增量业务、降低风险成本、改善运营成本、提升客户满意度 4 类金融业务场景方面价值创造力突出。[③] 人工智能通过对上述场景的创造性改造，实现人工智能赋能金融行业的效用最大化。具体而言，①从获取增量业务来看，人工智能应用最多的方式是智能营销，智能营销主要是通过获取全量用户特征和产品特征数据，包括个人特征、交易行为、风险偏好等，对这些数据进行解析、提炼、语义分析、知识推理并构建知识图谱形成智能推荐模型，这种营销方式实现了面对不同客户的个性化服务，大幅提高了金融营销的针对性和成功率。②人工智能通过智能风控技

---

① 中国信通院：《金融人工智能研究报告（2022 年）》，2022 年 1 月 14 日，http：//www. caict. ac. cn/kxyj/qwfb/ztbg/202201/t20220118_ 395760. htm。

② 《夯实基础，积厚成势——工商银行大数据服务平台建设实践》，2022 年 9 月 1 日，https：//www. fcmag. com. cn/index. php？ m＝content&c＝index&a＝show&catid＝132&id＝867。

③ 中国信通院：《金融人工智能研究报告（2022 年）》，2022 年 1 月 14 日，http：//www. caict. ac. cn/kxyj/qwfb/ztbg/202201/t20220118_ 395760. htm。

术实现降低风险成本。金融机构通过两种数据——结构化数据和非结构化数据的结合，通过生物特征识别、机器学习、自然语言处理、计算机视觉、机器人流程自动化（RPA）、知识图谱等多种人工智能技术实现对于智能风控多方主体的完全覆盖，在信贷业务、反诈骗、反洗钱、资金流向监控等多维度展开全方位风险防控。③人工智能降低运营成本以及提升客户满意度主要是从用户体验出发，通过语音识别、图像识别、虚拟数字人等各种信息技术实现与客户的智能交互，首先让客户能够轻易听懂、看懂并反馈自己的要求，以高效准确地解决需求，同时也能够有效地降低人力投入；其次智能投顾能够结合客户信息通过特定的算法模式进行数学建模以及推理判断，实现针对客户的最优投资决策。

百融云创打造的精准营销平台百融智汇云，利用 AI、云计算等数字化新技术实现全渠道精准营销与存量精细化运营。该平台基于百融云创多年积累的 AI 技术能力及多维模型信息，通过自身流量资源优势、营销建模优势、营销体系优势为金融机构提供全流程的精准营销解决方案，使其更有效地触达及服务目标客户。在全渠道精准营销方面，百融智汇云在专有金融产品推荐平台的基础上，从场景入手，推出智能化场景营销（MaaS）平台解决方案，帮助金融机构破局低频场景、借力高频场景找到精准客户，并提升转化效率；在存量精细化运营方面，百融智汇云通过 AI 和云计算等核心技术赋能，开发客制化用户分层模型，经过营销意向模型筛选出高意向客户，最终将用户与合适的金融产品匹配。

3.隐私计算技术巩固信息壁垒，体现安全化特征

隐私计算是一类技术方案，在处理和分析计算数据的过程中能保持数据不透明、不泄露、无法被计算方以及其他非授权方获取。隐私计算是在保护用户隐私安全的前提下，对数据进行深入挖掘的重要方法，协调数据运用与隐私保护，使得数据从"可用不可见"到"可用并可控"再到"可控可计量"，能够很好地满足金融业的普遍需求。出于政策观念以及技术的限制，金融行业内的数据共享明显受阻，数据孤岛现象依旧突出，而隐私计算可以通过联邦学习将数据加密处理，实现对原始数据按用途、按量授权使用。与

此同时在融合可信身份认证、区块链技术的前提下，能够将敏感信息"隐匿"并且实现过程可追溯以及身份可认证，做到隐私与可信的共同平衡。从具体的实现方式来看，隐私计算同样能够深化精准营销精度、提高联合风控强度：①金融机构能够通过隐私集合求交挖掘到更多的潜在用户，提高用户画像精度，而且在数据的共享和互通之间能够保护营销筛选的结果，使得最后的结果形成完全的闭环，不会造成数据的泄露与对外传播；②隐私计算能够摆脱自身数据的限制，通过与其他机构的加密互通以及多方安全平台推进数字风控场景联合建模方案，避免数据的过于同质化以及过度依赖性，既能充分地挖掘数据，又能做到隐私保护，最终能够形成多个行业对于风险的联防联控机制。①

在隐私计算的实际应用上，中国工商银行已经将隐私计算的联邦学习技术进行落地，主要分为三个方面的工作。①构建联邦学习技术能力。通过引进成熟产品，完成工商银行联邦学习技术平台的建设，适配工商银行平台即服务（PaaS）平台，并与行内现有体系融合。同时，引入FATE开源技术加入FATE TSC，打造联邦学习场景，建设专业团队。②试点联邦学习业务场景。目前，主要在数据和模型、有对外合作需求的信贷、风控等关键业务领域逐步试点联邦学习技术在业务场景上的实践应用。③推进联邦学习生态建设，主要是联合制定金融业联邦学习标准，推进建立联邦学习对外合作的常态化机制和联合场景合作建设模式。②

目前，中国工商银行联邦学习已应用在多个场景，包括与北京金控的不动产数据联合利用贷款数据建立企业贷中预警监测模型；与互联网公司联合利用客户特征数据进行建模；在保险营销中打造联合建模方案，通过验证联邦迁移技术挖掘集团的潜在客户，实现客户导流。

4. 智能合约技术实现行业优化，体现规范化特征

智能合约是区块链的核心技术之一，本质上是一种计算机协议，通过

---

① 亿欧智库：《2021—2022中国金融数字化"新"洞察行业研究报告》，2022年3月28日。
② 零壹财经：《开启新纪元：隐私计算在金融领域应用发展报告（2021）》，2021年10月28日。

事先确定的代码自动执行合约条款，无须人工干预和第三方中介，具有去中心化、不可篡改和公开透明等特点。目前就其应用而言，智能合约技术在中国最重要的应用是数字人民币场景，该应用可以降低经济活动的履约成本，优化营商环境，推动数字经济深化发展。建立一个智能合约首先需要双方或多方达成协议，共同决定合约的使用条件，并且通过编码存储在区块链的智能合约中，并与决定一同写入，当合同完成后交易便会被记录在区块链上，等到所有区块链节点更新后，网络的新状态将作为交易结果进行更新。在不同的场景中，数字人民币智能合约的功能也多种多样。例如，在预付费消费等预付资金管理领域，智能合约可以有效防范资金挪用，实现透明管理，兼顾现有商业模式，保障各方利益；在财政补贴、科研经费等定向支付领域，智能合约能够监测支付用途，提升政府资金使用效率；在资金归集、智能分账等资金结算领域，智能合约能解决支付交易处理的合规问题，提高资金处理的准确性与自动化水平，降低人工处理差错和风险；在消费红包、智能缴费等营销与零售领域，智能合约能够降低实施成本，保障用户权益，提升用户体验；在内外贸易领域，可以提供"签约+履约"的闭环解决方案，提高合同执行约束力，实现资金流与信息流的同步，降低结算和合规成本。[①]

2022年9月，中国人民银行数字货币研究所发布了数字人民币智能合约预付资金管理产品"元管家"。所谓"元管家"，是通过将智能合约部署在数字人民币的钱包上，并在预付消费服务场景提供防范商户挪用资金、保障用户权益的解决方案。"元管家"主要是运用智能合约技术完善预付费的支付流程，将合同条款写入智能合约，技术上排除了人为操作挪用预付资金的可能。[②] 具体来看，其是机构为消费者创建了数字钱包，并在数字钱包上部署了智能合约，确定了合同条款——在消费者真正消费前商家无法挪用其

---

① 《数字金融大局观·数字金融发展趋势洞察报告（2022）》，2022年12月27日，https：//www.sohu.com/a/621675389_161795。
② 《"元管家"是谁？让你预充的钱不再打水漂，咋做到的？》，2022年9月15日，http：//bgimg.ce.cn/xwzx/gnsz/gdxw/202209/15/t20220915_38106404.shtml。

预付资金，不仅如此，消费者还可以通过数字人民币 App 查看资金的动账明细，保障了消费者权益。①

（四）顶层设计提高数字金融技术发展的战略高度

步入 2021 年，国家对于数字经济以及数字金融的整体重视程度进一步提升。2021~2022 年，国家先后出台了《金融科技发展规划（2022—2025 年）》《关于银行业保险业数字化转型的指导意见》《"十四五"数字经济发展规划》《金融标准化"十四五"发展规划》等一系列重磅政策文件支持数字金融技术发展与创新，明确提出"加快金融机构数字化转型，深化数字技术金融应用，健全安全与效率并重的科技成果应用体制机制，不断壮大开放创新、合作共赢的产业生态，打通科技成果转化'最后一公里'"②"推动大数据、人工智能、区块链技术在银行、证券、保险等领域的深化应用；发展智能支付、智慧网点、智能投顾等新模式；推进数字人民币建设""以金融标准化为抓手，加快推动数字化转型。积极推动大数据、区块链、云计算、人工智能等金融标准的落地，实现金融科技的规范化应用，更好发挥金融科技在业务拓展中的重要作用，并同步做好风险防范工作"③ 等具体表述，这些顶层设计提高了数字金融技术发展的战略高度。

三　数字金融模式创新概况

（一）元宇宙金融激发银行无限活力

元宇宙金融将成为金融机构数字化转型的下一个阶段。2022 年，中国

---

① 《数字人民币 APP 上新"元管家"服务》，2022 年 9 月 9 日，http：//www.zqrb.cn/jrjg/hlwjr/2022-09-09/A1662654972553.html。

② 中国人民银行：《金融科技发展规划（2022—2025 年）》，2021 年 12 月 29 日，http：//www.pbc.gov.cn/zhengwugongkai/4081330/4406346/4693549/4470403/index.html。

③ 中国人民银行、国家市场监管总局、中国银保监会、中国证监会：《金融标准化"十四五"发展规划》，2022 年 2 月 8 日，http：//www.pbc.gov.cn/goutongjiaoliu/113456/113469/4467138/index.html。

银保监会发布的《关于银行业保险业数字化转型的指导意见》强调，金融机构应充分利用科技手段开展个人金融产品营销和服务，拓展线上渠道，丰富服务场景，加强线上线下业务协同；而元宇宙是指运用数字技术构建，实现虚拟世界与现实世界的双向链接融通。可以说，元宇宙的实现将加强金融机构线上线下业务的互联互通，不仅有助于客户的服务体验，也有助于金融机构自身的经营效率。简言之，元宇宙的深度沉浸虚拟现实世界的特征将推进银行和保险等金融机构的数字化转型。

随着金融机构数字化转型步入深水区，以银行为代表的金融机构近年来加大了对金融科技技术的投入，不仅具备强有力的技术底座，还构建了大量的网络传输和计算能力的数字基建。这意味着银行在元宇宙涉及的技术领域如人工智能、区块链、物联网、数字人、AR/VR 等方面具备一定的应用经验，足够支持银行探索银行元宇宙的初级阶段的应用创新。元宇宙概念的提出赋予了银行在服务过程中涉及的服务对象、服务场景、服务产品三要素全新的内涵，因此银行将围绕三要素组合构建银行元宇宙新的服务渠道、营销方式、产品服务与运营管理。

数字员工是银行元宇宙金融服务打造的首要元素。数字员工是指数字化外形的虚拟人物，它们除了拥有人的外观和行为外，还具备人的思想，具有识别外界和与人沟通交流的能力。在多模态 AI 技术的支持下，数字员工可以承担多重角色，包括客服、柜员、销售、理财顾问、审核员、主播等多种角色，这使企业服务不受时空和场地的限制，不仅能够降低企业的人工服务成本，提高企业运营效率，还可以为客户提供面对面的高质量服务。而数字员工又分为服务型员工和形象型员工，其中服务型员工更加侧重银行业务，能够辅助或代替员工完成一些较为复杂烦琐的工作，以提高服务和运营的效率；形象型员工更加侧重于形象表达，可通过智能驱动打造人格化的虚拟 IP 或偶像为银行进行品牌宣传。[1] 招商银行基于掌上生活平台，利用 AR 图

---

[1] 中国工商银行金融科技研究院、北京大学计算机学院元宇宙技术研究所：《银行元宇宙创新应用白皮书》，2022 年 12 月 26 日。

像识别技术、3D 动画技术、虚拟现实技术，打造了小招喵 AI 客服，作为金融行业的首个品牌 IP，"小招喵"主要应用于客服领域，不仅能增添互动乐趣，让客户服务更有温度，还能改变银行品牌的刻板印象，缩短沟通距离感，实现品牌与用户的平等对话。此外，还有类似百信银行的数字员工"AIYA"和平安银行的"苏小妹"，以及"小 PAI"等品牌虚拟形象，在微信、短视频、虚拟直播与客户进行交流，实现了服务质量的提高和运营效率的提升。

虚拟营业厅是元宇宙对银行金融服务环境的重构。银行通过物联网技术、3D 建模、实时音频、生物识别、AR/VR、全真交互等技术，打造"零接触"的虚拟营业厅，实现高柜、低柜、移动场景业务视频化办理，助力银行线上线下一体化的服务进程。中国工商银行推出了首个元宇宙营业厅，虚拟营业厅可将"星河万里""五星神宠"等现实世界的营销产品模型动态展示在虚拟空间中，供用户近距离、全方位、多角度观看、体验和感受。此外，还有百信银行发布的全新交互体验的 3D 数字营业厅"零度空间"，旨在为客户提供全新的沉浸式数字金融服务。用户可从百信银行 App 首页进入"零度空间"，通过定制个性化、多模态的数字分身，实现与数字员工"AIYA"的交流互动。[1] 可以说，虚拟营业厅让客户可以在虚拟场景下体验到现实场景中的银行服务，扩充了银行金融服务渠道，是银行在元宇宙领域的一次重要尝试。

数字藏品等形态数字内容或将成为元宇宙为银行带来的新型数字资产。数字藏品是指使用区块链技术，对应特定的作品、艺术品生成的唯一数字凭证，在保护其数字版权的基础上，实现真实可信的数字化发行、购买、收藏和使用。[2] 数字藏品为客户提供收藏权益，增强用户连接，为银行带来品牌宣传效益，例如，招商银行推出的星座"小招喵"数字藏品，就是招商银行团

---

[1] 《百信银行发布行业首个 3D 数字营业厅"零度空间"》，2023 年 4 月 11 日，http://www.xinhuanet.com/money/20230411/4aea8d7ff2a641339b3726ac8fd7cf05/c.html。

[2] 《区块链技术激活传统文化，国内博物馆试水数字藏品》，2021 年 12 月 22 日，https://baijiahao.baidu.com/s? id=1719815479689739624。

队利用 AR 技术实现 App 的"小招喵"与现实中的人或物合影，实现虚实跨越。与此同时，用户可以在 App 设置 3D"小招喵"头像，让"小招喵"在 App 里翩翩起舞。[①] 中国工商银行在元宇宙虚拟营业厅实现数字藏品寻宝活动，用户操作虚拟化身收集数字藏品后可在线下网点兑换实物奖品，进而为线下网点获客进一步办理其他业务带来流量。[②] 总的来看，银行推出的元宇宙、数字藏品布局还是以营销宣传为主，意在提升其品牌形象以及获客能力。

（二）绿色金融赋能低碳转型

数字技术赋能绿色金融创新发展。2022 年，中国人民银行发布的《金融科技发展规划（2022—2025 年）》提出，金融机构应当树立绿色发展理念，加强金融科技与绿色金融的融合，创新发展数字绿色金融。为响应"双碳"目标，以银行为代表的金融机构通过运用大数据、人工智能、云计算、区块链等科技技术赋能绿色金融发展，聚焦于服务民生、基础建设、绿色出行、中小微企业融资等方面，引领绿色金融升级转型，助力实体经济绿色转型和低碳可持续发展。

碳账户助力低碳生活。通俗地讲，互联网平台或金融机构以及其他主体，为用户建立的记录个人低碳减排数据的数字化账户就是碳账户。其是在用户授权的前提下，自动采集用户在不同场景下的碳减排数据，并换算成相应的碳积分，可以利用碳积分为客户兑换相关权益或量身定制优惠金融服务的一种制度化安排。目前，我国多家商业银行积极响应"双碳"政策，凭借自身积累的庞大用户数量和自身具备的成熟数字技术纷纷推出了碳账户的相关产品。例如，中国建设银行打造的"个人碳账本"、浦发银行推出的"个人碳账户"以及中信银行推出的"中信碳账户"等产品，都是依托自身的手机银行 App，准确识别并记录个体客户在低碳场景的消费行为，并根据

---

① 《探索元宇宙　星座"小招喵"数字藏品首发成功》，2022 年 12 月 12 日，https：//baijiahao. baidu. com/s？id=17519782844690006764&wfr=spider&for=pc。

② 中国工商银行金融科技研究院、北京大学计算机学院元宇宙技术研究所：《银行元宇宙创新应用白皮书》，2022 年 12 月 26 日。

个人获得的碳积分提供消费返现、支付优惠和权益兑换等金融服务。在碳账户的逐步建立下，越来越多的银行通过联名卡、增加绿色权益服务等方式，拓展信用卡业务的绿色低碳布局，可以说，绿色低碳领域也成为银行零售布局的一大方向。另外，互联网平台也抓紧机遇布局碳账户市场。例如，饿了么推出的"e点碳"碳账户，通过给予积分和相关的权益兑现，鼓励客户在该平台点外卖时采取无须餐具、小份菜等低碳环保行为。值得一提的是，阿里巴巴在 2022 年 8 月 8 日推出"88 碳账户"，该账户以"1+N"的母子账户形式呈现，汇集了类似饿了么、闲鱼、菜鸟等平台产生的减碳量,[1] 还积极鼓励用户践行低碳生活方式，是我国目前首个覆盖多场景、多人口的消费者碳账户体系。总的来说，碳账户将客户日常"碳减排"行为进行量化，尝试与金融服务挂钩，有助于增强全民绿色消费意识，丰富金融服务场景，助力如期实现"双碳"战略目标。

供应链金融助力绿色信贷。供应链金融是指银行通过区块链、大数据等技术实现产业链上下游的信息数据透明，降低金融服务的风险成本，致力于中小微企业的融资贷款需求。而目前我国的绿色信贷市场发展迅速，据央行数据统计，截至 2022 年末，我国本外币绿色贷款余额为 22.03 万亿元，同比增长 38.5%（见图 5），比上年末高 5.5 个百分点，高于各项贷款增速 28.1 个百分点，全年增加 6.01 万亿元。[2] 因此在供应链金融模式的帮助下，中小微企业获取绿色贷款的情况将得到改善，更利于企业实现节能环保、低碳减排的目标。例如，中国农业银行与供应链金融科技企业——联易融企业就绿色助农、环保水利等领域展开合作。依托联易融开发的"讯易链"平台，有核心企业信用背书的中小微企业在线上将高效便捷地获取融资，近年来，农业银行着力推动普惠金融与科创金融、绿色金融融合发展，通过提供数字化技术，保障产业链供应链的稳定安全，以绿色供应链金融的创新模式

---

[1] 《阿里巴巴发布"88 碳账户"首个覆盖 10 亿人的消费者碳账户体系》，2022 年 8 月 9 日，https://baijiahao.baidu.com/s? id=1740667975525717637&wfr=spider&for=pc。

[2] 《央行：2022 年我国绿色贷款保持高速增长》，2023 年 2 月 3 日，http://www.gov.cn/xinwen/2023-02/03/content_ 5739935.htm。

助力农牧业等行业的运行发展。此外，还有百信银行推出的"百票贴"产品，其采取"票据+供应链+互联网+再贴现"的创新模式，通过大数据等技术对风险进行计量，实现企业授信审批、票据甄别、防范风险，[①] 极大地改善了中小微企业在票据融资中的情况，并且以优惠的价格助力中小微企业发展，实现了普惠金融。

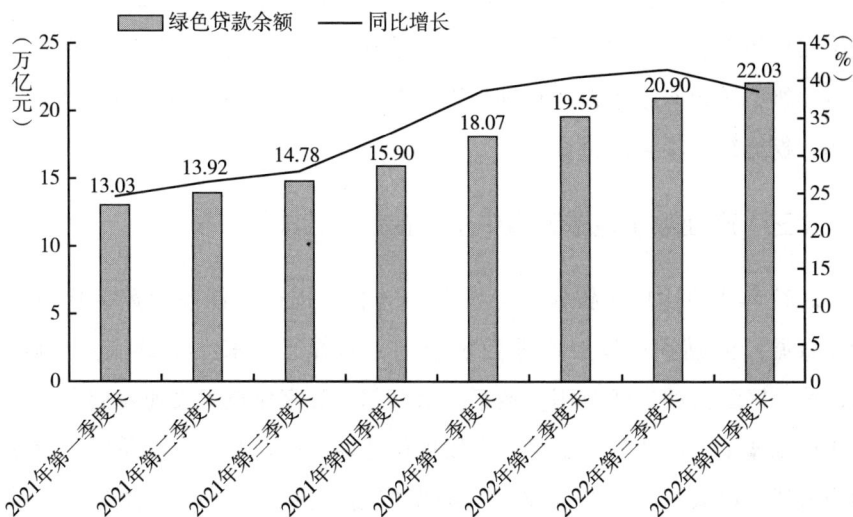

图 5　2021～2022 年本外币绿色贷款余额

资料来源：中国人民银行官网。

绿色信息披露产品助力绿色债券市场。企业通过发行绿色债券实现节能减排、污染防治的目标，目前我国绿色债券市场快速发展。截至 2022 年底，中国境内外绿色债券新增发行规模约为 9838.99 亿元，发行数量为 568 只。其中，境内绿色债券新增发行规模为 8746.58 亿元，发行数量为 521 只；中资机构境外绿色债券新增发行规模约为 1092.41 亿元，发行数量为 47 只。截至 2022 年底，中国境内外绿色债券存量规模约为 3 万亿元。[②] 虽然我国

---

① 百信银行、安永：《产业数字金融研究报告（2021）》，2022 年 7 月 11 日。

② 《IIGF：2022 年中国绿色债券年报》，2023 年 2 月 13 日，http://iigf.cufe.edu.cn/info/1012/6390.htm。

目前的绿色债券市场发展快速，但是在信息披露方面依旧有待提高，国内现有第三方认证机构的认证标准不统一，评估认证质量参差不齐，信息缺乏横向可比性，市场公信力相对不足，与国际成熟机构相比仍有较大差距。在此现状下，绿色信息披露产品依托区块链和大数据技术，实时跟踪客户的资金用途、碳足迹和绿证交易足迹，实现精准化、高频化的信息披露功能，有效解决投融资双方的信息不对称。与此同时，通过数据共享获取第三方机构和网络媒体等渠道的客户能耗信息，在此基础上构建底层数据库，实现用户的绿色评级，不仅有助于银行精准识别潜在客户，还有利于银行构建风险预警机制，挖掘绿色项目的机会。[①]

（三）产业数字金融哺育中小微企业茁壮成长

2022年1月由中国银保监会发布的《关于银行业保险业数字化转型的指导意见》鼓励积极发展产业数字金融。随着近年来人工智能、大数据、云计算、区块链的广泛应用，数字货币兴起，数字化技术飞速发展遇上金融行业深刻变革，产业数字金融迎来发展机遇期。产业数字金融是以产业互联网为依托，以数据为生产要素，以数据信用为核心特征的一种新型金融形态。[②] 从本质来看，在数字化技术和产业金融服务的有机结合下，金融服务中的信息不对称问题将得到有效解决，并有效打通金融系统与企业生产经营系统，使金融服务更好地嵌入各行各业的数字化转型场景中。在此背景下也孕育出了产业链金融、农村数字金融、科创金融等新模式、新业态。

产业链金融助力中小企业融资。在云计算、数据处理、光学字符识别（OCR）等技术手段的支持下，产业链金融能还原产业链中不同企业的交易关系，在基于交易分析企业的经营情况下提供金融服务业务，融资是其中最为重要的功能。例如，中石化财务公司针对中石化集团的上游供应商提供"一头在外"的产业链票据贴现服务，在很大程度上改善了上游企业的资金

① 易观分析：《数字经济全景白皮书：绿色金融篇》，2022年8月18日。
② 《抓住产业数字金融发展机遇》，2023年3月10日，https：//baijiahao. baidu. com/s? id = 1759943835441405527&wfr=spider&for=pc。

028

周转状况；① 中信银行针对汽车中上游核心企业的金融需求推出了"交易+"服务品牌，进一步满足汽车行业零部件供应商、整车主机厂、经销商和后市场服务商的个性需求；浦发银行打造的"基于区块链的小微企业在线融资服务"，深入了解企业金融状况，计量小微企业信用风险，在区块链技术支持下获取不可篡改的数据，结合智能支付跟踪资金的去向，实现小微信贷的全程监管。

农村数字金融助力新三农领域发展。农村数字金融依托互联网、云计算等数字化技术，致力于对农村、农业、农民三个对象的普惠性金融服务，在农村数字金融的不断普及下，将有效减少金融服务的信息不对称，降低农民和农村生产经营主体的融资门槛，有效缓解农村融资难、融资贵、融资慢等问题，更利于农业产业链的模式整合，推动农业产业数字化升级。例如，由中国邮政储蓄银行茂名市分行联手 7 家单位创立的数字链农产业联合体，为荔枝全产业链提供的"数字农业+银保担"的全方位金融服务，涵盖了农产品种植、管理、加工、销售、运输、资金等环节，打通荔枝产业链的信息闭塞痛点，为荔枝行业引入金融活水，破解中小荔农融资难、融资贵的难题。截至 2023 年 3 月末，中国邮政储蓄银行茂名市分行针对荔枝产业累计投放贷款 5.86 亿元。② 类似的还有百信银行联合百度智能云搭建的养殖产业服务平台，依托"金融+科技"整合行业资源，为养殖户提供数据驱动的信用贷款及其他养殖服务，在此基础上结合央行数字人民币的智能合约技术，有效实现了资金的全流程监管，助力银行自身把控风险。

科创金融助力中小科创企业。以"专精特新"为代表的科创企业规模通常较小，融资难、融资贵的痛点多年难以解决，间接融资、一级市场融资、二级市场直接融资多年来通路难畅。科创金融是以赋能"专精特新"为代表的科创企业为目标，通过金融科技创新与服务机制及制度创新提供

---

① 《以产业链金融服务助力中小微企业纾困解难》，2022 年 11 月 17 日，http：//www.21jingji. com/article/20221117/herald/34f4c4d5b1b44bd46637ac38404b9502. html。

② 《产业传承与金融创新：金融活水助力茂名荔枝产业高质量发展》，2023 年 4 月 13 日，https：//www. time-weekly. com/post/301369。

全生命周期金融服务的新业态，直接融资及间接融资是科创金融的主要功能。在直接融资方面，2021 年 9 月成立的北交所拓宽了以"专精特新"为代表的科创企业直接融资渠道，其构建的契合创新型中小企业的基础制度涵盖了发行上市、交易、退市、持续监管等流程，补足了多层次资本市场发展普惠金融的短板。[①]

（四）数智化营销助力金融机构获客

数智化营销有助于加强金融机构的获客能力。2022 年，中国银保监会出台的《关于银行业保险业数字化转型的指导意见》提到，金融机构要充分利用科技手段开展个人金融产品营销和服务，拓展线上渠道，丰富服务场景，加强线上线下业务协同。具体来看，数智化营销手段成为银行、保险、证券和消费金融等行业在获客端的不二法门。

商业银行业务和保险业务与人工智能、机器学习技术有机融合，在全流程智能化的特征下，银行在存量客户激活、线上线下获客和产品交叉营销等方面的能力得到了显著的提升。某大型商业试点分行基于"数据+算法+平台+运营"的数字化模式，引入智能营销手段，将按批次执行的营销活动转为常态化的按日自动化营销，实现模型的全生命周期管理。通过推出手机银行客户旅程运营机器人、重点客群数字化运营机器人等，推动手机银行客户自动化旅程营销，并协同客户经理、叫号机等多种渠道，实现对低效代发工资客户、信用卡活跃客户等重点客群的自动化运营。该营销机器人能够支持客群的"分层分类""全量运营""策略自动化""策略延续性"等运行机制，实现体系化、常态化、智能化和自动化的客群运营。面对数智化转型的需要，国寿财险采用百度 AI 中台解决方案打造了一站式人工智能建模与推理预测服务，协助其实现了数据管理、数据可视化、模型训练、模型上线等AI 建模应用全流程打通，赋能客户智能营销、行为预测、保费增收、风险管控等业务场景，支撑众多经营管理场景实现智能化升级，为业务带来显著

---

① 百信银行、安永：《产业数字金融研究报告（2021）》，2022 年 7 月 11 日。

提升。

大财富管理时代开启，智能投顾资产管理规模持续增长。截至 2022 年第四季度末，公募基金市场新成立 1520 只基金产品，较上年全年减少 493 只，市场规模为 26.03 万亿元，同比略有增长。随着公募基金的增长，人们对投资顾问的需求也日益增加。① 智能投顾是投顾业务的一种运作模式，其主要依托大数据等技术条件，运用一系列智能算法和投资组合优化等理论模型，为投资者提供资产托管服务，实现自动化金融财富管理。从智能投顾目前的服务模式来看，一方面，根据历史数据构建适合不同人群的投资组合，然后根据客户的静态画像初步建立投资组合推荐；另一方面，在人工智能的筛选和大数据的处理下，利用算法为投资者提供合适的调仓方式，从而实现全流程自动管理的服务。目前，多家券商围绕移动端 App 打造数字化财务管理平台，力求打造具有陪伴化、精细化、需求化特点的智能投顾服务。例如，华泰证券依托"涨乐财富通"和"AORTA"一体化运营平台，驱动客户与投顾协同发展，持续供能投顾服务精准触达、流程化管理，满足客户多层次需求；国泰君安打造的"好产品、好投顾、好服务"三位一体的一站式数字化财富管理平台，为客户提供覆盖全生命周期的端到端、旅程式、智能化服务。② 根据中证协统计数据，2022 年证券行业信息技术合计投入额高达 184.89 亿元，总额在 2021 年 154.85 亿元的基础上增加了近 20%。③ 展望未来，在投资理财需求不断增加的背景下，各大券商将加大对证券行业信息技术的投入力度（2022 年信息技术投入前十券商见图 6），这也将进一步推动智能投顾业务的发展。

随着消费金融与数字科技的深度融合，一方面，"以用户为中心"的服务理念深入人心，消费金融服务形态发生了巨大变化。例如，中邮消费金融

① 《中基协：截至 2022 年末公募基金规模 26.03 万亿元》，2023 年 3 月 3 日，https://www.sohu.com/a/649076126_222256。
② 易观分析：《中国证券行业智能投顾专题分析 2022》，2022 年 9 月 10 日。
③ 《14 家券商实现两位数增长》，2022 年 10 月 25 日，http://field.10jqka.com.cn/20230407/c646239971.shtml。

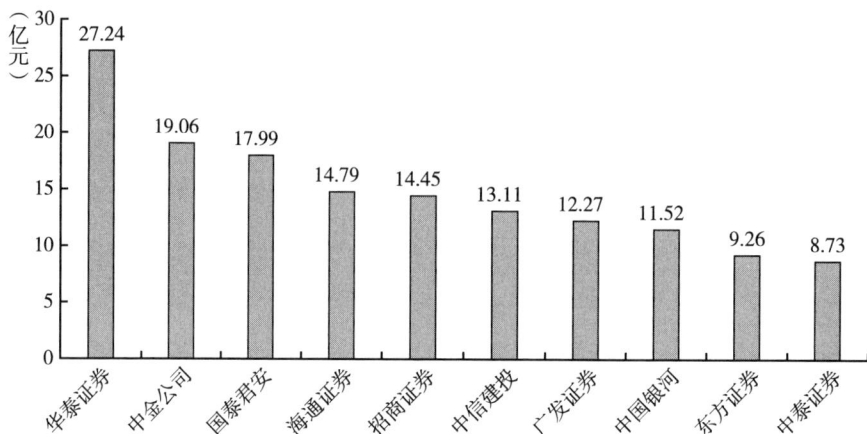

图6　2022年信息技术投入前十券商

构建了数字化、智能化的消费金融数据中台，目的是充分运用数据要素在企业转型过程中的价值。该智能营销体系以数据中台为基础，由数据处理体系、多维分析体系和营销应用体系三部分组成，通过分析客户的行为标签、人口学标签、业务标签等进行客户划分，在语音、图像、NLP和人工智能技术的赋能下实现数智化营销。① 此外，马上消费金融坚持科技赋能，搭建起专用审核系统，完善消费者权益保护。一是自主研发营销素材专用审核系统，构建全面评审维度。在产品研发、营销宣传、流程优化、合作方准入等流程中加入了消保评审环节，执行消保评审一票否决制。该系统还对评审项目、评审沟通记录、评审意见进行全程保留，为后续开展可回溯性检查提供技术保障。二是自主研发客户关系管理系统，采用识别技术，通过客户行为和账务信息综合生成AI标签，集成反欺诈、催收、征信、风控和账务系统的相关功能，帮助客户投诉处理人员快速全面了解客户信息，实现一站式解决客户问题。② 另一方面，消费金融公司也积极响应新市民政策，提供多样化消费金融服务，在填

---

① 《中邮消费金融李远鑫：消费金融迎接数智化转型》，2021年11月22日，https：//xueqiu. com/7058627050/203812908。

② 《数字金融大局观·数字金融发展趋势洞察报告（2022）》，2022年12月27日，https：//www. sohu. com/a/621675389_ 161795。

补金融服务空白、改善居民生活质量、提高居民消费能力等方面发挥了重要作用，实现了对商业银行零售金融服务的差异化补充。此外，自2022年以来，消费金融行业积极响应服务新市民的政策导向，针对新市民开发了174个专属信贷产品，30家消费金融公司累计向新市民发放消费贷款1652.22亿元。[①]

四　数字金融治理创新情况

2021～2022年，数字金融治理不断取得新的成就。一方面，治理规则的顶层设计不断加强，法律、法规的逐步完善和政策指引的相继发布给数字金融治理提供了重要的制度支撑；另一方面，企业、自律组织和政府共同发力，不断推动数字金融治理实践，为我国数字金融治理的科学化和现代化贡献了重要力量。

（一）数字金融治理走向法治化、规范化

数字金融立法是推动数字金融高效治理、高质量发展的前提保障，目前，国家和地方对数字金融的立法十分活跃。

在国家层面上，2021年《数据安全法》以及《个人信息保护法》的正式实施与《国家安全法》《网络安全法》一同为我国数据安全建立了一个完善、安全的法律体系。其中，《网络安全法》的主要目的是确保网络安全，维护网络空间主权、国家安全和社会公共利益，重点是"网络本身的安全"；《数据安全法》旨在确保数据安全，重点关注数据处理以及数据的开发和使用；《个人信息保护法》是为了促进信息的适当传播和使用，同时努力确保个人数据的安全。2022年9月1日施行的《数据出境安全评估办法》标志着中国的数据跨境管控体系的构筑，它是《数据安全法》《个人信息保护法》的明文规范，不是一个抽象的概念，而是一个具体的行

---

① 《银保监会：消金公司累计向新市民发放消费贷款超过1600亿》，2023年3月29日，https://new.qq.com/rain/a/20230329A09NV900。

动，它将为数据处理者提供有效的法律指导，使他们能够更好地保护自己的信息。

随着国家的大力支持，各个地方政府纷纷投入数据立法的进程之中，推动了数字化建设的高涨。例如，《上海市数据条例》旨在推动数字化建设，突破传统的技术瓶颈，实现数字化建设的可持续性，从而推动社会经济的可持续发展。《浙江省公共数据条例》的核心内容是"公共数据"，它旨在通过三级架构，即省级、设区市、县（市、区）三级，构筑覆盖各级的，具有完善的基础设施、丰富的数据资源、强大的应用功能和完善的技术手段，实现综合性的、高效的、可持续的公共数据服务。《深圳经济特区数据条例》明确规定，任何人都有权利根据规章程序，在获得收益的同时，采取必要的措施来保护其所拥有的数据，包括但不限于采集、存储、管理、更新、删除、修订。为了更好地维护公众的信息安全，各地应该加大对网络安全的投入，建设更加严密的数据安全体系，加大对数字化治理的投入，实现数字化与经济的融合发展。表1是2021~2022年部分省市的相关立法。

表1　2021~2022年部分省市的相关立法

施行时间	省市	法规名称	特点
2021年1月1日	吉林省	《吉林省促进大数据发展应用条例》	对数据采集、归集、整合、共享、开放做了全过程规范，进而推动公共数据共享开放，带动社会数据汇聚融通
2021年5月1日	安徽省	《安徽省大数据发展条例》	着眼于大数据的特征及其对经济发展、社会治理、行政管理、人民生活等方面产生的影响，从数据资源的归集整合、开发应用、安全和促进大数据发展的相关措施等方面进行规范
2021年9月1日	广东省	《广东省数字经济促进条例》	鼓励对数据资源实行全生命周期管理，挖掘数据资源要素潜力。明确自然人、法人和非法人组织对依法获取的数据资源开发利用的成果，所产生的财产权益受法律保护，并可以依法交易
2022年1月1日	深圳市	《深圳经济特区数据条例》	涵盖了个人数据、公共数据、数据要素市场、数据安全等方面，是国内数据领域首部基础性、综合性立法

续表

施行时间	省市	法规名称	特点
2022年1月1日	上海市	《上海市数据条例》	十分全面，对数据权益保障，公共数据、数据要素市场、数据资源开发和应用、浦东新区数据改革，长三角区域数据合作、数据安全作出规范
2022年1月1日	山东省	《山东省大数据发展促进条例》	强调数据跨境审查，明确数据收集、持有、管理、使用等数字安全责任单位向境外提供国家规定的重要数据，应当按照国家有关规定实行数据出境安全评估和国家安全审查
2022年2月1日	福建省	《福建省大数据发展条例》	对数据采集生成、汇聚共享、开放开发中的主要问题进行制度设计，明确划定了政府及有关部门的职责权限
2022年3月1日	浙江省	《浙江省公共数据条例》	全国首部以公共数据为主题的地方性法规，明确公共数据范围、平台建设规范、收集归集规则
2022年7月1日	重庆市	《重庆市数据条例》	强调市场主体不得滥用市场支配地位从事操纵市场、设置排他性合作条款等活动，强调自然人、法人和非法人组织可以通过合法、正当的方式依法收集数据
2022年7月1日	黑龙江省	《黑龙江省促进大数据发展应用条例》	重点对数据资源、培育数据要素市场、数据政策导向和促进措施等方面作出规定，形成一系列创新亮点
2022年7月1日	河北省	《河北省数字经济促进条例》	明确对公共数据实行统筹管理，制定统一的分类规则、分类标准和分类管理要求，打通"壁垒"
2022年8月1日	辽宁省	《辽宁省大数据发展条例》	突出辽宁工业大数据特色，围绕解决工业数据采集汇聚不全面、流通共享不充分、开发应用不深化、数据企业发育不健全等问题
2022年8月1日	江苏省	《江苏省数字经济促进条例》	对全面加强数据利用和保护，提高防范和抵御安全风险能力；有效提升数字经济治理水平，保障和监督数字经济规划发展等方面作出明确要求

资料来源：数据观，http://www.cbdio.com/zhuanti/node_7622.htm。

　　此外，2021~2022年，中国人民银行、中国银保监会、中国证监会以及其他监管机构纷纷推出了大量的金融科技政策、指南，以支持金融机构的数字化转型；不断加强银行、保险、证券等金融机构信息科技的风险防控，并制定了详尽的监督机制；此外，还为金融机构的数据处置与合法性建设提供了更加严格的要求。

在《金融科技发展规划（2022—2025 年）》纲领性文件下，各方面的政策意见相继出台，促使我国数字金融治理有条不紊地向前发展。2022 年 1 月，中国银保监会颁布了《关于银行业保险业数字化转型的指导意见》，旨在推动金融机构实现高质量的转型，构建适应当今经济社会的新型金融格局。为此，中国银保监会将重点放在了金融机构的风险控制上，特别关注流动性、操作、算法等方面的风险，并且着重保障金融机构的信息系统的完整性和可靠性，确保金融机构的稳定运营，保障金融机构的可持续发展。2022 年 11 月 18 日，为了规范证券期货业的数据安全管理与保护，中国证监会发布《证券期货业数据安全管理与保护指引》，其中对数据安全管理术语与定义、组织架构、相关制度，以及数据安全管理与保护思路与方法做出了指引，促进证券期货业提高数据安全的管理能力。

（二）企业自控能力不断切实提升

近年来，防范化解重大金融风险成为我国金融监管的重要主题。监管机构持续加强针对金融机构的风险整治和管理，监管规则呈现趋多、趋严、趋广、趋深的特点，金融机构在合规管理方面面对巨大挑战，合规成本投入不断增加。传统合规管理模式亟待转型，转型的重点既涉及合规管理全流程的优化，也涉及如何运用更为有效的工具和方法赋能合规流程。科技，成为合规转型不可或缺的驱动力量。

首先，金融机构不断增加信息科技投入，加强企业内部治理。在政策和行业的驱动下，金融机构不断加大对信息科技的投入，以促进企业数字化转型并提高自身金融风险防范能力。2022 年年报显示，各银行不断增加科技投入，其中，中国工商银行、中国建设银行和中国农业银行投入超过 200 亿元，居前三位，分别为 259.87 亿元、235.76 亿元、205.32 亿元。银行不断增加信息科技投入，重要原因之一就是加强自身的风险防控能力，例如，交通银行2021年发布"十四五"金融科技发展规划和数据治理规划，促进系统架构标准的标准化，并实施数据规范、数据库和指标体系的在线服务；建立集团统一的安全标准，完善客户信息管理标准，落实具体治理措施，加强客户信息安全和隐私保护。①

其次，金融科技不断应用，提高企业自身技防能力。伴随着以大数据、人工智能等为代表的信息技术的高速发展，金融科技应运而生，在促进了金融业务发展的同时，也为金融机构内部自控提供了新的手段与方法。例如，在合规监测中，大数据监测与分析技术的应用情景相对比较普遍，该技术能够获取并处理业务进行过程中产生的各种数据，接着发布交易报告，并根据规则提供警报，以监控异常交易行为。人工智能技术可以帮助服务对象将客户尽职调查和了解客户（KYC）流程自动化，一是进行身份标识号码（ID）记录检查，将客户的身份证等证明材料与公安数据库和信用机构的信息进行匹配检查；二是利用人脸识别、指纹识别技术等实现客户身份识别验证，确保是客户本人，降低冒充欺诈的风险。

（三）行业自律组织不断发挥作用

根据中国人民银行的《金融科技发展规划（2022—2025年）》，为了促进行业的健康发展，将大力开展行业自律和监督，并鼓励行业协会和企业建立起有效的沟通渠道。近年来，行业自律组织已经成为金融科技领域中的重要力量，负责监管、保护、促进和提供优质的服务。

一是中国银行业协会正努力实施金融机构函证业务的数字化和标准化改革，以期达到更高的水准。2022年5月16日，我国银行业协会和中国注册会计师协会共同创立了银行业务函证区块链技术，以期更好地促进银行业的IT创新和业务流通。2022年的审计活动取得了显著成效，使得该平台的运转更加顺畅，既极大减轻了会计师事务所的函件办理负担，也极大缩减了商

---

① 零壹智库：《29家上市银行科技投入大比拼》，2022年5月24日，https：//www.djyanbao.com/report/detail？id=3077184&from=search_ list。

业银行完成函件办理的耗费。

二是中国证券业协会不断加强行业自律管理，促进证券公司数字化转型。2021年1月，中国证券业协会发布"证券业联盟链"，以支持证券行业的多种业务，并且与"证券业联盟链"合作，开发出一款全新的、以区块链技术驱动的投行业务电子底稿监管系统，以更好地实现行业的可持续发展。该底稿监管系统能够将其与所有证券公司的电子底稿管理系统进行连接，从而促进投资银行业的信息披露的规范，并且能够帮助企业遵守其自身的规章制度。该系统能够帮助企业更好地遵守法规，并且更好地执行其规章制度，从而促进企业的发展。①

三是中国保险行业协会以行业共识的方式发布保险科技领域中长期专项规划。2021年12月29日，中国保险行业协会发布《保险科技"十四五"发展规划》，以积极地推动保险公司与科学技术的深入结合，实现保险公司科学技术的不断创新和应用，其提出，到2025年，保险行业将实现保险产品和服务的数字化、网络化、智能化，并且保险行业的发展水平将大幅提升，从而满足人民群众的需求，为保障国家经济社会可持续健康发展做出重要贡献。为了使保险行业达到世界一流的水准，我国将着重推动五项重点工作：完善保险公司技术的规划，提升其应用价值，推动行业的优质发展，提升技术风险的预警和控制，并建立坚固的保险公司科技基础。

（四）政府治理不断向前推进

在金融化和技术化叠加融合的浪潮下，数字金融的迅速发展成为金融体系变革的重要方面，数字金融治理也成为当代中国国家治理领域的前沿议题，在这之中，政府治理必不可少。政府治理改善营商环境、克服市场失灵，过程中还适当超前地建设了大量的数字基础设施，以确保数字金融的健康稳定发展。

---

① 《中证协组织召开证券业联盟链暨场外联盟链专题工作座谈会》，中国经济网，2021年8月31日，http://www.ce.cn/xwzx/gnsz/gdxw/202108/31/t20210831_36866348.shtml。

一是金融科技创新监管工具的使用不断深化。首先，创新应用正在年复一年不断发展。2021~2022年，中国人民银行各分支机构不断继续开展创新监管试点，在这两年中，分别发布了66个和41个创新应用，为监管科技不断注入新的力量。其次，创新应用覆盖多个金融领域。在已公布的创新监管工具创新项目应用中，智慧金融、普惠金融、绿色金融、农村金融、供应链金融、数字化风控均有涉及。再次，创新应用使用范围广泛。大数据、机器学习、人工智能、区块链、隐私计算、物联网、云计算等技术均有使用。最后，创新应用参与机构多。各商业银行以及科技公司和征信公司均参与其中。①

二是中国"监管沙盒"提速发展。近年来，"监管沙盒"作为一种综合性的金融创新和风险防范的有效工具，得到了广泛的认可和应用，中国政府也正在大力推行"监管沙盒"，以提高金融科技监管的效率和水平。2019年12月，中国人民银行批准北京市作为首个试点城市，也加快了"监管沙盒"的实施，其中最显著的方面是资本市场金融科技创新试点。2021年11月19日，中国证监会北京监管局和北京市地方金融监督管理局发出首批16个资本市场金融科技创新试点的通知，以推动金融业的发展，并且积极拓展金融服务的范围，以满足资本市场的需要。首批16个项目将采用最先进的信息技术，如大数据、云计算、人工智能、区块链、安全多方计算、联邦学习、云原生、信创，来满足资本市场的需求，通过引入最先进的信息技术手段，为证券行业和期货行业的持续发展提供支持。另一方面是从"入"到"出"形成"监管沙盒"完整闭环。2021年9月28日，中国人民银行营业管理部与深圳中心支行宣布，该行辖内的4个金融科技创新监管工具的创新性应用取得了显著的进步，它们不仅涵盖了物联网（IoT）、人工智能、区块链等最先进的技术，还涵盖了供应链、开放银行、产业金融以及其他拥有巨大潜力的业务，为金融业的数字化转型提供

---

① 陈培林、项建强：《我国金融科技监管工具及工作过程探究》，《金融科技时代》2022年第11期。

了强大的支撑，并且为企业的业务流程提供了全面的指导，从而促进企业的可持续发展。"出盒"的 4 个创新应用，不仅涵盖了传统的"竞争中性"，而且涉及当今的互联网银行，它们的出现，不仅极大地推动了"监管沙盒"的"最后一公里"的完成，而且使中国的金融科技创新监管工具得以实现全面的、可持续的发展。[1]

三是不断加强反垄断监督。首先，2022 年 8 月 1 日，新《反垄断法》在经历两次草案审议后正式施行。其中值得注意的是，政府对于数字经济中出现的由于掌握数据和算法而获得垄断地位的现象十分关注。这表现了政府对于数字金融蓬勃发展和广泛运用带来的机遇和挑战的认识，更加有利于防止数字经济市场垄断，并为平台反垄断执法和司法提供了立法基础。其次，国家市场监督管理总局在 2021 年 4 月依法对阿里巴巴电子商务平台实施"二选一"垄断行为作出行政处罚决定，对阿里巴巴处以 182.28 亿元罚款，这标志着我国数字经济领域反垄断的一次重大突破，"二选一"的行为破坏了自由竞争的市场秩序，政府对于这类行为的监管处罚为自由竞争的市场提供了强有力的帮助。最后，2021 年 11 月 18 日，国家反垄断局正式成立，目的是进行更加严格的管理和执法检查，为全国市场监管体系的发展提供了有力的支撑。根据三个新司局（竞争政策协调司、反垄断执法一司、反垄断执法二司）的职能定义，在数字经济领域，垄断行为、滥用行业控制权的行政处罚以及对企业的集体反垄断调研都得到了明确的规定。这表明，在未来，数字经济将会是政府监督的焦点。

总的来说，数字时代为金融发展带来了新的思路和方法，也给金融治理赋予了新的挑战和工具。如果科学发展和技术进步是我们面对的不可逆转的趋势，那么企业自控提高、行业自律发展和政府治理加强势必面临新的要求，由此推动金融业高质量发展，为中国式现代化提供更好的支持和保障。

---

① 余继超：《中国版"监管沙盒"跑完"最后一公里"》，《国际金融报》2021 年 10 月 11 日。

五　数字金融创新与发展的挑战

当前，我国金融科技迈入高质量发展的新阶段，面临的阻碍、挑战也越来越多。同时伴随地缘冲突加剧，全球的跨境数字金融体系的稳定与安全也受到威胁。数字金融的发展过程中，金融科技人才短缺、地区间发展不平衡等问题制约着数字金融的整体发展进程，金融数字化转型还任重道远。与此同时，数字金融创新发展还面临着数据要素不流动、监管体系不完善和金融科技伦理治理机制不健全、关键核心技术创新难等方面的巨大挑战。

（一）地缘冲突威胁跨境金融数字设施安全

近两年来地缘冲突不断，贸易制裁和金融制裁等一系列问题随之出现，使得现有跨境金融数字设施可用性、可靠性受到挑战。凭借美元霸权，以 SWIFT（环球同业银行金融电讯协会）和 CHIPS（纽约清算所银行同业支付系统）为核心的跨境金融数字设施被掌握在美国手里，成为国家之间博弈的武器，极大影响了跨境数字金融基础设施体系的稳定与安全。[①]进入 20 世纪以来，不少国家或者金融机构因为地缘冲突被踢出国际支付结算系统。2017 年，朝鲜被彻底踢出 SWIFT 系统，此后朝鲜跨境支付结算举步维艰；2018 年，美国利用 CHIPS 系统绝对优势迫使欧盟和 SWIFT 接受美国要求对伊朗进行制裁；2022 年俄乌冲突以来，西方国家对俄罗斯进行能源贸易结算制裁、禁止使用 SWIFT 系统等金融制裁，给俄罗斯和国际金融市场造成极大冲击。这些地缘冲突导致的金融制裁，动摇了现有跨境金融数字设施体系的公共性与独立性，给全球金融稳定安全带来了挑战。

（二）实现数据自由流动和相互联通任重道远

我国是一个数据大国，数据体量大、类型丰富，但是存在数据壁垒，部

---

① 中国信通院：《中国金融科技生态白皮书（2022 年）》，2022 年 11 月，http：//www.caict.ac.cn/kxyj/qwfb/bps/202211/P020221117542199873767.pdf。

门间数据未联通，未形成聚合效应。具体表现在两方面。一方面，各部门和各企业数据标准和数据接口不一，数据之间的联通存在困难，从而形成一个个信息孤岛，不能最大化数据的价值；另一方面，一些企业和部门出于"隐私"和"安全"问题考虑，不愿意将数据分享，担心泄露个人隐私，数据持有者的经济效益也会受影响。然而数字金融要发展，普惠金融要真正落到实处，就需要多方数据持有者进行数据共享，流动起来的数据才能发挥更大的价值，才能更好地解决信息不对称问题。数字金融本质上要求打破数据壁垒，让数据像其他生产要素一样流动。

（三）监管和金融科技伦理治理仍面临挑战

数字金融作为一个新兴领域，一些从业者缺乏良好的职业操守和法律意识，导致越来越多的侵权事件发生，部分消费者权益、知识产权受到侵害。一方面，科技是一柄双刃剑，部分从业者利用金融科技进行违法犯罪活动，催生很多涉诈涉黑、非法集资和洗钱等案件，严重制约我国金融数字化转型的推进。另一方面，随着数字金融深度发展，金融机构和科技企业关联性变强，甚至可能出现一家企业既是金融机构又是科技公司，对于此类企业及其涉及的业务领域，法律和监管可能出现滞后，部分从业者有机会、有能力进行高危活动。另外，对于一些中小型金融机构，由于其科技能力不足，数字普惠金融业务的链条被拆解，产品设计、营销获客、信用评价、风险定价可能由不同主体协同完成，[①] 在分业监管、以机构为主体的监管框架下，容易发生监管空白的问题，成为滋生非法活动的土壤。

（四）金融科技核心技术攻关需进一步加强

近年来中国金融科技实现快速发展，但是核心技术研发仍落后于美国。在我国，虽然各类新技术诸如人工智能、物联网、区块链、生物识别等得到

---

① 曾刚：《金融伦理推动数字普惠金融高质量发展》，2023 年 1 月 18 日，https：//www.yicai.com/news/101653372.html。

广泛应用，但传统金融机构受限于资产规模、人才缺乏等问题，关键核心技术的创新还有所不足。一方面，金融科技研发投入总额和占比尚有上升的空间；另一方面，人才培养体系的不完备、具备创新能力的人才缺乏同样制约金融科技核心技术攻关。随着我国数字经济规模不断扩大，对于既懂科技又懂业务的复合型人才以及具有开放心态、创新视野的人才的需求水涨船高，数字金融面临人才的结构性短缺。尽管一些传统金融机构开始布局金融科技，并纷纷成立科技子公司，但是其主体仍然是原来传统金融机构的部门，因此核心技术创新能力未产生质变。未来我国须以核心技术创新为主要驱动，重视研发投入和人才培养，实现金融科技高质量发展。

（五）地区间、机构间金融科技发展不均衡

数字金融的发展受资源、技术先进程度、经济发展规模等因素共同影响。因此，经济发达的地区通常会聚集着较多的金融科技公司，并且从研发端至营运端形成较为完整的数字金融产业链；而经济欠发达的地区不具备金融科技快速发展的条件，金融科技公司也不会选择在该地区成立，导致金融科技在不同地区间发展不平衡。同时，国家区域经济发展战略与金融中心建设为当地金融科技公司的发展提供了良好的机遇，随着地区间金融差距扩大，地区间的金融科技发展不均衡也逐渐扩大。另外，金融机构本身在业务体量、成本优势及技术水平等方面有差距，从而导致资源倾斜甚至垄断，不利于中小金融机构科技发展，加剧机构间的发展不均衡。

（六）金融科技服务实体经济深度、广度不足

我国数字金融服务主要集中于零售金融领域，在服务产业互联网方面存在诸多不足。[①] 头部平台以消费互联网为主，只有少数兼营产业互联网。此外，大型企业金融科技赋能更具备优势，小微企业发展更多依赖于传统金融

---

① 纪敏：《新时期金融科技发展的机遇和挑战——在2022中国（深圳）金融科技全球峰会上的发言》，2023年2月4日，https://mp.weixin.qq.com/s/ULfbp01qRDZoyqLAwT2vcg。

服务。未来要促进实体经济和数字金融深度融合，推动产业转型升级，要拓展数字金融服务实体经济的深度和广度，服务范畴从消费互联网扩大到产业互联网，精准服务产业互联网中的广大中下游中小企业，解决金融科技服务实体经济不平衡、不充分的问题。

六　数字金融创新与发展的趋势

数字经济浪潮涌动，数字金融也迎来全面发展之机。承前启后，继往开来，在监管顶层的设计、领导下，我国正朝着构建适应现代经济发展的数字金融新格局稳步迈进，数字金融将呈现技术化、绿色化、实业化、数字化、智能化趋势。

（一）数字技术和数据要素双轮驱动

隐私计算、零信任等前沿技术的探索和兴起，为数字金融的发展注入更多活力，尤其是在数据安全保护、信息交互验证、数据交互方面，各种前沿安全技术将发挥重要作用。第一，隐私计算可以实现数据可用不可见。通过数据输入隐私与输出隐私，隐私计算可以实现对原始数据和计算结果的保密，对于社会主体间数据共享具有重要意义。第二，零信任技术在远程办公、第三方接入等场景应用，可有效解决数据安全权限问题，极大支持数据系统远程访问。区别于传统网络安全方法，零信任以"从不信任，始终验证"为原则，将身份作为访问控制的基础，通过持续认证、动态访问控制和检测实现动态、持续识别和信任评估。2022 年 6 月，我国发布首个零信任国家标准——《信息安全技术零信任参考体系架构（征求意见稿）》，零信任走向标准化。同时，国内科技公司和各大金融机构也在不断探索零信任布局。第三，低代码技术、无代码技术可以降低业务技术开发难度及门槛，能够释放金融领域的生产力，加速金融领域的数字化转型。当前金融科技发展的主要矛盾是企业数字化转型带来的软件需求和现有研发体系不完善、专业技术和人才储备匮乏的矛盾。低代码、无代码作为应用程序开发平台，可以显著降低业务技术难度和门槛，有助于开发人员大规模快速构建、持续优化应用程序，满足机构随时变化的业务需求。未来，以隐私计算、零信任为代表的一系列数据安全技术将筑牢数字安全屏障，促进数字经济持续健康发展。数据是推动金融数字化转型的基础，随着未来数字化转型持续推进，数字时代不断更替，5G、6G等技术的出现也会倒逼企业加大研发投入，抢占数字化转型高地。

（二）产业金融与消费金融协同推进

2022年，我国明确提出要积极发展产业数字金融，为金融服务实体经济的创新应用指明了一个重要的发展方向。中国银保监会明确提出，要积极发展产业数字金融，打造数字化的产业金融服务平台，围绕重大项目、重点企业和重要产业链，加强场景聚合、生态对接，实现"一站式"金融服务。[①] 当前，发展产业数字金融已经迫在眉睫并具有重要意义。一方面，产业数字金融正在成为数字经济主要发展领域，数字金融服务实体经济的重心也必然转向产业互联网，进一步推动金融服务高质量发展。另一方面，数字化带来生产方式、商业模式变革，倒逼金融机构服务模式创新、服务能力提升，发展产业数字金融成为必然选择。不少金融科技公司已经开始驶入产业数字金融赛道，抓抢发展机遇，产业数字金融将会成为数字金融领域的增长极和新引擎。[②]

数字普惠金融是践行以人民为中心发展理念和金融为民思想的重要体现，是服务乡村振兴的有力抓手。2021年中央一号文件提出"发展农村数字普惠金融"，2022年中央一号文件提出"大力推进数字乡村建设"，顶层设计为数字普惠金融发展提供了指导。运用数字技术解决普惠金融领域的痛点和难点问题已积累丰富经验，逐步形成新业态、新模式。特别是2022年

---

① 中国银保监会：《关于银行业保险业数字化转型的指导意见》，2022年1月10日，http://www.gov.cn/zhengce/zhengceku/2022-01/27/content_5670680.htm。

② 《2022年三季度我国数字经济金融形势分析报告》，中国数字金融合作论坛，2022年10月29日，https://field.10jqka.com.cn/20221102/c642669047.shtml。

以来在疫情持续冲击下，数字普惠金融加速向纵深发展，数字技术的运用促进金融服务范围持续下沉拓展，数字支付规模持续扩大，小微企业互联网流动资金贷款等快速增长，数字普惠金融生态不断丰富，服务实体经济和人民生活覆盖面扩大、质量稳步提升，过去"数字金融不普惠、普惠金融不数字"的格局正在发生根本性变化。从深度上，数字金融助力政策性金融资源准确触达，缓解小微企业融资问题。截至 2022 年底，普惠小微贷款余额达 23.8 万亿元，同比增长 23.8%。[1] 从广度上，与传统金融相比，数字金融覆盖面更广，县域居民贷款中，信用贷款占比为 73.4%，其中互联网贷款占比达到 57.5%，数字金融成为县域农村金融的有效补充。[2]

（三）金融业态和模式更加绿色化

绿色金融的发展需要更多激励和创新，尤其是与数字金融的融合创新。《金融科技发展规划（2022—2025 年）》中提到，要加强金融科技与绿色金融的深度融合，创新发展绿色金融，运用科技手段有序推进绿色低碳金融产品和服务开发。中国金融学会绿色金融专业委员会发布的报告显示，未来 30 年，我国绿色低碳融资需求将达到 487 万亿元。[3] 一方面，数字金融可以应用于绿色企业甄别、绿色企业信贷风控、绿色金融产品研发等方面，为绿色金融体系建设及发展提供支撑。此外，数字技术可以促进各部门数据共享，丰富碳排放检测模型。例如，中信银行推出"碳账户"，融合大数据实时计算、监测客户碳足迹数据。金融机构利用区块链、物联网等技术建立绿色金融使用效果评级模型，用于追踪企业对于绿色金融产品的落地使用情况，实现贷后的高质量保障。另一方面，地方政府可以通过数字金融手段取得真实可靠的企业环境表现数据，建立企业环境信息及数据共享平台。例

---

① 中国人民银行：《2022 年金融统计数据报告》，2023 年 1 月，http：//www.gov.cn/shuju/2023-01/14/content_ 5736876. htm。
② 中国社会科学院农村发展研究所：《中国县域数字普惠金融指数报告 2022》，2022 年 11 月 29 日，http：//www.xinhuanet.com/tech/20221129/b8448a284d6a4db7985e5bfdd76c2b44/c.html。
③ 中国金融学会绿色金融专业委员会：《碳中和愿景下的绿色金融路线图研究》，2021 年 12 月，https：//www.yicai.com/news/101226951. html。

如，北京、浙江等地建立了企业环境信用评价综合管理系统，实现了企业环境信用评价管理动态实施、监管措施自动匹配、预警分析实时开展、评价结果综合应用等功能。以百度为代表的头部厂商响应政策号召，将数字技术深度运用在绿色金融领域，提升金融机构的含"绿"度。

（四）数字金融与实体经济深度融合

金融机构加大科技投入，加快打造与现代化经济体系相适应的数字生态金融服务格局，积极以数字化转型发展成果赋能实体经济发展，越来越多的金融机构开始涉足电商、农业、手工艺品等领域。当前，各金融机构不断加码资金、人才投入，强化线上服务，尤其是大型金融机构，凭借规模优势和雄厚的资金实力，加大在数字化领域的研发、人才培养投入。银行、保险集团等大型金融机构设立独立科技子公司，构成了以数字化为引擎，数字化营销、数字化运营场景多点散发的经营模式。[1] 有的金融机构则通过与互联网巨头公司合作推进技术成果的落地，进一步拓展数字化应用的广度与深度，服务实体经济。数据显示，2022年以来，绝大部分银行金融科技投入为增长状态。例如，2022年，招商银行的金融科技投入为141.68亿元，同比增长6.6%；[2] 平安银行的金融科技资本性支出及费用投入为69.3亿元；[3] 中国光大银行的金融科技投入为61.27亿元，同比增长8.89%。[4] 在数字技术的加持下，金融与实体经济正在开启一场全新的深度融合，将传统金融产品进行深度进化来实现赋能实体经济，通过深度融合的方式来实现深度绑定和赋能，而不仅仅只是传统意义上的浅层、片段式

---

① 南都大数据研究院：《数字金融大局观·数字金融趋势洞察报告（2022）》，2022年12月27日，https://static.nfapp.southcn.com/content/202212/27/c7211896.html。

② 招商银行：《招商银行股份有限公司2022年度报告》，2023年3月25日，https://s3gw.cmbimg.com/lb50.01-cmbweb-prd/cmbir/20230327/df852481-20da-4d50-b12c-a51a61ca94bf.pdf。

③ 平安银行：《平安银行股份有限公司2022年度报告》，2023年3月9日，https://ebank.pingan.com.cn/ir#/pc/index.html/home/relation/relationPage/provisional。

④ 中国光大银行：《中国光大银行股份有限公司2022年年度报告》，2023年3月25日，http://www.cebbank.com/site/tzzgx/cwbg/Ag55/index.html。

的结合。例如，马上消费依靠大数据分析、AI 等技术，对乡村养鸡场进行数字化改造，为当地农户提供了智慧养殖解决方案，其"富慧养"智慧养殖大数据管理平台就是一个落地实践。

（五）金融机构加快组织体系数字化步伐

数字化转型成功的前提是管理层对数字化转型目标、蓝图和路径达成共识和决心。金融机构数字化转型不是简单地开发线上产品、营销和服务，而是对金融机构经营文化、理念的革新，以及组织架构、考核体系、人才培养机制的组织管理全方位再造，加快打造轻型敏捷组织。一方面，很多城市商业银行、农村商业银行等中小型银行机构，选择与腾讯科技、度小满、京东云等科技平台合作，在模型建设、平台搭建、产品设计等方面搭建数字化转型的框架，加强风险管控的同时降低成本。另一方面，金融机构着力提升数据管理能力，业务部门、管理部门均进行了各类数字化尝试。业务与科技融合必须目标双向对齐、融合团队、敏捷迭代以及建设专业能力和人才队伍。麦肯锡研究发现，领先金融机构实施四大创新和变革举措，实现业务和技术有效融合：①实行科技、数据"联邦制"，将科技或数据团队内嵌至业务部门，快速响应业务需求；②推行"小队化""敏捷化"模式，实行目标式管理和敏捷迭代；③推动人才结构向"钻石型"转变，提高资深人员占比，培养"真正的工程师"；④建立透明化指标管理体系，提升交付效能。[①]

（六）数字人民币加速推广

数字人民币作为以国家信用为支撑的法定货币，具备一般电子支付工具所不具备的特点和优势，未来将形成我国数字支付的新格局。一方面，数字人民币试点范围不断扩大，目前在全面推广数字人民币钱包。与当前的移动

[①] 麦肯锡：《知易行难：金融机构数字化转型成功之道》，2022 年 9 月 26 日，https：//www.mckinsey.com.cn/。

支付工具相比，数字人民币支持"离线"支付功能，即使没有银行账户，同样可以享受支付等金融服务。在未来数字人民币将成为全新的支付选择。[①] 另一方面，三大技术支撑数字人民币支付新模式：一是可控匿名，数字人民币依托数字钱包的分类实现可控匿名和兼具账户与价值特性；二是支付即结算，从收单机构侧来看，数字人民币或可推动收单服务费率降低，甚至可能为 NFC 支付创造新的发展机遇；三是可编程性，使数字人民币在确保安全与合规的前提下，可根据交易双方商定的条件、规则进行自动支付交易，促进业务模式创新。

此外，面对动荡的国际局势和金融全球化趋势，跨境数字金融设施的建设和安全保障变得愈加重要，目前多国开始建设多元化、跨区域信息通道和支付结算基础设施，提升跨境金融数字设施体系的安全保障能力。国际货币基金组织（IMF）高层发文呼吁各国共同开发一个全球公共数字平台，一个具有明确规则的新型支付基础设施，可以链接各国央行的数字货币，该平台可以极大降低国际支付结算成本并提高跨境支付效率。此外，已有多个国家和地区开发了跨境数字金融系统。例如，欧洲央行已开发 TARGET2，俄罗斯央行开发了本土版金融信息传输系统 SPFS。未来，为了应对纷繁复杂的国际局势和有可能的金融制裁，各国（地区）还会继续研发自己的跨境数字金融设施，进一步提升保障国家金融稳定安全的能力。

七　数字金融创新与发展的政策建议

党的二十大报告指出，高质量发展是全面建设社会主义现代化国家的首要任务。因此，数字金融服务高质量发展变得尤为重要。数字金融的创新与发展需要多方合力，凝聚共识。首先，政府方面主要进行顶层设计，完善数据要素市场和服务体系，同时进行数字金融监管和治理。其次，行业主要为

---

① 尹沿技、夏瀛韬、赵阳：《数字人民币引领未来支付新趋势——数字金融系列报告（一）》，2021 年 9 月 15 日，https://xueqiu.com/9508834377/198061007。

数字金融发展创造良好的环境，扮演组织者和助推器的角色。最后，微观市场主体从自身出发，融入金融科技发展洪流，服务国家高质量发展。不同的社会主体各司其职，持续推动数字金融和实体经济深度融合，持续为高质量发展服务。

（一）建立并完善数据要素市场

建立数据要素市场体系，是数字经济健康发展的重要基础。加快培育数据要素市场、推进数据要素市场化配置、充分发挥数据作为关键生产要素的作用，是推动数字金融发展的重要条件。数据要素作为一种新型生产要素，可以降低市场壁垒，减少交易成本，加快传统生产要素的流动并提升要素配置效率。建立并完善数据要素市场需要做好以下几点。第一，进行数据标准化。目前各地各行业采集的数据标准不一样，导致了数据格式不同，质量参差不齐，出现难以共享的问题，所以需要高屋建瓴进行数据要素标准化。第二，完善数据要素确权和定价机制。解决数据权益归属问题有利于明确数据流通中各方的责任和义务，促进数据流通利用和价值激发。第三，强化数据要素监管，加强数据流通利用安全保障。应统筹各方监管，形成完整的监管体系，并鼓励行业自律。

（二）打造并完善数字金融服务体系

有别于传统金融服务体系，数字金融服务体系应以高效、多元、绿色、智能为目标。首先，在服务流程方面，可以运用流程自动化、自然语言处理和智能识别等技术进行数字化流程重构，打通部门间流程断点，打造环节无缝衔接、信息实时交互、资源协同高效的业务处理模式。其次，在服务渠道方面，线上线下相结合，线下依托5G、AR等视觉技术与网点场景深度融合，推动实体网点向沉浸式、智慧型发展；线上持续推进金融服务数字渠道迭代升级，实现服务渠道多媒体化、交互化。在小微金融领域，利用大数据、人工智能等技术捕捉小微企业更深层次的金融需求，综合利用各方面数据准确评估企业状况，缓解信息不对称问题，提供精细化、定制化信贷产品,并且运用科技手段监测信贷资金流向,打造一个高效的数字金融服务体系。

(三)准确把握数据治理和数据开放的平衡

数据治理是保障金融数字化价值发挥的关键一步。完善数据治理规则,提高数字金融治理水平,可以确保机构数据全面、一致、可信,从而全面释放数据的价值。但是数据治理需要注意以下问题。首先,数据治理并不意味着"管"死数据,导致很多数据无法收集、无法使用。[①] 相反,数据治理要在增强数据可得性、流动性的同时保护数据隐私和数据安全,两个目标之间做到共存。其次,要处理好数据治理、数据管理以及数据管控这三者的关系。数据治理是顶层决策,数据管理是流程和机制,数据管控是手段,这三者相辅相成。最后,数据治理需要企业、政府以及个体之间形成共识。例如,个人数据保护与商业秘密、企业数据权益等可以共存。就数据开放而言,不能无差别地讨论数据开放,特别是不能无条件地强制要求企业共享数据。只有各方在数据治理问题上不断达成共识,才能促进数据有序开放共享。

(四)大力推动产业数字金融发展

产业数字金融在解决产业链上中小微企业融资难、帮助实体经济降本增效、加速各产业数字化转型等方面扮演着重要角色。第一,我国民营小微企业众多,数字技术赋能产业数字金融创新,可以将产业链上的各企业主体经营情况数字化、透明化,让产业链上各类企业获得同等的金融服务,让银行等金融机构能够在数字技术帮助下直接触达过去无法服务的民营中小微企业。第二,发展产业数字金融有利于降低实体企业的成本,实体经济有大量的应付应收账款和存量固定资产,大力发展产业数字金融,

---

[①] 黄益平:《如何兼顾平台经济的规范与创新?》,第一财经,2022年7月3日,https://www.idf.pku.edu.cn/gd/525634.htm。

可以为实体经济释放大量的资金。第三，产业数字金融有助于控制金融风险。产业数字金融的本质是通过数字技术，最大限度透明化产业金融服务的各个环节，极大减少虚假交易、虚假数据。产业数字金融将通过数字化手段极大降低当前金融系统中各类潜在的风险，未来有望打造一个全透明化的数字金融市场。

（五）行业端、企业端加强金融科技国际合作

近两年受制于疫情管控和国情，国际金融科技合作与交流受到抑制，全球性的金融科技论坛等交流活动相对减少，各国在金融科技领域经验共享与交流、项目合作仍有较大空间。① 而金融科技的整体发展需要各个国家或者金融主体的积极参与。因此，应当从多个维度加强金融科技的国际合作。首先，从行业端来看，通过举办高水平峰会、论坛及比赛等，促进全球合作交流，激发金融科技创新创业活力。同时各国行业协会组织深度交流合作，建立常态化的金融科技合作交流对接机制。其次，从企业端来看，推动跨境支付、数字货币、监管科技等项目的国际化合作，促进技术、业务、模式等方面的合作共享。同时积极拓展海外市场，通过设立海外分支机构或者子公司开展海外技术收购，从而促进金融科技国际融合，建立全方位的金融科技国际交流渠道。

（六）加速底层技术创新与成果转化

金融科技的发展需要底层技术创新和技术成果转化的支持。未来五年是我国技术产出的重要时期，金融科技企业应当以技术创新和成果转化双轮驱动，形成完整产业链闭环。金融科技底层核心技术主要包括大数据技术、人工智能技术、分布式技术、互联技术等。诸如5G、物联网技术、区块链技术等刚刚兴起，技术本身远未成熟，应用场景有待进一

---

① 亚洲金融合作协会：《亚洲金融合作协会金融科技实践报告》，2021年12月2日，https：//mp. weixin. qq. com/s/pQwyl2O3kfqAYqoV9kECAQ。

步拓展。目前，全球底层技术发展水平各不相同，美国掌握了大部分前沿技术研发的关键环节并占据了技术研发的制高点，其他国家虽然在奋力追赶，但仍与美国等国家存在较大差距。底层技术攻关应当以企业为主体，联合高校和科研院所，加大研发力度，找准前沿技术突破点，大力推动底层技术的创新。同时应当注意研发成果及时转化，大力支持建设金融科技孵化器和产业科技园区，发挥产学研协同效应，形成良好的金融科技发展生态。

参考文献

中国人民银行：《2021年支付体系运行总体情况》，2022年4月3日，http：//www. gov. cn/xinwen/2022-04/03/content_ 5683319. htm。

中国人民银行：《2022年支付体系运行总体情况》，2023年3月20日，http：//www. pbc. gov. cn/goutongjiaoliu/113456/113469/4822810/index. html。

中国人民银行：《中国数字人民币的研发进展白皮书》，2021年7月16日，http：//www. gov. cn/xinwen/2021-07/16/content_ 5625569. htm。

中国人民银行：《扎实开展数字人民币研发试点工作》，2022年10月12日，http：//www. cncc. cn/gzdt/xydt/202210/t20221013_ 1122. html。

何大勇、赖华、王中伟等：《券商数字化转型破局之道——概览篇》，2022年4月12日，https：//finance. sina. com. cn/zl/bank/2022-04-12/zl-imcwiwst1340917. shtml。

国家金融与发展实验室、中国社会科学院金融研究所和金融科技50人论坛：《中国金融科技运行报告（2022）》，2022年11月29日，https：//baijiahao. baidu. com/s? id=1750811711846912614&wfr=spider&for=pc。

《夯实基础，积厚成势——工商银行大数据服务平台建设实践》，2022年9月1日，https：//www. fcmag. com. cn/index. php? m=content&c=index&a=show&catid=132&id=867。

中国信通院：《金融人工智能研究报告（2022年）》，2022年1月14日，http：//www. caict. ac. cn/kxyj/qwfb/ztbg/202201/t20220118_ 395760. htm。

亿欧智库：《2021—2022中国金融数字化"新"洞察行业研究报告》，2022年3月28日，https：//baijiahao. baidu. com/s? id=1728891690898003482&wfr=spider&for=pc。

零壹财经：《开启新纪元：隐私计算在金融领域应用发展报告（2021）》，2021年10月28日，https：//baijiahao. baidu. com/s? id=1714815397822625409&wfr=spider&for=pc。

曾刚：《金融伦理推动数字普惠金融高质量发展》，2023年1月18日，https：//

www. yicai. com/news/101653372. html。

中国人民银行：《2022 年金融统计数据报告》，2023 年 1 月，http：//www. gov. cn/shuju/2023-01/14/content_ 5736876. htm。

中国社会科学院农村发展研究所：《中国县域数字普惠金融指数报告2022》，2022年11月29日，http：//www. xinhuanet. com/tech/20221129/b8448a284d6a4db7985e5bfdd76c2b44/c. html。

新理论新研究篇

New Theory and New Research

B.2

2021~2022年数字金融研究综述

王　博[*]

摘　要： 数字金融是数字经济时代金融与科技深度融合的革命性产物，众多学者对数字金融的发展所产生的经济效应进行了研究，本报告采用文献梳理法对近两年来有关数字金融的文献进行梳理总结，发现数字金融对经济活动的影响是多维度的，主要涉及企业部门、银行部门、家庭部门和宏观经济等方面。在对企业部门的影响方面，数字金融的发展解决了企业融资的约束问题，提高了企业的全要素生产率、财务绩效和创新水平，推动企业实现高质量发展。在对银行部门的影响方面，数字金融的发展提高了银行的经营效率、盈利能力和创新水平，促使银行更好地服务于实体经济。在对家庭部门的影响方面，数字金融提升了家庭金融资产组合的配置效率，提高了居民收入水平和消费水平，降低了农村家庭的贫困程度。在对宏观经济的影响方面，数字金融促进了产业

---

[*] 王博，南开大学金融学院教授、博士生导师，数字金融研究所所长，主要研究领域为数字金融。

结构升级，提高了货币政策的有效性，推动了经济的高质量发展。

关键词： 数字金融　企业部门　银行部门　家庭部门　宏观经济

随着大数据、云计算等信息技术的快速发展，数字信息技术与金融业的融合发展形成了以移动支付等为主要代表的数字金融新业态。数字金融的快速发展使人们的生产生活发生了巨大改变，引起了学术界的广泛关注和探讨。现有研究发现，数字金融的快速发展对企业部门、银行部门、家庭部门和宏观经济的发展产生了重要影响。

一　数字金融对企业部门的影响

一是数字金融对企业风险承担水平的影响。许芳和何剑[1]研究发现，数字金融的发展降低了企业的融资成本和融资约束，进而提高了企业自身的风险承担能力。此外，数字金融对不同类型企业风险承担能力的作用效果表现出明显的差异性，具体来看，数字金融对非国有企业和小规模企业风险承担能力的提升效果更为明显。马连福和杜善重[2]基于中国上市公司的样本数据发现，数字金融的发展能够通过拓宽企业获取资源途径的渠道提高企业的主动风险承担水平，且数字金融对企业主动风险承担的影响在高监管水平地区表现得更显著。此外，随着经济政策不确定性的降低和公司治理水平的提高，数字金融对提升企业主动风险承担水平的效果也逐渐加强。严复雷等[3]基于我国中小板、创业板上市公司的数据研究发现，数字金融的发展提升了

---

[1]　许芳、何剑：《数字金融发展与企业风险承担能力：多重效应与异质性分析》，《金融理论与实践》2022 年第 8 期，第 12~21 页。

[2]　马连福、杜善重：《数字金融能提升企业风险承担水平吗》，《经济学家》2021 年第 5 期，第 65~74 页。

[3]　严复雷、崔钟月、张语桐：《数字金融对非金融类企业风险承担的影响研究——来自我国中小板和创业板的经验证据》，《区域金融研究》2021 年第 11 期，第 18~28 页。

银行间的竞争程度，进而提高了非金融类企业的风险承担水平。并且，在非国有企业、处于成长期和成熟期阶段的企业及信息透明度较高的企业样本中影响效果更显著。

二是数字金融对企业金融化水平的影响。李志军和杨秋萍[①]基于中国 A 股非金融类上市公司的研究数据发现，数字金融降低了企业的融资成本，提升了企业金融化程度，这种影响效应在非国有企业和非家族类企业中表现得更为明显。但陈春华等[②]基于沪、深两市 A 股上市公司的研究数据发现，数字金融降低了企业的预防性动机，进而减轻了企业金融化程度。此外，随着金融监管强度和规范程度的提升，数字金融的发展对于企业金融化水平的抑制效果更加明显。

三是数字金融对企业融资问题的影响。黄锐等[③]基于上市企业的研究数据发现，数字金融能够通过微观层面和宏观层面两条渠道解决企业的融资约束问题。在微观层面，数字金融降低了企业获取资金的费用，进而解决了企业的融资难问题。在宏观层面，数字金融提高了市场化水平，进而缓解了企业的融资难问题。并且，监管程度的提高能够增强数字金融对企业融资约束的缓解作用。解维敏等[④]研究发现，数字金融的快速发展促使金融部门获取更多有关企业生产经营状况的有益信息，加大了金融部门对企业的信贷支持力度，进而缓解了企业的融资约束问题，且数字金融对于缓解小规模企业及处于成长期和成熟期民营企业融资约束的效果更强。李佳和段舒榕[⑤]研究发现，数字金融的发展能够提高资金供给方和资金需求方之间的信息透明度，

---

① 李志军、杨秋萍：《数字金融与企业金融化》，《云南财经大学学报》2021 年第 12 期，第 52~70 页。

② 陈春华、曹伟、曹雅楠等：《数字金融发展与企业"脱虚向实"》，《财经研究》2021 年第 9 期，第 78~92 页。

③ 黄锐、赖晓冰、赵丹妮等：《数字金融能否缓解企业融资困境——效用识别、特征机制与监管评估》，《中国经济问题》2021 年第 1 期，第 52~66 页。

④ 解维敏、吴浩、冯彦杰：《数字金融是否缓解了民营企业融资约束？》，《系统工程理论与实践》2021 年第 12 期，第 3129~3146 页。

⑤ 李佳、段舒榕：《数字金融减轻了企业对银行信贷的依赖吗？》，《国际金融研究》2022 年第 4 期，第 88~96 页。

降低企业对于银行的依赖度。并且，数字金融对于中西部地区企业的影响效果更为明显。赵绍阳等[1]研究发现，与线下经营的企业相比，数字金融对于已经实现线上经营的企业的信贷可得性影响程度更大。陈廉等[2]研究发现，数字金融的发展扩大了银行的贷款规模，在很大程度上解决了企业的"融资贵"问题。

四是数字金融对企业高质量发展的影响。Xia等[3]基于中国上市公司的数据研究了数字金融的发展对企业抵御新冠疫情冲击的作用，研究发现，处于高数字金融发展水平地区企业的损失程度更低，从疫情中恢复得更快。具体来看，数字金融降低了企业的融资成本，有助于提高企业的韧性，且数字金融对于小规模企业和非国有企业的影响效果更为明显。汤萱和高星[4]研究发现，数字金融降低了民营企业的融资成本，推动了民营企业的高质量发展，且数字金融对注册资本较少的民营企业高质量发展的助推效果更加显著。此外，随着企业管理水平及内部监管程度的提高，数字金融对企业的积极影响也逐渐加强。曾雅婷等[5]基于中小板和创业板新创企业的样本数据研究发现，数字金融的发展对于非国有企业和高新技术企业成长的助推效果更强。潘艺和张金昌[6]基于中国制造业上市企业的样本数据研究发现，数字金融推动了企业的高质量发展。此外，数字金融能够显著降低大中型企业、民营企业和技术密集型企业的财务风险水平，对于这类企业高质量发展的正向

① 赵绍阳、李梦雪、佘楷文：《数字金融与中小企业融资可得性——来自银行贷款的微观证据》，《经济学动态》2022年第8期，第98~116页。
② 陈廉、易露、陈强：《数字金融、中小企业债务融资与债权人异质性》，《贵州财经大学学报》2021年第5期，第53~60页。
③ Xia Y, Qiao Z, Xie G., "Corporate Resilience to the COVID-19 Pandemic: The Role of Digital Finance," *Pacific-Basin Finance Journal*, 2022, 74: 1-21.
④ 汤萱、高星：《数字金融如何促进民营企业成长——基于金融监管与管理者能力的调节效应》，《求是学刊》2022年第5期，第71~84页。
⑤ 曾雅婷、邢晶晶、李宾：《数字金融发展对新创企业成长的影响——融资约束和研发投入的链式中介效应与异质性分析》，《西部论坛》2022年第6期，第20~36页。
⑥ 潘艺、张金昌：《数字金融、财务风险与企业高质量发展——基于我国A股和新三板制造业上市企业的经验证据》，《武汉金融》2022年第11期，第3~12页。

影响更强。Ji 等[1]基于中国 A 股上市公司的样本数据研究了数字金融对公司破产风险的影响，研究发现，数字金融的发展主要通过提高企业信息透明度和降低企业财务杠杆的途径降低了企业的破产风险。并且，数字金融的发展对于降低小型企业和高风险企业破产风险的效果更为明显。Ma 等[2]基于中国工业企业数据研究了数字金融的发展对于企业退出概率的影响，研究发现，数字金融的发展解决了企业的融资问题，最终降低了企业退出的概率。

五是数字金融对企业财务绩效的影响。Daud 等[3]基于印度尼西亚中小企业的样本数据研究发现，数字金融的发展能够显著提高中小企业的财务绩效水平。Wu 和 Huang[4]基于中国新能源上市公司的样本数据研究发现，数字金融的快速发展能够降低企业的融资约束，进而提高企业的财务绩效水平。此外，数字金融对于小型企业和非国有企业财务绩效的正向影响效果更为显著。Frimpong 等[5]基于加纳中部地区中小企业样本数据研究发现，数字金融的发展能够显著提高中小企业的财务绩效水平，且金融素养的提高能够加强数字金融对于中小企业财务绩效水平的正向影响。

六是数字金融对企业价值的影响。Tang 等[6]基于沪深 A 股战略新兴企业数据研究了数字金融的发展对于企业价值的影响，研究发现，数字金融主要通过为企业提供资金支持、降低企业风险和促进企业创新的途径提高

---

[1] Ji Y, Shi L, Zhang S. , "Digital Finance and Corporate Bankruptcy Risk: Evidence from China," *Pacific-Basin Finance Journal*, 2022, 72: 1-21.

[2] Ma F, Lei L, Chen Z, et al. , "Digital Finance and Firm Exit: Mathematical Model and Empirical Evidence from Industrial Firms," *Discrete Dynamics in Nature and Society*, 2021, 2021: 1-7.

[3] Daud I, Nurjannahe D, Mohyi A, et al. , "The Effect of Digital Marketing, Digital Finance and Digital Payment on Finance Performance of Indonesian Smes," *International Journal of Data and Network Science*, 2022, 6: 37-44.

[4] Wu Y, Huang S. , "The Effects of Digital Finance and Financial Constraint on Financial Performance: Firm-level Evidence from China's new Energy Enterprises," *Energy Economics*, 2022, 112: 1-10.

[5] Frimpong S E, Agyapong G, Agyapong D. , "Financial literacy, Access to Digital Finance and Performance of SMEs: Evidence from Central Region of Ghana," *Cogent Economics & Finance*, 2022, 10 (1): 1-21.

[6] Tang X, Ding S, Gao X, et al. , "Can Digital Finance help Increase the Value of Strategic Emerging Enterprises," *Sustainable Cities and Society*, 2022, 81: 1-12.

战略性新兴企业的价值。并且，数字金融对市场化程度较低地区的企业、非国有企业和中西部地区企业价值的提升效果更为明显。王平和王凯[1]基于我国上市公司的样本数据发现，数字金融的发展主要通过提高企业技术创新能力的途径提升了企业的价值。此外，数字金融对企业价值的影响存在异质性特点，其对于非国有企业和经济欠发达地区企业价值的提升效果更为显著。

七是数字金融对企业全要素生产率的影响。陈中飞和江康奇[2]基于沪深A股上市公司数据研究发现，数字金融能够通过提高企业销售收入和降低企业融资约束的渠道提高企业的全要素生产率，且影响效果表现出动态衰减的特点。异质性检验发现，数字金融的发展对于非国有企业、消费制造型企业、成长型企业及中西部地区企业全要素生产率的提升效果更为明显。段军山和高雯玉[3]研究发现，数字金融的发展显著提高了企业的全要素生产率。此外，在市场化程度较高的地区及监管程度较低的地区的企业样本中，数字金融对于企业全要素生产率的正向影响效果更显著。

八是数字金融对企业出口水平的影响。张铭心等[4]研究发现，数字金融的发展通过缓解企业融资约束和提高企业管理效率的渠道提升了企业出口产品的质量，且对于小规模企业及民营企业出口产品质量的提升效果更明显。耿伟等[5]研究发现，数字金融主要通过缓解企业融资约束和提高企业创新水平两条途径推动了企业出口产品质量的升级。并且，数字金融的发展对于低技术产品企业、目的国为发达国家的企业和东部地区企业出口产品质量的提

① 王平、王凯：《数字金融、技术创新与企业价值》，《统计与决策》2022年第15期，第164~169页。
② 陈中飞、江康奇：《数字金融发展与企业全要素生产率》，《经济学动态》2021年第10期，第82~99页。
③ 段军山、高雯玉：《数字金融发展对企业全要素生产率的影响研究》，《当代财经》2022年第5期，第51~62页。
④ 张铭心、汪亚楠、郑乐凯等：《数字金融的发展对企业出口产品质量的影响研究》，《财贸研究》2021年第6期，第12~27页。
⑤ 耿伟、王筱依、李伟：《数字金融是否提升了制造业企业出口产品质量——兼论金融脆弱度的调节效应》，《国际商务》（对外经济贸易大学学报）2021年第6期，第102~120页。

升效果更为明显。陈旭和邱斌①基于中国工业企业的样本数据研究发现，数字金融提高了企业的技术创新水平，进而促进了企业的出口扩张。并且，数字金融的不同组成部分对企业出口扩张的影响表现出差异性，数字金融的使用广度对于促进企业出口扩张的影响程度更大。王智新等②研究发现，数字金融的发展能够通过促进企业实现技术创新等路径提高企业的出口技术复杂程度，且数字金融对企业出口技术复杂程度的影响存在较为明显的空间溢出效应。此外，金融监管强度的提高强化了数字金融对企业出口技术复杂度的正向影响。

九是数字金融对企业创新水平的影响。申明浩和谭伟杰③研究发现，数字金融的快速发展提高了企业的创新水平，且数字金融对于小规模企业技术创新水平的提升作用更加明显。熊正德和黎秋芳④基于数字创意产业的上市企业样本数据研究发现，数字金融显著提高了企业的创新水平，且数字金融对于企业创新水平的影响表现出较为明显的异质性特征，具体而言，与国有企业相比，数字金融对于非国有企业创新水平的提升作用更为明显。聂秀华和吴青⑤基于中小板上市公司数据发现，数字金融的发展明显减轻了中小企业的融资费用，进而提升了企业的创新能力。此外，数字金融的发展对于非国有企业和高经济发展水平地区中小企业的技术创新水平的激励效果更加明显。谢雪燕和朱晓阳⑥发现，数字金融的发展提高了企业的盈利能力，促使企业加大研发投入的资金规模，最终提高了中小企业的创新能力。此外，数

---

① 陈旭、邱斌：《数字金融、金融监管与出口扩张——来自中国工业企业的证据》，《国际经贸探索》2021年第9期，第35~50页。
② 王智新、韩承斌、朱文卿：《数字金融发展对出口技术复杂度的影响研究》，《世界经济研究》2022年第8期，第26~42、135~136页。
③ 申明浩、谭伟杰：《数字金融发展能激励企业创新吗？——基于中国上市企业的实证检验》，《南京财经大学学报》2022年第3期，第66~77页。
④ 熊正德、黎秋芳：《数字金融对企业技术创新的影响——基于370家数字创意产业上市公司的证据》，《湖南农业大学学报》（社会科学版）2022年第3期，第80~89页。
⑤ 聂秀华、吴青：《数字金融对中小企业技术创新的驱动效应研究》，《华东经济管理》2021年第3期，第42~53页。
⑥ 谢雪燕、朱晓阳：《数字金融与中小企业技术创新——来自新三板企业的证据》，《国际金融研究》2021年第1期，第87~96页。

字金融对于国有企业、小型企业和东部地区企业技术创新的影响程度更大。王宏鸣等[1]基于沪深 A 股非金融类上市公司的样本数据研究发现，数字金融的发展主要通过优化营商环境、减轻企业融资费用和加大企业研发投入的途径推动企业进行数字化转型。此外，数字金融的发展对于技术密集型企业及国有企业数字化转型的促进效果更明显。Rao 等[2]研究发现，数字金融的发展能够通过提高企业信息透明度、提高企业资金可得性等途径提高企业绿色创新产品的数量和质量，且这种效果在国有企业、东部地区企业和处于成熟期的企业更为明显。巴曙松等[3]基于我国上市公司数据进一步研究发现，数字金融对非重污染企业、国有企业和欠发达地区企业绿色创新水平的促进效应更为明显。

十是数字金融对企业社会责任表现的影响。刘艳霞等[4]基于沪深 A 股上市公司的样本数据研究了数字金融对企业社会责任的影响，研究发现，数字金融能够通过降低企业融资费用的途径改善企业社会责任。此外，数字金融的发展对制造业企业和高负债率企业社会责任的促进作用更为显著。魏悦羚和张洪胜[5]基于我国工业企业样本数据探究了数字金融如何影响企业的污染排放量，研究发现，数字金融的发展拓宽了企业的融资渠道，促使企业将更多的资金投入技术改良，最终降低了企业的污染排放强度。并且，在对不同类型企业样本的研究过程中，他们发现，数字金融的发展更能够降低民营企业污染排放强度。杨杰等[6]基于我国上市公司数据探究了数字金融的发展如

① 王宏鸣、孙鹏博、郭慧芳：《数字金融如何赋能企业数字化转型？——来自中国上市公司的经验证据》，《财经论丛》2022 年第 10 期，第 3~13 页。

② Rao S, Pan Y, He J, et al., "Digital Finance and Corporate Green Innovation: Quantity or Quality?," *Environmental Science and Pollution Research*, 2022, 29 (37): 56772-56791.

③ 巴曙松、李妮娜、张兢：《数字金融与企业绿色创新：排斥还是融合?》，《财经问题研究》2022 年第 12 期，第 57~68 页。

④ 刘艳霞、黄雨彬、陈乐：《数字金融、政府补助与企业社会责任》，《哈尔滨商业大学学报》（社会科学版）2022 年第 6 期，第 61~77 页。

⑤ 魏悦羚、张洪胜：《数字金融与企业污染排放——来自中小企业层面的证据》，《财经问题研究》2022 年第 11 期，第 110~119 页。

⑥ 杨杰、张宇、陈隆轩：《数字金融与企业 ESG 表现：来自中国上市公司的证据》，《哈尔滨商业大学学报》（社会科学版）2022 年 5 期，第 3~18 页。

何影响企业的环境、社会和公司治理（ESG）表现，研究发现，数字金融的发展能够提高金融机构对于企业的资金支持力度，提升企业的绿色创新水平，最终改善企业的 ESG 表现，且数字金融对于不同属性企业 ESG 表现的影响具有差异性。

二 数字金融对银行部门的影响

一是数字金融对银行创新的影响。王诗卉和谢绚丽[1]研究发现，数字金融的发展提高了商业银行所面临的经济压力和社会压力，进而提高了商业银行在管理层面和产品层面的数字化创新水平。陈文书[2]基于中国银行业的样本数据研究了数字金融对商业银行创新水平的影响，同样得出了数字金融显著提高银行创新水平的结论。具体来看，数字金融的发展既能通过推动利率市场化改革进程和创造社会创新氛围的外部渠道提升银行的创新水平，也能够通过提高银行高管创新精神和积累创新要素的内部渠道提升银行的创新水平。何昊远[3]基于中国上市银行样本数据研究发现，数字金融的发展能够显著提高商业银行的创新能力。他发现，数字金融对于银行创新能力的提升效果主要体现在银行营业收入中非利息收入所占比例的不断提高和银行申请专利数量的增加等方面。

二是数字金融对银行风险承担的影响。刘孟飞和王琦[4]基于中国银行业的非平衡面板数据研究了数字金融对中国商业银行风险承担的影响，研究发现，数字金融的发展主要通过增加银行管理成本的途径提升了银行的风

---

① 王诗卉、谢绚丽：《经济压力还是社会压力：数字金融发展与商业银行数字化创新》，《经济学家》2021 年第 1 期，第 100~108 页。

② 陈文书：《数字金融驱动商业银行经营创新的理论机理与实证研究》，《经济研究导刊》2022 年第 35 期，第 64~68 页。

③ 何昊远：《数字金融与商业银行创新能力的提高——基于 A 股上市商业银行的面板模型分析》，《生产力研究》2022 年第 2 期，第 146~150 页。

④ 刘孟飞、王琦：《数字金融对商业银行风险承担的影响机制研究》，《会计与经济研究》2022 年第 1 期，第 86~104 页。

险承担水平，且数字金融的发展对于大中型银行和东部地区银行风险承担水平的提升作用更为显著。顾海峰和高水文①发现，数字金融提高了银行经营收入中非利息收入的占比，进而提高了银行的主动风险承担水平。并且，数字金融的发展对于不同类型银行风险承担的影响表现出一定的差异性，具体而言，数字金融对于城市商业银行和农村商业银行风险承担的作用效果较股份制银行而言更弱。韦颜秋和邱立成②研究发现，数字金融对商业银行风险承担水平的影响表现出较为明显的 U 形特征，在初始阶段，数字金融降低了银行的风险承担水平；但随着数字金融的不断发展完善，数字金融提升了商业银行的经营效率和经营绩效，进而提高了银行的风险承担水平。

三是数字金融对商业银行经营效率的影响。杜莉和刘铮③研究发现，数字金融的发展通过增强银行信用风险防控能力的途径提高了银行自身的经营效率。并且，数字金融对于银行经营效率的提升作用表现出异质性效果，具体来看，数字金融的发展对于成立时间短、资产规模较小和非上市银行经营效率的提升作用更为明显。张正平和刘云华④基于我国农村商业银行的样本数据发现，数字金融的发展推动农村商业银行业务的线上化发展，显著提升了银行的经营效率。但数字金融快速发展的同时也会增大农村商业银行的风险承担水平，进而降低农村商业银行的运营效率。

四是数字金融对银行其他方面的影响。贺水金和胡灵⑤基于我国银行业的样本数据，通过构建银行层面数字金融指数的方式研究了数字金融对银行

---

① 顾海峰、高水文：《数字金融是否影响商业银行风险承担——基于中国 170 家商业银行的证据》，《财经科学》2022 年第 4 期，第 15~30 页。

② 韦颜秋、邱立成：《数字金融、资产规模与商业银行风险承担》，《贵州社会科学》2022 年第 6 期，第 116~126 页。

③ 杜莉、刘铮：《数字金融对商业银行信用风险约束与经营效率的影响》，《国际金融研究》2022 年第 6 期，第 75~85 页。

④ 张正平、刘云华：《数字金融发展对农村商业银行运营效率的影响——基于 2014-2018 年非平衡面板数据的实证研究》，《农业技术经济》2022 年第 4 期，第 67~81 页。

⑤ 贺水金、胡灵：《数字金融与银行流动性创造的 U 型关系——基于中国 173 家商业银行的分析》，《财经论丛》2022 年第 8 期，第 37~48 页。

流动性创造水平的影响，研究发现，长期来看数字金融对银行流动性创造的影响表现出技术溢出效应，提高了银行的流动性创造水平。与西部地区银行和国有大型银行相比，数字金融的发展对于东中部地区银行及股份制银行的影响效果更为显著。陈正和韩亮亮[1]基于沪深A股上市商业银行的样本数据探究了数字金融如何影响银行的经营绩效，研究发现，数字金融的发展提高了银行的服务效率，降低了银行的获客成本，进而提高了银行的绩效水平，且数字金融对于高风险承担水平银行绩效的正向影响更为明显。顾海峰和朱慧萍[2]基于中国202家商业银行的年度数据探究了数字金融对银行特许权价值的影响，研究发现，数字金融的发展通过价格竞争、存款挤占等方式降低了银行的净息差，最终对银行特许权价值产生抑制作用。此外，数字金融对于不同类型银行特许权价值的影响存在差异性，数字金融对于降低城市商业银行特许权价值的效果更显著。温博慧等[3]采用非平衡空间计量模型研究了数字金融的发展对传统银行业小微贷款影响的空间效应，研究发现，我国数字金融的发展不仅会提升本地区传统银行小微贷款量，而且会提升相邻地区银行小微贷款量，且这种空间溢出效应在我国东部地区表现得更为明显。

三　数字金融对家庭部门的影响

一是数字金融发挥的"减贫效应"方面。张海洋和韩晓[4]研究发现，数字金融能够提高地区资源配置效率，从而解决农村家庭的贫困问题，且数字

---

① 陈正、韩亮亮：《数字金融、风险承担与商业银行经营绩效》，《地方财政研究》2022年第11期，第90~98页。

② 顾海峰、朱慧萍：《数字金融是否影响商业银行特许权价值？》，《当代经济科学》2022年第4期，第88~102页。

③ 温博慧、刘雨菲、程朋媛：《数字金融对传统银行小微贷款影响的空间效应——基于非平衡空间计量模型的实证检验》，《国际金融研究》2022年第3期，第45~55页。

④ 张海洋、韩晓：《数字金融的减贫效应研究——基于贫困脆弱性视角》，《金融评论》2021年第6期，第57~77、119页。

金融的"减贫效应"在物质禀赋高、抚养比低和中部地区家庭效果更加显著。因此,应该加大对于弱势群体的关注度,进一步完善地区数字基础设施建设。Chen 和 Zhao[①] 基于 2017 年中国家庭金融调查数据探究了数字金融对于农村家庭的减贫效果,他们发现,数字金融的发展拓宽了农村家庭获取信贷资源和各项信息的渠道,促进了农村家庭创业,进而降低了农村地区家庭的贫困程度。

二是数字金融对家庭金融资产配置的影响。安强身和白璐[②]研究发现,数字金融的发展提高了家庭金融资产的配置比重。并且,数字金融对于东部地区家庭及发达城市家庭金融资产配置的影响程度更大。吴雨等[③]发现,数字金融拓宽了家庭金融知识的获取途径,提高了家庭金融投资的便捷性,最终提高了家庭金融资产组合的效率。并且,数字金融对于提高发达地区家庭金融资产组合有效性的效果更明显。

三是数字金融对家庭债务风险的影响。王海军[④]研究发现,数字金融显著破坏了家庭债务的稳定性,加大了家庭债务风险。并且,数字金融对于家庭债务风险的影响表现出异质性特点,具体表现为数字金融的发展对于城镇家庭、高负债水平家庭和东部地区家庭债务风险的提升效果更为明显。Yue 等[⑤]的研究同样发现,数字金融的发展加大了家庭陷入债务风险的可能性。具体来看,数字金融应用广度的提高使得家庭有更多的机会参与到信贷市场,改变了家庭的边际消费倾向,进而提高了家庭陷入债务风险的概率。

---

① Chen B, Zhao C., "Poverty Reduction in Rural China: Does the Digital Finance matter," *Plos One*, 2021, 16 (12): 1-21.

② 安强身、白璐:《数字金融发展与居民家庭金融资产配置——基于 CHFS (2019) 调查数据的实证研究》,《经济问题》2022 年第 10 期,第 51~60 页。

③ 吴雨、李晓、李洁等:《数字金融发展与家庭金融资产组合有效性》,《管理世界》2021 年第 7 期,第 92~104+7 页。

④ 王海军:《数字金融助推了家庭债务风险吗?——基于 CFPS 的微观证据》,《国际金融研究》2022 年第 7 期,第 27~36 页。

⑤ Yue P, Korkmaz A G, Yin Z, et al., "The Rise of Digital Finance: Financial Inclusion or Debt Trap?," *Finance Research Letters*, 2022, 47: 1-8.

四是数字金融对居民收入的影响。陈熹和徐蕾[1]基于中国家庭金融调查数据研究了数字金融的发展对于居民收入的影响，研究发现，数字金融的发展主要通过提升居民创新水平和创业投入规模两条途径提高了居民的收入水平。李杏等[2]研究发现，数字金融的发展优化了居民的收入结构，进而提高了居民的收入水平。并且，与城镇居民和高收入人群相比，数字金融对农村地区居民和低收入居民收入的提升作用更显著。

五是数字金融对居民消费的影响。张驰等[3]研究发现，数字金融能够通过缓解居民信贷约束的途径提高居民的消费水平，且对于中低收入家庭、农村家庭及受教育程度高的家庭消费水平的提升效果更为显著。进一步研究发现，数字金融主要提升了居民的享受型消费，但并未对居民的生存型消费产生影响。张勋等[4]研究发现，数字金融推动了就业结构的转型，最终提高了中国居民的消费水平，且对于无法接触到互联网家庭消费水平的提升效果更为明显。徐振宇等[5]基于中国170个地级及以上城市的样本数据研究发现，数字金融的发展能够通过提高支付便利性、扩大金融服务覆盖率和提高城镇居民收入的途径提高本市城镇居民的消费水平，但降低了邻近城市居民的消费水平。司传宁等[6]基于中国家庭金融调查（CHFS）数据研究发现，数字金融的发展推动了家庭消费升级。并且，数字金融的发展对于低收入水平地区、农村地区和中西部地区家庭消费的提升效果更为明显。

---

① 陈熹、徐蕾：《数字金融、创新创业与城乡居民收入增长》，《农林经济管理学报》2022年第5期，第537~546页。

② 李杏、高登云、尹敬东：《数字金融是否改善了居民收入结构？——基于"长尾"理论的视角》，《江苏社会科学》2022年第6期，第118~127+243页。

③ 张驰、王满仓、李翠妮：《信贷约束、数字金融与居民消费》，《统计与信息论坛》2022年第12期，第55~65页。

④ 张勋、万广华、吴海涛：《缩小数字鸿沟：中国特色数字金融发展》，《中国社会科学》2021年第8期，第35~51+204~205页。

⑤ 徐振宇、徐超、陈昱州：《空间外溢视域下数字金融影响城镇居民消费的机制》，《南京审计大学学报》2022年第5期，第71~80页。

⑥ 司传宁、李亚红、孙乐：《数字金融能力、收入多样化与家庭消费升级》，《消费经济》2022年第6期，第70~80页。

四 数字金融对宏观经济的影响

一是数字金融对经济增长的影响。张蕊和余进韬①基于中国 278 个地级及以上城市的样本数据研究发现，数字金融的发展能够通过优化营商环境促进经济增长，且这种效应会因地理位置的差异和城市行政级别的高低表现出显著差异。徐伟呈和范爱军②研究发现，数字金融的发展能够提高资源的配置效率以驱动资本的积累、缓解融资约束以提高地区技术创新水平、提高商品和金融交易的效率以推动劳动力分工演进，进而促进了经济的高质量增长。且随着时间的推移，资本积累和技术创新所发挥的作用在逐渐减弱，而劳动力分工逐渐成为最主要的机制。Jiang 等③研究发现，数字金融的发展能够通过提升区域创业水平的途径促进经济增长。并且，数字金融的发展对于提升实物资本少、城镇化水平低的地区经济增长的效果更明显。陈锋和雷楠④研究发现，与沿海地区相比，内陆地区数字金融的发展对经济高质量发展的影响程度更大。

二是数字金融对区域技术创新的影响。聂秀华等⑤研究发现，数字金融对人力资本水平较高地区和制度完善地区技术创新的提升效果更为显著。周申蓓等⑥研究发现，数字金融的发展能够通过内外"双循环"的途径促进区域技术创新水平。具体来看，在内循环方面，数字金融的发展提高了

---

① 张蕊、余进韬：《数字金融、营商环境与经济增长》，《现代经济探讨》2021 年第 7 期，第 1~9 页。

② 徐伟呈、范爱军：《数字金融、产业结构调整与经济高质量发展——基于南北差距视角的研究》，《财经科学》2022 年第 11 期，第 27~42 页。

③ Jiang X, Wang X, Ren J, et al. ，"The Nexus Between Digital Finance and Economic Eevelopment：Evidence from China，" *Sustainability*，2021，13（13）：1~17.

④ 陈锋、雷楠：《数字金融与经济高质量发展——基于空间计量模型的实证分析》，《管理现代化》2022 年第 4 期，第 28~34 页。

⑤ 聂秀华、江萍、郑晓佳等：《数字金融与区域技术创新水平研究》，《金融研究》2021 年第 3 期，第 132~150 页。

⑥ 周申蓓、张媛媛、张应允：《数字金融发展对区域创新的影响路径：基于"双循环"视域》，《科技管理研究》2022 年第 24 期，第 31~37 页。

地区信贷水平和居民消费水平，进而提高了区域技术创新水平。在外循环方面，数字金融的发展通过促进国际贸易、提高对外直接投资水平和外商直接投资水平的途径提高了区域技术创新水平。此外，数字金融对于第二产业占比高和金融监管强度高的地区技术创新水平的提升作用更明显。

三是数字金融对产业结构升级的影响。刘洋等[1]基于中国283个地级及以上城市的样本数据研究发现，数字金融的发展能够通过促进消费升级和创新驱动的途径推动城市产业结构升级。此外，异质性检验发现，数字金融的发展对于不同城市化水平和不同区域城市产业结构升级的作用效应存在显著差异。牟晓伟等[2]基于中国30个省际面板数据研究发现，数字金融能够通过提高经济发展水平的途径促进地区产业结构升级。此外，与西部地区和东北地区相比，数字金融的发展对经济发展水平更高的东部地区产业结构升级的作用效果更强。李晓龙和冉光和[3]研究发现，数字金融的发展提高了地区的资本配置效率，进而促进了地区产业结构的升级。

四是数字金融对绿色经济发展的影响。黄永春等[4]研究发现，数字金融的发展能够通过提高科技创新水平的途径推动区域的绿色发展。分样本研究发现，数字金融仅显著推动了我国中部、东部地区的绿色发展。Wan等[5]基于中国273个地级市的数据研究发现，数字金融的发展能够降低中国的环境污染程度。此外，机制检验发现，数字金融的发展提高了地区资源配置效

---

① 刘洋、李敬、雷俐：《数字金融发展推动中国城市产业结构升级了吗？——来自地级及以上城市的经验证据》，《西南大学学报》（社会科学版）2022年第6期，第123~136页。

② 牟晓伟、盛志君、赵天唯：《我国数字金融发展对产业结构优化升级的影响》，《经济问题》2022年第5期，第10~20页。

③ 李晓龙、冉光和：《数字金融发展、资本配置效率与产业结构升级》，《西南民族大学学报》（人文社会科学版）2021年第7期，第152~162页。

④ 黄永春、黄瑜珊、胡世亮等：《数字金融能否助推绿色低碳发展？》，《南京财经大学学报》2022年第4期，第88~97页。

⑤ Wan J, Pu Z, Tavera C. , "The Impact of Digital Finance on Pollutants Emission: Evidence from Chinese Cities," *Environmental Science and Pollution Research*, 2022: 1-20.

率，提高了地区技术创新水平，进而降低了污染物的排放。朱东波和张相伟[1]发现，数字金融通过提高地区技术创新水平的途径降低了污染物的排放强度。Zhao 等[2]基于中国省级平衡面板数据研究了数字金融与碳排放之间的关系，研究发现，数字金融的快速发展能够显著降低城市碳排放量，且相关政策制度的完善能够强化数字金融对于城市碳排放的抑制效应。Lin 和 Ma[3]研究发现，数字金融的发展能够通过缓解融资约束的途径提高地区绿色技术创新的数量和质量，数字金融成为提升中国绿色创新水平的重要推动力。异质性检验发现，数字金融的发展对于我国东部地区绿色创新水平的提升作用最强，其次是中部地区，对于我国西部地区绿色创新水平的提升效果最弱。

五是数字金融对货币政策有效性的影响。周之瀚[4]基于我国省级季度面板数据探究了数字金融的发展对货币政策有效性的影响，研究发现，数字金融提高了企业在生产经营过程中对于融资利率的敏感程度，最终提高了货币政策的传导效果。进一步研究发现，数字金融提升了扩张性货币政策对产出的激励作用，但同时，数字金融的发展也加剧了通货膨胀的波动超调效应。而何剑和魏涛[5]利用中国 A 股上市公司投资行为的数据研究发现，数字金融的发展减少了企业的债务融资成本，降低了企业对于银行贷款的依赖程度，进而减弱了货币政策的有效性。

---

[1] 朱东波、张相伟：《中国数字金融发展的环境效应及其作用机制研究》，《财经论丛》2022年第 3 期，第 37~46 页。

[2] Zhao H, Yang Y, Li N, et al. , "How does Digital Finance Affect Carbon Emissions? Evidence from an Emerging Market," *Sustainability*, 2021, 13（21）：12303.

[3] Lin B, Ma R. , "How does Digital Finance Influence Green Technology Innovation in China? Evidence from the Financing Constraints Perspective," *Journal of Environmental Management*, 2022, 320：1-8.

[4] 周之瀚：《数字金融与货币政策传导效应》，《湘潭大学学报》（哲学社会科学版）2022年第 3 期，第 85~93 页。

[5] 何剑、魏涛：《数字金融削弱了货币政策有效性吗？——来自上市公司投资行为的证据》，《财贸研究》2022 年第 2 期，第 52~67 页。

B.3

2021~2022年数字普惠金融研究综述

刘澜飚　王晓萌*

摘　要： 2005年联合国首次在"国际小额贷款年"活动中明确提出了"普惠金融"这一概念，随着数字化技术的不断提升，数字普惠金融这一战略在各国经济发展中的地位也不断提升。近年来，数字普惠金融研究不断发展深入，理论体系不断完善。本文通过对近两年国内外数字普惠金融相关文献进行梳理发现，研究文献主要集中在数字普惠金融对乡村振兴、推动区域经济发展和助力中小企业发展三个领域；且学界大多数研究与数字普惠金融实际发展进程相比仍存在一定滞后，理论研究应该更有前瞻性和指导性。

关键词： 数字金融　普惠金融　数字技术　技术创新

普惠金融（Financial Inclusion）是金融发展广度的重要表现形式之一（郭峰等，2020；张铭心等，2022）。①② 自20世纪70年代以来，一些发展中国家开始探索小额信贷等实践，形成了现代普惠金融的雏形。普惠金融的提出旨在解决金融排斥问题，让有金融需求的社会各级获取所需金融服

* 刘澜飚，南开大学金融学院副院长，教授，博士生导师，研究方向为数字金融；王晓萌，南开大学金融学院博士生，主要研究方向为数字金融。

① 郭峰、王靖一、王芳等：《测度中国数字普惠金融发展：指数编制与空间特征》，《经济学（季刊）》2020年第4期，第1401~1418页，DOI：10.13821/j.cnki.ceq.2020.03.12。

② 张铭心、谢申祥、强皓凡等：《数字普惠金融与小微企业出口：雪中送炭还是锦上添花》，《世界经济》2022年第1期，第30~56页，DOI：10.19985/j.cnki.cassjwe.2022.01.002。

务，重点服务于传统金融。自 2005 年联合国正式提出"普惠金融"概念后，我国引入并得到广泛认可。数字普惠金融是数字技术与普惠金融的有机结合。

数字普惠金融体系对于受众人群来说不仅能够提高金融服务的服务质量，完善相关网络，还极大提高了金融服务的可获得性。而对于金融机构来说则高效降低了其风险与成本，通过信息透明度提升优化了风险评估体系。2016 年，在 G20 峰会上通过的《G20 数字普惠金融高级原则》，针对下一阶段发展方向提出了指导性建议与要求。自此，针对系列报告和政策的不断出台，学界对数字普惠金融的理论研究从其本质出发，结合数字普惠金融发展过程中出现的实际问题，以理论研究和实践进行影响效果检验和作用机制检验，并提出政策性建议。

具体来看，2021~2022 年学界研究仍以数字普惠金融对于宏观和微观的影响效果为主要研究方向，但与以往研究相比更加注重对于其作用路径的深入分析，同时突破了传统路径的限制，聚焦于挖掘新的作用机制。此外，绿色金融、气候环境等新主题也逐渐被学界重视。因此，本文将在明确数字普惠金融最新定义与现实发展情况的基础上，结合近两年主流研究进行梳理，同时对未来研究提出以下四点建议。

一　数字普惠金融的最新定义与内涵

国务院发布的《推进普惠金融发展规划（2016—2020 年）》中明确，普惠金融是指立足机会平等要求和商业可持续化原则，以可负担的成本为有金融服务需求的社会各阶层和群体提供适当、有效的金融服务。[①] 而学界最新主流定义为全方位为社会各个阶层和群体提供服务的金融体系。[②] 但总体

① 《推进普惠金融发展规划（2016—2020 年）》，http://www.gov.cn/zhengce/content/2016-01/15/content_ 10602. htm。

② 郭峰、王靖一、王芳等：《测度中国数字普惠金融发展：指数编制与空间特征》，《经济学（季刊）》2020 年第 4 期，第 1401~1418 页，DOI：10. 13821/j. cnki. ceq. 2020. 03. 12。

而言，普惠金融的目的在于强调服务普适性，降低服务门槛，提高金融服务可得性，特别是作为传统金融体系的补充，为传统金融服务难以覆盖到的弱势群体、低收入地区提供适宜服务。

从定义来看，数字普惠金融以"数字化"技术为实现工具。通过使用数字化方法可以降低社会资金融资成本，更加高效吸收社会资本使得金融资本能够从高收益的虚拟经济流向相对较低收益的实体经济。[①]

数字普惠金融以"普惠性"为实现目标。金融资源的分配问题始终是我国理论研究与实践重点，如何提高农村地区、中小微企业以及贫困家庭等弱势群体获得金融支持引发广泛关注。[②] 近年来，普惠金融成为实现充分与平衡发展的重要解决方案。对于实现普惠性，部分学者认为研究重点在"普"，即要提高金融的覆盖广度。Varghese 和 Viswanathan 认为，要以确保弱势群体（低收入群体）在需要时以能够负担的成本获得充足信贷和金融服务的过程为重点。另有学者认为，要注重"惠"，即注重普惠金融服务的深度，使得服务可及性实现最大化的同时，令非自愿的金融排斥实现最小化。此外，大多数学者更注重对"普"和"惠"的平衡，提出要兼具服务范围与金融服务质量，通过降低信息成本、交易成本等，实现金融服务升级。

综上所述，数字普惠金融以"金融服务"为本质。一方面，其通过将数字化金融服务与普惠金融进行融合，缓解了两者发展中的局限性。数字金融发展主要依托人工智能、云计算、大数据等技术手段，然而由于高新技术具有较高的使用门槛，往往难以覆盖到偏远地区群体，特别是老年人群体。[③] 而在普惠金融的发展过程中，面对偏远地区或低收入人群如何提高普惠性、合理控制风险、完善风险评估体系成为很多金融类企业难以克服的问

---

① 汪亚楠、叶欣、许林：《数字金融能提振实体经济吗》，《财经科学》2020 年第 3 期，第 1～13 页。

② 尹志超、彭嫦燕、里昂安吉拉：《中国家庭普惠金融的发展及影响》，《管理世界》2019 年第 2 期，第 74～87 页，DOI：10.19744/j.cnki.11-1235/f.2019.0021。

③ 钱海章、陶云清、曹松威等：《中国数字金融发展与经济增长的理论与实证》，《数量经济技术经济研究》2020 年第 6 期，第 26～46 页，DOI：10.13653/j.cnki.jqte.2020.06.002。

题。而通过在数字金融中增加普惠性、在普惠金融中注入数字化手段，系统性地解决了两者的问题。另一方面，数字金融可以完善金融信用评估、降低信贷成本，普惠性则让更多有潜力的主体加入传统金融架构中，助力突破两者发展中的瓶颈问题。

二 数字普惠金融发展现状

《中国金融科技和数字普惠金融发展报告（2022）》显示，我国的数字普惠金融体系呈现以银行类金融机构为核心、互联网类企业为支撑、其他非银行金融机构为补充的发展格局，特别是近两年，整体发展态势良好。

首先，从贷款投放量来看，数字普惠金融服务广度不断提升，促进了贷款规模持续扩大。中国银监会数据显示，近年来我国通过银行业金融机构渠道发放的小微贷款，其规模稳定增长。截至 2022 年底，贷款余额达 59.70 万亿元，较 2021 年同期 50.00 万亿元增长 19.40%，如图 1 所示。

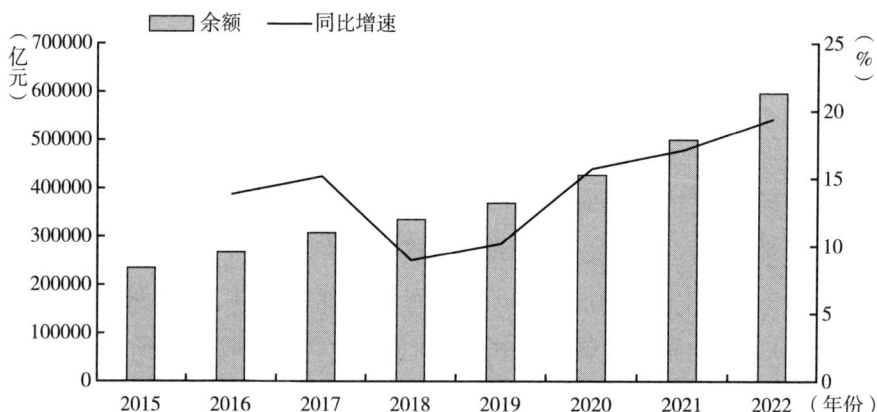

图 1　2015~2022 年银行业金融机构小微贷款余额

资料来源：中国银监会，Wind。

其次，从在线交易情况来看，近两年我国电子支付业务网上交易量持续增长，交易金额也有所增加。截至 2022 年底，全年电子支付业务量为 1021.26

亿笔,与2021年几乎持平;全年电子支付交易金额达2527.95万亿元,同比增长7.39%(见图2)。随着数字普惠金融的不断完善,未来数字普惠金融服务还需要进一步渗透各类生活场景,存在较大的扩展空间。[①]

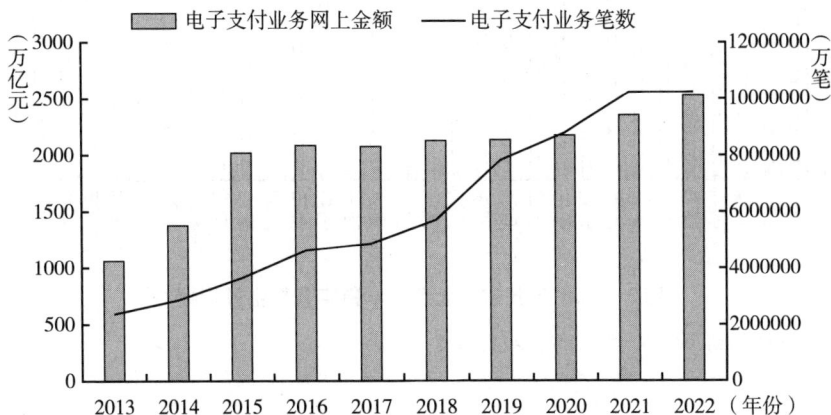

图2 2013~2022年电子支付业务交易情况

资料来源:中国人民银行,Wind。

再次,从直观数据来看,对于数字普惠金融的刻画指标体系有很多种,目前学界主流采用北大数字普惠金融指数进行刻画。[②] 截至2021年,各省份北京大学数字普惠金融指数如图3所示。

最后,分省份来看,与2020年相比,数字普惠金融指数普遍有所提高,说明2021年各省份数字普惠金融的推广程度有所提升。2011年以来,数字普惠金融指数实现大跨度提升,也说明了近十年数字普惠金融的战略效果显著,同时近两年增幅有所放缓,体现了数字普惠金融发展趋于完备,逐渐饱和的现象。分省份来看,以内蒙古、甘肃等为代表的中西部地区省

---

① 赵涛、张智、梁上坤:《数字经济、创业活跃度与高质量发展——来自中国城市的经验证据》,《管理世界》2020年第10期,第65~76页,DOI: 10.19744/j. cnki. 11-1235/f. 2020.0154。

② 郭峰、王靖一、王芳等:《测度中国数字普惠金融发展:指数编制与空间特征》,《经济学(季刊)》2020年第4期,第1401~1418页,DOI: 10.13821/j. cnki. ceq. 2020.03.12。

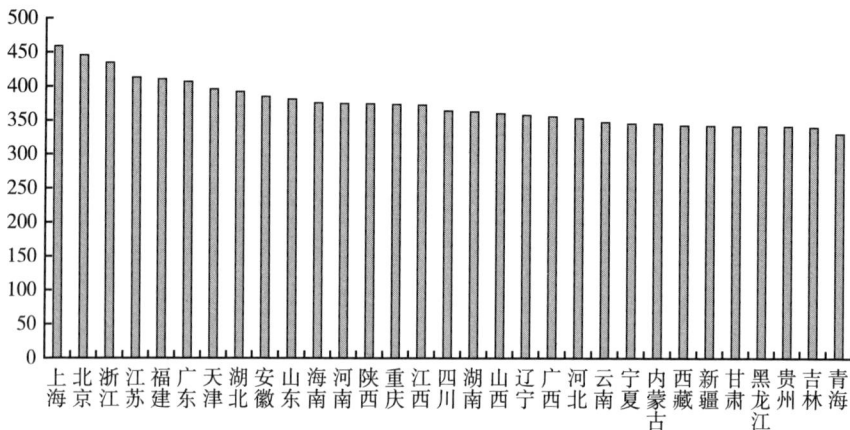

图 3   2021 年各省份北京大学数字普惠金融指数

资料来源：北京大学数字普惠金融指数。

份指数增幅相对较大，可见近年来数字普惠金融的覆盖广度也明显提升。从各个分指数来看，数字普惠金融覆盖广度地区间差异较小，而使用深度的地区差异较大，且广度增长具有一定的跨越性，而深度发展具有渐进性，即中西部地区仍相对落后。① 而上述问题也成了近两年学者研究的关注点所在。

三   数字普惠金融研究现状与未来启示

随着数字普惠金融的迅猛发展，近年来学界对于数字普惠金融的关注度不断提高，数字普惠金融理论与实证相关研究也日趋完善。国内数字普惠金融现有文献主要从政策角度出发，聚焦数字普惠金融在宏观经济乡村振兴和中小企业发展两个方向的作用效果与传导机制。梳理近年来国内外学者的研究结果，归纳其研究路径如图 4 所示。

近年来，学者研究广泛聚焦于数字普惠金融在乡村振兴中的影响与作

---

① 郭峰、王靖一、王芳等：《测度中国数字普惠金融发展：指数编制与空间特征》，《经济学（季刊）》2020 年第 4 期，第 1401～1418 页，DOI：10. 13821/j. cnki. ceq. 2020. 03. 12。

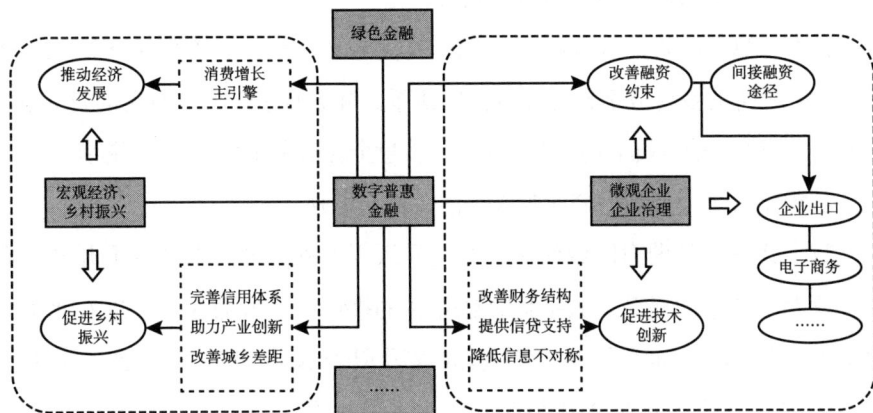

图 4　数字普惠金融研究路径示意

用效果。其中对于乡村振兴的促进主要可以归纳为对乡村实际发展水平提升，城乡贫富差距缩短、区域不平衡性减弱，城乡居民生活差距缩小等机制。[1][2]

（一）数字普惠金融对乡村振兴的影响分析

乡村有效治理是乡村振兴的重要实施途径，数字普惠金融战略的实施将极大程度利于乡村治理与产业转型，从而促进乡村振兴。陈熹和张立刚[3]将数字普惠金融与乡村治理通过三条嵌入路径相联系，一是作为制度嵌入农村金融信用体系；二是作为行动嵌入区域就业、创业以及助力产业发展等；三是作为认知嵌入新型农村金融环境体系，潜移默化地获得乡村居民认可。

---

[1]　刘心怡、黄颖、黄思睿等：《数字普惠金融与共同富裕：理论机制与经验事实》，《金融经济学研究》2022年第1期，第135~149页。

[2]　段军山、邵骄阳：《数字普惠金融发展影响家庭资产配置结构了吗》，《南方经济》2022年第4期，第32~49页，DOI：10.19592/j.cnki.scje.390886。

[3]　陈熹、张立刚：《激发内生秩序：数字普惠金融嵌入乡村治理的路径优化》，《江西社会科学》2021年第10期，第58~67页。

1. 数字普惠金融助力信用体系完善

数字普惠金融将传统金融与现代科技工具融合交叉，构建了多层次、多类型、差异化的乡村数字普惠金融信用体系。随着数字普惠金融政策的不断颁布实施、相关金融科技工具的不断完善，普惠金融信用体系规模也不断扩大。

2. 数字普惠金融助力产业升级、创业机会提升

数字普惠金融助力区域创业、产业升级等发展。乡村发展离不开乡村农业全要素生产率的提高。数字化金融业务的推广，一方面通过促进农业机械化水平的提高，[1] 加强了生产效率的提升以及技术人员的流动与技术扩散，[2][3] 从而促进了农业全要素生产率水平的提升。另一方面，数字普惠金融推动了农业生产中劳动力要素对资本要素的替代。[4] 但在自然禀赋资源一般、生产模式有待完善的地区，普惠效果低于生产技术先进、产业链一体化程度和产品商品化程度高的地区。[5]

3. 数字普惠金融对城乡贫富差距的平衡

数字普惠金融可以缓解数字鸿沟，改善城乡差距。[6] 数字普惠金融使得农村居民以更少的成本获得更高的借贷资金，从而在一定程度上提高了居民收入水平，促进了乡村经济发展。[7] 党的二十大报告提出要"扎实推进全体

---

[1] 闫桂权、何玉成、张晓恒：《数字普惠金融发展能否促进农业机械化——基于农机作业服务市场发展的视角》，《农业技术经济》2022年第1期，第51~64页，DOI：10.13246/j.cnki.jae.2022.01.011。

[2] 孙学涛、于婷、于法稳：《数字普惠金融对农业机械化的影响——来自中国1869个县域的证据》，《中国农村经济》2022年第2期，第76~93页。

[3] 马述忠、胡增玺：《数字金融是否影响劳动力流动？——基于中国流动人口的微观视角》，《经济学（季刊）》2022年第1期，第303~322页，DOI：10.13821/j.cnki.ceq.2022.01.15。

[4] 张正平、王琼：《数字普惠金融发展对农业生产有资本替代效应吗？——基于北京大学数字普惠金融指数和CFPS数据的实证研究》，《金融评论》2021年第6期，第98~116+120页。

[5] 唐建军、龚教伟、宋清华：《数字普惠金融与农业全要素生产率——基于要素流动与技术扩散的视角》，《中国农村经济》2022年第7期，第81~102页。

[6] 陈熹、张立刚：《激发内生秩序：数字普惠金融嵌入乡村治理的路径优化》，《江西社会科学》2021年第10期，第58~67页。

[7] 花弘毅、李曜：《农村金融机构、居民贷款可得性与城乡收入差距》，《金融研究》2022年第12期，第112~129页。

人民共同富裕"，并明确指出要进一步将"缩小城乡差距和地区不平衡""推动区域协调发展"等作为工作重心。① 数字普惠金融提高了社会禀赋资源的配置效率，增进了社会福利，一定程度缩小了城乡差距。通过增进乡镇"普惠性"服务，有助于扩大农村资金来源，推进中小企业发展，降低金融服务门槛和成本，与传统金融形成相互补充。刘心怡等②从超边际决策分析框架出发，在对比了东、西部地区共同富裕提振程度后发现，数字金融策略能够从提高收入和缩小差距两种作用机制进行改善，而分项来看，数字普惠金融的覆盖广度更为有效地促进了共同富裕。

改善城乡贫富差距不仅要关注经济与社会发展差距，而且要关注城乡居民差距，提高农村居民数字化、互联网化接入程度，从根本上提高居民生活水平和幸福指数。城乡收入分配和收入增长的改善是数字普惠金融缩小城乡差距的主要目标。2022 年 2 月，《国务院关于印发"十四五"国家老龄事业发展和养老服务体系规划的通知》强调要"加强涉老金融市场的风险管理"。数字普惠金融对涉老群体数字技术使用方面的重视程度不断提升。一些学者关注到数字普惠金融在老年人金融防骗方面的"学习效应"和"暴露效应"，③ 研究发现，数字技术的使用正向影响更为显著，普惠金融发展程度带来的正向促进在乡村地区还需要进一步提升。从居民家庭财富积累来看，对于农村居民来说，通过从事非农业生产和理财更利于增加财富积累、缩小城乡居民财富差距，其中对低教育程度户主家庭的影响最大。④ 提升数字金融服务广度，有助于改善乡镇家庭以民间借贷为主的资金来源，降低融

---

① 《习近平：高举中国特色社会主义伟大旗帜　为全面建设社会主义现代化国家而团结奋斗——在中国共产党第二十次全国代表大会上的报告》，http：//www.gov.cn/xinwen/2022-10/25/content_ 5721685. htm。

② 刘心怡、黄颖、黄思睿等：《数字普惠金融与共同富裕：理论机制与经验事实》，《金融经济学研究》2022 年第 1 期，第 135～149 页。

③ 雷晓燕、沈艳、杨玲：《数字时代中国老年人被诈骗研究——互联网与数字普惠金融的作用》，《金融研究》2022 年第 8 期，第 113～131 页。

④ 董丽霞：《数字普惠金融与中国农村家庭财富差距》，《技术经济》2022 年第 12 期，第 111～122 页。

资风险，促进低社会资本家庭的创业行为，提高其市场参与度。[1] 此外，尹振涛等[2]从乡村家庭幸福感角度，对数字金融乡村振兴展开研究。在排除精准扶贫政策影响的基础上，金融科技的应用通过提高家庭收入、降低贷款门槛从而促进消费升级等途径，进一步提升居民生活水平。异质性检验结果表明，数字金融作用程度存在区域异质性，中西部地区相较东部地区更加显著，且对于家庭结构更为年轻、家庭负债程度相对较高的家庭更为明显。

（二）数字普惠金融推动区域经济发展

"中国经济发展正在从以往过于依赖投资和出口拉动向更多依靠国内需求特别是消费需求拉动转变。"[3]"十三五"以来，消费增长已成为我国经济增长的重要引擎。数字普惠金融依托数字信息技术服务，增强金融可获得性，对于提升乡村消费水平、扩大内需、推动乡镇经济发展有重要作用。黎翠梅和周莹[4]运用空间计量模型研究发现，借助数字化支付、信贷、保险等途径，通过改善支付渠道、提高居民收入，可以显著促进农村消费增长，进而拉动经济增长，且空间溢出效应显著。Liu et al.（2021）认为，促进中小企业创业和刺激居民消费是数字普惠金融发展影响经济增长的两大重要渠道。[5]

同时，区域经济发展中往往也面临局部不平衡现象。对于区域经济发展不平衡性的研究一般局限于东部地区与西部地区比较，而缺乏更深层级的研究。近两年，随着数据可获得性提高以及研究学者利用省市级指标近似替代

---

① 杨玉文、张云霞：《数字普惠金融赋能共同富裕的机制与路径研究》，《云南民族大学学报》（哲学社会科学版）2023 年第 1 期，第 123 ~ 133 页，DOI：10.13727/j.cnki.53 - 1191/c.20221228.004。

② 尹振涛、李俊成、杨璐：《金融科技发展能提高农村家庭幸福感吗？——基于幸福经济学的研究视角》，《中国农村经济》2021 年第 8 期，第 63~79 页。

③ 《习近平在亚太经合组织工商领导人峰会上的演讲》，http://cpc.people.com.cn/n/2013/1008/c64094-23117743.html。

④ 黎翠梅、周莹：《数字普惠金融对农村消费的影响研究——基于空间计量模型》，《经济地理》2021 年第 12 期，第 177~186 页，DOI：10.15957/j.cnki.jjdl.2021.12.019。

⑤ Liu Y., Luan L., Wu W., et al., "Can Digital Financial Inclusion Promote China's Economic Growth?," *International Review of Financial Analysis*, 2021, 78: 101889.

等办法推广，对于省市内部的经济差距研究精细化有所提升。从市级、县级层面来看，数字普惠金融的发展，一定程度上缩小了经济不平衡性。[①]

四　数字普惠金融助力中小企业发展

从微观角度，大多数学者主要关注数字普惠金融对于中小企业发展、规模壮大等现象的提升。传统研究思路主要是数字普惠金融对企业创新的激励效应与企业融资约束问题的缓解。近年来学者的研究对此进行了进一步的细化，并更加注重对于作用机制的分析与解释。

（一）数字普惠金融缓解融资约束问题

1. 解决直接融资问题

《中国普惠金融指标分析报告（2021 年）》指出，截至 2021 年底，普惠小微贷款余额达 19.23 万亿元，同比增长 27.3%；全年增加 4.13 万亿元，同比增加 6083 亿元；2021 年新发放的普惠小微企业贷款加权平均利率为 4.93%，同比下降 0.22 个百分点。[②] 由此可见，普惠金融的发展降低了融资成本，增加了贷款可得性，极大程度缓解了中小企业的贷款融资约束问题。

企业融资约束等低效投资问题，主要是企业信息不对称造成的道德风险与逆向选择问题。而中小企业通过金融科技工具，颠覆了传统的信用定价模式，对其进行高效信贷风险评估，将企业信用透明化、信息化，[③] 缩短了信贷审核时间，极大程度促进了企业与金融机构的业务协同，从而实现信息交

---

① 李彦龙、沈艳：《数字普惠金融与区域经济不平衡》，《经济学（季刊）》2022 年第 5 期，第 1805～1828 页；DOI：10.13821/j.cnki.ceq.2022.05.17。

② 《中国普惠金融指标分析报告（2021 年）》，http://www.pbc.gov.cn/goutongjiaoliu/113456/113469/4671788/index.html。

③ 曾燕萍、蒋楚钰、崔智斌：《数字金融对经济高质量发展的影响——基于空间杜宾模型的研究》，《技术经济》2022 年第 4 期，第 94～106 页。

流帕累托改进，缓解了非效率投资。①

数字普惠金融可以缓解融资长尾群体信息不对称性，通过解决小微企业融资的可行性，② 减弱了信贷配给程度，促进了金融资源的合理配置。

2021 年以来，还有学者进一步拓展了融资约束问题作用路径。机制分析表明，数字普惠金融通过缓解信贷约束，从源头解决企业发展中的系列问题。张铭心等③将数字普惠金融、小微企业融资约束与企业出口联系起来，研究发现，数字普惠金融极大促进了企业出口效率的提升。具体来看，基于大数据等技术的信息交互系统可以精准抓取产品销售数据，使企业及时了解海外市场需求状况，从而做出最优生产决策。④ 对比生产率不同的企业来看，生产率更低的企业数字普惠金融的促进作用更加明显，显著推进了企业高质量发展。此外，通过信贷约束缓解，小微商户经营与财务冲击防御能力极大提升。⑤

除缓解融资约束外，数字金融对其他传统借贷体系形成担保。数字金融通过提高信用担保比例以及足够低的违约率，可以一定程度降低中小企业的贷款利率，提高贷款金额。⑥ 进一步分析发现，线上企业更容易获得此类担保，从而改善贷款环境。

2. 着眼于间接融资影响

此外，近两年学者研究不仅聚焦于传统路径，更致力于丰富已有理论研究体系。数字普惠金融不仅改善了中小企业直接融资的可得性，而且进一步通过减少上市企业商业信用二次配置行为影响间接融资途径。上市公司往往

① 孙芳城、伍桂林、蒋水全：《数字普惠金融对企业投资效率的影响研究》，《华东经济管理》2023 年第 1 期，第 95~107 页，DOI：10. 19629/j. cnki. 34-1014/f. 220328003。

② 刘心怡、黄颖、黄思睿等：《数字普惠金融与共同富裕：理论机制与经验事实》，《金融经济学研究》2022 年第 1 期，第 135~149 页。

③ 张铭心、谢申祥、强皓凡等：《数字普惠金融与小微企业出口：雪中送炭还是锦上添花》，《世界经济》2022 年第 1 期，第 30~56 页，DOI：10. 19985/j. cnki. cassjwe. 2022. 01. 002。

④ 胡若痴、张宏磊：《数字金融助力我国制造业企业出口的动态机制与对策研究》，《经济纵横》2022 年第 11 期，第 64~71 页，DOI：10. 16528/j. cnki. 22-1054/f. 202211064。

⑤ Chen T. , Huang Y. , Lin C. and Sheng, "Z. X. Finance and Firm Volatility: Evidence from small business lending in China. ," *Management Science*, 2021, 24.

⑥ 赵绍阳、李梦雪、佘楷文：《数字金融与中小企业融资可得性——来自银行贷款的微观证据》，《经济学动态》2022 年第 8 期，第 98~116 页。

为维护供应链稳定且追求超额回报而向供应链上下游的中小企业进行商业信用二次配置，而数字金融的发展会一定程度上抑制商业信用二次配置，从而将更多资金转向创新研发投入。

（二）助力企业技术创新发展

大量研究结果表明，数字普惠金融借助云计算、大数据、人工智能等金融科技工具，优化了金融资源配置，极大地刺激了企业技术创新。

大量学者研究认为，数字普惠金融可以通过降低信息不对称性，从而促进企业创新。研发活动往往具有较高的信息不对称问题，难以通过传统衡量方法判断创新活动的收益与风险，因此，企业的创新融资项目经常被排斥在传统金融服务的门槛外。谢雪燕和朱晓阳[1]以中小企业新增专利和发明专利作为其当年技术创新的代理变量认为，数字金融通过降低信息不对称程度，为中小企业带来市场认可度和更高的市场声誉，从而使得产品竞争与技术创新成为市场份额取胜的关键，刺激了企业技术创新。

另外一些学者认为，数字普惠金融可以通过刺激销售收入提高或降低中小企业的运营成本，进而影响公司决策。大量研究表明，当中小企业销售收入显著提升时，有利于管理层做出产品研发与创新决策，从而带动技术升级。

此外，还可以通过刺激电子商务水平发展，提高企业创新意识。孙芳城等[2]认为，知识产权保护的排他性一定程度上减少了信息不对称，从而《知识产权法》与金融科技的双管齐下可以保证企业权益，促进创新成果产出，特别是对于规模较小、融资需求较高、处于成长期的企业。Pooja 和 Christian 进一步阐释了《知识产权法》与数字金融交互保障了发明者的垄断收益，有效激励了企业研发活动，修正了创新产出的外部性问题。

进一步对数字普惠金融效果进行细分发现，目前数字普惠金融主要通过

---

① 谢雪燕、朱晓阳：《数字金融与中小企业技术创新——来自新三板企业的证据》，《国际金融研究》2021 年第 1 期，第 87~96 页，DOI：10.16475/j.cnki.1006-1029.2021.01.009。
② 孙芳城、伍桂林、蒋水全：《数字普惠金融、知识产权保护与企业创新》，《技术经济》2022 年第 12 期，第 38~49 页。

数字金融服务深度促进企业创新，而提升数字支持程度或扩大数字金融的覆盖广度，效果仍有待提高。[①]

（三）研究路径加深，关注数字普惠金融未来发展

综合来看，与2021年以前对比，各种路径相互影响，具有较强的关联性，也侧面说明了数字普惠金融覆盖面的广度不断提升。近两年的文献从整体上更加系统地梳理了数字普惠金融的影响效果。例如，从数字普惠金融缓解城乡居民收入差异的角度来看，考虑到农村经济多为农业经济，受气候影响较大，尽管气候变化降低了农村居民的收入并增加了其风险，但数字普惠金融显著缓解了这一负面影响。[②]

研究者更加注重研究机制分析。不仅分析表层影响与效果，对于传导路径进行分析，部分学者的研究还突破了传统宏观经济与微观企业路径对数字普惠金融路径的分析。蔡庆丰等[③]提到，数字普惠金融除了缓解融资问题以外，还可能通过劳动生产率间接影响到企业的经营与决策。互联网贷款提升了劳动力流动性，显著降低了企业劳动生产率，特别是低技能劳动力依赖企业，因而企业更可能做出从劳动密集型转向资本或技术密集型企业的决策。[④]李彦龙和沈艳[⑤]提出，数字普惠金融的发展可能通过促进产业转型、企业创新等途径有效促进区域经济发展，从而改善经济发展不平衡现象。

---

① 谢雪燕、朱晓阳：《数字金融与中小企业技术创新——来自新三板企业的证据》，《国际金融研究》2021年第1期，第87~96页，DOI：10.16475/j.cnki.1006-1029.2021.01.009。

② He Chunyan, Li Anjie, Li Ding, Yu Junlin., "Does Digital Inclusive Finance Mitigate the Negative Effect of Climate Variation on Rural Residents' Income Growth in China," *International Journal of Environmental Research and Public Health*, 2022, 19（14）.

③ 蔡庆丰、王瀚佑、李东旭：《互联网贷款、劳动生产率与企业转型——基于劳动力流动性的视角》，《中国工业经济》2021年第12期，第146~165页，DOI：10.19581/j.cnki.ciejournal.2021.12.007。

④ 蔡庆丰、王瀚佑、李东旭：《互联网贷款、劳动生产率与企业转型——基于劳动力流动性的视角》，《中国工业经济》2021年第12期，第146~165页，DOI：10.19581/j.cnki.ciejournal.2021.12.007。

⑤ 李彦龙、沈艳：《数字普惠金融与区域经济不平衡》，《经济学（季刊）》2022年第5期，第1805~1828页，DOI：10.13821/j.cnki.ceq.2022.05.17。

国外更多学者研究关注数字普惠金融与绿色技术创新、环境问题等之间的联系。收入增加会一定程度地促进环境需求，即对绿色产品的需求，财富将驱动企业向绿色技术发展，[①] 从而提升企业绿色产品创新，实现绿色发展。以"一带一路"国家为研究对象发现，通过改善数字金融包容性，也可以一定程度实现经济绩效和环境可持续性。[②]

此外，一些学者着眼于数字普惠金融的风险应对机理。基于金融健康视角，数字普惠金融利于拓展金融服务边界，为中小企业提供风险分担的新途径。同时，快速发展的数字普惠金融改善了居民预防性储蓄的灵活性。[③] 通过审慎性储蓄的积累，提高了居民的风险分散能力和自我保险能力。[④] 数字普惠金融可以通过降低在线转账成本，实现家庭成员间风险共担。并且，近年来兼具高流动性与稳定收益的在线储蓄产品不断完善，如余额宝等，[⑤] 丰富了居民投资途径。

（四）文献评价与未来研究启示

首先，近两年学术界对于数字普惠金融的影响效果、作用机制等问题展开广泛研究、深入探讨。但综合来看，学界大多数研究目前与数字普惠金融实际发展进程相比仍存在一定滞后，例如，大多数研究仍重点关注数字普惠金融服务广度的显著作用，但对于实际中存在的覆盖深度不足等问题仍缺乏进一步讨论。

其次，以往对于数字普惠金融的研究中，数字普惠金融的衡量大多选择

---

① 董直庆、王辉：《城市财富与绿色技术选择》，《经济研究》2021 年第 4 期，第 143～159 页。

② Ozturk I，Ullah S.，"Does Digital Financial Iclusion Matter for Economic Growth and Environmental Sustainability in OBRI Economies? An Empirical Analysis," *Resources*，*Conservation and Recycling*，2022，185：106489.

③ 李政、李鑫：《数字普惠金融与未预期风险应对：理论与实证》，《金融研究》2022 年第 6 期，第 94～114 页。

④ 王勋、王雪：《数字普惠金融与消费风险平滑：中国家庭的微观证据》，《经济学（季刊）》2022 年第 5 期，第 1679～1698 页，DOI：10.13821/j.cnki.ceq.2022.05.11。

⑤ 截至 2023 年 3 月，中国人民银行一年期存款基准利率为 1.5%，余额宝年化利率为 2.6%左右。

的是北京大学数字金融研究中心发布的北京大学数字普惠金融指数，部分学者也以 2016 年国务院制定并发布的《推进普惠金融发展规划（2016—2020年）》等重要节点进行 DID 差分。随着数字普惠金融的不断发展和完善，在未来的研究中，其衡量体系应更加全面，包含更多细分刻画指标。

在《G20 数字普惠金融高级原则》的指导下，普惠金融相关法律、法规不断完善，各个参与主体的职责与权利进一步得以明确。因此，对于普惠性的刻画可以更具体、更彻底。同时数字普惠金融的覆盖广度进一步提升，应更加关注普惠性在区域间的平衡发展。研究侧重中西部地区大力发展数字普惠金融的相关激励政策，以及地方政府的积极介入，对于完善数字普惠金融区域性发展、探索区域性发展新途径的影响。

最后，任何一项金融工具都是"双刃剑"，未来研究中同时也要注意数字金融工具或金融科技手段的审慎使用，防止出现风险。孙芳城等[1]研究发现，数字金融服务的过度使用，可能会一定程度导致企业过度投资，对于民营企业来说尤为显著。与国有企业相比，民营企业的融资渠道较为单一且传统融资渠道成本较高。而数字普惠金融的资源配置优势使其成为民营企业的融资首选。其低成本、高效率的融资特点，也可能会导致管理层盲目自信、无法合理估计财务成本和自身风险承受能力，从而对企业发展的前景过于乐观而造成过度投资的行为。

参考文献

Khera P, Ng S, Ogawa S, et al. , "Measuring Digital Financial Inclusion in Emerging Market and Developing Economies: A New Index," *Asian Economic Policy Review*, 2022, 17 (2): 213−230.

Li Jingwen. , "An Empirical Study on the Impact of Digital Inclusive Finance on Rural Revitalization: An analysis based on Chinese various regions' data," 2022 International

---

[1]　孙芳城、伍桂林、蒋水全：《数字普惠金融对企业投资效率的影响研究》，《华东经济管理》2023 年第 1 期，第 95～107 页，DOI：10. 19629/j. cnki. 34−1014/f. 220328003。

Conference on Creative Industry and Knowledge Economy（CIKE 2022），2022.

Xiao-Ling Zheng. ,"Research on the Development of Rural Digital Inclusive Finance in Fujian Province under the Strategy of Rural Revitalization," 2021 International Conference on Electronic Commerce，Engineering Management and Information Systems，2020.

Xiong Mingzhao，Fan Jingjing，Li Wenqi，Sheng Xian Brian Teo. ,"Can China's digital inclusive finance help rural revitalization? A perspective based on rural economic development and income disparity," *Frontiers in Environmental Science*，2022.

董春风、司登奎：《数字普惠金融改善城市技术创新"低端锁定"困境了吗?》，《上海财经大学学报》2022 年第 4 期。

冯兴元、孙同全、董翀等：《中国县域数字普惠金融发展：内涵、指数构建与测度结果分析》，《中国农村经济》2021 年第 10 期。

梁玲玲、李烨、陈松：《数智赋能对企业开放式创新的影响：数智双元能力和资源复合效率的中介作用》，《技术经济》2022 年第 6 期。

刘成杰、冯婷、李勇：《网络基础设施建设、数字普惠金融与数字鸿沟——基于"宽带中国"示范城市创建的政策效应分析》，《财经科学》2022 年第 12 期。

谢地、苏博：《数字普惠金融助力乡村振兴发展：理论分析与实证检验》，《山东社会科学》2021 年第 4 期，DOI：10. 14112/j. cnki. 37-1053/c. 2021. 04. 019。

尹秀洁、李悦欣、梅建志等：《数字普惠金融对乡村振兴的影响综述》，《粮食科技与经济》2022 年第 2 期，DOI：10. 16465/j. gste. cn431252ts. 20220206。

张勋、万广华、吴海涛：《缩小数字鸿沟：中国特色数字金融发展》，《中国社会科学》2021 年第 8 期，第 35~51+204~205 页。

B.4
2021~2022年产业数字金融研究综述

龚 强[*]

摘 要： 发展产业数字金融既是金融业数字化转型的重要方向，也是推动产业数字化转型升级的必要之举。本文基于产业数字金融发展进程，总结了我国产业数字金融发展现状，并从"产业数字金融促进金融机构数字化转型"、"产业数字金融服务实体经济发展的机制与成效"与"产业数字金融实践创新与规范发展"三个方面对产业数字金融领域现有研究进行了归纳梳理，提炼出产业数字金融能够通过数字信用完善金融机构风控体系、惠及金融长尾群体、缓解企业融资约束，以及推动构建"科技—产业—金融"良性循环是产业数字金融未来发展重点等核心观点。最后，以数字供应链金融为例对产业数字金融的运营模式进行了深入分析，并据此提出促进我国产业数字金融规范发展的治理改革建议。

关键词： 产业数字金融 产业升级 数字金融

近年来，数字技术的飞速发展正推动金融行业发生深刻变革，产业数字金融成为实体经济发展的新引擎。党的二十大报告明确指出，坚持把发展经济的着力点放在实体经济上，促进数字经济与实体经济深度融合。2022年中央经济工作会议进一步提出，要推动"科技—产业—金融"良性循环。

* 龚强，博士，中南财经政法大学文澜学院教授、博士生导师，主要研究方向为数字金融。

在数字金融领域，国家陆续出台相关政策。国务院印发的《"十四五"数字经济发展规划》明确提出，要以数字技术促进产业融合发展，全面深化产业数字化转型。中国银保监会印发的《关于银行业保险业数字化转型的指导意见》为金融机构数字化转型指明可循方向，强调要积极发展产业数字金融，打造数字化的产业金融服务平台，更好支持国家重大区域战略、战略性新兴产业等领域发展。

作为新一轮科技革命和产业变革新机遇的战略选择，当前产业数字化转型不平衡、不充分问题仍然突出，主要表现在三个方面。一是三次产业数字化转型程度不平衡。中国信息通信研究院数据显示，第三产业数字化转型程度远高于第一产业和第二产业，2021年第三产业数字化渗透率为43%，而第一产业和第二产业数字化渗透率仅为10%和22%。[①] 二是不同行业数字化转型程度不平衡。数据显示，金融业、科学研究和技术服务业等行业数字经济渗透度超过80，而农林牧渔业、炼油炼焦及核燃料加工业等行业数字经济渗透度低于20。[②] 三是不同规模企业数字化转型程度不平衡。报告显示，超过20%的大型民营企业反馈其数字化转型已进入成熟阶段，而超过80%的小微民营企业反馈尚未开展数字化转型或其数字化转型处于初步探索阶段。[③]

发展产业数字金融既是金融机构数字化转型的需要，也是赋能传统产业数字化转型的必要之举。一方面，对于金融机构来说，虽然零售业务数字化转型成效明显，但公司业务数字化转型进展较慢，而产业数字金融可成为其业务增长的关键突破口。另一方面，产业数字金融对于推动传统产业数字化转型具有关键作用。产业数字金融通过推动产业数字化和金融数字化融合发展，不仅为企业数字化升级提供资金与技术支持，更能通过提供可信数据，帮助企业在较短时间内获得数字化转型带来的降本增效实际便利。

---

① 中国信息通信研究院：《中国数字经济发展报告（2022年）》，2022年12月。
② 中国电子信息产业发展研究院：《2022中国数字经济发展研究报告》，2022年11月。
③ 全国工商联经济服务部等：《2022中国民营企业数字化转型调研报告》，2022年7月。

一 产业数字金融的发展现状

（一）产业数字金融的基本内涵

产业数字金融的核心在于构建科技、产业、金融良性循环的生态。通常，对于产业数字金融的定义可以分为狭义和广义两种。从狭义角度来看，产业数字金融是指运用多方可信计算、区块链等数字技术，对产业金融服务进行全生命周期的管理，充分识别企业的不可信行为，从而为企业放款提供有益参考。① 从广义角度来看，产业数字金融是以产业互联网为载体，以数据为关键生产要素，通过人工智能、物联网等数字技术，更好服务产业转型发展的一种新型金融形态。②

（二）产业金融发展模式转变

产业金融大体经历了从传统金融模式到供应链金融模式，再到产业数字金融模式三个阶段。产业金融的核心能力在于连接。随着数字技术和数字连接能力的升级，产业金融也从1.0阶段发展至3.0阶段。不同阶段的产业金融在授信主体、授信条件、服务效率、服务品种与服务作用等方面存在较大差异（见表1）。

表1 产业金融三个阶段的区别和特点

区别和特点	1.0 传统金融	2.0 供应链金融	3.0 产业数字金融
授信主体	单个企业	单个企业及供应链上下游企业	产业链上中下游所有企业
授信条件	核心资产抵押、有效第三方担保人	应付账款融资、动产质押、应收账款融资等	主体信用+交易信用

---

① 罗培：《发展数字化生产力，打造双循环新动能》，《数据》2022年第5期。
② 百信银行、安永：《产业数字金融研究报告（2021）》，2022年7月11日。

区别和特点	1.0 传统金融	2.0 供应链金融	3.0 产业数字金融
服务效率	服务零散，效率低下	效率受核心企业配合程度限制	金融的中介效率和分配效率极大提升
服务品种	门槛高、范围窄、深度浅	"链条"化的金融服务，无法形成全产业金融疏通	根据产业特性，提供多样化金融服务
服务作用	仅满足核心企业融资需求	仅满足供应链部分环节企业融资需求	满足完整的产业链企业融资需求

资料来源：笔者根据公开资料整理。

具体而言，产业金融1.0阶段，即面向单点客户的传统金融模式，金融机构更倾向于为国有企业或产业链龙头企业提供金融服务。产业金融2.0阶段，即供应链金融模式，依托核心企业主体信用，金融机构除了服务供应链核心企业外，也会为核心企业提供担保的上下游供应商企业提供金融服务。产业金融3.0阶段，即产业数字金融，通过"主体信用+交易信用"的数字风控体系，金融机构能够准确识别企业核心资产与未来盈利能力，从而能够为产业链上各类企业提供金融服务。

（三）产业数字金融的发展历程

1. 产业金融发展规模

产业金融需求强劲。《产业数字金融研究报告（2021）》显示，2016~2021年中国产业金融规模从2016年的131万亿元增加至2021年的260万亿元，年均增速约14%（见图1）。随着产业数字化转型驶入快车道，产业数字金融渗透率将进一步提升。据估计，中国产业金融规模将在2025年达到449万亿元。

2. 产业数字金融促进金融行业数字化转型

产业数字金融成为银行数字化转型重点方向。当前，部分商业银行已率先制定产业数字金融发展战略，积极布局产业数字金融新赛道，以满足日益增加的产业数字金融需求，积极探索自身数字化转型及赋能实体经济数字化转型的有效路径（见表2）。

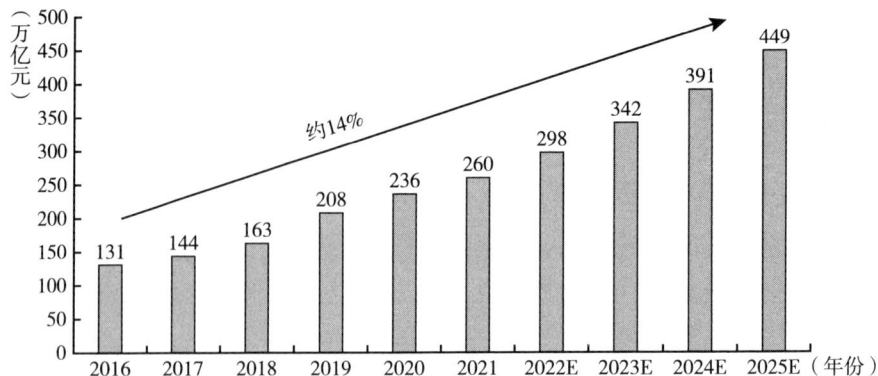

图 1　2016~2025 年中国产业金融规模

资料来源：《产业数字金融研究报告（2021）》。

表 2　部分商业银行产业数字金融行动方案

名　称	具体行动方案
百信银行	聚焦小微客户"融资难、融资贵"的困境，以"数据+场景+科技"为抓手，打造以"百兴贷"为主品牌的订货贷、供货贷、银税贷和养殖贷四大产品体系，通过全线上、纯信用、多元化的创新服务，精准"滴灌"制造业、乡村振兴、绿色发展等实体经济领域
九江银行	在"以产业金融为抓手，构建金融机构发展的'护城河'"的战略思路指导下，综合运用大数据、物联网、人工智能等金融科技手段，在钢、铜、钨等产业中进行了探索和尝试，创新性地运用了代采代销、存货质押等服务模式，有效地解决了传统授信在服务产业上的难点及痛点问题
华夏银行	通过运用新的数字技术，依托数字资产，实现数字信用和数字担保，减少对核心企业授信的依赖，构建新的业务模式。实施"蓝海""方舟""楚门"三大数科转型工程，持续推进产业数字金融创新，在关键机制、核心技术、业务模式和系统平台建设等方面形成了一定的实践探索经验和成果，并围绕产业链生态打造了"1+3+N"服务体系

资料来源：经略视界。

　　目前，银行数字化转型程度稳步提升。谢绚丽等[①]从战略数字化、业务数字化和管理数字化三个维度测度中国商业银行数字化转型程度，数据显示，2016~2021 年中国商业银行数字化转型总指数已由 2016 年的 54 增长到 2021 年的 94，总指数呈现逐年上升的趋势（见图 2）。

---

① 谢绚丽、王诗卉：《中国商业银行数字化转型：测度、进程及影响》，《经济学（季刊）》2022 年第 6 期。

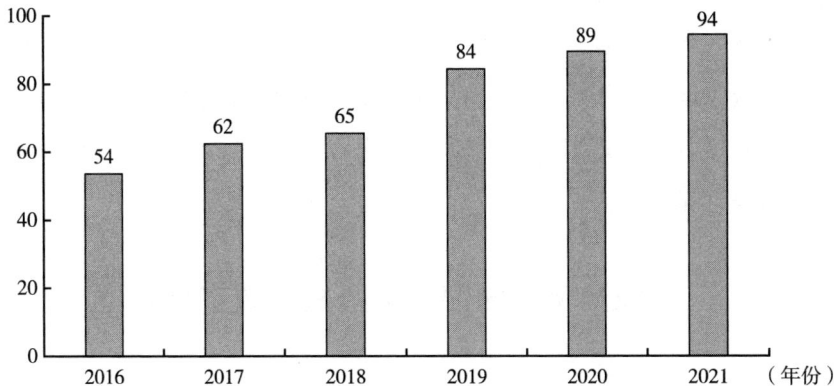

图2 2016~2021年中国商业银行数字化转型总指数

资料来源：北京大学中国商业银行数字化转型指数。

3.产业数字金融推动实体经济转型升级

产业数字金融成为促进实体经济转型升级的关键力量。一方面，产业数字金融能够为智能制造、数字乡村、智慧物流等各种产业数字化转型提供资金支持与技术动力，实现金融效率提升与产业转型升级相互促进的良性循环。另一方面，产业数字金融与实体经济深度融合，能够催生出农村数字金融、产业链金融、物联网金融、科创金融等新业态、新模式，为实体经济提供更智慧便捷的金融服务，助力实体经济数字化转型升级（见图3）。当前，

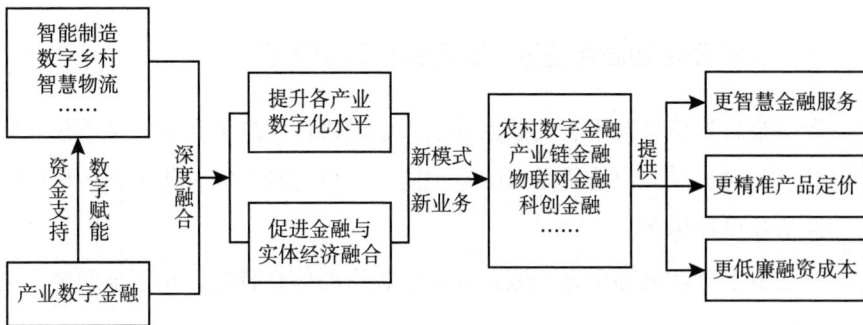

图3 产业数字金融推动实体经济转型升级路径

资料来源：《产业数字金融研究报告（2021）》。

多地积极探索数字金融赋能产业升级路径。例如，2022 年 8 月，广东金融高新区创建"数字金融+高端制造"创新示范基地，旨在引导金融资源更多向高端制造业集聚，力争在 5 年内集聚数字金融项目超千家，"中小融"平台服务企业超 500 万家，协助企业实现融资超 10000 亿元，实现制造业转型升级和高质量发展。

二 产业数字金融促进金融机构数字化转型

产业数字金融的发展加速了金融机构数字化转型的步伐。数字金融既包括一些新型科技公司利用技术来提供金融技术解决方案，也包括一些传统金融机构运用金融科技提升自身服务水平。近年来，我国金融机构借助大数据、人工智能等技术在其传统业务产品、服务方式和组织架构等方面进行数字化创新，通过数字化转型不断提升自身绩效和竞争力，提高了金融赋能的持续性和精准性。[1]

直至今日，数字化战略已成为我国传统金融机构转型发展的关键所在。2022 年，国务院印发的《"十四五"数字经济发展规划》也强调要加快金融领域数字化转型，推动大数据、人工智能、区块链等技术在银行等领域的深化应用。[2] 尤其是自新冠疫情以来，大量经济活动由线下转为线上，数字金融激发了银行业的创新活力，加快了我国金融机构的数字化转型进程。

（一）拓宽金融服务范围，完善银行风控体系

数字金融将信息技术、大数据等融入金融机构的决策流程，这不仅有助于提升企业对长尾客户信贷需求的甄别能力，也有利于完善传统金融机构的信用评估和风控体系。

一是数字金融能够全方位地甄别贷款客户的信息特性，拓宽金融服务范

---

[1] 谢绚丽、王诗卉：《中国商业银行数字化转型：测度、进程及影响》，《经济学（季刊）》2022 年第 6 期。

[2] 国务院：《"十四五"数字经济发展规划》，2022 年。

围。数字金融可通过社会网络、大数据以及云计算等增加更多信息渠道来源，可以帮助金融机构全面地观察借款人的交易行为，从客户获取、贷款申请、信用评估、贷款发放直到还款管理等方面获取传统方式无法取得的客户信息，提高信息的准确性，也为缓解信息不对称、应对逆向选择和道德风险问题提供了有效的途径与手段。① 进一步地，依托金融科技，金融机构能够以更低的边际成本服务包括个人、中小企业等分散的、个性化的尾部客户，提升中小企业和被排斥在传统金融体系之外的弱势群体在金融服务方面的可得性和获得感，增强金融服务的普惠性。②

二是数字金融能够全方位实时地监测信贷风险的变化，降低贷款人违约可能性。与传统金融模式利用财务数据和抵押资产来管理风险相比，数字金融则拥有独特的信息优势与模型优势，丰富的贷款信息能够降低筛选和监控成本，更加准确地预测违约率，提高处理风险信息的能力。用户在线上进行生产、销售、支付等活动时会留下数字足迹，累积的海量"数字足迹"可以支持建立完善的大数据风控系统。③ 系统所掌握的实时数据和行为数据对于信用风险管理而言至关重要，前者可以更好地监测企业的最新动态，获取更新的数据，改善对于贷款人还款能力的预测；而后者可以侧面反映企业主的品行，改善对于其还款意愿的预测。④

（二）提升金融运行效率，降低运营成本

数字金融具有技术溢出效应，尤其是数字支付的运用和普及显著提升了金融服务的效率，降低了运营成本。尤其在疫情期间，数字金融的运用帮助金融机构更好地提供无接触的线上服务，不仅节省了人力成本、交易成本，还起到了"经济稳定器"的作用。

---

① 黄益平、邱晗：《大科技信贷：一个新的信用风险管理框架》，《管理世界》2021年第2期。
② 张岳、周应恒：《数字金融发展对农村金融机构经营风险的影响——基于金融监管强度调节效应的分析》，《中国农村经济》2022年第4期。
③ 张一林、郁芸君、陈珠明：《人工智能、中小企业融资与银行数字化转型》，《中国工业经济》2021年第12期。
④ 黄益平、王勋：《读懂中国金融：金融改革的经济学分析》，人民日报出版社，2022。

数字金融的技术溢出效应能显著提高金融机构的运营效率和服务效能。技术溢出效应体现在利用金融科技的信息技术比较优势对传统金融机构进行赋能。数字金融特有的"信息整合、渠道平台、时空不受限"优势显著降低了交易成本，缓解了传统金融机构所面临的信息不对称难题。通过技术溢出效应，金融机构的信息采集方式、投资决策过程和风险定价模型等逐渐发生改变，提高了信贷配置效率，强有力地推动了我国金融行业全要素生产率的提高，优化了金融机构的服务效率和效能。

数字化支付和自动化流程缩短了响应时间，降低了金融运营成本。随着数字金融的发展，支付系统和支付手段也相应发生革命性的变化。数字金融的运用从技术上突破了传统金融机构的单纯线下核验与信用增进的模式，具有更强的地理穿透性和低成本优势，使得金融机构处理交易的速度更快、用时更短，提升了金融机构自动运行和持续交付的能力。[1] 金融机构的数字化、网络化转变实现了业务网上审核、资金实时汇转，降低了信息获取成本、资金成本和运营成本，促进了金融机构资金清算和内部管理效率的大幅提升。[2]

（三）促进银行竞争，优化信贷结构

互联网企业、新兴金融科技企业纷纷布局金融服务领域，强烈地冲击了银行业的传统业务；传统金融行业为了顺应发展趋势以及应对竞争冲击，也大踏步式地对自身业务进行数字化改造。[3] 数字金融不仅给传统商业银行经营效率、风险承担等带来一定程度的影响，也深入影响了整个银行业的竞争格局。

数字金融可以有效促进市场竞争，进一步优化银行信贷结构。数字金

---

[1] 刘少波、张友泽、梁晋恒：《金融科技与金融创新研究进展》，《经济学动态》2021 年第 3 期。

[2] 王勋、黄益平、苟琴等：《数字技术如何改变金融机构：中国经验与国际启示》，《国际经济评论》2022 年第 1 期。

[3] 罗煜、崔书言、旷纯：《数字化与商业银行经营转型——基于传统业务结构变迁视角》，《国际金融研究》2022 年第 5 期。

融的发展有助于各类银行利用各自比较优势开展有效的金融科技创新，具有技术优势的金融机构进入有助于促进地区银行业竞争，使传统金融机构加速改良，并促进地区"最优银行结构"的形成。进一步地，数字金融通过影响银行业竞争，迫使银行开发新的信贷技术，优化信贷信用结构和期限结构，使得银行风险承担偏好上升，[1][2] 提升传统金融体系的服务效率和质量。[3][4]

三 产业数字金融服务实体经济的机制与成效

数字金融能够在金融数据和数字技术双轮驱动下，促进要素资源实现网络化共享、集约化整合和精准化匹配，推动实体经济融合。[5] 下面将从产业数字金融服务实体经济的机制和成效两个方面进行详细论述。

（一）产业数字金融服务实体经济的机制

一是数字金融能够推动数据互联互通，提高全要素生产率。通过打破企业内部不同环节、不同模块、不同部门之间的"数据孤岛"，缓解银企之间信息不对称问题，降低企业融资约束。推动企业资源配置高效化，推动企业全要素生产率提升。二是数字金融将拓宽金融服务渠道，支撑产业结构升级发展。丰富的融资工具将有助于企业选择更适合自身的技术创新最优路径，驱使企业生产管理智能化、企业营销管理精准化、企业资源管理高效化，从

---

① 梁方、赵璞、黄卓：《金融科技、宏观经济不确定性与商业银行主动风险承担》，《经济学（季刊）》2022年第6期。

② 余静文、吴滨阳：《数字金融与商业银行风险承担——基于中国商业银行的实证研究》，《产经评论》2021年第4期。

③ 徐晓萍、李弘基、戈盈凡：《金融科技应用能够促进银行信贷结构调整吗？——基于银行对外合作的准自然实验研究》，《财经研究》2021年第6期。

④ 王诗卉、谢绚丽：《经济压力还是社会压力：数字金融发展与商业银行数字化创新》，《经济学家》2021年第1期。

⑤ 欧阳日辉主编《数字金融蓝皮书：中国数字金融创新发展报告（2021）》，社会科学文献出版社，2021。

而带来企业管理范式乃至管理制度的创新，推动产业结构稳步升级，助力经济高质量发展。

1. 数字金融能够推动数据互联互通，提高全要素生产率

通过与数字技术融合，数字金融将提供更为低价且高效的金融支持与配置，促进产业链发展。其主要通过降低信息数据成本和降低融资约束水平两方面实现。

一方面，数字金融推动信息"四流合一"，降低信息数据成本，优化企业资源配置模式。与传统金融相比，数字金融能利用人工智能、大数据技术、互联网技术以及区块链等数字技术推动企业数据透明化和信息化，实现企业商流、物流、资金流、信息流的"四流合一"，[1] 降低企业信息搜寻成本、交易成本和议价成本，提高企业资源配置效率，推动企业实现降本增效。[2][3] 同时，拓宽金融机构信息获取渠道，扩大信息共享范围，促进要素实现网络化共享，提升资源要素配置效率。

另一方面，数字金融推动软信息"硬"化，降低融资约束水平，提升企业信贷资源配置效率。首先，数字金融将结合云计算、大数据等数字技术有效处理实时、海量的企业交易行为数据，快速准确评估企业信用信息，推动各类软信息"硬"化，弥补传统金融结构中企业硬信息不足的劣势，缓解信息不对称问题。其次，通过缓解银行与企业之间信息不对称问题，使原本受到金融排斥的中小微企业、民营企业等长尾客群跨越融资约束门槛，在数量上降低企业融资约束水平，在质量上提升企业信贷资源配置效率，纠正传统金融机构信贷资金的定价偏差。[4] 最后，随着企业融资约束缓解，企业

---

① 龚强、班铭媛、张一林：《区块链、企业数字化与供应链金融创新》，《管理世界》2021年第2期。

② 焦青霞、刘岳泽：《数字普惠金融、农业科技创新与农村产业融合发展》，《统计与决策》2022年第18期。

③ 唐建军、龚教伟、宋清华：《数字普惠金融与农业全要素生产率——基于要素流动与技术扩散的视角》，《中国农村经济》2022年第7期。

④ 宋敏、周鹏、司海涛：《金融科技与企业全要素生产率——"赋能"和信贷配给的视角》，《中国工业经济》2021年第4期。

资金链流动能力提升，企业内部资源配置优化，为企业生产管理变革、商业模式创新、研发技术活动等提供资金保障。①

2. 数字金融将拓宽金融服务渠道，支撑产业结构升级发展

通过数字化变革，数字金融将提供更为简捷且匹配的金融模式与服务，支撑产业链发展。其主要通过盘活金融资源和推动金融产品精准对口这两个方面实现。

首先，金融服务模式简化，金融资源高效盘活，服务企业效率提高。一方面，数字化金融服务模式不断涌现，极大简化了原有繁杂的手续办理模式，提高了金融服务效率。另一方面，金融机构竞争环境的改变将释放低效金融机构手中的金融资本，盘活市场游离的金融资源，缓解传统金融机构的金融资源结构错配问题。此外，区块链等技术的发展也使得金融机构摆脱对实体网点的依赖，减少金融机构的地域限制，推动金融资源跨时空配置。② 金融资源被高效盘活，资源配置效率提升，推动产业链协同高效发展。③④

其次，金融服务模式拓宽，金融产品精准对口，助力企业发展优化。其一，随着数字金融提供更为丰富多样的金融产品和融资渠道，企业可根据自身发展情况匹配更优、更适合的金融工具和融资模式，选择更高效的生产技术创新决策，实现企业全要素生产率高质量提升。其二，金融服务的精准化如专项贷款、精准扶贫等，也将减少长尾群体融资排斥现象，⑤ 提高金融机构服务触达能力。其三，传统金融机构金融评估模式单一，风险评估体系不完善，风险甄别能力不足，难以精确评估企业金融风险，不利于产业可持续

---

① 陈中飞、江康奇：《数字金融发展与企业全要素生产率》，《经济学动态》2021年第10期。
② 周振江、郑雨晴、李剑培：《数字金融如何助力企业创新——基于融资约束和信息约束的视角》，《产经评论》2021年第4期。
③ 唐建军、龚教伟、宋清华：《数字普惠金融与农业全要素生产率——基于要素流动与技术扩散的视角》，《中国农村经济》2021年第7期。
④ 生吉萍、莫际仙、于滨铜等：《区块链技术何以赋能农业协同创新发展：功能特征、增效机理与管理机制》，《中国农村经济》2021年第12期。
⑤ 张林、温涛：《数字普惠金融如何影响农村产业融合发展》，《中国农村经济》2022年第7期。

发展。数字金融可利用数字技术精算手段有效识别企业金融风险，保障产业稳定、可持续发展。

（二）产业数字金融服务实体经济的成效

产业数字金融借助数字技术提供更优质的金融服务，促进制造业、农业、服务业转型升级融合发展，已经成为实体经济高质量发展的必然选择。接下来将从制造业、农业以及服务业三个层面介绍产业数字金融服务实体经济的成效。

1. 制造业层面

产业数字金融推动信息"四流合一"，打通产业链上下游，实现制造业高质量发展。产业数字金融的发展推动了信息的互联互通，缓解了企业的融资约束，有效整合了资源，优化了资源配置效率，一方面形成了智能制造新生产模式，另一方面形成了数字供应链金融新融资模式。具体如下。

其一，智能制造从根本上变革制造业生产方式和资源组织模式。智能制造生产模式包括智能场景、智能车间、智能工厂、智慧供应链等，连接产业链上下游企业，打通生产各个阶段，精细化管理生产过程，辅助决策生产经营，打造产业生态体系平台，赋能全产业链企业，提升制造业生产效率，促进制造业高质量发展。智能制造评估评价公共服务平台数据显示，2021 年全国 20000 多家企业通过服务平台开展智能制造能力成熟度自诊断，发现 2021 年全国制造业智能制造能力成熟度较 2020 年有所提升，一级及以下的低成熟度企业数量占比减少了 6 个百分点，三级以上的高成熟度企业数量占比增加了 5 个百分点。[①]

其二，数字供应链金融借助数字技术赋能传统供应链金融，精准服务制造业企业。数字供应链金融一方面利用数字技术形成金融服务新业态，例如，大数据为融资客户建立精准画像，降低企业信贷风险；区块链技术保障交易数据的真实性，降低信用成本。另一方面数字供应链金融的发展

---

① 中国电子技术标准化研究院：《智能制造发展指数报告 2021》，2022 年 3 月。

推动了制造业的转型升级。数字供应链金融的迅速应用使得链上的企业增多，金融机构能够进行高质量信息甄别，精准匹配融资需求，实现实时投资，推动制造业分散式和扁平式发展，产生"小单快反""柔性制造"等新兴生产模式。

2. 农业层面

产业数字金融有效克服了农村金融排斥现象，推动了农业现代化体系建设。一方面，数字金融增加了农村金融有效供给，提高了农业生产效率；另一方面，数字金融创新，形成农业新业态模式，促进了农村产业融合。

其一，数字金融增加了农业金融的有效供给，缓解了农户以及农业中小企业的融资难问题。中国人民银行统计，2022年底本外币涉农贷款余额为49.25万亿元，同比增长14%；农村（县及县以下）贷款余额为41.02万亿元，同比增长13.5%；农户贷款余额为14.98万亿元，同比增长11.2%。[①]农业部门获取更充足的资金后加大对农业生产技术研发的投入，促进农业技术创新，提升农业生产效率。2021年全国农作物耕种收综合机械化率达72.03%，较上年提高0.78个百分点。[②] 2020年我国县域农业农村信息化发展总体水平达到37.9%，农业生产信息化水平达到22.5%，全国农业产业化龙头企业达到9万家。[③]

其二，数字金融创新，变革生产方式、改善消费结构，形成农业新业态模式，促进了农村产业融合发展。一方面，科技金融创新应用于农业生产，变革了传统生产模式，形成了数字农业生产模式，通过数字技术、大规模智能设备和机械化的应用，实现了农产品自动化生产和农作物云端全流程监测溯源，如华为数字农业农村智能体、大疆智慧农业系统等。另一方面，数字金融从提高支付便利性以及增加农民收入两方面刺激农村居民改善消费结构，

---

① 中华人民共和国中央人民政府、中国人民银行：《2022年四季度金融机构贷款投向统计报告》，http://www.gov.cn/xinwen/2023-02/03/content_5739947.htm。

② 中华人民共和国农业农村部、农业机械化管理司：《2021年全国农业机械化发展统计公报》，http://www.njhs.moa.gov.cn/nyjxhqk/202208/t20220817_6407161.htm。

③ 农业农村部市场与信息化司、农业农村部信息中心：《2021全国县域数字农业农村信息化发展水平评价报告》，2021年12月。

催生出新型农业商业模式，如农村电商、乡村旅游等。2022 年我国农村电商稳步增长，农村网络零售额达 2.17 万亿元。[①] 国家统计局显示，2021 年全国农林牧渔业休闲观光与农业农村管理服务实现增加值 7239 亿元。[②]

3. 服务业层面

产业数字金融能够缓解信息不对称，优化传统金融服务能力，推动服务业转型升级。数字金融利用数字技术挖掘数据要素生产价值，缓解信息不对称，实现资金供需的精准匹配，一方面提高服务业生产效率，促进服务业向知识密集型产业转型升级；另一方面推动服务业数字化改造，颠覆服务业发展模式。具体如下。

其一，产业数字金融为服务业提供更加丰富的资金来源，激发创新，优化生产要素配置，提升服务业生产效率。以新一代综合信息、运输、仓储、库存等物流活动集成管理式的现代物流为例，利用数字孪生、大数据等数字技术，高度集成融合发展物流服务，形成自动分拨、无人配送等新型物流模式，连接消费、生产两端，降低物流成本，提升物流效率，实现物流业向知识密集型产业转型。

其二，产业数字金融打破传统服务业生产消费同时、同地的限制，颠覆了服务业的传统发展模式。随着产业数字金融的发展，服务业产品的生产和消费逐渐具有了可储存的特点，可以实现生产消费的不同步。例如，由于疫情影响，发展起来的线上教育、线上办公、互联网医院等新型服务模式，突破了时空的限制，提高了资源的利用率，提升了服务业的效率，重塑了服务业发展模式。2022 年我国线上教育规模达到 2.98 亿，[③] 形成了以出版传媒公司、大型互联网企业、教育硬件公司以及政府机关单位为主导的主要发展模式。2022 年 3 月，国家高等教育智慧教育平台正式上线，整合多家在线教育平台资源，填补了在线教育市场的空白。

---

① 商务部、电子商务和信息化司：《2022 年中国网络零售市场发展报告》，2023 年 3 月。
② 国家统计局，http://www.stats.gov.cn/xxgk/sjfb/zxfb2020/202212/t20221230_ 1891328.html。
③ 佑信咨询：《2022 中国在线教育行业发展报告》，2022 年 11 月。

四　产业数字金融实践创新与规范发展

产业数字金融既是我国产业金融数字化转型升级的突出代表，也是实现实体经济与数字经济深度融合的重要工具。我国企业针对产业数字金融开展了一系列有益探索，推动了新兴数字技术与金融业的深度融合。其中，数字供应链金融是传统产业金融数字化转型最具代表性的实践创新。值得注意的是，尽管产业数字金融的开放性、平台化已在一定程度上拓宽了金融服务实体经济的渠道，但仍存在支撑中小企业发展不充分、数字技术应用于上下游企业不平衡等突出问题。因此，为更好地满足产业数字化转型所需资金与要素支持，推动我国构建现代化产业体系，如何引导和推动产业数字金融规范发展是另一项重要议题。

（一）产业数字金融实践创新之数字供应链金融

数字技术推动了产业数字金融发展，促进了金融业新业态、新模式的不断涌现。其中，数字供应链金融是先进制造业与现代服务业"两业融合"的重要节点，与传统产业金融服务相比，其主要具有如下三方面不可比拟的优势。①从业态创新来看，数字技术的广泛应用催生了数字供应链金融，金融科技企业、互联网银行等供应链参与方基于技术优势，可根据企业及其上下游关联企业的"数字足迹"为其提供融资授信，而传统的实物资产抵押物不再为企业借贷的必需品。[1][2] ②从运营模式来看，数字技术在借贷环节推动了金融机构在获客渠道、信息采集、风险定价、投资决策、监督还款等环节的颠覆式创新。③从服务效率来看，数字供应链金融平台有效打破了金融机构与企业之间的信息壁垒，极大地提高了企业融资可得性与借款效率，

---

① 龚强、班铭媛、张一林：《区块链、企业数字化与供应链金融创新》，《管理世界》2021年第2期。

② 张一林、郁芸君、陈珠明：《人工智能、中小企业融资与银行数字化转型》，《中国工业经济》2021年第12期。

降低了企业借贷成本和银行资金风险，促进了金融机构对经营历时短、资产规模小的中小企业开展信贷业务。[1][2]

（二）数字供应链金融的典型案例

案例一　京东供应链金融科技

京东科技供应链金融已迈入"产业平台化输出"的 3.0 阶段，面向地方政府平台、核心企业和金融机构进行输出，助力核心企业实现数字化转型，以及产业链上的中小微企业高效、便捷获得融资服务。2023 年的"135战略路径"，重点聚焦制造业、消费品、能源化工、交通物流、ICT 这五大行业。

一是大消费领域。天章纸业与京东供应链金融的明星产品"京保贝"合作 8 年来，已实现京保贝提供的融资服务覆盖天章纸业近 50% 的采购费用。2023 年天章纸业还与京东供应链金融科技平台达成科技型合作，搭建了信贷驾驶舱，并接入多家金融机构，提升运营能力，降低资金成本。

二是水泥行业。京东科技旗下商业汇票融资技术服务平台——"京票秒贴"为水泥企业提供高效、精准的融资服务，盘活供应商存量票据资产，缓解资金压力，有助于保障产业链条持续、顺畅地运转。水泥企业还可通过京东供应链金融科技的应收融资和采购融资，解决融资需求。采购融资可面向水泥企业下游经销商，解决经销商订货采购资金需求，是以经销商在水泥企业的历史经营数据为主要授信依据的全线上化融资产品。

案例二　聚均科技产业数字金融综合生态服务平台

聚均科技产业数字金融综合生态服务平台是数字化的产业金融开放生态服务平台，融合了先进的物联网、区块链、云计算、大数据、人工智能等全场景数字科技手段，能够对金融机构原有信息系统及各项业务模块进行有效

---

[1]　宋华：《数字平台赋能的供应链金融模式创新》，《中国流通经济》2020 年第 7 期。

[2]　宋晓晨、毛基业：《基于区块链的组织间信任构建过程研究——以数字供应链金融模式为例》，《中国工业经济》2022 年第 11 期。

集成，并通过数字化手段有效触达客户，是产业数字金融综合解决方案服务金融机构的"最后一公里"。

一是打造分布式光伏发电行业数字化全流程监控系统。将数字技术融入信贷活动的前、中、后三个环节，贷前通过建立场景模型分析电站性能增强审核能力，贷中通过建立智能化审批模式提高审批作业效率，贷后通过打造智能多维实时监控体系，如汇总电站异常信息、发电变化趋势及还款情况等，提升贷后管理能力，节约人力成本。

二是打造融资租赁项目集中监控和管理系统。通过物联网、AI视频识别、企业ERP自动对接等多种技术手段，对融资租赁设备和企业生产现场的运作情况，进行多维度的集中实时监控；通过自动对接企业生产的用电用气、薪资发放等数据，全面诊断融资主体的经营状况，从而实现融资租赁项目全生命周期的监控和预警。

（三）产业数字金融规范治理与政策支持

在我国产业数字金融发展的进程中，金融行业数字化转型与产业数字化转型"各为一边""融而不合"的问题逐渐凸显，具体表现为数字金融赋能实体经济发展不充分、数字技术应用于产业链上下游企业不平衡、数据要素融入产业循环不深入等。换言之，产业转型升级不仅需要加强数字技术的应用与创新，还需要数字金融更充分地发挥输血功能。产业数字金融发展的核心在于实现科技与金融"双轮驱动"数字经济和实体经济的深度融合，进而形成"科技—产业—金融"的良性循环，赋能全产业链企业协同转型，推动传统产业数字化升级与现代产业体系构建，最终实现产业高质量创新发展。

因此，我国可从规范治理与政策支持两个方面引导和推动产业数字金融高质量创新发展。在规范治理上，强调重视产业数字金融安全与监管创新；在政策支持上，强调深入"上云用数赋智"行动推动全产业链协同转型，并发挥产业数字金融"示范区"的引领作用。

具体而言，首先，在规范治理上要注意以下两方面。

其一，防范化解产业数字金融新风险，强调金融安全，切实发挥金融对产业发展的支撑作用。在金融机构之间的经营壁垒被打破以后，跨市场关联、跨行业联动成为新的金融业态特征，而金融风险则将更具隐蔽性、突发性、传染性和负外部性。[1][2] 在过去几年，企业通过供应链金融业务融资的"暴雷"事件频发，主要源于多级供应商结算不确定性较大、上下游企业"一损俱损"、融资产品保障机制不足等原因。例如，中原证券旗下供应链金融产品"联盟 17 号集合资产管理计划"和"中京 1 号集合资产管理计划"由于底层资产（福建闽兴医药有限公司对福建医科大学附属协和医院的应收账款）无法收回，不仅极大地影响了上游企业正常运营，还导致兴业信托、华融信托、国联信托等十余家机构的投资者损失高达 22 亿元。[3] 可见，现有供应链金融业务模式仍存在一定的风险漏洞，金融服务尚未充分发挥对产业创新发展的支撑作用，防范化解新风险、推动金融强监管的紧迫性不言而喻。

其二，完善和提升"监管沙盒"制度，加强对产业数字金融科技平台的创新支持。2023 年 3 月，随着中国银保监会部门重组与国家金融监督管理总局成立，我国金融体系的统筹协调监管模式再次迈上新台阶。早在 2021 年，沈艳、龚强[4]，黄益平等[5]便探究了"监管沙盒"模式在平衡金融创新与发展安全之间的优越性及可行性。在产业数字金融领域，"监管沙盒"的设计可从以下五方面完善。一是建立由国务院金融稳定发展委员会牵头、中国人民银行负责，国家金融监督管理总局与中国证监会协调执行、社会监督起辅助作用的分业沙盒监管框架。二是考虑采取"开放申请窗口、

---

[1] 王勋、黄益平、陶坤玉：《金融监管有效性及国际比较》，《国际经济评论》2020 年第 1 期。

[2] 巴曙松、赵文耀、慈庆琪：《中小银行数字化转型：挑战、机遇与转型路径》，《清华金融评论》2022 年第 9 期。

[3] 万联网：《闽兴爆雷，诺亚翻舟，数字供应链金融能否临危受命？》。

[4] 沈艳、龚强：《中国金融科技监管沙盒机制设计研究》，《金融论坛》2021 年第 1 期。

[5] 黄益平、吴晓求、龚强等：《新发展格局下的金融发展与经济创新》，《工信财经科技》2021 年第 5 期。

公布申请结果、开展中期评估、决定是否退出、沙盒外评估"的五步监管流程，实现及时监管、互动监管、动态调整监管。三是在准入阶段应指引清晰、准入严格。四是在测试期可通过多层次沙盒管理工具合理激励测试企业。五是退出结果为发放牌照或者良性退出。应注意的是，多数学者强调，沙盒监管力度必须与创新活动风险特性相匹配，进行实时动态监管，根据市场环境变化调整最优监管力度，谨慎一味地加强管制可能会陷入"严格监管—创新受限—放松监管—过度创新—乱象丛生—严格监管"的治乱循环。[1]

其次，在政策支持上也要注意以下两方面。

其一，深入"上云用数赋智"行动，推动数据要素赋能全产业链协同转型。企业与产业链的数字化转型升级是产业数字金融的根基，将直接影响产业数字金融的发展进程。然而，从整体来看，我国企业的信息化、数字化基础较为薄弱，大多数企业尚未完成在生产、供销、物流等全环节的数字化转型，与产业数字金融所要求的数字化程度相去较远。因此，黄奇帆等[2]认为，相关部门应对积极探索数字化转型的企业给予切实激励与帮助，鼓励全产业链企业加强对物联网、区块链、人工智能和大数据等数字技术的应用，一方面，实现上下游企业数据的全透明、全上链，保真且不易篡改；另一方面，实现对潜在风险的实时监控及提前预警，保障金融机构看得清、管得住资产，降低资金风险，提高其借款给中小微企业的意愿。同时，黄益平[3]在第十三届全国人大常委会上建言，我国需注重完善构建数据要素保护与共享机制，尤其是对于公共数据，应加强统筹授权使用和管理，打破产业链上下游企业间的"数据孤岛"。

其二，在重点行业打造一批产业数字金融"先行区"，完善相应支撑政

---

[1] 龚强、马洁、班铭媛：《中国金融科技发展的风险与监管启示》，《国际经济评论》2022年第6期。

[2] 黄奇帆、朱岩、邵平：《数字经济：内涵与路径》，中信出版集团，2022年。

[3] 黄益平2022年12月30日于十三届全国人大常委会举行第三十一讲专题讲座：数字经济的发展与治理。

策与法规体系。在发展产业数字金融时，我国需吸取消费互联网金融快速崛起过程中的经验教训，兼顾创新与发展安全，及时推动监管创新，充分运用数字技术提升监管科技（RegTech），提升监管部门的信息收集和处理能力。具体来说，在理论层面，健全事前预警、事中监管、事后监督系统，实现对产业数字金融监管的专业性、统一性和穿透性。在技术层面，可借助多方安全计算、隐私计算、可信区块链等先进算法与技术，确保数据可用可计量、可用不可见，实施动态有效监管，实现智能化分析与决策。① 在实践层面，金融机构、科技公司与实体企业应各司其职，做到"专业人做专业事"以降低企业跨界经营导致的系统性风险。目前，已有部分产业数字金融平台在不同行业推广，相关部门应因势利导、"因材施政"，尽快出台激励政策打造一批产业数字金融"示范区"和"先行区"，从而加强对产业数字金融领域的理论与实践创新指导。

五　产业数字金融发展总结

总体来看，已有研究主要从"产业数字金融引导金融机构转型升级"、"产业数字金融为实体经济降本增效"和"产业数字金融监管与治理"三个方面对产业数字金融展开探究，主要观点包括以下几点。

其一，产业数字金融强调数字信用的关键作用，推进建设数字金融市场。数字信用是利用大数据和机器学习方法识别经济主体的信用。传统金融机构更为看重供应链上企业主体的信用，在数字技术的赋能下，金融机构逐步以数字化的交易信用作为提供金融服务的依据。这一转变能够有效缓解产业链金融服务区位错配，金融服务不均衡、不充分的痛点，也有利于拓宽银行等金融机构的长尾客户群体。对金融机构自身经营来说，数字技术赋能可以降低其资金成本、风险成本和运营成本，提升经营能力和市场竞争力。此

---

① 龚强、班铭媛、刘冲：《数据交易之悖论与突破：不完全契约视角》，《经济研究》2022 年第 7 期。

外，产业数字金融数字技术通过透明化企业的交易信息，进一步推进全透明数字金融市场的建立，降低系统性金融风险。

其二，产业数字金融解决产业链企业融资难题，为实体经济降本增效。传统金融服务模式中，中小企业向金融机构获取融资承担着较高的信息披露成本。数字技术的赋能，使得产业链各主体企业经营状况数字化、透明化，真实的交易信息在产业链条上进行流通，较好地打通产业链上的信息传导通道，长期振兴产业链上民营中小企业的经营活力。同时，产业数字金融也促使企业进行数字化转型，不仅带来业务上的升级，也使企业获得金融服务的过程更为便利。交易信息数字化有效降低金融机构和民营中小企业之间的信息不对称，实现中小企业降本增效。

其三，产业数字金融实时监控金融服务过程，提供数字监管、科技监管手段。监管机构可以利用数字技术对金融市场进行数字监管、科技监管。在数字技术的支持下，监管机构可以对数字金融服务展开实时监控，基于实时数据建立风险控制模型，提前预警潜在风险，提高我国金融行业监管能力。此外，要吸取消费互联网金融发展过程中的经验教训，加强监管，开展产业数字金融试点工作，进一步完善我国关于产业数字金融的法律、法规。

在数字时代，推动构建"科技—产业—金融"良性循环，三方融合共同发力将是新的发展重点。中央经济工作会议提出，要推动"科技—产业—金融"良性循环，加快建设现代化产业体系，实现产业从价值链的中低端向中高端上升，金融对科技创新和产业转型升级发挥着黏合剂的作用。同时，2023年全国两会指出，数字技术已成为放大生产力的乘数因子，将持续赋能我国产业数字化发展。要通过数字技术的贯通，把科技创新、产业转型升级和金融发展有机结合起来，实现从创新端到产业端的打通。

B.5
2021~2022年消费金融发展与研究综述

杨雅婷　曾　燕*

摘　要： 消费金融对我国扩大消费和经济增长发挥了积极作用，是近年来的研究热点。本文在阐释消费金融研究范畴的基础上，首先，梳理了我国消费金融行业2021~2022年发展取得的主要成绩及存在的主要问题。其次，利用CiteSpace软件对2021~2022年的文献进行分析，通过关键词聚类探讨学者们的主要研究方向。再次，本文归纳总结出消费金融领域的三大核心议题，分别是消费金融、居民消费与普惠金融；消费金融、经济增长与共同富裕；消费金融的风险监管与治理体系。最后，本文从不同的角度指出未来消费金融可能的实践创新和研究方向。

关键词： 消费金融　文献计量　技术和数据要素　风险管理　经济发展

一　消费金融的概念与特点

（一）概念

消费金融发展已久，从国内外学术界的相关研究成果来看，学者们对消费金融的研究范畴没有统一的界定。目前研究中有几个常用的术语：消费者

---

* 杨雅婷，西安交通大学，研究方向为数字经济和数字金融；曾燕，博士，中山大学岭南学院教授、博士生导师，研究方向为数字经济、数字金融、金融工程、风险管理、保险精算；感谢林楷灿对本研究工作的支持。

金融（consumer finance）、个人理财（personal finance）、家庭金融（household finance）、消费信贷（consumer credit），王江等[①]对这些常见的术语进行了详细解释与分析。Tufano[②]定义了消费金融的四个必要功能：支付功能、风险管理功能、借贷功能以及投资和储蓄功能。该定义有助于读者充分了解消费金融的研究领域，[③]得到了许多学者的认可。[④]

从国内外监管机构的相关文件和报告来看，政府部门对消费金融的监管范畴相对统一，主要是与消费相关的金融服务。国家金融监督管理总局（原中国银保监会）定义消费金融是向各阶层消费者提供消费贷款的现代金融服务方式。[⑤]美国联邦存款保险公司指出，消费金融指消费信贷，包括住宅抵押贷款、住房净值贷款、信用卡以及其他个人信贷。[⑥]美联储定义消费金融是家庭金融的一部分，指家庭收入成长模式、家庭资产分布和负债来源状况。家庭负债主要包括房屋信贷、信用卡、分期付款三类消费信贷。[⑦]

综合曾燕等学者[⑧]的研究，目前消费金融已经形成了较为完整的行业生态，如图1所示。由"资金供给方"、"消费金融服务商"、"资金需求方"、"消费场景"和"消费金融基础设施"构成消费金融产业链。上游是消费金融机构的资金供给方；下游是消费金融服务的资金需求方，根据垂直细分场景来获客并实现消费者的消费需求。中游消费金融服务商按照不同的核心参与主体，可以分为银行、持牌消费金融公司和互联网消费金融机构三大类。

① 王江、廖理、张金宝：《消费金融研究综述》，《经济研究》2010 年第 S1 期。
② Tufano P. , "Consumer Finance," *Annual Review of Financial Economics*, August, 2009.
③ 张李义、涂奔：《互联网金融对中国城乡居民消费的差异化影响——从消费金融的功能性视角出发》，《财贸研究》2017 年第 8 期。
④ Campbell J Y. , "Household Finance," *The Journal of Finance*, August, 2006.
⑤ 国家金融监督管理总局（原中国银保监会），http：//www. cbirc. gov. cn/cn/view/pages/ItemDetail. html？docId=3448&itemId=915&generaltype=0。
⑥ 美国联邦存款保险公司官网，https：//fdic-search. app. cloud. gov/。
⑦ 美联储官网，https：//www. federalreserve. gov/econres/rscf-staff. htm。
⑧ 曾燕、杨雅婷、徐凤敏等：《消费金融研究综述》，《系统工程理论与实践》2022 年第 1 期。

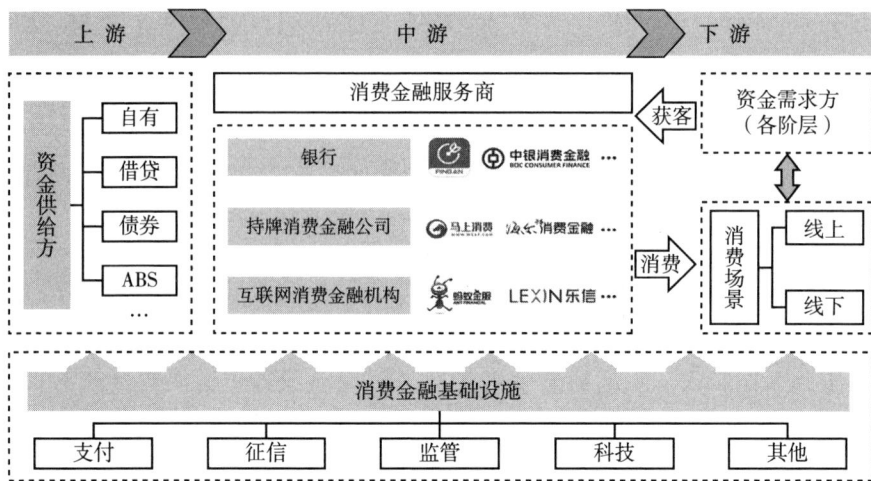

图1　消费金融行业生态图谱

资料来源：笔者根据公开资料整理。

从我国来看，消费金融的概念与行业的发展及政策要求息息相关。我国"消费信贷"在一定程度上可以看作"消费金融"的前身。[①] 1998年，我国正式推出消费信贷，主要由商业银行提供住房和汽车贷款。2009年，消费金融试点正式启动，对消费金融的研究日益增多。2014年，互联网金融蓬勃发展，网络借贷等新模式不断涌现，金融机构的数字化转型加速推进，"互联网消费金融"和"数字消费金融"等概念开始出现。本文借鉴黄益平和黄卓[②]对"数字金融"和"互联网金融"的研究做一个类似的概念界定："数字消费金融"泛指一切利用数字技术为各阶层消费者提供一系列金融服务来满足其消费需求的业务形态。"互联网消费金融"多指传统金融机构与互联网企业利用互联网技术和信息通信技术为各阶层消费者提供一系列金融服务来满足消费者消费需求的业务形态。从直观理解来说，"互联网消费金融"更侧重于互联网企业，而"数字消费金融"的概念相对更广泛一些。但不管融合怎样的技术手段，这些术语的本质仍是消费金融，核心依

[①] 杨鹏艳：《消费金融的理论内涵及其在中国的实践》，《经济问题探索》2011年第5期。

[②] 黄益平、黄卓：《中国的数字金融发展：现在与未来》，《经济学（季刊）》2018年第4期。

旧是为消费者的消费需求服务，都是在数字经济时代下消费金融转型升级的体现。

总的来看，消费金融的概念有广义和狭义之分。狭义的消费金融指向各阶层消费者提供消费贷款的现代金融服务方式。广义的消费金融指基于各阶层消费者的消费需求而为其提供包括支付、储蓄、投资、借贷、保险等一系列金融服务的金融业态。[①] 这两个概念的共同核心是：消费金融以消费者的消费需求为服务中心。本文主要基于广义的消费金融概念开展研究。

（二）主要特点

消费金融一定程度上改善了传统金融服务不足的问题，将综合金融业务覆盖到更多长尾客群中，有助于扩大居民消费，优化消费结构，为经济增长提供新动力。总的来看，消费金融主要有以下三大发展特点。

1.深耕垂直场景

2017年以来，我国政府部门发布了一系列监管政策：全面清退P2P，规范"现金贷"业务，要求消费金融依托具体场景发展。2020年以来受新冠疫情影响，无接触金融服务快速兴起，消费金融创新产品层出不穷，场景覆盖度持续扩大。[②] 消费金融机构深耕不同的垂直场景，拓展金融服务领域，如教育、医疗、文旅、家装等。垂直分类的消费金融场景可以凭借较低的成本获得大批量的客户，并基于不同场景设计和改进金融产品及服务，使之更符合消费者的需求，有利于提升消费金融机构的竞争优势。此外，通过不同的垂直场景，消费金融服务与实体产业深度融合，能够充分发挥消费金融"消费"＋"金融"＋"场景"三重属性的作用，为广大消费者提供更为专业化、综合化的服务。

2.数据和数字技术双赋能

消费金融的创新发展离不开数据和数字技术的双重赋能，数据和数字技

---

① 曾燕、杨雅婷、徐凤敏等：《消费金融研究综述》，《系统工程理论与实践》2022年第1期。
② 董希淼：《消费金融如何助力"双循环"经济》，《人民论坛》2021年第14期。

术为消费金融提供了全流程智能服务体系。一方面，海量数据的积淀为大数据征信提供了良好的条件。消费金融机构可以利用多元化、广覆盖的数据进行精准化、实时化的征信评级，实现更全面的客户信用状况画像，完善社会征信体系。另一方面，消费金融机构可以借助数字技术更有针对性地开发消费金融产品，并更准确地判断和预测消费者的未来资金流状况，实现消费金融的智能化授信、审批、催收等。[①] 这在一定程度上有效缓解了金融服务的信息不对称问题，提高了消费金融的决策与定价效率。

3. 服务长尾客群

消费金融为社会各阶层消费者的消费需求服务，扩大了金融服务的长尾客群覆盖度。数字技术发展使得大量长尾人群进入消费金融市场，提高了消费金融机构为更多小微客户开展金融服务的可能性，成为推动普惠金融发展的重要途径，为解决小微金融的"不可能三角"困境（低风险、低成本、高效率三者不可兼得）提供了新的思路。根据《中国消费金融公司发展报告（2022）》，消费金融公司积极承担社会责任，充分满足受疫情影响困难客户的合理诉求，推出延缓还款、减免息费等一系列帮扶措施。2021年，消费金融公司共计为5.6万名客户办理延期还款35.95亿元；为24.7万名逾期客户减免利息2.98亿元；为16.8万名逾期客户减免费用1.63亿元。[②] 这在一定程度上说明了消费金融服务长尾客群的广度不断提升，产品和服务持续创新，促进了社会经济平稳增长。

二 2021~2022年消费金融发展综述

我国消费金融行业的发展大致经历了试点期、快速发展期、整顿期以及规范发展期。现阶段，我国消费金融行业仍处于规范发展期。本节首先分析我国消费金融行业在2021~2022年消费金融发展取得的主要成

① Davis R., Lo A. W., Mishra S., et al., "Explainable Machine Learning Models of Consumer Credit Risk," *SSRN Working Paper*, September, 2022.

② 中国银行业协会：《中国消费金融公司发展报告（2022）》，2022年9月。

绩；其次讨论消费金融发展存在的主要问题；最后总结消费金融的相关政策。

（一）2021~2022年消费金融发展取得的主要成绩

2021~2022年消费金融行业在疫情和严监管的背景下承压前行。为进一步拓展客群和创新发展，各消费金融机构顺应数字化转型的大趋势，深化金融科技的应用，积极开展业务合作改善融资困境，从绿色发展、乡村振兴等角度持续创新金融服务，为经济发展做出了一定的贡献。

第一，消费金融的普惠效应进一步释放，在探索可持续发展方面取得了一定的成绩。一方面，消费金融服务的客群覆盖面进一步扩大。从城市来看，消费产品的用户广泛分布在一线、二线（含新一线）和三线及以下的城市之中，其中，三线及以下城市的用户比例明显高于一线城市的用户，二线（含新一线）城市的用户占比超过50%，如图2所示。从居民收入来看，消费金融机构对收入排序位于40%~80%的中低收入人群的服务比重超过了50%。

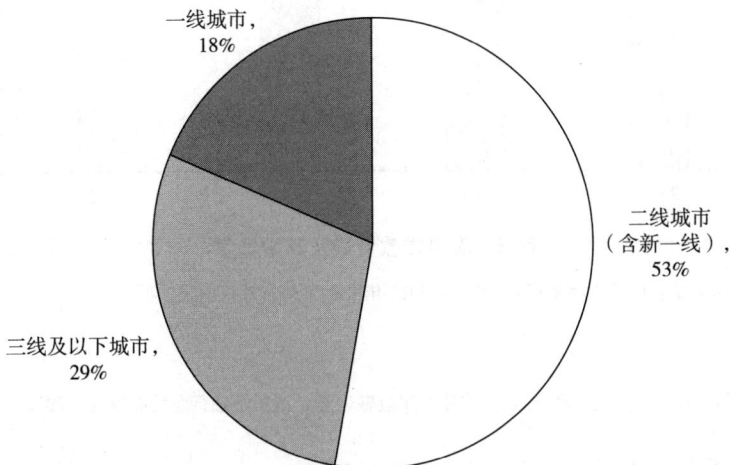

图2　消费金融服务在不同城市的分布情况

资料来源：金融数字化发展联盟：《2022消费金融数字化转型主题调研报告》。

另一方面，消费金融机构探索践行可持续金融发展理念，在绿色信贷、金融健康、乡村振兴和共同富裕等场景下不断创新。[①] 从农村来看，农户贷款余额从 2019 年的 10.34 万亿元增加至 2022 年的 14.98 万亿元，每年增长率始终维持在 10% 以上（见图 3）。其中，消费金融行业对农村金融的发展起到了极大的促进作用。中原消费金融组建"中原帮扶—乡村振兴赋能小组"，打造"金融+乡村振兴"新载体，将综合金融服务和数智技术带入乡村，赋能"三农"产业发展，助力共同富裕。[②] 截至 2021 年 12 月，马上消费金融累计为 2778 万余农村用户及 3362 万余县域用户提供消费金融服务；[③] 中信消费金融累计服务农村客户的金融交易量超 2000 万笔，金额近 200 亿元；[④] 捷信消费金融在企业社会责任项目累计投入超过 4000 万元，并规划在 2023 年完成 50% 的减碳目标。[⑤]

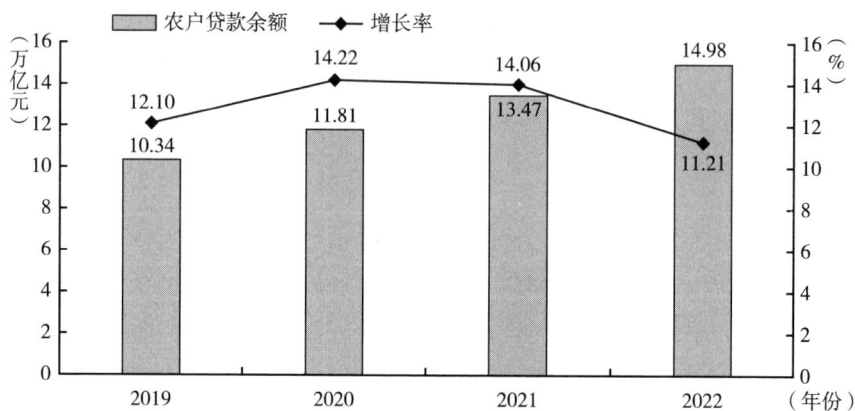

图 3　农户贷款余额及其增长率

资料来源：中国人民银行：《2019—2022 年金融机构贷款投向统计报告》。

---

① 零壹财经：《践行 ESG 理念，共建有序金融生态：消费金融行业发展报告（2022）》，2023 年 1 月。

② 中原消费金融，https：//www.hnzycfc.com/html/news。

③ 马上消费金融官网，https：//www.msxf.com/news/xwxq/830。

④ 中信消费金融公司 2021 年度报告，https：//www.eciticcfc.com/#/particulars？id=10&status=5。

⑤ 捷信消费金融 ESG 报告，https：//www.homecreditcfc.cn/media-news。

第二，消费金融数字化转型进一步深化。从业务数字化角度来看，2022年消费金融公司线上贷款的发放量达 2.47 万亿元，大约占全部贷款的 96.17%。91.2% 的消费金融机构实现了申请环节线上化。75.9% 的消费金融机构使用了智能客服，与 2021 年相比提升了大约 40%。68.5% 的消费金融机构应用了数据分析平台。近 60% 的消费金融机构部署了智能监控平台与自动化报表系统。① 2022 年的"6·18"促销期间，蚂蚁集团通过智能化动态额度寻优，对 1.5 亿客户发放临时额度，累计形成 140 亿元的交易金额。② 从专利申请来看，截至 2022 年 9 月 16 日，消费金融公司专利申请量共 1085 件，发明专利共授权 251 件。本文汇总了专利申请量排名靠前的 11 家消费金融公司，如图 4 所示。其中，马上消费金融自研虚拟数字人，7×24 小时为用户提供智能语音服务，服务率高达 95%，有效提高了业务办理效率和用户触达率。同时，马上消费金融基于数据运维（DataOps）理念形成完善的一站式大数据开发和自助分析能力，实现业务、数据、资产的有效

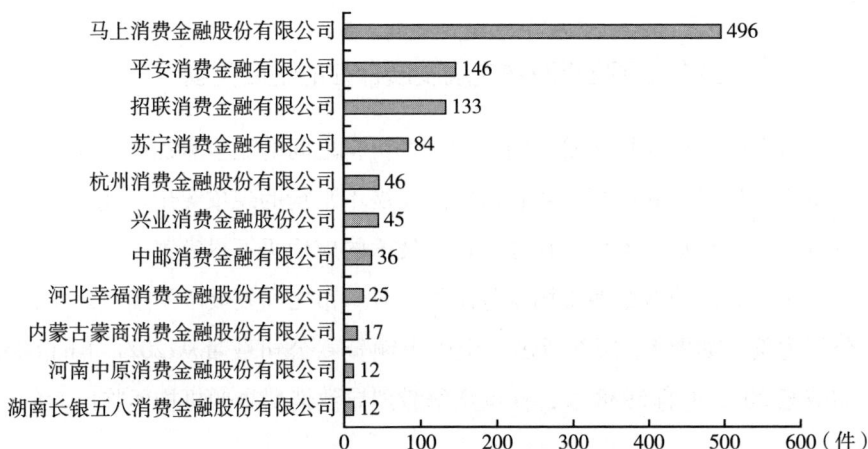

图 4　部分消费金融公司专利申请量

资料来源：《2022 年消费金融行业的数字化技术创新分析》。

---

① 金融数字化发展网，https：//www.fddnet.cn/2022/lmdt02_ 1125/1531.html。
② 21 世纪经济报道网，http：//www.21jingji.com/article/20221119/8807b261ab052a420c29429a a7fa3671.html。

循环系统，赋能金融产业升级迭代。[①] 此外，中国建设银行对金融科技的发展高度重视，研发金额从 2019 年的 176.33 亿元增加至 2021 年的 235.76 亿元，公司的有关专利数量从 2020 年的 368 件增加至 2022 年上半年的 934 件。[②]

第三，消费金融行业的融资方式更加多样。消费金融的资金获取渠道更加多元，逐渐摆脱单一的"同业借贷"融资方式，银团贷款、资产证券化等方式越来越受到公司的青睐。截至 2022 年 12 月末，共有 25 家消费金融公司获批银行间同业拆借，9 家获批资产证券化，8 家获批发行金融债券，15 家获批银团贷款，2 家获批发行二级资本债。[③] 2021 年 6 月 11 日，兴业消费金融在全国银行间债券市场发行"兴晴 2021 年第一期个人消费贷款资产支持证券"，旨在有效盘活存量资产，进一步提升普惠金融服务能力。[④] 2022 年，中邮消费金融获批发行不超过 18 亿元人民币的二级资本债券，由此成为消费金融行业内首家获批发行二级资本债券的公司。[⑤] 多元化的"补血"渠道为消费金融公司整合资源、聚焦主业发展与创新产品服务提供了动力。

（二）2021~2022 年消费金融发展存在的主要问题

消费金融行业在快速发展的同时，各机构之间的竞争愈加激烈，优胜劣汰使得竞争格局不断重塑，各省市之间发展不平衡的现象突出。此外，消费金融行业的不合规因素仍然存在，数字技术的应用仍不尽完善。

第一，我国消费金融市场竞争激烈，各省市之间发展不平衡。以小额贷款公司为例，如图 5、图 6 所示，全国小额贷款公司数量从 2021 年的 6453 家缩减至 2022 年的 5958 家，存量竞争激烈导致消费金融机构面临巨大的生

---

① 马上消费金融，https://www.msxf.com/news/msxw。
② 中国建设银行股份有限公司 2019~2022 上半年年度报告。
③ 零壹财经：《践行 ESG 理念，共建有序金融生态：消费金融行业发展报告（2022）》，2023 年 1 月。
④ 兴业消费金融，https://www.ksdao.com/news.html。
⑤ 国家金融监督管理总局（原中国银保监会），http://www.cbirc.gov.cn/cn/view/pages/ItemDetail.html？docId=1060656&itemId=4111&generaltype=0。

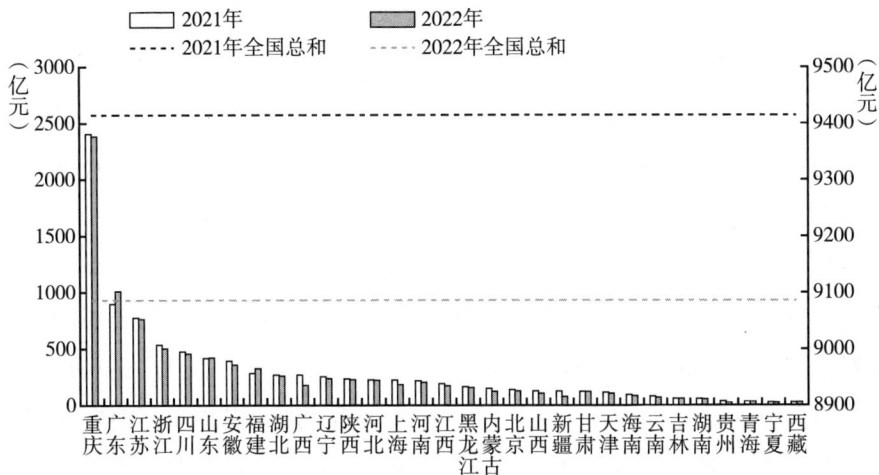

图5 全国各省份小额贷款公司贷款余额

资料来源:《2022年小额贷款公司统计数据报告》及《2021年小额贷款公司统计数据报告》。

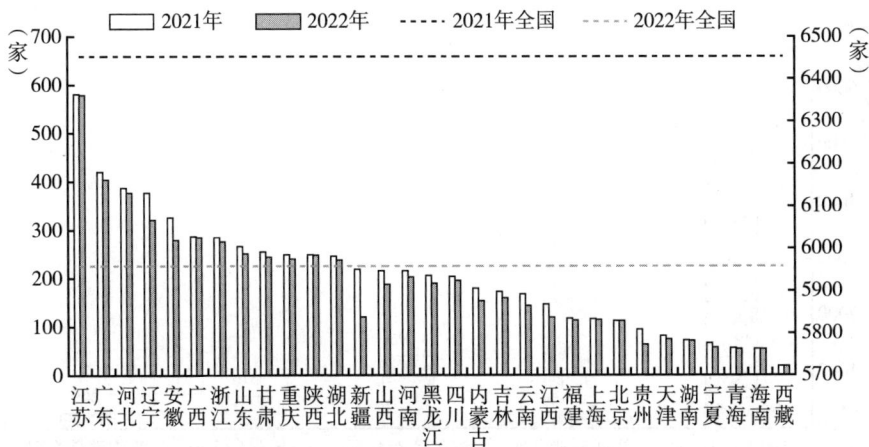

图6 全国各省份小额贷款公司数量

资料来源:《2022年小额贷款公司统计数据报告》及《2021年小额贷款公司统计数据报告》。

存压力。全国大多数省份的贷款余额都低于全国平均水平,仅有7个省份在2021~2022年都高于全国平均水平。重庆市在2021年及2022年的小额贷款公司贷款余额远远高于位列第二的广东省,比西藏自治区的小额贷款公司贷款余额高出百倍。

第二，消费金融行业仍存在不合规因素，暴力催收、不合理定价等现象仍时有发生。根据部分消费金融公司发布的消费者权益保护工作报告，本文汇总了2022年部分消费金融公司发生的投诉量，如图7所示。中邮消费金融公司的投诉量在2022年突破5000件，高于其他消费金融公司的投诉量。[1] 2022年上海银行业消费投诉中，持牌信用卡中心及消费金融公司共投诉64893件，占投诉总量的90.09%。[2] 暴力催收和高利率仍然是一个较为严重的问题。在黑猫投诉平台上，有部分消费者投诉某消费金融公司的催收员对消费者进行超高频次电话催收，且存在言语侮辱的情况。还有部分消费金融公司通过显示最低日息的贷款利率来诱导消费者借贷，而实际年化利率高达35.94%。[3] 该利率远远超出中国人民银行同期贷款基准利率，也超出民间借贷司法解释规定的利率上限［一年期贷款市场报价利率（LPR）的4倍］。这些问题都在很大程度上影响了消费金融行业的健康可持续发展。

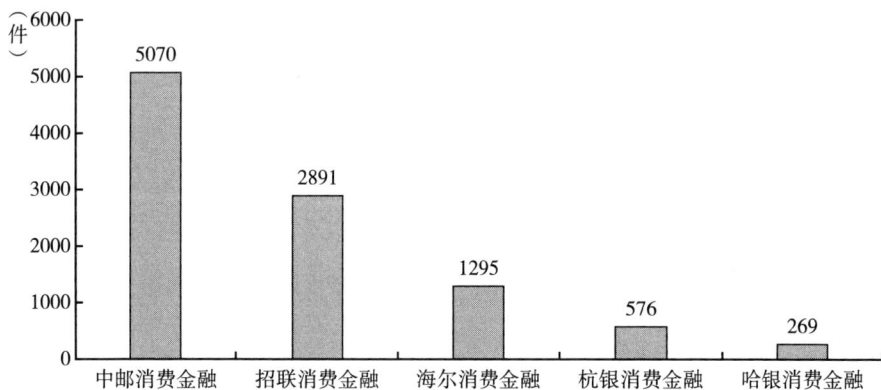

图7　2022年部分消费金融公司投诉量

资料来源：各消费金融公司网站。

---

[1] 中邮消费金融公司，https：//www.youcash.com/xxgg/75799.html。
[2] 国家金融监督管理总局（原中国银保监会），http：//www.cbirc.gov.cn/branch/shanghai/view/pages/common/ItemDetail.html？docId=1101458&itemId=998&generaltype=0。
[3] 腾讯网，https：//new.qq.com/rain/a/20211029A017QS00。

第三，数字技术在消费金融行业的应用仍存在不足，消费金融行业的风险管理水平仍有待提高。一方面，由于社会征信体系不完善，且数字技术水平有限，各消费金融机构的数据共享存在阻滞，"多头借贷""重复授信"等问题相对还较为严重。① 另一方面，大数据、人工智能等技术的应用虽然提高了业务管理效率，但是这些模型存在"黑箱问题"，对消费者来说并不透明，可能产生"算法歧视""大数据杀熟"等问题，由此产生的"数字围墙"可能导致社会阶层进一步固化，严重降低消费金融的普惠效应。

（三）2021~2022年消费金融的相关政策

消费金融行业的监管日趋严格，近年来政府出台了多项政策规范行业发展，主要是从以下三个角度加强监管：①明确消费金融机构和其他机构之间的合作规范；②提升消费金融行业的风险治理能力；③加强消费者的权益保护和金融教育，具体如表1所示。

表1　我国消费金融行业相关政策

发布时间	发布机构	政策法规
2021年2月	中国银保监会	《中国银保监会办公厅关于进一步规范商业银行互联网贷款业务的通知》
2021年8月	全国人民代表大会常务委员会	《中华人民共和国个人信息保护法》
2021年9月	中国人民银行	《征信业务管理办法》
2021年12月	中国人民银行	《地方金融监督管理条例》（草案征求意见稿）
2022年5月	中国银保监会	《银行保险机构消费者权益保护管理办法》（征求意见稿）
2022年7月	中国银保监会、中国人民银行	《关于进一步促进信用卡业务规范健康发展的通知》

资料来源：笔者根据公开资料整理。

---

① 程雪军：《人工智能深度介入消费金融：动因、风险及防控》，《深圳大学学报》（人文社会科学版）2021年第3期。

从地方政府来看，多数地方政府出台相关政策鼓励和规范消费金融行业发展。北京银保监局 2021 年发布《关于进一步加强辖内汽车金融公司、消费金融公司消费者权益保护工作的通知》，进一步明确汽车金融公司、消费金融公司提供消费金融产品和服务的行为细则，着力保障消费者权益。① 重庆市人民政府在《重庆市金融改革发展"十四五"规划（2021—2025年）》中提出，规范发展消费金融，提升消费金融服务能力，探索将技术实力强、数据基础好的消费金融公司改制为数字银行，创新"金融+服务消费"新模式。② 广州市、深圳市及上海市分别出台《广州人工智能与数字经济试验区产业导则》③、《深圳经济特区数字经济产业促进条例》④ 及《上海市推进商业数字化转型实施方案（2021—2023 年）》⑤ 等文件，鼓励消费金融行业加速数字化转型，以更高效的服务助力经济发展与人民幸福。

三 2021～2022年消费金融研究综述

为加强本研究的系统性与全面性，本部分选用 CiteSpace 文献计量方法，对消费金融的相关研究成果进行系统梳理。在本节中，首先根据消费金融的广义研究范畴确定文献检索主题词并对中英文文献进行检索筛选，之后运用 CiteSpace 软件进行文献关键词分析和聚类分析，总结得出 2021～2022 年我国消费金融的三大研究主题并进行详细论述。

（一）CiteSpace 文献计量

本文所选用的数据来自中国知网（SCI 和 CSSCI 数据库）和 Web of

---

① 北京市人民政府，http：//www. beijing. gov. cn/zhengce/gfxwj/sj/202105/t20210531_ 2401817. html。
② 重庆市人民政府，http：//jrjgj. cq. gov. cn/zwgk_ 208/fdzdgknr/ghxx/202201/t20220130_ 10366283. html。
③ 广州市工信局，http：//gxj. gz. gov. cn/yw/zchb/zcwj/cyzc/content/mpost_ 8001207. html。
④ 深圳市人民政府，http：//www. sz. gov. cn/zfgb/2022/gb1260/content/post_ 10191425. html。
⑤ 上海市商务委员会，https：//sww. sh. gov. cn/zwgkgfqtzcwj/20210715/edfbbe2e081148ae9b24d6542f50f102. html。

Science（SCI 和 SSCI 数据库），时间为 2021 年 1 月 1 日至 2022 年 12 月 31 日，选取和筛选方法可参考 Liu[1] 和曾燕等[2]学者的相关研究。本文最终选取了 403 篇中文文献，496 篇英文文献，满足文献计量的数量要求。

关键词是相关文献的核心内容精练，本节对所有文献的关键词进行了聚类分析，以便快速了解 2021～2022 年学者们研究的主要方向，具体如图 8、图 9 所示。

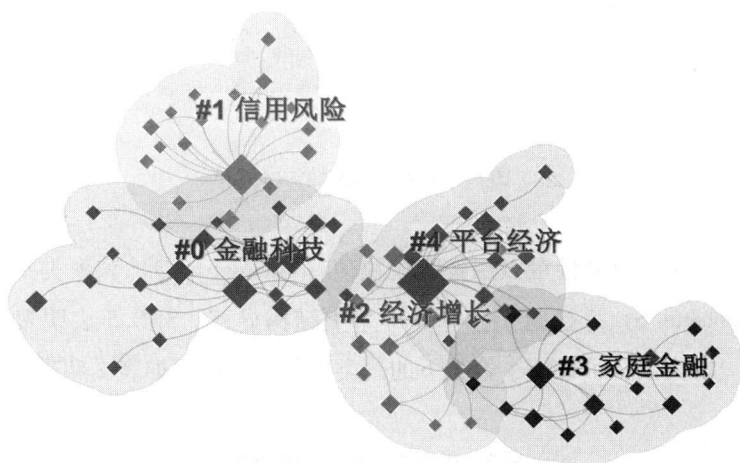

图 8　中文文献关键词聚类

中文文献的聚类主要分为 5 类：聚类#0 金融科技，聚类#1 信用风险，聚类#2 经济增长，聚类#3 家庭金融，聚类#4 平台经济。英文文献的聚类主要分为 8 类：聚类#0credit risk（信用风险），聚类#1economic growth（经济增长），聚类#2systemic risk（系统性风险），聚类#3digital finance（数字金融），聚类#4credit scoring（信用评分），聚类#5commercial bank（商业银行），聚类#6covid - 19 pandemic（新型冠状病毒肺炎疫情），聚类#7supply chain（供应链）。

---

① Liu J. , Li X. , Wang S. , " What have we Learnt from 10 Years of Fintech Research? A Scientometric Analysis," *Technological Forecasting and Social Change*, June, 2020.

② 曾燕、杨雅婷、徐凤敏等：《消费金融研究综述》，《系统工程理论与实践》2022 年第 1 期。

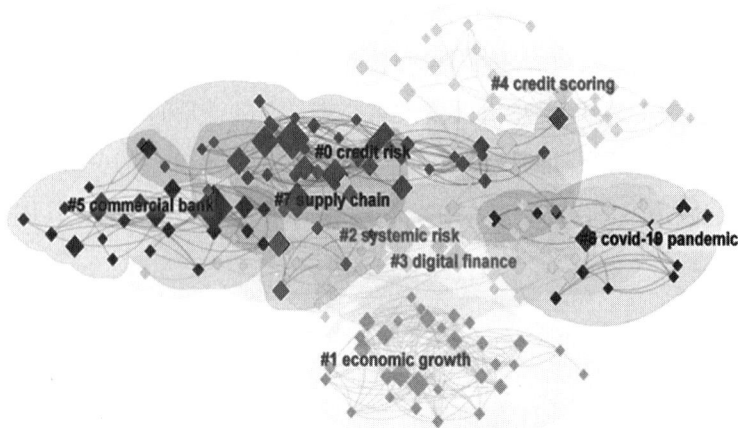

图9　英文文献关键词聚类

聚类结果的有效性可以用聚类模块值（Modularity/Q）和聚类平均轮廓值（Silhouette/S）来检验，Q>0.3 即聚类结构显著，S>0.5 表明聚类就是合理的。本文展示了每一个聚类下的聚类标签和 S 值，如表 2 和表 3 所示。

表2　中文文献聚类分析结果

ClusterID	Silhouette	Label（LLR）
0	0.83	金融科技、商业银行、消费金融
1	0.84	信用风险、传染效应、系统性风险
2	0.93	经济增长、农村金融、乡村振兴
3	0.82	家庭金融、家庭消费、金融资产
4	0.76	平台经济、反垄断、数据霸权

表3　英文文献聚类分析结果

ClusterID	Silhouette	Label（LLR）
0	0.81	credit risk
1	0.94	economic growth；financial development；consumption
2	0.80	systemic risk；ESG risk；regularization
3	0.73	digital finance；big data；bankruptcy
4	0.85	credit scoring；online consumer lending；revolving credit
5	0.80	commercial bank；credit rating；banks credit risk
6	0.84	covid-19 pandemic；sovereign credit risk；central bank
7	0.84	supply chain；platform risk evaluation；revenue sharing

本文的中文文献聚类 Q 值为 0.60，平均 S 值为 0.84。英文文献聚类 Q 值为 0.59，平均 S 值为 0.82，聚类结构均显著。

根据以上聚类分析内容，本文可以将近两年学者们的主要研究内容划分为三大类：一是消费金融对居民消费的作用，包括扩大消费、优化家庭金融资产配置等，其中，针对消费金融对农村居民收入增加、生活水平提高等影响的研究增多，探索消费金融对乡村振兴的作用；二是消费金融与经济增长，包括消费金融机构的数字化转型、消费金融与平台经济的发展、消费金融应对疫情的表现、消费金融对数字经济增长的作用、消费金融与产业金融共同助推经济增长等方面；三是消费金融的风险与治理，包括信用风险管理、平台风险评估、行业系统性风险识别以及数字技术的使用对风险管理的优化等方面。

（二）消费金融主要研究内容综述

本文归纳总结了 2021~2022 年学者对消费金融的相关研究，主要涉及以下三大核心议题。①消费金融、居民消费与普惠金融：消费金融对居民消费的影响以及如何助力普惠金融发展？②消费金融、经济增长与共同富裕：消费金融如何推动经济增长？消费金融在抵御经济危机中的作用怎样发挥？消费金融如何助力共同富裕？③消费金融的风险监管与治理体系：消费金融存在什么风险？政府部门如何建立科学的监管治理体系？基于这些研究议题，本文展开了详细探讨与分析。

1. 消费金融、居民消费与普惠金融

消费金融为各阶层的消费者需求服务，对家庭金融资产的配置以及居民消费决策产生了积极影响。中国银保监会的研究指出，消费金融服务可以显著缓解借款人的预算约束。借款人的消费金额提升 16%~30%，相关商户的销售额可以实现大约 40% 的增长，这将有助于充分释放居民的消费潜力。[1]

---

[1] 中国银保监会非银部：《引领消费金融公司规范有序发展》，《中国金融》2023 年第 7 期，https：//mp. weixin. qq. com/s/FdQUmfE3JqAzV4p_ x6HCow。

谢朝晖和李橙[1]提出，消费信贷有助于缓解居民的流动性约束，消费水平不断提升。刘渝琳和许新哲[2]指出，随着互联网使用范围扩大，家庭的消费欲望增加，对风险资产的投资需求也同步增加。吴雨等[3]的研究表明，消费金融可以优化家庭金融资产配置，促进家庭财富增加，从而扩大家庭消费。王勋和王雪[4]指出，与传统信贷模式相比，数字技术的应用使得居民的风险平滑能力提高，这在一定程度上促进了居民消费。

消费金融借助数字技术深入消费场景，不断扩大客群覆盖程度，有效促进了普惠金融的发展，为农村金融建设提供了新的途径。陆琪[5]研究指出，农村消费金融的发展极大促进了农村居民的收入增长，扩大了消费水平。例如，农村的电商平台现在成为居民增收的重要途径，居民通过消费金融业务进一步扩大了电商平台的营运能力，打造了金融与"三农"产业融合发展的新模式，有效助推乡村振兴。颜建军和冯君怡[6]、王永仓等[7]学者通过实证检验得出了类似的结论。消费金融作为数字普惠金融的一种有效方式，可以通过促进第三产业的发展来扩大农村居民的生存型消费和发展型消费，实现农村居民消费升级。但是值得注意的是，消费金融存在一定的"数字鸿沟"问题，"知识鸿沟"造成的风险偏好差异、数字基础设施发展不均衡形成的"工具排斥"是"数字鸿沟"产生的主要原因。[8] 这些研究都揭示了加强农村金融建设的紧迫性和重要性。

---

① 谢朝晖、李橙：《消费信贷对消费结构及流动性约束的影响研究》，《经济问题探索》2021年第5期。
② 刘渝琳、许新哲：《网络交易会影响家庭金融投资决策吗?》，《国际金融研究》2021年第2期。
③ 吴雨、李晓、李洁等：《数字金融发展与家庭金融资产组合有效性》，《管理世界》2021年第7期。
④ 王勋、王雪：《数字普惠金融与消费风险平滑：中国家庭的微观证据》，《经济学（季刊）》2022年第5期。
⑤ 陆琪：《中国农村消费行为影响因素的实证研究》，《宏观经济研究》2022年第1期。
⑥ 颜建军、冯君怡：《数字普惠金融对居民消费升级的影响研究》，《消费经济》2021年第2期。
⑦ 王永仓、温涛、王小华：《数字金融与农户家庭增收：影响效应与传导机制——基于中国家庭金融调查数据的实证研究》，《财经论丛》2021年第9期。
⑧ 龙海明、李瑶、吴迪：《数字普惠金融对居民消费的影响研究："数字鸿沟"还是"数字红利"?》，《国际金融研究》2022年第5期。

2. 消费金融、经济增长与共同富裕

随着数字技术发展，消费金融行业的经营模式和竞合关系重塑，高效便捷的金融服务提升了居民的消费能力，促进了产业结构调整，对经济发展产生了积极影响。[1][2] 一方面，消费金融机构推动了金融行业的数字化转型，通过打造更高效的综合金融服务模式促进经济增长。李礼和蒋乐[3]分析了金融科技赋能消费金融行业发展的作用，如客群的扩张、风险管理水平的提升等，这些促进了消费金融行业的高质量发展，形成了高效的商业模式。李建军和姜世超[4]指出，银行利用金融科技开展信贷业务，提高了金融服务的包容性，也增加了银行的营利性和成长性，有利于提升经济发展动能。谢绚丽和王诗卉[5]指出，金融机构数字化转型是世界各国重要的任务，数字技术的赋能显著降低了金融服务成本，扩大了信贷服务的可获得性，[6] 增加了消费金融机构的盈利。程雪军和范云朋[7]剖析了金融科技对消费金融产业链的优化，消费金融数字化平台全面提升了"贷前"、"贷中"与"贷后"业务效率，推动了行业的高质量发展，有利于为整个金融业的数字化转型提供实践范本。另一方面，消费金融发挥"金融"+"消费"+"实体"融合发展的积极效应，助力共同富裕目标实现和经济高质量发展。消费金融通过提供广覆盖的金融服务扩大居民消费，以消费热点带动相关产业发展，助力实体产业的转型和经济

---

① 董希淼：《消费金融如何助力"双循环"经济》，《人民论坛》2021 年第 14 期。

② 张建刚、沈蓉、邢苗：《消费金融能否助力经济增长？——基于消费金融公司试点推广的准自然实验》，《消费经济》2022 年第 3 期。

③ 李礼、蒋乐：《互联网科技赋能消费金融行业高质量发展研究》，《财经理论与实践》2021 年第 4 期。

④ 李建军、姜世超：《银行金融科技与普惠金融的商业可持续性——财务增进效应的微观证据》，《经济学（季刊）》2021 年第 3 期。

⑤ 谢绚丽、王诗卉：《中国商业银行数字化转型：测度、进程及影响》，《经济学（季刊）》2022 年第 6 期。

⑥ Ahnert T., Doerr S., Pierri N., Timmer Y., "Does it help? information technology in banking and entrepreneurship," *BIS Working Paper*, 2022.

⑦ 程雪军、范云朋：《金融科技深度介入消费金融产业的发展挑战与克服进路》，《兰州学刊》2022 年第 11 期。

增长。基于周任远和张祥建①、聂秀华等②、纪园园等③的研究，本文总结得出，消费金融机构借助数字技术，不断扩大服务的覆盖广度，促进了消费能力的提升。消费扩张和消费结构升级则从需求端有效带动了相关实体产业发展，提升了产业资本积累水平，为相关产业的创新和转型提供了资金支持。同时，随着消费金融服务覆盖广度的提升，信用户、信用村、信用乡（镇）建设加速，金融基础设施不断完善，农村地区、偏远地区的各类居民和实体企业都可以平等地享受金融服务，并借助金融服务提高创收、创价值的能力。王晓敏④指出，消费金融服务促进了各类农村特色产品、农业新技术和新业态的涌现，为乡村振兴和共同富裕目标的实现做出了较大的贡献。除此之外，还有学者研究了绿色消费金融对绿色产业发展的推动作用，如新能源汽车、绿色有机食品等。⑤⑥ 基于这些绿色产业的消费金融补贴使得绿色消费成为社会热点，推动了消费者对这类产业的持续关注和投资。这有效扩大了绿色产业的生产规模，推动了产业的绿色化转型，助力社会经济的可持续发展。

3. 消费金融的风险监管与治理体系

消费金融的风险管理是十分重要的议题，备受学者们的关注，总结来看，主要有以下三个重要领域。第一，数字技术与消费金融机构的信用风险管理能力。众多学者的研究指出，金融机构运用数字技术缓解了信贷市场上银行与借款者之间的信息不对称问题，增强了金融机构风险管理效率，显著提高了贷前信用风险筛查能力，促使金融机构能够更精准地预测

---

① 周任远、张祥建：《数字普惠金融能促进共享发展吗？——基于产业和消费双升级视角的考察》，《新疆社会科学》2022年第3期。
② 聂秀华、江萍、郑晓佳等：《数字金融与区域技术创新水平研究》，《金融研究》2021年第3期。
③ 纪园园、张美星、冯树辉：《平台经济对产业结构升级的影响研究——基于消费平台的视角》，《系统工程理论与实践》2022年第6期。
④ 王晓敏：《提升消费金融数字普惠服务水平》，《中国金融》2022年第22期。
⑤ 周洁红、韩飞、魏珂等：《居民绿色消费研究综述》，《浙江大学学报》（人文社会科学版）2022年第9期。
⑥ Reisch L A.，"Shaping Healthy and Sustainable food Systems with Behavioural food Policy，" *European Review of Agricultural Economics*，June，2021.

违约情况。①②③④ 第二，消费金融行业信用风险评估数据和模型的选取及优化。关于消费金融信用评估的因素及模型研究发展已久，一些学者对各类消费者的软信息进行了评估，利用传统的统计模型或机器学习模型进行了测度分析，但迄今为止学者们仍在探索构建更为稳健、更符合时代发展需求的信用风险识别方法。从信用风险的可分析数据来看，学者们的研究包括：消费者手机数据⑤、微信或支付宝等软件中提取的行为信息⑥、大学生校园生活信息⑦、面部特征数据⑧等。从信用风险评价模型的优化来看，学者们从不同的角度进行了优化，⑨⑩⑪ 张润驰等指出，结构简单、可解释性更强的评价模型往往稳健性更好。⑫ 第三，消费金融平台的合作与规模扩张带来的风险

---

① Li C., He S., Tian Y., et al., "Does the Bank's FinTech Innovation Reduce its Risk-Taking? Evidence from China's Banking Industry," *Journal of Innovation & Knowledge*, July, 2022.

② Lee C C., Li X R., Yu C H., et al., "Does Fintech Innovation Improve Bank Efficiency? Evidence from China's Banking Industry," *International Review of Economics & Finance*, July, 2021.

③ 杜莉、刘铮：《数字金融对商业银行信用风险约束与经营效率的影响》，《国际金融研究》2022 年第 6 期。

④ 黄益平、邱晗：《大科技信贷：一个新的信用风险管理框架》，《管理世界》2021 年第 2 期。

⑤ 郭伟栋、周志中、乾春涛：《手机 App 列表信息在信用风险评价中的应用——基于互联网借贷平台的实证研究》，《中国管理科学》2022 年第 12 期。

⑥ Roa L., Correa-Bahnsen A., Suarez G., et al., "Super-App Behavioral Patterns in Credit Risk Models: Financial, Statistical and Regulatory Implications," *Expert Systems with Applications*, May, 2021.

⑦ 张成洪、肖帅勇、陆天等：《基于校园消费数据分析大学生网络借贷行为：借款倾向、消费变化与违约风险》，《系统工程理论与实践》2021 年第 3 期。

⑧ 蔡瑶、吴鹏：《基于大规模数据分析的融合面部特征的信用风险预测模型》，《情报科学》2022 年第 6 期。

⑨ 鄢澜、李思涵、肖毅等：《基于 Metacost 的客户信用评估半监督异构集成模型研究》，《中国管理科学》2022 年第 12 期。

⑩ Wang Y., Jia Y., Tian Y., et al., "Deep Reinforcement Learning with the Confusion-Matrix-Based Dynamic Reward Function for Customer Credit Scoring," *Expert Systems with Applications*, August, 2022.

⑪ 杨莲、石宝峰：《基于 Focal Loss 修正交叉熵损失函数的信用风险评价模型及实证》，《中国管理科学》2022 年第 5 期。

⑫ 张润驰、张谊浩、赵辉等：《银行信用评估模型效果的量化比较》，《金融监管研究》2021 年第 1 期。

传染问题。祝元荣和杨筱姝①指出，激进的支持政策、宽松的监管环境和消费信贷规模的非理性增长容易诱发消费信贷危机，要加强消费金融行业的规范性建设，强化反垄断并防止资本无序扩张。钱茜等②从信用链的角度研究了不同企业之间的信用风险的传染效应。徐凯等③运用传染病模型推演了信用风险的传染效应，为消费金融机构及实体企业之间的关联风险防范提供了新的研究视角。程雪军和范云朋④从消费金融产业链与实体场景的融合发展角度出发，提示防范消费需求方的信用违约风险扩散，严格管理消费供给方的平台垄断风险。

基于消费金融的行业风险管理，政府部门的监管政策和治理体系尤为重要。一方面是针对消费者的金融权益保护。王晓红等⑤指出，要从顶层设计重视金融消费者权益保护制度体系建设，开展有针对性和贴合需求的宣传教育，创新金融消费者权益保护监督激励工作机制。许冰冰⑥从消费者权益保护的角度指出，警惕平台经济中的"大数据杀熟"问题，加强个人信息保护。另一方面是政府部门运用适当的监管政策、财政和货币政策对该行业进行调控，助推行业健康可持续发展。张丽平和任师攀⑦提出，消费金融健康发展的三大准则："贷该贷的人""收该收的钱""负该负的责"。程雪

---

① 祝元荣、杨筱姝：《中国消费金融领域风险防范研究——基于重点经济体消费金融危机的理论与实证分析》，《宏观经济研究》2021 年第 10 期。

② 钱茜、周勇、晁祥瑞：《考虑关联关系交互作用的企业间信用风险传染研究》，《系统工程理论与实践》2022 年第 1 期。

③ 徐凯、周宗放、钱茜：《考虑双重传播路径的关联信用风险传染机理研究》，《中国管理科学》2021 年第 3 期。

④ 程雪军、范云朋：《金融科技深度介入消费金融产业的发展挑战与克服进路》，《兰州学刊》2022 年第 11 期。

⑤ 王晓红、杜若华、王有等：《银行业金融机构金融消费者权益保护体系构建实证研究——基于甘肃 18 家银行业金融机构评估指标数据分析》，《甘肃金融》2022 年第 7 期。

⑥ 许冰冰：《"大数据杀熟"现象的法律规制问题研究——以消费者权益保护为视角分析》，《产业创新研究》2022 年第 10 期。

⑦ 张丽平、任师攀：《促进消费金融健康发展、助力释放消费潜力》，《管理世界》2022 年第 5 期。

军[1]提出，强化人工智能消费金融监管，推进"AI治理+法律治理"双轮驱动。唐文娟和汤珊珊提出了包容性监管理论，在明确监管底线和可包容范围的基础上构建互联网消费金融创新性与风险性协调机制。[2] 林平提出，实施反垄断监管全国"一盘棋"，提高金融服务资源配置效率，扩大社会福利水平。[3]

四　基于文献研究的消费金融发展趋势

综合上述研究，从实践层面来看，未来各消费金融机构会持续细化消费场景，将金融服务嵌入各类不同场景中扩大客群规模。同时，消费金融机构会持续提升技术和数据要素的投入，重视科技人才的培养，加速数字化转型的进程，为各阶层民众提供更高效的金融服务，助力我国经济可持续发展。

第一，消费金融行业将基于更细化、专业化的消费场景来创新产品和服务，打造全场景、综合化、数字化的产业生态。陆岷峰[4]提出，在"无场景不金融"的时代，通过打造场景金融可以增强客户黏性，提升机构的核心竞争力。韩凝春和王春娟[5]指出，新消费场景可以带动新业态、新模式，从而激发新的消费需求，这为消费金融机构扩大金融服务的广度和深度提供了契机。各消费金融机构（银行、消费金融公司、互联网平台三大主体）通过探索并构建良好的合作生态体系，打造消费金融数字化综合服务平台（Boualam and Yoo[6]），推动产品和服务创新，不断提高消费金融行业的经济

---

① 程雪军：《人工智能深度介入消费金融：动因、风险及防控》，《深圳大学学报》（人文社会科学版）2021年第3期。

② 唐文娟、汤珊珊：《中国互联网消费金融的包容性监管：理论要义、现实逻辑与改革进路》，《消费经济》2022年第2期。

③ 林平：《论反垄断科学监管：决策理论分析及政策启示》，《中国工业经济》2022年第4期。

④ 陆岷峰：《商业银行场景金融：内涵、特征及发展策略》，《南方金融》2021年第8期。

⑤ 韩凝春、王春娟：《新生态体系下的新消费、新业态、新模式》，《中国流通经济》2021年第3期。

⑥ Boualam Y.，Yoo P.，"Fintech Disruption，Banks，and Credit（Dis-）Intermediation：When do foes Become Friends?"，*SSRN Working Paper*，2022.

价值并带动实体产业转型发展。

第二，消费金融行业将持续加速数字化转型，增强技术和数据要素的赋能效应。随着人工智能、大数据、云计算、区块链等数字技术在消费金融中的应用程度不断加深，各消费金融机构将不断创新金融产品，提高服务效率。与此同时，数据作为一种新的生产要素，将进一步助推消费金融机构的新业务增长，如助贷业务、联合贷业务等。在技术和数据的双赋能效应下，消费金融机构将进一步提升数字化改革效率，增强风控能力和营运能力，提高信贷审批和决策的科学性，减少"多头借贷"和"过度授信"等问题。

第三，消费金融行业将秉持"以客户为中心"的理念，深度结合国家发展战略需求，向可持续金融发展领域不断推进，助力我国经济可持续发展。首先，消费金融已成为推动普惠金融发展和解决小微金融困境的重要途径，未来将进一步扩大金融服务的覆盖面。例如，我国政府提出加强新市民金融服务工作之后，消费金融机构以此为契机，针对新市民就业、创业、消费、居住等不同的需求，开发了各类金融产品，很大程度上提升了金融服务的可得性。其次，随着《个人信息保护法》等法律的出台，消费金融行业将进一步规范发展，消费者权益保护是各机构的重要发力领域。消费金融机构将通过投资者教育加强与群众的联系，提高消费者满意度，提高居民的金融健康水平。最后，消费金融机构可以促进"金融"、"消费"和"产业"的深度融合，在绿色投资、农村金融和乡村振兴等领域发挥重要作用，有效推动我国绿色金融经济和可持续经济发展。

五 消费金融研究展望

从消费金融的研究发展层面，结合曾燕等[①]的相关研究，本文指出，未来研究的重点领域主要基于三个议题：一是消费金融的产业生态；二是消费金融与经济发展；三是消费金融的风险与治理。

---

① 曾燕、杨雅婷、徐凤敏等：《消费金融研究综述》，《系统工程理论与实践》2022 年第 1 期。

1. 消费金融的产业生态

随着数字经济发展，消费金融行业将打造全场景、综合化、数字化的平台，开放、多元、共享、合作的平台生态将成为主流。其主要的研究方向有：消费金融行业如何构建科学的生态场景？如何基于不同人群的需求打造全生命周期产品？平台间的各机构存在怎样的博弈？行业是否会形成垄断效应？激烈竞争下的消费金融机构是否会破产？如何处理破产的消费金融机构？[①] 该生态下的产融结合形式是否有效？数据信息的价值如何判定，如何共享？

2. 消费金融与经济发展

消费金融可以从扩大消费和促进产业转型两个方面推动经济增长，但是现有的量化研究还相对较少，对消费金融推动经济增长的具体机理还不明确，未来研究方向有：消费金融对扩大居民消费和改善消费结构的影响机制是什么？消费金融推动普惠金融发展的机理是什么？消费金融如何缓解金融排斥问题？消费金融给社会带来的福利如何量化？消费金融如何与绿色金融、农村金融及可持续金融结合，共同推动经济可持续发展？消费金融如何促进经济双循环格局建设？消费金融如何带动新的经济增长点，促进产业结构战略调整与发展？消费金融如何发挥技术和数据要素优势？消费金融在数字技术的赋能下能否形成应对经济危机的措施？

3. 消费金融的风险与治理

随着平台合作生态的建立，消费金融行业的风险与整个金融系统乃至实体经济息息相关，积极防范金融风险，建立科学的行业监管治理体系十分重要。基于此，该议题下的主要研究方向有：交叉授信或过度授信问题如何解决？[②] 信用风险如何评定更科学有效？我国的征信体系如何完善？消费金融行业的垄断风险如何度量？消费金融与实体产业融合发展下的风险传染效应如何衡量和应对？数据要素和技术如何在风险管理及政府治理中发挥作用？

---

① 黄文礼、高泽融、吕柏霖等：《时间不一致性下消费金融公司的最优退出选择——基于实物期权视角》，《系统工程理论与实践》2022年第42(8)期。

② 李政、李鑫：《数字普惠金融与未预期风险应对：理论与实证》，《金融研究》2022年第6期。

政府监管政策对消费金融行业如何发挥引导作用？如何保护消费者权益？数据隐私和个人信息保护的实际作用如何评价？政府如何构建科学的监管和治理体系？

消费金融的发展对我国居民提升消费能力和增进生活幸福感起到了较大作用。在疫情期间，消费金融机构更是积极承担社会责任，以金融服务帮助众多小微企业和居民渡过难关。面向未来，消费金融行业将在政府部门的监管下不断优化调整，创新打造更合理的展业模式，为我国经济高质量发展贡献力量。

参考文献

Ahnert T. , Doerr S. , Pierri N. , Timmer Y. , "Does IT Help? Information Technology in Banking and Entrepreneurship," *BIS Working Paper*, 2022.

Boualam Y. , Yoo P. , "Fintech Disruption, Banks, and Credit（Dis-）Intermediation: When do foes Become Friends? ", *SSRN Working Paper*, 2022.

Campbell J. Y. , "Household Finance," *The Journal of Finance*, 2006, 61（4）: 1553-1604.

Davis R. , Lo A. W. , Mishra S. , et al. , "Explainable machine learning models of consumer credit risk," *SSRN Working Paper*, 2022.

Feyen E. , Frost J. , Gambacorta L. , Natarajan H. , Saal M. , "Fintech and the Digital Transformation of Financial Services: Implications for Market Structure and Public Policy," *BIS Working Papers*, 2021.

Lee C. C. , Li X. R. , Yu C. H. , et al. , "Does Fintech Innovation Improve Bank Efficiency? Evidence from China's Banking Industry," *International Review of Economics & Finance*, 2021, 74（7）: 468-483.

Li C. , He S. , Tian Y. , et al. , "Does the Bank's FinTech Innovation Reduce its Risk-Taking? Evidence from China's Banking Industry," *Journal of Innovation & Knowledge*, 2022, 7（3）: 100219.

Liu J. , Li X. , Wang S. , "What have we Learnt from 10 Years of Fintech Research? A Scientometric Analysis," *Technological Forecasting and Social Change*, 2020, 155, 120022.

Reisch L. A. , "Shaping Healthy and Sustainable Food Systems with Behavioural Rood Policy," *European Review of Agricultural Economics*, 2021, 48（4）: 665-693.

Roa L. , Correa-Bahnsen A. , Suarez G. , et al. , "Super-App Behavioral Patterns in

Credit Risk models：Financial，Statistical and Regulatory Implications，" *Expert Systems with Applications*，2021，169：114486.

Tufano P.，"Consumer Finance，" *Annual Review of Financial Economics*，2009（1）：227-247.

Wang Y.，Jia Y.，Tian Y.，et al.，"Deep Reinforcement Learning with the Confusion-Matrix-Based Dynamic Reward Function for Customer Credit Scoring，" *Expert Systems with Applications*，2022，200：117013.

蔡瑶、吴鹏：《基于大规模数据分析的融合面部特征的信用风险预测模型》，《情报科学》2022年第6期，第160~168页。

程雪军：《人工智能深度介入消费金融：动因、风险及防控》，《深圳大学学报》（人文社会科学版）2021年第3期，第67~76页。

程雪军、范云朋：《金融科技深度介入消费金融产业的发展挑战与克服进路》，《兰州学刊》2022年第11期，第34~49页。

董希淼：《消费金融如何助力"双循环"经济》，《人民论坛》2021年第14期，第36~39页。

杜莉、刘铮：《数字金融对商业银行信用风险约束与经营效率的影响》，《国际金融研究》2022年第6期，第75~85页。

郭伟栋、周志中、乾春涛：《手机App列表信息在信用风险评价中的应用——基于互联网借贷平台的实证研究》，《中国管理科学》2022年第12期，第96~107页。

韩凝春、王春娟：《新生态体系下的新消费、新业态、新模式》，《中国流通经济》2021年第3期，第121~128页。

黄文礼、高泽融、吕柏霖等：《时间不一致性下消费金融公司的最优退出选择——基于实物期权视角》，《系统工程理论与实践》2022年第8期，第2102~2113页。

黄益平、黄卓：《中国的数字金融发展：现在与未来》，《经济学（季刊）》2018年第4期，第1489~1502页。

黄益平、邱晗：《大科技信贷：一个新的信用风险管理框架》，《管理世界》2021年第2期，第12~21+50+2+16页。

纪园园、张美星、冯树辉：《平台经济对产业结构升级的影响研究——基于消费平台的视角》，《系统工程理论与实践》2022年第42（6）期，第1579~1590页。

李建军、姜世超：《银行金融科技与普惠金融的商业可持续性——财务增进效应的微观证据》，《经济学（季刊）》2021年第3期，第889~908页。

李礼、蒋乐：《互联网科技赋能消费金融行业高质量发展研究》，《财经理论与实践》2021年第4期，第10~15页。

李政、李鑫：《数字普惠金融与未预期风险应对：理论与实证》，《金融研究》2022年第6期，第94~114页。

林平：《论反垄断科学监管：决策理论分析及政策启示》，《中国工业经济》2022年第 4 期，第 5~22 页。

刘渝琳、许新哲：《网络交易会影响家庭金融投资决策吗?》，《国际金融研究》2021年第 2 期，第 23~32 页。

龙海明、李瑶、吴迪：《数字普惠金融对居民消费的影响研究："数字鸿沟"还是"数字红利"?》，《国际金融研究》2022 年第 5 期，第 3~12 页。

陆岷峰：《商业银行场景金融：内涵、特征及发展策略》，《南方金融》2021 年第 8 期，第 67~77 页。

陆琪：《中国农村消费行为影响因素的实证研究》，《宏观经济研究》2022 年第 1 期，第 115~129 页。

聂秀华、江萍、郑晓佳等：《数字金融与区域技术创新水平研究》，《金融研究》2021 年第 3 期，第 132~150 页。

钱茜、周勇、晁祥瑞：《考虑关联关系交互作用的企业间信用风险传染研究》，《系统工程理论与实践》2022 年第 42（1）期，第 37~45 页。

唐文娟、汤珊珊：《中国互联网消费金融的包容性监管：理论要义、现实逻辑与改革进路》，《消费经济》2022 年第 38（2）期，第 10~19 页。

王江、廖理、张金宝：《消费金融研究综述》，《经济研究》2010 年第 45（S1）期，第 5~29 页。

王晓红、杜若华、王有等：《银行业金融机构金融消费者权益保护体系构建实证研究——基于甘肃 18 家银行业金融机构评估指标数据分析》，《甘肃金融》2022 年第 7 期，第 21~26 页。

王晓敏：《提升消费金融数字普惠服务水平》，《中国金融》2022 年第 988（22）期，第 37~39 页。

王勋、王雪：《数字普惠金融与消费风险平滑：中国家庭的微观证据》，《经济学（季刊）》2022 年第 22（5）期，第 1679~1698 页。

王永仓、温涛、王小华：《数字金融与农户家庭增收：影响效应与传导机制——基于中国家庭金融调查数据的实证研究》，《财经论丛》2021 年第 9 期，第 37~48 页。

吴雨、李晓、李洁等：《数字金融发展与家庭金融资产组合有效性》，《管理世界》2021 年第 37（7）期，第 92~104+7 页。

谢朝晖、李橙：《消费信贷对消费结构及流动性约束的影响研究》，《经济问题探索》2021 年第 5 期，第 60~73 页。

徐凯、周宗放、钱茜：《考虑双重传播路径的关联信用风险传染机理研究》，《中国管理科学》2021 年第 29（3）期，第 49~58 页。

许冰冰：《"大数据杀熟"现象的法律规制问题研究——以消费者权益保护为视角分析》，《产业创新研究》2022 年第 10 期，第 54~56 页。

鄢澜、李思涵、肖毅等：《基于 Metacost 的客户信用评估半监督异构集成模型研究》，《中国管理科学》2022 年第 30（12）期，第 211~221 页。

颜建军、冯君怡：《数字普惠金融对居民消费升级的影响研究》，《消费经济》2021年第37（2）期，第79~88页。

杨莲、石宝峰：《基于 Focal Loss 修正交叉熵损失函数的信用风险评价模型及实证》，《中国管理科学》2022年第30（5）期，第65~75页。

杨鹏艳：《消费金融的理论内涵及其在中国的实践》，《经济问题探索》2011年第5期，第97~101页。

曾燕、杨雅婷、徐凤敏等：《消费金融研究综述》，《系统工程理论与实践》2022年第42（1）期，第84~109页。

张成洪、肖帅勇、陆天等：《基于校园消费数据分析大学生网络借贷行为：借款倾向、消费变化与违约风险》，《系统工程理论与实践》2021年第41（3）期，第574~586页。

张建刚、沈蓉、邢苗：《消费金融能否助力经济增长？——基于消费金融公司试点推广的准自然实验》，《消费经济》2022年第38（3）期，第28~39页。

张李义、涂奔：《互联网金融对中国城乡居民消费的差异化影响——从消费金融的功能性视角出发》，《财贸研究》2017年第28（8）期，第70~83页。

张丽平、任师攀：《促进消费金融健康发展，助力释放消费潜力》，《管理世界》2022年第38（5）期，第107~114+132+115~116页。

张润驰、张谊浩、赵辉等：《银行信用评估模型效果的量化比较》，《金融监管研究》2021年第1期，第66~85页。

周洁红、韩飞、魏珂等：《居民绿色消费研究综述》，《浙江大学学报》（人文社会科学版）2022年第52（9）期，第57~68页。

周任远、张祥建：《数字普惠金融能促进共享发展吗？——基于产业和消费双升级视角的考察》，《新疆社会科学》2022年第3期，第57~71+178~179页。

祝元荣、杨筱姝：《中国消费金融领域风险防范研究——基于重点经济体消费金融危机的理论与实证分析》，《宏观经济研究》2021年第10期，第64~74页。

新技术新应用篇

New Technology and New Application

B.6
2021~2022年金融机构数字化能力发展报告

易　观*

摘　要： 2021~2022年，金融机构更加深刻认识到数字化能力建设的核心是直面客户数字化行为，建立数字化业务视角和以用户经营的思维，深化业务场景与技术融合，把数字科技基因嵌入产品创设、营销渠道、精细化运营等日常服务场景，增强线上化、智能化和个性化服务能力，提升金融服务效能。但是在数字化能力发展和数据安全及合规上仍然存在一定的问题。未来，随着隐私计算、人工智能、区块链等在金融应用场景上的持续扩展，各金融机构需要在强化错位竞争，加强数据保护等方面持续发力，久久为功。

关键词： 数字化能力　技术应用　场景数字化

---

* 执笔人：胡精华，供职于易观，主要从事金融科技、商业银行、支付科技领域研究，重点关注大数据、人工智能、区块链等技术在金融领域应用。

2021~2022 年，"十四五"开局及关键之年，以大数据、云计算、人工智能、区块链等为代表的新一代数字技术在金融领域的应用步入了更重视高质量发展、更关注优化结构运行的新发展阶段。当前，金融机构在数字化能力提升这道"必答题"上仍存在一些问题，主要体现在数字化能力发展不平衡、数据安全合规风险提升等方面。未来 3 年，随着中国人民银行《金融科技发展规划（2022—2025 年）》等相关政策红利的催化，金融机构数字化能力将迈上新的台阶。本文对金融机构数字化能力的发展情况、发展特点、存在的问题进行分析，探讨金融机构数字化能力的发展趋势及提升对策和建议。

一 金融机构数字化能力发展情况

（一）顶层设计密集出台，推动金融机构与数字科技深度融合

2020~2021 年，关于金融机构数字化能力的顶层设计相继出台（见图 1）。一方面，2022 年 1 月 5 日，中国人民银行发布的《金融科技发展规划（2022—2025 年）》将"激活数字化经营新动能""加快金融服务智慧再造"作为重点任务。明确要推动银行构建敏捷化创新体系，探索推广数字化工厂、创新实验室等创新模式，聚焦数字化转型重点领域加速金融科技创新成果应用与转化，夯实一体化运营中台，健全自动化风险控制机制，提升数智化营销能力。

与以前的金融科技三年发展规划相比，此次发布的《金融科技发展规划（2022—2025 年）》在内容上更加强调数据和金融科技两方面应用。从数据应用层面来看，《金融科技发展规划（2022—2025 年）》提出要充分激活数据要素潜能，提升金融服务质效。随着《金融科技发展规划（2022—2025 年）》及配套产业政策的出台和落地，将有效增强金融机构对数字化转型的洞察力和适应力，进一步夯实金融创新发展的"数字底座"，持续赋能实体经济高质量增长。

政策布局

政策规划

政策基调

金融科技

中国人民银行发文强化金融科技赋能，鼓励银行开展金融科技赋能乡村振兴；发布金融科技规划，健全金融创新体系，深化数字金融应用，建设金融数据中心

2022年7月1日

将"数字驱动"作为首要基本原则，以数字资源为基础，结合数字技术，全面赋能金融科技，以实现高质量的金融服务

《金融科技发展规划（2022—2025年）》

2022年1月5日

细分领域

2022年1月26日

数字化金融产品和服务方式广泛普及，基于数字数据资产和数字化技术的新有金融创新有序实践

《关于银行业保险业数字化转型的指导意见》

国民经济和社会发展"十四五"规划

推进网络强国建设，加快建设数字经济，促进数字经济与实体经济深度融合，完善数字金融支持产权机制，科技保险等金融科技，稳妥发展金融数字化转型

2021年3月16日

"十四五"

协同推进数字产业化和产业数字化，推动数字技术在银行等领域深化应用，试点新模式

"十四五"数字经济发展规划

2022年1月12日

形成大数据产业体系，培育自主可控和开放合作的产业生态，打造数字经济发展新优势

《"十四五"大数据产业发展规划》

2021年11月15日

提案：《关于数字化发展》建议推进个人信息等资产价值保护

2021年3月1日

《关于进一步提升科技金融效能的提案》

建议：运用信息技术促进金融科技融合，开展政府、市场参与创新试点

2021年3月5日

全国两会

2021年3月3日

建议：在金融科技等领域，开展政府、市场参与创新试点

提案：建议消弭数字鸿沟，优化数字普惠金融服务

2022年3月7日

《关于构建金融科技伦理治理体系的提案》

2022年3月4日

提案：加强金融数据监管力度，推广"通用语言"

2022年3月7日

建议：加快金融数字基础设施建设，全力推进金融机构数字化转型

2022年3月8日

建议：加大金融数据基础设施，推广"通用语言"

建议：加快数字普惠金融基础设施，全力推进金融机构数字化转型

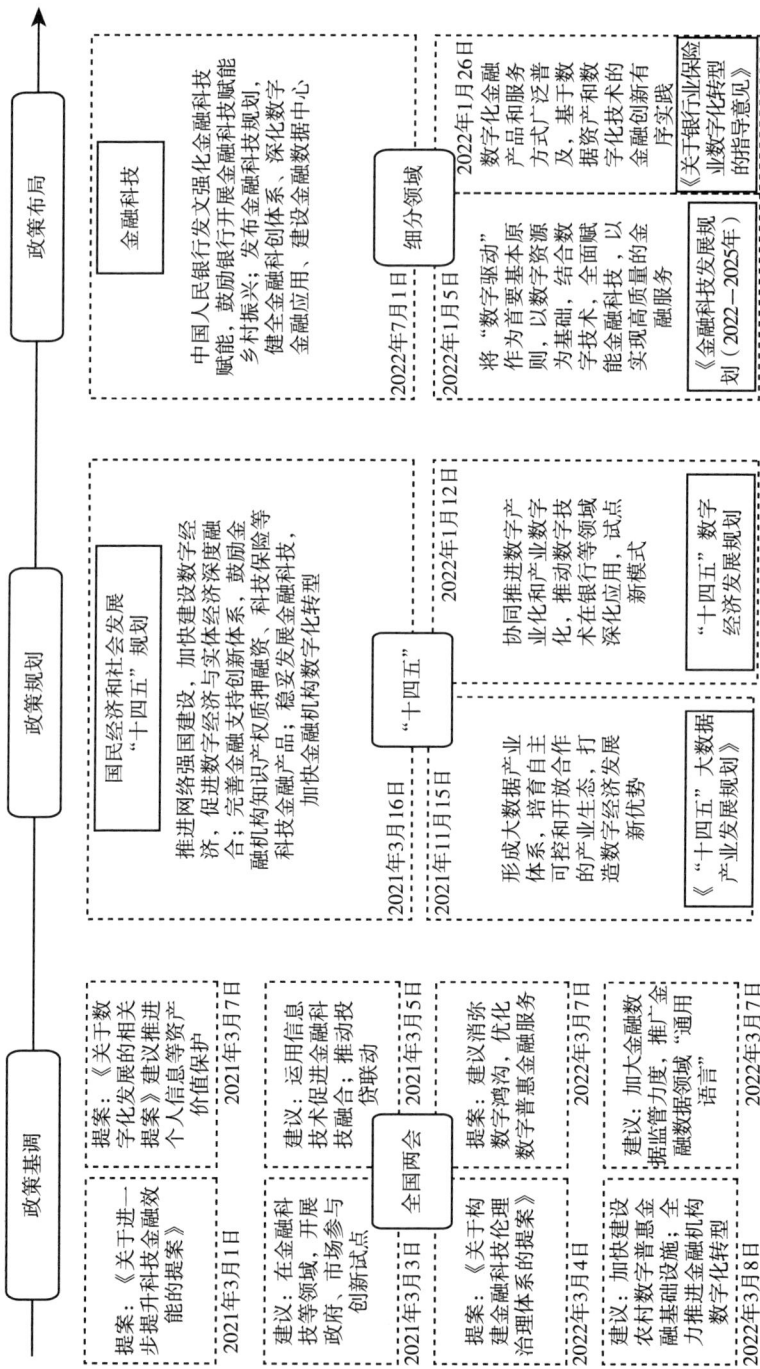

图1 2021~2022年有关金融机构数字化能力相关政策内容

另一方面，2022 年 1 月 26 日，为全面推进银行保险领域数字化转型、推动金融机构高质量发展，更好地服务实体经济和满足人民群众对美好生活的需要，中国银保监会出台了《关于银行业保险业数字化转型的指导意见》，要求金融机构董事会加强顶层设计和统筹规划，并由高级管理层统筹负责数字化转型工作，建立数字化战略委员会或领导小组，鼓励选聘具有科技背景的专业人才进入董事会或高级管理层。在业务经营管理上，在产业金融服务、个人金融服务、金融市场交易、运营服务体系、金融服务生态以及风控能力建设等方面提出了数字化转型的具体意见。

（二）金融机构科技投入持续加码，重点投向云计算及人工智能

2021~2022 年，数字化能力成为金融机构应对市场竞争的重要标尺，以数字化能力为核心的竞争导向，促使各大金融机构加大了对信息科技的投入力度。如图 2 所示，2021 年金融机构信息科技总投入超过 3200 亿元，其中商业银行成为金融机构信息科技投入的"主力军"，银行机构信息科技投入占金融机构的比重接近 80%。根据易观分析，2022 年中国金融机构的信息科技投入超过 3800 亿元，同比增长 17.99%。

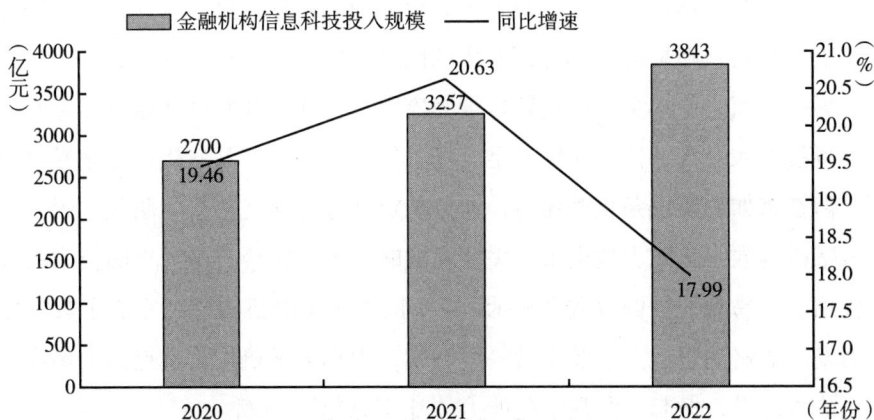

图 2 2020~2022 年金融机构信息科技投入规模及增速

资料来源：笔者根据各金融机构年报、原银保监会数据及易观分析整理。

2021~2022 年，云计算、人工智能为金融机构重点布局领域。多家银行着手打造云科技体系，典型如平安银行、上海银行首次提出构建云原生体系，发力云平台建设。随着我国金融机构从以资源为中心的云化阶段大踏步进入以应用为核心的云原生阶段，整个金融云市场增速超过 40%。2022 年，我国 AI 在金融领域渗透率超 15%，投资规模已突破 200 亿元。在业务场景方面，各金融机构普遍将人工智能技术广泛用于智慧银行、智能投顾、智能风控、智能客服等场景，提升金融服务价值和效率。

（三）深化技术应用，数字化能力建设提速

2021~2022 年，以大数据、云计算、人工智能、区块链等为代表的新一代数字技术的快速发展为银行、证券、保险等金融领域带来较大的创新空间，囿于自身资源条件，各类金融机构在数字化能力建设路线、数字化转型痛点及数字化合作选项的关注要素也大相径庭。

一方面，大型金融机构新兴科技应用积极，产品类型丰富，但由于组织结构较为复杂，因此审核流程制度相对烦琐，且存在大量历史遗留数据信息，数字化能力建设重点关注流程优化与运营效率提升。加强在精准营销、渠道建设、产品创新、人才及组织机制等方面的布局力度，构建全方位的数字化能力体系，在提升内部运营效率的同时为客户提供更好的服务。

另一方面，中小金融机构数量最为庞大，存在诸如转型战略目标左右摇摆，科技投入及人才储备相对不足，场景连接较差，产品迭代速度缓慢等问题，但在诸如决策链条相对较短，业务稳定性等方面优势较为明显，因此中小金融机构数字化能力建设重点关注在战略制定及符合自身需求的技术的快速应用上。易观分析调研数据显示，44% 的中小金融机构已经完成了数字化能力发展战略制定，当前及今后一段时期，中小金融机构将重点推进多项数字化能力建设，掀起一波数字化能力"比学赶超"浪潮。

（四）聚焦数字化业务创新，提升金融服务效能

数字经济时代，无论是 C 端消费者还是 B 端机构客户均已经习惯了数字化

服务，叠加新冠疫情的冲击，金融机构更加深刻认识到数字化能力建设的核心是直面客户数字化行为，建立数字化业务视角和以用户经营的思维，深化业务场景与技术融合，把数字科技基因嵌入产品创设、营销渠道、精细化运营等日常服务场景，增强线上化、智能化和个性化服务能力，提升金融服务效能。

1. 产品创设数字化：深挖数据价值，高效规模化定制

金融机构传统产品，如银行信贷、保险、基金等产品标准化、同质化程度较高，存在难以满足不同客户群对个性化诉求的痛点，通过应用大数据技术，基于以往的数据积累和建模，深度采集和分析用户海量数据，精准识别用户潜在需求，在实现对客户需求的深入理解和风险把控的基础上，掌握供需矛盾，为客户批量定制产品，推动金融产品创新。与此同时，可以实时结合监测到的用户使用行为、用户体验反馈等，搭建动态迭代的金融产品创新机制，切实满足用户对优质产品的需求，提升客户金融获得感。

2. 营销渠道数字化：线上线下无缝对接，优化客户体验

在营销渠道数字化上，金融机构借助以大数据、云计算、人工智能、区块链等为代表的新一代数字技术得以时刻以客户为中心，确保客户与线上、线下渠道无缝连接，实现客户体验的极致化。

一是精准实现线上线下渠道差异化定位，洞察客户核心诉求。线上渠道具有触达广、服务高效便捷、用户反馈及时等优势，能够提高获客效率、运营效率和金融产品的创新附加值。线下网点具有分布广、强情感连接、响应老年等数字化弱势群体需求及时等优点。一方面，金融机构在加强线上线下渠道在诸如获客引流、需求跟踪、业务咨询办理及交易体验等方面的功能定位，深度洞察客户的渠道偏好和功能需求，进而明确各渠道差异化定位和发展策略，并从客户数字旅程出发，聚焦使用前、使用中、使用后等关键数字旅程节点，从多维度、全视角出发，构建客户数字旅程分析模型，精准识别客户核心诉求。另一方面，金融机构综合对线下物理网点的预约办理业务量、业务类型的监测及对线上用户位置、需求信息、用户特征的实时捕捉，进一步优化线下网点布局，提供更契合偏好线下网点服务客群实际需求的特色化、智能化服务，进而实现对网点精细化管理，提升线下渠道运营效率。

二是专注于优化提升关键节点客户体验。金融机构统筹对公、零售业务条线、线上线下渠道和 B、C 两端客户特征等，一方面在通盘考虑客户个性化诉求、信任感加强、收益预期等因素的基础上，对客户数字旅程中各个节点进行综合的评估，分析节点的必要性和节点间的关联性；另一方面在兼顾成本与效率的同时，科技赋能，动态地对客户数字旅程中各个节点进行补充、整合、删除、延展，提升客户体验。

三是打破数据孤岛，线上线下渠道无缝对接。在日常业务办理过程中，金融客户往往会在线上线下等多渠道之间进行来回迁移，为了实现各渠道体验的一致性，金融机构重点在打通各渠道数据，形成渠道统一、实时动态更新的客户旅程视图上发力，在精准捕捉并识别任何一个渠道触点数据变化，其他触点实时准确知晓与应对的基础上，力求客户在机构线上线下所有渠道获取的产品和服务体验均保持一致。

3. 运营数字化：构建监测体系，助力精细化运营

传统的金融服务模式以产业的价值链为依托提供金融服务及产品，金融机构以产品为中心关注价值链上的核心环节，金融数字化升级使得现有的产业服务生态逐渐发生变化，金融机构开始以用户为中心关注用户全生命周期金融服务生态构建，通过云、场景、平台并借助多端协同触达服务用户。

数字经济时代，金融机构管理层与业务人员均深刻认识到所有的服务和行为都可以量化，只有通过对这些量化的经营数据进行分析，才能对金融机构业务发展形成全方位视角，进而提升决策质量和业绩表现。

金融机构精细化、数智化运营能力特征主要体现在：一是从产品思维向用户思维转变，从传统的产品营销导向，转向用户需求为上；二是从交易思维向优质服务体验思维转变，树立起于交易服务，止于全旅程周期优质服务体验的意识；三是从账户思维向用户精细化运营思维转变，即通过数据的结构化处理和动态调整优化，实现用户运营数据的立体化、多维化呈现。

金融机构精细化、数智化的运营能力体系构建正是对以用户为中心，以用户需求为导向经营理念的践行，保障了以数字化为基础，以人工智能为驱动的运营生态的构建。具体体现在金融机构构建起"渠道精细化运营闭

环"，搭建涵盖整个客户旅程诸如用户行为、产品购买使用、服务体验、活动运营在内的数据埋点体系，实现多方面的实时动态数据监控、分析，生成对不同渠道的获客能力、成本收益、投资回报率等综合分析和判断，建立健全持续的客户体验优化机制，不断提升和改造渠道运营流程。

二 金融机构数字化能力发展特点

（一）科技赋能开放银行普及，平台能力开放，打造产业生态圈

疫情加速了金融与科技的融合，金融科技赋能开放银行模式更普及，从国有商业银行探索实践向区域性商业银行共建生态延伸，通过开放平台能力连接和构建多元产业生态圈。同时，当金融服务都趋于线上化、场景化，金融场景与非金融场景生态的搭建，正在成为银行数字化竞争力的体现。银行业场景的竞争从高频场景不断向细分场景领域延伸，银行机构通过移动端，以客户体验为核心，以金融服务为抓手，以生活场景为外延，进一步向非金融场景突围。

1. 银行 App 连接场景向泛金融生态圈拓展

银行 App 以支付为触角，内建生态、外接场景，融入用户生活场景的泛金融生态圈；App 流量争夺已成为开放银行业务量争夺的主战场，渠道、业务、产品的"线上化+移动化"是数字化的基础。

2. 非金融场景是银行进一步突围的着力点

以客户为中心的业务和经营模式深入非金融的高频生活场景打造，加强新业态、新行业、新需求场景建设尤其是疫情催生的高爆发需求场景。

3. 场景生态是商业银行以数字技术赋能深化应用的着力点

基于大数据、云计算、人工智能、区块链等为代表的新一代数字技术赋能，银行全面提升精准营销、场景化运营获客及智能风控能力，打造智能、高效的金融服务生态圈。

4. 开放银行从国有股份制大行向区域性银行普及，构建产业生态圈

一方面开放银行更普及，从国有股份制大行自建与共建平台，到区域性

银行借国有股份制银行及科技平台能力开放，强化连接，推动生态圈经营、获客和智能化金融服务；另一方面合作生态化，聚合各方资源，加速产业跨界融合，场景服务延伸向 B 端、C 端、G 端客户，构建多元场景的移动金融生态圈。

（二）科技深度渗透保险价值链条，提升保险全流程体验

为积极应对数字化浪潮，保险公司通过"保险+数字科技"的探索和创新优化原有作业模式。保险公司目前以微信小程序和 App 为主要移动客户端，并将数字科技广泛应用于包括产品售前的保险咨询、保险顾问；售中的诸如投保核保、保单管理；售后方面如便捷理赔及增值服务的拓展。

一是在智能客服方面，具体场景化应用为 AI 客服（7×24 小时在线服务，及时回答客户疑问，节省运营费用）、智能回访（缴费续期提醒服务等）、智能保顾（基于已掌握的客户信息洞察客户的保障需求，从众多保险产品中精准匹配最符合用户需要的产品的同时提高销售转化率）。

二是投保核保方面，具体场景化应用场景为投保（流程便捷，3~5 步完成投保，用户体验强）、核保（线上智能核保系统节约等待时间，提升核保效率）、保单管理（电子化保单、保单云端存储）。

三是在增值服务延伸方面，主要体现在拓展保险服务范围，提供被保场景后端的配套服务，如健康管理、预约就医、增值医疗等增值服务。

（三）数字经济方向确立，支付科技争相深挖 B 端价值

随着《中共中央关于制定国民经济和社会发展第十四个五年规划和2035 年远景目标的建议》等政策的出台，发展数字经济，推进数字产业化和产业数字化，推动数字经济和实体经济深度融合等持续推进。"支付"作为经济基础设施赋能数字经济的效能渐显。

由于传统支付业务利润空间在政策监管和市场竞争下不断被压缩，支付机构逐步将业务经营重点转移切入企业交易环节，从 C 端向 B 端跨界，通

过数字科技，打通其自身资源生态如 App、小程序等服务渠道，连接 B 端商家的经营场景，打造一体化的闭环服务。

支付宝面向 B 端的商家服务，向商家提供一站式数字化运营服务，在商业生态、流量阵地等方面进行整合和工具的不断升级，发挥数字生活新基建优势，与合作伙伴共建数字生活新生态，支持开放更多私域运营能力，与商家共享增长红利，进一步优化商户及服务商体验。

微信支付作为微信生态中的重要一环，用户可以通过微信生态连接到整个生态服务的商家，能为商户提供从接触信息、领券、购买、支付、转化到追踪的一系列功能服务，建立微信体系内的完整闭环。

云闪付汇聚产业各方的移动支付统一入口平台，一方面，为银行机构、服务商等提供在线网关支付、便民缴费等多种支付产品的分享和数据对接服务；另一方面，深耕面向 C 端用户生活场景，构建支付生态圈，尤其是作为银行业统一支付 App，联合并支持银行移动支付服务及优惠权益，还包括理财产品、信贷服务等方面。

（四）资管科技通过六大核心能力重塑资管业态，加快融入金融服务

随着资管新规的落地，资管行业亟须突破原有业务模式，而高财富效应、高信息密度特点使资管行业成为与数字科技融合最为深入的金融子行业之一。资管科技通过数字科技、算力科技、算法科技、交易科技、硬件科技、通信科技等六大核心服务能力重塑行业价值链，成为银行、保险等金融机构数字化转型的重点之一（见图 3）。

目前，国内资管机构对数字科技的需求主要表现在两方面：一是以降低运营成本、提升运营效率为目标的系统改造；二是运用大数据和人工智能技术构建因子模型，可以低成本、定制化地开发指数基金，使资管行业的供求关系更加融合。做大资产规模，提升营收能力是当前与今后一段时期资管行业的首要目标，要实现这一目标的方式包括提升投资业绩，提高运营效率，降低运营成本，改善用户体验等。资管科技的应用主要表现在系统的整合、数字化转型和流程优化、大数据及人工智能的运用来提高投资能力及客户运营能力。

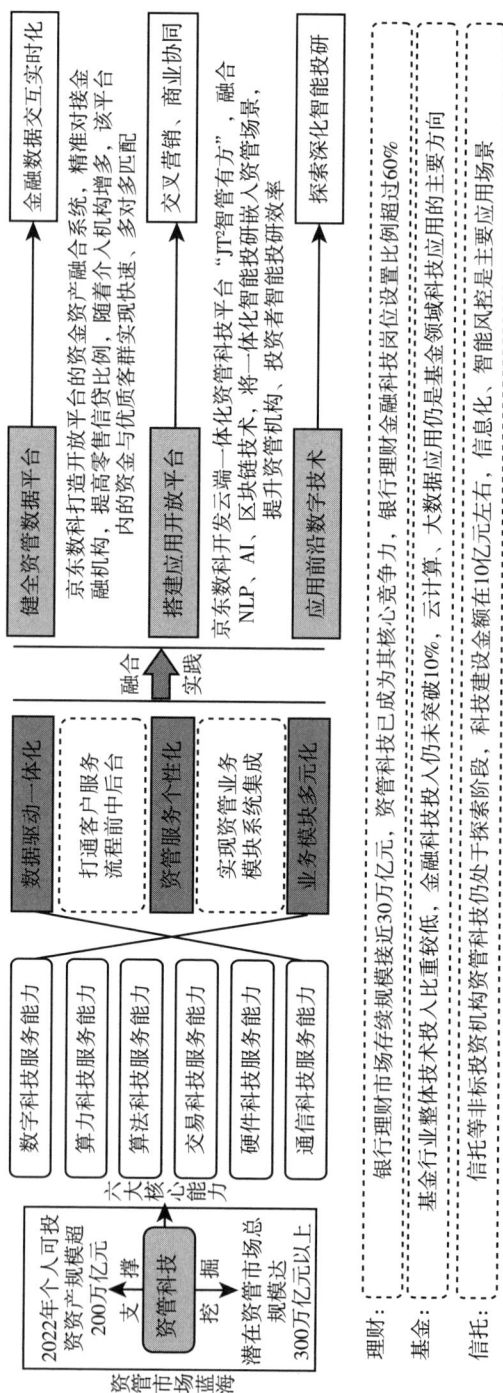

图 3 资管科技六大核心服务能力

费率结构与盈利模式、客户偏好、监管环境的变化及企业跨界竞争等外部变化带来的挑战日趋严峻，资管科技正在成为领先资管公司推动业务模式创新的支点，围绕资管投前、投中、投后三大关键业务场景，实现现有业务的数字化、自动化和智能化。

（五）政策驱动叠加科技赋能普惠金融，银行机构是先锋和主导

易观分析最新数据显示，我国小微企业贷款余额突破 50 万亿元人民币，从贷款结构来看，其中，普惠型小微贷款余额超过 20 万亿元人民币，占小微企业贷款比重接近 39%。从小微企业端来看，大数据技术在征信业务上的应用，智能定价和自动审批等迅速响应激增的信贷需求，为小微企业获得信贷提供了广阔前景；从金融机构端来看，数字金融的发展为构建新的金融服务场景提供了机会，通过助力创新创业拓宽了服务对象，如银行等普惠金融服务机构，设立线上小微信贷品牌，创建丰富的信贷产品和场景体系，实现海量获客。

疫情 3 年，中国银保监会在实施一系列针对小微企业的纾困举措的同时，也重点对大中型企业提升直接融资能力做出了重要部署，金融机构的工作重心也实现了从"向零售金融转型"到"向小微金融转型"，在服务小微客群上，各类银行"因行施策"，聚焦重点行业客群，提供一揽子差异化产品解决方案。数字技术的应用加速普惠小微金融服务实现批量轻型获客，例如，银行机构借数字化赋能丰富的场景生态助力批量获客，互联网平台类型机构则通过线上生态导流助力获客。

作为普惠金融体系先锋和主导的银行，科技赋能获客渠道创新、营销方式创新、客户服务创新、信用评级创新和风控手段创新；非银金融机构如保险和融资担保类公司将服务小微企业和"三农"作为重要领域发展，联合多方机构发挥各自优势，普惠下沉客群。金融科技企业加强创新型技术如区块链研发，向外赋能，助力普惠金融服务质效有效提升。互联网平台类型机构更重视前沿技术创新布局，并利用生态导流。

（六）数字化助力消费金融业务建设，科技赋能场景生态高效发展

数字经济深化发展的大背景下，消费金融市场机构运用数字化能力助力业务建设，基于大数据、人工智能、云计算等核心技术，大力推进各业务流程数字化转型。金融科技与业务场景持续融合实现对外价值输出，促使消费金融向高质量发展道路不断前行。

1. 应用分布式数据库架构处理海量数据

目前，很多消费金融公司采用分布式数据库架构实现数据读写分离、多方式数据存储、缓存减负。在云计算时代，分布式架构创新的计算—存储分离技术即"云"的模式和形态之一，将数据计算和存储进行分层，并通过高速网络连接。

2. 加强智能服务流程提升运营效率

消费金融机构关注用户在申请环节的自动化审批决策效率，并不断致力于改善智能服务流程。易观分析调研数据显示，近90%的调研机构表示，应用了自动化审批决策；超过50%的受调研机构能够在10分钟以内使用户完成从申请到审批消费金融产品的全流程，其次是24～48小时，占比为35.3%。

3. 建设以RPA为核心的数字机器人应用

数字机器人作为消费金融公司全面业务数字化的进一步举措，实现线上自动化、智能化交互，提升用户体验。在技术层面，消费金融公司以RPA技术为核心，打造数字能力系统平台。在应用层面，建设数字机器人服务流程标准化，提升数字营销能力，帮助公司降本增效。

4. 积极建设智能风控应用体系

技术中台层面，贷中监测不仅是监管要求，也能帮助机构在早期识别异常交易，如欺诈、套现等，从而保障资金合规安全。易观分析调研数据显示，多数消费金融机构已采取资金流向监控、欺诈管控等风控技术。其中，异常交易侦测手段是最为高频的风控应用，占比达67.4%。

5. 采用联邦学习方式增强用户信用评估

目前，消费金融公司与互联网机构合作进行个人信用评估，普遍利用融合双方数据进行风控建模弥补自身数据不足，即采用联邦学习方式。双方各自在私有环境部署联邦学习参与方系统，并进行深度神经网络模型训练，可极大降低用户逾期的风险，提升自身风控能力。

6. 科技助力绿色消费金融提质增效

我国消费金融市场主体践行创新驱动发展理念，积极运用大数据、云计算、人工智能、区块链等新一代数字技术提质增效。在消费金融市场中，各类机构纷纷运用科技赋能绿色金融，着力布局"双碳"目标的战略事业。一些机构创建了以人工智能为依托的绿色信贷管理系统，主要应用于绿色信贷和环境社会风险识别、环境效益测算、ESG 风险预警处置等场景。上述实践举措将助力绿色金融业务降本增效，同时能够防范银行服务体系绿色转型风险。

（七）元宇宙、区块链、数字人民币等数字化应用场景不断拓展

1. 元宇宙应用场景集中在虚拟营业厅

2021 年被称为元宇宙元年，元宇宙应用得到 Meta、微软等科技巨头的簇拥。2022 年是我国各类元宇宙支持性政策密集发布的一年，有多个省份及城市发布元宇宙支持性政策，监管政策倾向于鼓励合规框架下的创新应用。从元宇宙支持政策方向来看，主要围绕技术、场景、产业生态、标准等方面加以扶持，其中硬件及技术应用支持性政策较多。

元宇宙可以给银行带来客户、利润、创新及数字化价值，其中数字化价值是核心，是带来其他价值的基础。目前，金融机构对元宇宙应用的研究，主要集中在硬件融合、人、货、场做一些零散化创新探索，硬件融合与场景应用相结合，"人"主要体现在虚拟数字人的应用研究，"货"则集中围绕虚拟数字人的研究，虽然这些只是零散化的场景探索，但对于未来元宇宙时代的金融数字化升级仍具有积淀意义。

目前，各类元宇宙金融场景发展仍侧重于平台入驻，建成虚拟营业厅，但由于用户体量不足和平台功能不完善，尚未与用户需求建立起广泛联系，

独立性和完整性缺失。也有部分金融机构通过虚实相生技术将现实场景与元宇宙相结合，提升用户体验，不失为过渡时期的良好选择。

从元宇宙典型场景应用来看，中国银行在贵金属销售方面运用了 3D 虚拟展示、感知交互等技术，将实时形成的虚拟贵金属，通过移动终端与现实场景相结合，360°呈现于客户眼前。2021 年，江苏银行尝试全新的金融服务模式，打造无须到金融网点、无须安装金融 App、无须消耗手机流量的便捷金融体验，将元宇宙概念与金融行业有机结合。

2. 数字人民币发展提速，数字人民币支付渗透率攀升

随着支付宝、微信、美团、京东等 App 支持数字人民币支付，数字人民币场景应用范围快速扩大，冬奥会成为数字人民币重要的推广场景。央行数据显示，截至 2022 年 8 月 31 日，数字人民币试点地区累计交易数字人民币数量为 3.6 亿笔、金额为 1000.4 亿元，支持数字人民币的商户门店数量超过 560 万个。

数字人民币作为一种数字化法定货币，在应用推广的过程中需要第三方支付机构在系统的稳定性、产品的易用性及场景的适用性等多个方面的支持，由于数字人民币运行机制与传统移动支付有所不同，第三方支付机构需要对系统、产品、场景等进行匹配性升级。

系统稳定性方面，积极配合中国人民银行数字货币研究所以及各大商业银行开展试点开发工作，始终坚持科技创新与安全可控并重，持续推动国产芯片、国产部件在数字人民币支付领域的应用，携手产业各方，共同打造更安全、更可控的数字人民币支付产业生态链，赋能全产业链的健康和可持续发展。

产品易用性方面，配合银行等机构进一步提升数字人民币的精细化运营、推广等服务，加快完善数字人民币受理及使用环境的生态建设，重点在支付场景、受理渠道、融合便利性等方面精准发力。积极进行数字人民币"硬钱包"产品开发，并注重"适老化"等改造。

场景适用性方面，第三方支付等金融机构积极参与数字人民币支付应用的场景设计与落地工作，基于数字人民币的具体应用场景推出定制化的产品，并积极参与 B 端应用场景的创新与应用。依托在海外市场沉淀的支付产品、技术、支付网络势能，寻求数字人民币在跨境支付等场景突破，助力中国企业扬帆出海。

3. 区块链"脱虚向实",为金融机构数字化转型提供了新的驱动力

2021~2022年区块链"脱虚向实",应用深度和广度提升明显。银行、第三方支付等金融机构应用区块链技术的成熟度明显提高,已在现金管理、跨境支付、消费结算、资产证券化、保理、票据、保险、担保等领域得以应用,涵盖支付、信贷、服务三大方向,并取得了较好效果。

在支付领域,招商银行搭建起首个将区块链技术应用于全球现金管理领域的平台——"招行直联支付区块链平台"。在信贷领域,交通银行在国内打造了首个资产证券化平台"链交融",将相关参与方组成联盟链,利用区块链技术实现ABS业务体系的信用穿透。在服务方面,中信银行与鲜易控股合作,利用区块链技术探索"全透明、自动化的智慧金融供应链"新模式。

三 金融机构数字化能力存在的问题

(一)金融机构数字化能力不平衡加剧

2021~2022年,我国金融机构数字化能力建设向纵深化发展的过程中,银行、证券、保险、支付机构数字化能力发展不平衡问题加剧。其中以大型银行尤其是国有商业银行及股份制银行为代表的数字化能力领先者纷纷加码数智化转型投入,加强科技人才引进力度,数字化底蕴足,数字生态体系完善,数字化能力发展快,数字化业务水平强。而众多中小银行、证券、保险机构囿于自身资源条件,无论是在资金投入力度还是人才引进、数据沉淀上均存在短板,数字化能力较弱,金融机构数字化生态失衡,马太效应初现。

(二)数据安全及合规风险提升

数字经济时代,数据安全问题愈加重要,我国也高度重视数据安全保护。2021年9月,我国第一部数据安全的专门立法——《中华人民共和国数据安

全法》正式出台；2021 年 11 月，《网络数据安全管理条例（征求意见稿）》作为配套细则也迅速落地；同时《中华人民共和国个人信息保护法》也在 2021 年 11 月 1 日正式施行。2022 年数据安全大规模合规建设拉开序幕。

金融作为数据密集型和数据驱动型行业，受限于数据治理体系及技术支撑方面不足，在数据采集、存储、结构化处理等环节往往存在不科学、不规范等问题，随着数据安全保护不断升级，个人隐私保护意识的加强，金融机构在数字化产品的创新与升级方面普遍存在着数据安全及合规风险不断提升的问题。

四 金融机构数字化能力发展趋势

（一）隐私计算护航数据安全，助力沉淀数字资产

数据安全合规建设提速，能兼顾信息安全的同时，满足多方应用需求的隐私计算发展可期。金融行业本身拥有庞大的数据来源，特别是近几年数字化升级、互联互通等趋势，更使得金融机构拥有海量的优质数据。但同时，过去几年金融机构为 P2P 网贷、消费贷提供了许多数据服务，助长了灰黑产业的发展。隐私计算的发展，将为金融机构开辟新且合规的数据应用方向，进而开拓新业务。

2022 年初，中国人民银行等监管机构明确提出"以深化金融数据要素应用为基础，以加快推进金融机构数字化转型为主线"，而隐私计算也在保障数据流通合规的迫切需求下加速落地金融行业应用。当前来看，隐私计算将成为金融行业数据管理的基础配置，同时，也需要兼顾"构建覆盖全生命周期的数据资产管理体系，优化数据架构加强数据资产积累"，从而能够将数据要素化、资产化与价值化落到实处，通过数据资产运营，创造与升级数据资产价值，进一步推动经济增长。

（二）人工智能在金融场景上的应用将加深

2021 年 3 月，中国人民银行发布《人工智能算法金融应用评价规范》

（JR/T 0221—2021），其对人工智能算法在金融领域应用的基本要求、判定准则等方面做出了硬性规定。由此可见，相关部门正在大力推进智能金融行业的标准化改革，提高行业准入门槛，鼓励企业自主创新，充分参与到规范化的市场竞争当中，推动行业健康可持续发展。

2022年以来，多家上市银行强化了人工智能在银行的应用。以中国工商银行、招商银行、平安银行等为代表的上市银行均在持续加码 AI 赋能。2023年，以 ChatGPT 为代表的生成式 AI 的火爆，充分表明人工智能技术或已达到一个"节点"，开始走向爆发性趋势。以 ChatGPT 为代表的生成式 AI 将在智能客服、营销等财富管理场景中迎来突破。

（三）区块链技术将在更多场景中实现规模化应用

2023年，在赋能实体经济发展以及深化对外开放的战略导向作用下，产业金融、跨境金融等领域的交易量将迎来新一轮增长，对金融业务全流程透明度、可靠性以及可追溯的需求将显著增加，因此也将加速推动区块链技术在业务场景中的规模化应用。同时，搭建企业级风控平台是构建完善的数字化风控体系的必经之路，需要在规划设计中侧重对于业务全流程的数字信用和风险管控能力、资金监控能力以及对底层数据的挖掘能力。

五　金融机构数字化能力提升的对策建议

（一）错位竞争，业务驱动差异化破局

受限于数字化起步阶段较晚、资源投入有限等因素，中小金融机构与大型金融机构在数字化能力上的差距将进一步扩大，这将倒逼中小金融机构放弃对大型金融机构的数字化模仿策略，而是根据区域与自身业务发展特色，形成差异化的数字化能力图谱，业务驱动实现差异化破局。具体来看，可以实现以"客群+产品+服务"等三方面差异化为抓手，依托深刻的数据洞察和

适用的人工智能技术加持，以"同一市场下客群深耕、同一客群下产品定制化、同质化产品下优质服务体验"等为突破点，精耕细作，巧借外力生态赋能。

（二）加强数据保护，明确数据安全的合规边界，不作恶、不逾矩

一方面，要加强数据保护，明确数据的合规边界。在做好数据分类分级管控的基础上，重点强化并明晰对涉及国家安全的个人、金融信息收集、存储和使用主体上的责任，建立健全跨领域的风险信息共享及预警机制，防范在其他领域或者行为主体信息泄露时风险向金融领域传导。另一方面，要畅通数据源流通体系，基于隐私计算等技术手段实现数据要素在不出域的基础上跨行业、跨场景、跨机构有序流转和安全应用。

参考文献

梁勇：《以六个业务领域为突破口促金融数字化转型坚实落地》，《中国金融电脑》2022 年第 2 期，第 5 页。

王勋、黄益平、苟琴等：《数字技术如何改变金融机构》，《国际经济评论》2022 年第 1 期，第 71 页。

刘春航：《积极稳妥实施银行业保险业数字化转型战略》，《中国银行业》2021 年第 11 期，第 14 页。

朱太辉、张彧通：《金融数字化的发展逻辑》，《中国金融》2021 年第 21 期，第 73~74 页。

戴润静：《数字化视角下的商业银行风控逻辑演变》，《清华金融评论》2021 年第 12 期，第 4 页。

刘龙、杜权、杨跃等：《探索基于平台战略的商业银行服务民营企业金融体系》，《中国银行业》2020 年第 1 期，第 4 页。

B.7

2021~2022年金融机构数据能力建设
和综合应用报告

易 观[*]

摘　要： 伴随着数字经济发展，数据成为核心生产要素，数据能力建设
也上升到国家战略高度。金融业作为数字化转型先行者，在系
列政策驱动下积极推进数据战略构建，在战略规划指引下强化
数据能力建设和应用，全面提升数字化水平，助力数字经济发
展。本文从数据战略、数据基础设施建设、数据治理能力、数
据应用能力等关键环节分析当前金融机构的数据能力建设背景、
应用现状、发展特点、存在问题，探讨金融机构数据能力发展
趋势及应对策略。

关键词： 数据要素　数据能力　金融科技　数据治理　创新应用

近年来，数字经济规模持续增长，尤其新冠疫情加速了数字经济的发
展，数字经济成为各国竞争的主赛道，而数据则成为核心生产要素，数据
要素成为竞争要道。金融业是数据密集型行业，也是数字化转型的先行
者，数据应用水平相对较高，随着转型深入，金融机构的数据和数据能力
更是成为核心竞争力。

---

[*] 执笔人：韦玲艳，供职于易观，主要研究领域为银行数字化、金融科技等。

一 数字经济驱动数字金融发展，金融科技推动数据要素价值发挥

（一）2021～2022年中国金融机构数据能力建设与应用背景

1. 政府高度重视、出台系列政策加快数据要素市场培育

数字经济已成为推动经济增长的主要引擎。数字经济近年呈现稳步增长，规模也在逐步扩大，连续多年排名世界第二。数据显示，2021年，中国数字经济规模达45.5万亿元，占国内生产总值的39.8%（见图1）。易观分析报告提到，根据"十四五"规划，到2025年，数字经济核心产业占GDP的增加值比重将达到10.0%，[①] 其增长率是同期GDP的2.3倍。从用户端来看，截至2022年6月，全国网民规模已经达到10.51亿，[②] 互联网普及率提升至74.4%，也为数字经济的发展提供了坚实的基础。同时，国家对于AI、物联网、5G等新技术也不断提高培育力度，推动各领域加快向数字化、智能化发展。

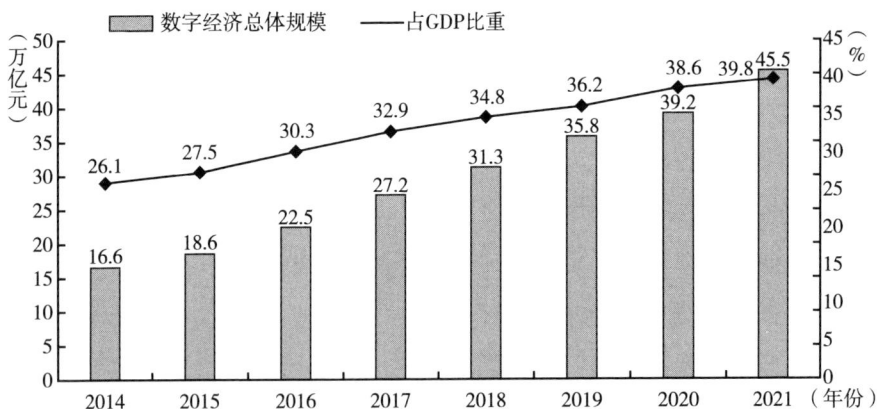

图1 2014～2021年中国数字经济总体规模及其占GDP比重变化

资料来源：笔者根据国家统计局、易观分析数据整理。

---

① 国务院：《"十四五"数字经济发展规划》。
② 中国互联网络信息中心（CNNIC）：《中国互联网络发展状况统计报告》。

由于数字经济快速发展的驱动，产业数字化与企业数字化转型持续深化，数字技术和数据要素正加速改变中国金融业的发展轨迹。在这样的背景下，金融机构为顺应数字经济发展的需求，也为金融机构经营和管理能力升级的内生需求，数字化转型成为必然选择，而数据更是金融数字化转型的基础性、战略性资源。

政府非常重视金融科技发展，推出了一系列政策和措施，驱动各方力量推动数据要素市场的加快培育。从 2015 年首次提出并将大数据战略上升到国家战略，随后地方及相关行业针对性的系列措施陆续出台。2019 年 8 月，中国人民银行印发《金融科技（FinTech）发展规划（2019—2021 年）》；2020 年 4 月，中共中央国务院发布《关于构建更加完善的要素市场化配置体制机制的意见》，以及对加快新型基础设施建设等方面的系列文件和措施陆续出台，加速推动了金融转型创新发展的"数字基础设施"底座。[①]

与此同时，各种面向金融行业的法规与标准相继制定，致力于不断加强数据要素管理能力的构建与数据管理能力的提高。如 2018 年针对银行等金融机构提出的《银行业金融机构数据治理指引》、2021 年关于数据安全方面出台了管理办法、2022 年 12 月针对数据要素出台了《中共中央、国务院关于构建数据基础制度更好发挥数据要素作用的意见》，对金融机构的数据架构和管理、质量等方面的治理提出明确要求，包括监督数据安全保障合作管理体系的建立、各项数据能力的建设目标和思路的明确，以促进数据要素的充分挖掘，提升金融机构的金融数据能力。

2. 数据成竞争要道，金融机构积极推进数据能力建设

全球数据量呈现指数级增长，数据要素成为竞争新赛道。资料显示，2025 年全球数据总量将达 175ZB，而到 2035 年这个数据将达 2142ZB（见图 2）。

金融机构积累了海量的数据资源，但是要将数据要素和数据资源转变为数据价值，还需要通过数字技术推动对数据存储、数据管理、数据应用等数

---

① 工业和信息化部。

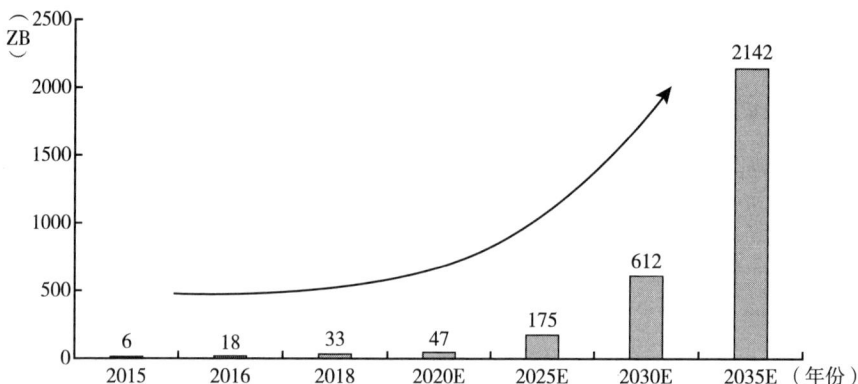

图 2　全球数据总量变化

资料来源：国际数据公司（IDC）公开数据。

据资源的开发利用。本文就金融机构数据能力的分析首先评估金融机构数据战略的构建能力，包括数据战略制定、组织配备等方面；其次是数据要素的获取能力，包括采集、存储方面的能力，即其数据仓库和云平台的构建和应用；再次是数据治理能力，包括数据中台建设、数据工具建设和应用能力等；最后也是重要的数据分析及应用能力，包括数据分析及与行业场景的融合应用，对业务的支撑及变现能力。

（1）科技驱动数字经济发展，中国数字金融市场规模快速增长

金融科技是指将金融服务与现代底层技术进行结合，利用 ABCDE 等技术，构建新型的金融支付、融资、投资、保险及基础设施等服务模式。其特点是技术更新迭代快、跨界、混合业，是前沿科技与传统金融业务和场景的叠加融合。

数字技术加速发展，叠加 5G 技术商用，为金融业乘数式发展赋能。易观千帆数据显示，2022 年 12 月移动金融的用户活跃规模超过 9.98 亿户，[①]相比 2020 年增长了 16.44%（见图 3）。新兴技术的应用正逐步改变着传统银行的业务模式，例如，手机银行、网银等新型金融服务的出现，使用户可

----

　① 易观千帆。

以随时随地进行交易，极大地提高了金融服务的便捷性和效率；智能合约技术应用于金融交易的自动化，优化了交易流程；区块链技术用于金融交易的管理，保证了交易的透明度和安全性。科技对于金融的作用正在逐步上升，成为决定金融创新发展的关键。

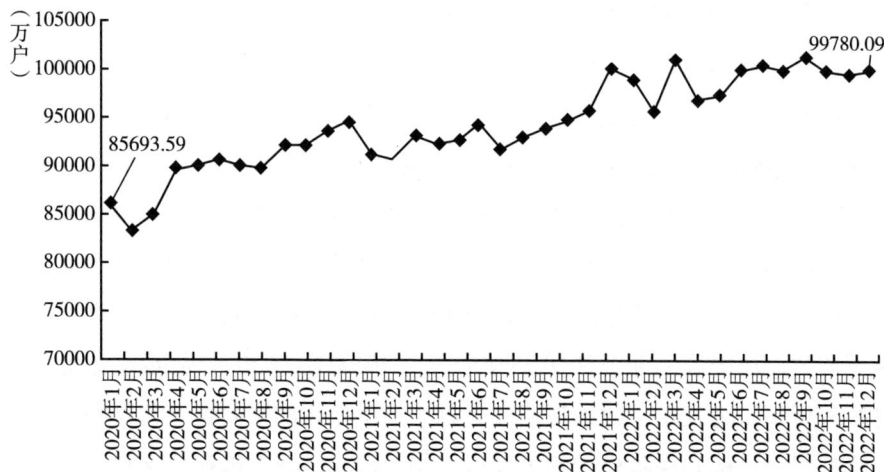

图3　2020年1月至2022年12月移动金融用户活跃规模变化

资料来源：易观千帆。

在如此背景下，近年来，金融机构持续加码数字技术投入，积极抢占数据要素市场培育的重要期，加快占领数据要素市场培育的顶峰，重新塑造竞争优势。根据银行年报等信息，从2019~2021年中国金融科技行业细分领域技术投入情况来看，70%以上的银行，近3年金融科技投资占营业收入的比例超2%；对于不同的银行类型，全国性大型银行对金融科技投入最高，农村商业银行对金融科技投入增速更加显著。2021年上市银行年报显示，国有大银行平均科技投资为179.2亿元，股份制银行为62亿元。[1]

（2）金融业数据能力范畴和主要类型

近年来，数据在金融机构上升到战略高度，在依托机构的战略资源、组

――――――――――

[1]　中国银行业协会。

织协同下，金融业的数据能力得以快速发展。数据能力涉及金融机构各类数据全生命周期的各个环节，包括从数据战略指引到数据供给、采集、存储整合、分析挖掘、数据服务，再到数据应用等所有能力的建设。从数据能力的划分角度，要实现从数据要素到数据价值的转化，主要包括以下环节：数据战略、数据基础设施服务能力、数据治理能力、数据应用能力。

首先，数据战略，主要是指组织或企业在进行数据管理和利用时所采取的策略和方法，旨在通过制订计划、政策和规章程序来达成目标和战略。2018 年中国银保监会印发的《银行业金融机构数据治理指引》提出，将由董事会制定数据策略，授权审查或批准与数据治理相关的重要事项，督促高级管理层提升数据治理的有效性，对数据治理负最终责任。由于金融业数据密集的特点，良好的数据战略可以帮助金融机构更好地管理和利用数据，实现更高效、更准确的业务决策。有学者对 2012～2017 年的金融业上市公司进行分析，研究发现了数据战略在金融业上市公司的重要性，如运用大数据战略的银行机构和保险机构的公允价值相对较高。数据战略应该涵盖整个数据的价值链，从获取和管理基本的数据，到分析可行的策略，并最终以商用案例的形式提供实际价值，制定流程包括环境因素分析、确定战略目标、制订行动方案、落实保障措施、战略评估优化等步骤。

其次，数据基础设施包括了基础设施层和数据管理层。基础设施层涉及信息的存储、计算、网络等硬件设施，数据管理层由操作系统、数据库系统及大数据系统组成，构成支撑数据存储及数据全生命周期管理的软件设施。对于金融机构来说，伴随海量数据的汇集，以及金融机构服务场景化、平台化和专业化的发展需要，数据基础设施能力的构建除了数据要素本身，对数据存储的需求也从传统的应用架构向智能化应用架构转变，数据仓库、云平台等能力在其中发挥重大作用。存储是承载着金融机构最重要数据资产的关键设施，当前银行、证券、保险等不同领域的金融机构普遍建设了数据仓库。《金融数据仓库发展报告（白皮书）》显示，我国数据仓库产品在金融机构的应用占比不断提升，其中银行业建设数据仓库占比最高，除部分区域性城市商业银行外，国有大行、股份制银行等均建设了数据仓库，占比接近100%；另外，证券业和保险业建设数据仓库占比均接近90%。云计算为金融行业数字化转型提供了必备的支撑能力，其助力金融机构极大提升了对IT资源的利用效率，并提供安全、可靠的计算和数据处理能力。

再次，数据治理能力则包括对数据的管理如组织架构、标准体系等，以及数据质量的保证如数据清洗等方面的能力。面向行业的数据治理文件《银行业金融机构数据治理指引》也提出了银行等金融机构数据治理将通过明确的董事会、监事会、高级管理层等管理队伍及内设部门的职责要求设立的组织机构，去制定和实施系统化的制度、流程、方法，助力数据在经营管理中发挥价值。在各银行2021年年报中，中国银行、中国农业银行、中国工商银行、交通银行及中国邮政储蓄银行等几大国有银行均涉及了数据治理规划或组织架构成立等方面的内容，例如，中国邮政储蓄银行年报提及成立了数据治理委员会，中国工商银行和交通银行在年报中提及通过了数据治理子规划和战略管理办法等。

最后，数据应用能力是指金融机构对数据处理、分析和利用的能力，包括数据分析、数据可视化等环节，能够为金融机构运营管理、风险管控和产品创新等方面带来更高效的优势。在经营管理方面，分析海量消费者数据构建客户画像，来支持个性化推荐、精准营销以及围绕客户生命周期的智能和精准管理等，以提高营销转化率。在风险管控方面，以数据量化分析业务经营和日常管理中的风险正逐渐取代过去以主观经验推断为主的风险管理方式。对于贷款风险评估，银行可通过分析个人的薪资收入、消费习惯、社交信息等数据，或企业客户的资产、流通、销售、财务等信息进行贷款风险分析，量化信用额度，开展高效的贷款业务，实现风险与收益的平衡；对于交易欺诈识别，银行通过数据信息的应用支持实时交易反欺诈分析。在产品创新方面，数据技术可以帮助金融企业分析行业和市场情况，创新推出更有竞争力的产品，及时优化运营策略，提升企业的竞争力。例如，在银行业的运营中，利用大数据技术对市场、客户、舆情等信息进行抓取和分析，以协助商业银行持续进行市场优化、产品服务优化和舆情优化。

（二）中国金融机构数据能力建设情况

1. 系列政策驱动，金融机构建立和升级数据战略

（1）系列政策和措施出台驱动金融机构重视数据战略和数据管理能力

国家十分重视数据要素市场的建设，在"十四五"规划以及 2035 年远景目标[①]中，明确提出了要激活数据要素潜能，健全数据要素市场，数据要素上升为国家重要战略。金融机构作为数据密集型行业，数据逐渐成为推动其转型发展的关键抓手和持久发展的核心生产力，金融机构也需要逐步加强对数据战略规划的制定及执行，以指导其强化数据管理，提高数据质量和发挥数据价值等。2021 年中国人民银行发布《金融业数据能力建设指引》，划分 8 个能力领域和 29 个应对能力项目，提出各能力项目建设目标和思路且在多个地区组织银行、清算、支付等金融机构启动金融数据综合应用试点，助力数据融合应用的探索。2022 年中国人民银行印发的《金融科技发展规划（2022—2025 年）》，[②] 包括数据能力建设和数据共享、综合应用方面。

监管机构对商业银行数据治理及数据战略的要求日趋精细、日益严格。2018 年，中国银保监会对银行等金融机构制定数据战略提出明确要求；2021 年颁布的《中华人民共和国数据安全法》和《中华人民共和国个人信息保护法》，鼓励银行等行业对数据依法合理有效利用，保障数据的有序流动，从法律层面为数据安全提供保障，树立数据安全规范，牢筑数据安全之盾。系列政策驱动商业银行开展全面数字化转型需制定相应的数据战略，以提供指导方向及配套举措，形成以数据为中心、具有针对性的数据规划蓝图，引导并赋能数据的管理和使用，从而释放数据生产力，打造商业银行核心竞争力。

（2）金融机构数据战略建设情况

2018 年中央经济工作会议提出，要加快新型基础设施的建设进度，推动 AI、5G、工业互联网等的加快建设和相关重大战略部署的推进。金融机

---

① 中国政府网站。

② 中国人民银行。

构更是将数据作为数字化转型的核心基础资源，内外驱动其高度重视数据，积极构建和不断完善自身的数据战略和部署。

商业银行开展全面数字化转型，制定相应的数据战略，引导并赋能数据的管理和使用。其中，国有银行依托更强大的技术能力和丰富的数据资源，引领行业的数字化转型，在战略层面逐步完善和形成体系。中国工商银行战略委员会审议通过了全行 2021～2023 年发展战略规划及集团数据治理与智能应用等子规划，内部强调推进数据资产建设，加快应用多维数据整合，推进数智融合创新，在业内率先构建企业级数据中台，全力推进关键核心技术攻关，包括在数据库等重点领域开展集中攻关，构建大数据服务生态系统等。交通银行发布了数字化转型行动方案、金融科技发展"十四五"规划和数据管理规划以及金融科技发展愿景"POWER"，建议以技术创新和数据要素为双重驱动，构建数字化新交行。中国农业银行围绕科技支撑、大数据应用等关键领域，稳步推进智能营销、智能风控、数据中台等项目。在大数据技术应用方面，推动数据深度整合和共性数据积累，大数据平台提供一站式专属数据服务，打造科技领先、数据能源、数字经营的智能银行新模式。中国银行从组织架构完善层面推进数据战略，成立金融数字化委员会等。股份制银行则以更加灵活的组织机制和对科技创新的投入积极推动数字化转型，其科技创新投入规模虽然不及国有银行，但科技创新投入占营业收入的比重较高。

保险业金融机构也根据中国银保监会发布的指导意见中表示，到 2025年，要完成数字化经营管理体系的建立以及健全数据管理，要实现科技能力的大幅提升，以及针对战略规划与组织的构建、数据能力的建设和业务经营管理数字化等具体要求积极构建各自的数字化转型战略。例如，中国人保寿险于 2018 年宣布全面启动"数字化战略"，完成从 2018～2022 年的数字化战略五年方案，包括数字化战略框架、数字化创新体制等的完善，以及对数字化的加大投入，全面推进"数字国寿"工程。

将数字化转型视为助力行业高质量发展内在引擎的证券行业，也非常积极地投入数字化能力建设，包括数字化转型的顶层设计、数据中心的建设布局、数据治理等组织架构的搭建等。中国证券业协会在 2022 金融街论坛年会上公开的信息显示，71%的证券公司制定了数字化转型战略，并形成各具特色的数字化组织架构。

（3）金融机构数据治理能力建设情况

随着数据治理监管的不断升级，金融机构数据治理能力也不断增强和提高。中国人民银行、中国银保监会、金融监督管理委员会等出台多项政策，推动了行业构建数据治理评价体系、治理体系构建等方面的能力建设和提升。例如，2021年9月，中国银保监会首次面向商业银行发布了《商业银行监管评级办法》，把数据治理纳入了监管评估的体系。① 中国工商银行2021年年报提及，审议通过了《关于〈中国工商银行2021—2023年集团数据治理与智能应用规划〉的议案》，每年将听取数据治理工作方面的进展报告；② 中国农业银行2021年年报也提及对数据治理的加强建议；中国银行2021年年报表示数据治理框架基本建成，数据资产红利持续释放；交通银行在集团战略层面提及其数据治理规划获董事会批准，强调要强化风险数据治理能力，深入开展战略监督，跟进数据管理，2021年全年形成3.1万多条数据标准，推动系统架构中的标准统一，实现数据规范等方面的在线服务；③ 中国邮政储蓄银行成立了数据管理委员会并构建了数据管理组织职责体系。2021年中国证监会科技监管局启动行业的"十四五"规划意见征求，明确了证券行业数据管理的整体要求。因此，数据管理监管不断升级和细化，驱动了金融机构数据治理能力的提升。

2. 金融科技应用深度融合，加速金融机构数据能力应用

随着云计算、区块链、人工智能等技术的不断深入应用，深化金融数据要素应用基础，加速推动业务线上化、移动化、开放化，推动数据驱动营销、运营、风控和服务的智能化，赋能数字金融发展。

以大数据技术为基础，金融机构正逐步实现对海量数据的挖掘和分析，从而在智能营销、智能风控、智能投顾、智能投资、风险定价等各项业务领域中实现了广泛应用。这种科技赋能的数据应用分析能力，正在逐步成为金

---

① 中国银保监会。

② 中国工商银行年报。

③ 交通银行年报。

融机构发展的核心竞争力。中国金融机构积极拥抱金融科技推动数字化转型，行业规模不断扩大，据中国电子信息产业发展研究院（CCID）统计，2021年金融领域在全国大数据分析市场行业位列第一，占比达19.1%。

云计算可助力金融机构通过统一承载或管理平台、内部所有信息系统，对内部数据的集中化管理，同时可为大数据和人工智能技术提供方便和可扩展的计算能力和存储能力。IDC数据显示，2021年下半年中国金融云市场规模及金融云基础设施市场规模分别达到39.0亿美元、27.8亿美元。

人工智能技术在文字、语音和图像等信息的自动挖掘和处理方面表现出强大的能力，因此成为促进金融科技发展和加速数字化转型的关键力量。金融和人工智能的全面融合，正在逐步为金融业务链赋能，提高金融机构的服务效率，扩展金融服务的广度和深度。根据中国信通院出版的《金融人工智能研究报告（2022年）》，目前人工智能技术在金融主要场景已基本实现全覆盖，细分行业场景应用成熟度有所差异，具有鲜明的行业属性。例如，银行人工智能技术应用较为广泛且落地场景价值能力突出，多业务场景采纳度高；而证券业和保险业在人工智能场景应用成熟度相对较低，还存在较多单一的采纳应用。

区块链市场规模近年来呈现持续的增长。数据显示，2021年产业区块链整体市场规模为2317.9亿元，较2020年增长58.35%。金融是区块链技术应用场景中探索最多的领域，主要应用场景有供应链金融以及在金融交易中的清算和结算等。

数据应用层面，我国金融机构高度重视数据综合利用，在行业规划引导下，多措并举、加快推进数据赋能，取得显著成效。基于FITI2022年度对金融机构的调研及分析，金融机构数据利用成效主要分为四个层次：一是实现决策管理智能化，调研显示，10%的金融机构绝大部分数据得到分析利用，并通过大数据、人工智能等新技术实现金融业务和管理决策的智能化；二是实现数据驱动决策，并能预测发展，调研机构中有1/3能够对大部分数据进行挖掘分析，为业务发展提供预测，并优化改进决策方案；三是初步实现决策支撑，数据赋能，调研中超过一半的机构开始探索数据综合利用，初步实现数据驱动决策；四是尚未开展数据综合利用，调研受访的个别机构尚未实现企业级数据架构，仍处于信息化阶段。

（三）中国金融机构数据能力综合应用与实践

1.数字技术在金融领域的应用实践

近年来，数据资源加码科技创新和应用，极大地助力金融机构数据能力的提升和应用。数字技术在金融领域的应用与赋能，主要以大数据、人工智能（AI）、云计算、物联网、5G、区块链等为代表，金融领域的具体应用主要体现在智能风控、智能运营、智能监管、智能客服、数字员工等方面。金融领域也是数字技术应用最为深入的领域之一，包括银行、保险、支付、资管等行业场景。

（1）大数据及云计算技术在金融领域的应用

大数据及云计算技术向各行各业不断加速渗透和深度融合。云计算主要是通过统一平台承载和管理信息系统，保持各系统的数据信息、数据资源。一方面，可助力数据的集中化管理；另一方面，能为大数据提供可扩展的算力和存储能力。

大数据在金融领域的应用很广泛且不断深入，在银行领域的应用主要有客户洞察和画像、精准营销、智能风控及智能运营等方面；在保险领域的应用主要体现在基于风险偏好的客户细分下的实时推荐、实时营销，通过数据追溯的防欺诈行为，以及基于数据分析进行的精细化运营等；在证券领域的应用主要体现在股价预测、智能投顾、客户关系管理等方面。

云计算由于具备强大的算力和对海量数据资源能够实现按需调用，其商业价值使得云计算的应用更加深入，也成为金融业的必然选择。随着技术的不断迭代创新，云计算在金融领域的应用也将越来越广泛。在银行机构，云计算更多是对底层的开放平台、IT系统以及运营管理方面提供技术力量支撑，如通过开放的云平台和API接口的方式去连接和构建金融服务的生态圈，以金融服务和消费场景、生活场景的融合连接来融入"金融+非金融"服务。在保险机构，主要是以定制化的云服务助力保险机构快速分析客户的实时数据信息，并通过社交媒体等渠道链接为客户提供保险服务，云计算在保险领域主要发挥的作用是在差异化定价和渠道销售等方面赋能。在证券领域，云计算对业务的支持主要体现在通过客户端为客户进行行情查询、为后台提供交易量峰值分配等方面，证券机构主要为数据库配置结合系统上云，通过清算系统及实时交易系统并行运算来实现。

（2）AI在金融领域加大投入，融合应用渗透各个业务场景

AI与金融场景的融合显著提升了金融服务水平，尤其是改变了银行业的竞争环境，提升了银行服务效率。随着科技进步与监管加强，银行业金融机构或将继续加强AI科技投入，预计2022年我国金融场景AI投入突破400亿元，年复合增长率达25%以上（见图4）。

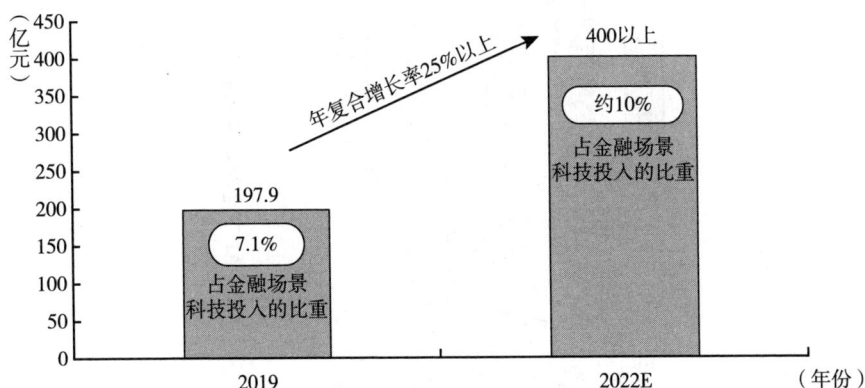

图 4 金融场景 AI 投入

资料来源：笔者根据公开资料、易观分析整理。

目前，我国AI企业分布涵盖制造业、零售业、金融业等领域。2022年，全球AI+金融市场规模有望突破70亿美元，年复合增长率超40%；我国AI在金融领域渗透率将达15%，投资规模将突破200亿元。

在业务场景方面，金融业信息化基础为AI融合创造了基础，服务属性也决定了需要利用AI技术精细化用户服务。目前，AI在金融业各场景中的主要渗透方式包括：智慧信贷、智慧投顾、智慧银行、智能投研、智慧风控等（见图5）。

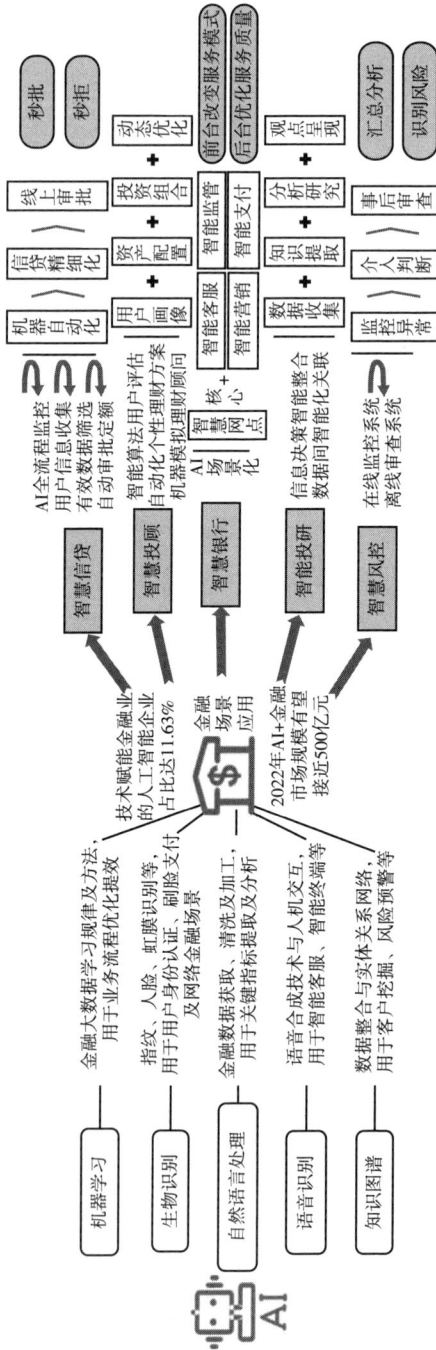

图 5　AI 在金融场景的应用

170

我国各大银行都加快科技赋能，在 AI 领域展开科技投入、应用场景竞争。例如，浦发银行打造纯 AI 线上场景经营和"AI+人"协同服务相结合的客户经营新模式；交通银行的雅典娜人工智能体系，2021 年财报显示，在多个领域推广和应用人工智能技术，已经在 137 个内部管理流程中落地应用机器人流程自动化；平安银行财报显示，2021 年零售 AI 平台新增业务场景超 50 个，2022 年上半年零售 AI 平台新增模型 1080 个。

（3）5G 技术在金融领域的应用

5G 技术在金融领域的应用，一方面与科技创新联系紧密，另一方面不断深入应用。在金融科技领域 5G 主要是通过其高速多维的技术特征，为金融科技创新提供支撑，推动金融业数字化、智能化、线上化革新，在对象、流程、数据方面提升金融感知能力（见图 6）。

在金融机构方面，5G 能够在技术层面构建金融开放生态、在基础设施层面催生金融服务场景。例如，中国工商银行打造全功能 5G 智慧网点，将 5G 数字人语音服务引入 App "村务"板块，提升了数字化、智能化服务能力。

2. 金融机构对数据能力的应用探索

科技与金融的融合带来了全面而深刻的变革，银行等金融机构数据能力及应用显著提升。下面以中国工商银行、浦发银行为例了解其数据能力建设和应用探索情况。

（1）中国工商银行：围绕数字技术应用，推出数字化品牌"数字工行（D-ICBC）"

中国工商银行依托集团金融科技和数据优势，以客户为中心、以"数据+技术"双要素驱动，深化数字工行建设，筹划推出面向未来的数字化品牌"数字工行"（D-ICBC）。

在前瞻技术研究方面，围绕量子技术、区块链、5G 技术应用等，联合科研院校及领先企业等共建金融信息基础设施、5G 金融应用、AI 等联合实验室，积极推动科技自主创新。在数据治理方面，前文分析也提到中国工商银行通过了数据治理子规划和战略管理办法，以全行数据战略为指引，以数据治理管理机制为保障，以系列技术平台为支撑，打造了涵盖数据架构、数

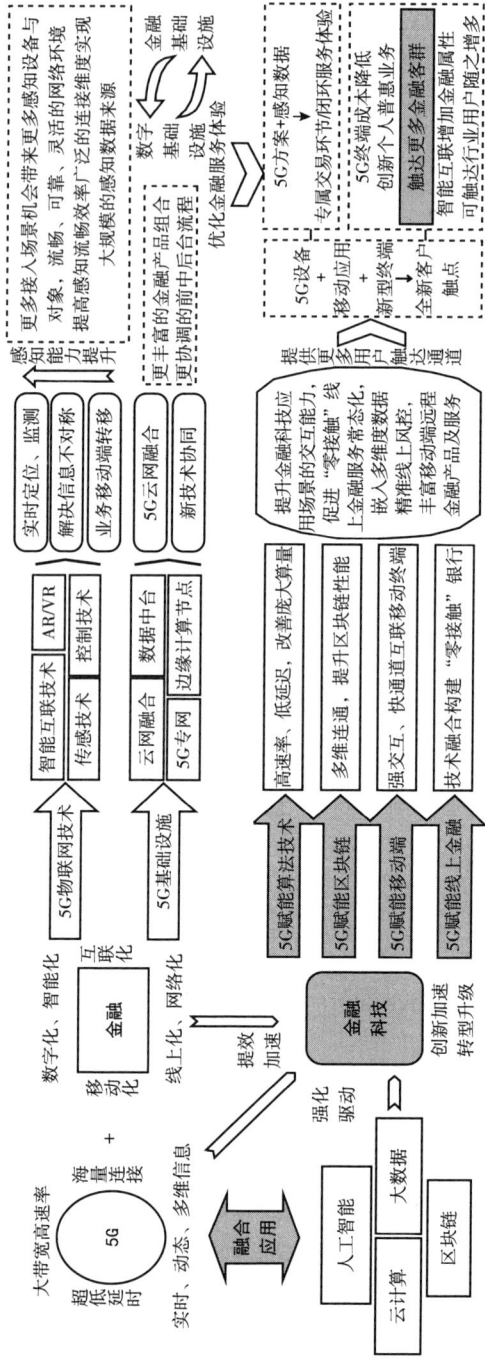

图 6 5G+金融科技在金融领域的应用

感知能力提升
- 实时定位、监测
- 解决信息不对称
- 业务移动端转移
- 5G云网融合
- 新技术协同

更多接入场景更机会带来更多感知设备与环境
对象、流畅、可靠 灵活的网络环境
提高感知流畅效率广泛的连接维度实现
大规模的感知数据来源

更丰富的金融产品组合
优化金融服务体验
数字基础设施服务体验

5G方案+感知数据降低
专属交易环节附环服务体验
触达更多金融客群

5G终端成本降低
创新个人普惠业务

智能互联增加金融属性
可触达行业用户随之增多

5G物联网技术
- 智能互联技术
- 传感技术
- 控制技术
- AR/VR

5G基础设施
- 云网融合
- 5G专网
- 数据中台
- 边缘计算节点

5G赋能算法技术 — 高速率、低延迟、改善庞大算量
5G赋能区块链 — 多维连通、提升区块链性能
5G赋能移动端 — 强交互、快速多通道互联移动终端
5G赋能线上金融 — 技术融合构建"零接触"银行

提升金融科技应用场景的交互能力，促进金融服务的"零接触"线上金融服务常态化，嵌入多维度数据精准线上风控，丰富移动端远程金融产品及服务

5G设备+移动应用+新型终端
全新客户触点
多用户触达通道

金融
- 数字化、智能化
- 互联化
- 线上化、网络化
- 移动化

金融科技
创新加速转型升级

提效加速

5G
- 大带宽高速率
- 超低延时
- 海量连接
- 多维信息
- 实时、动态

融合应用

人工智能
大数据
云计算
区块链

强化驱动

据标准、数据质量、数据安全、数据应用等活动领域的企业级数据管理体系，在业内率先构建企业级数据中台，实现全集团数据全入湖。在推进数据能力应用方面，打造了"1+N"智慧政务产品体系、建设了"一网通办"政务服务平台，推进政务数据融合，全面赋能政务服务。中国工商银行2021年财报显示，政务服务已在29家分行落地300多个政务合作场景，数据中台为业务系统提供了千余个企业级数据服务，覆盖了客户营销、产品创新、风控及运营管理等多个领域。

（2）浦发银行：激活数据要素，加快布局数字科技基础设施，全面提升数字化水平

浦发银行积极响应数据要素市场化的政策指引，提升科技创新与研发能力，打造以数据驱动的技术基础设施、数据资产管理和数据要素流通等平台化的能力建设，筑牢数据能力基础底座，全面提升数字化水平。[①]

浦发银行以数据驱动打造技术能力体系。一方面，持续深化科技创新体系的布局，加快关键技术研究的突破，加快推进大数据、AI、区块链、金融云及物联网等IT基础平台的建设，形成算力基础，构建包括业务中台、数据中台、智能中台的智能数据中枢，支持数据驱动业务服务；另一方面，驱动数据能力应用助力数字化水平提升，包括推进前中后台一体化，全流程线上化建设，推进客户经营数据驱动和生态打造，且基于数据驱动其经营体系、管理体系、风控体系日益完善，助力数字化转型加速和深化。

二　发展特点：数字金融发展驱动金融机构数据能力升级

（1）从上至下多层级多举措并进，加速推动金融机构数据能力建设

数字战略是国家战略，且不断升级。国家层面首次提出大数据战略是在2015年，并陆续出台推动大数据纲要等，加速了大数据技术的发展和应用。随着EABCD等新一代信息技术的发展，加快驱动了数据市场化，国家数据

---

① 浦发银行2021年年报。

战略也从 1.0 升级到 2.0 版本，数据从要素市场化走向统一的技术和数据市场。在国家战略及系列纲要等指引下，金融机构也积极规划数据战略，例如，保险机构从集团战略层面推进数字化战略，明确数据能力建设要求和目标；证券机构中则有超过 70% 的机构建立了数据战略。

（2）金融机构加码科技投入，筑强数据能力建设底座

金融业因为数据密集的特性，属于数字化转型探索的先行者，从数据战略到科技投入、创新研究和应用探索等方面，都具备先行优势。其中，银行业尤其是全国性大型银行从顶层战略、组织架构到科技创新投入推动数据综合应用方面都体现出绝对优势，区域性银行也在数据浪潮驱动下加码数据能力的建设。从各银行年报数据来看，全国性大型银行对金融科技的投入高于地方银行，农村商业银行等则增速较高，其中，中国工商银行 2021 年科技投入为 259.87 亿元，[①] 占营收比为 2.76%，强调推进科技强行建设，加快数字化转型；招商银行在金融科技投入占营收比方面一直引领同业，其 2021 年年报数据显示，科技投入为 132.91 亿元，[②] 占营收比超过了 4%；另外，交通银行、浦发银行、中国光大银行等银行的科技投入占比也都超过了 3%；城市商业银行方面如北京银行的科技投入占比也超过了 3%。可见，科技创新和应用探索实践方面以大型银行机构为引领，地方及中小银行也在加速发力。

（3）深化科技与业务融合，金融机构数据综合应用能力显著提升

科技与业务的逐步融合，也助力金融机构数据应用和服务能力显著提升。从应用探索案例可以了解，国有银行和股份银行等大型银行都形成了以数据为驱动的数字化战略，通过科技创新推进数据化平台的建设，筑强数据能力建设底座，并通过"科技+场景"深化数据能力对业务的赋能，在智慧营销、产品创新、智能风控、运营管理等领域的应用，全面助力数字化水平提升。例如，浦发银行聚焦数据资产经营，推动重点领域大数据应用，用全面数字化挖掘经营潜能，实现实时洞察、智能投研、智能投顾、智能交互、智能风控等全面落地；

---

① 中国工商银行 2021 年年报。
② 招商银行 2021 年年报。

交通银行通过构建统一的数据分析平台,借助量化的数据实施精准经营,为经营管理提供风控建模、业务分析、营销拓客等各类场景的数据分析应用支持;中国工商银行打造数字化创新精品、数字化合作标杆和数字化运营平台,不断提升金融服务整体效能,激活数字基因的灵活创新能力。

三　存在问题:金融数据治理和应用效能发挥面临挑战

(1)数据要素的效能发挥,仍面临凝聚以数据驱动业务的自上而下战略共识挑战

近年来,银行等金融机构对数据建设的整体投入不断加码,从数据仓库、数据集市、大数据平台、实时数据处理平台等数字基础设施建设,到各类数据应用的打造,以及外部多样数据的购买、数据治理上的投入等,但这些数据如何与内部数据融合、打通,甚至应用到具体业务层面,真正切实地赋能业务发展,这对金融机构的数据能力建设是一个挑战。

从前文分析可知,如银行业金融机构中,大型银行较早建立契合自身发展的数字化转型战略,但部分机构尤其是中小机构缺乏对转型的统一认识,主要是缺少自上而下的统一规划的转型战略作为方向、目标和路径的指引。有明确数字化转型战略目标的机构,存在同质化的情况,存在转化和渗透率低,或者有些机构的数据应用只是将传统业务线上化,没有真正地将科技与业务融合,发挥数据的效能,赋能业务的发展。因此,对数据驱动业务形成自上而下的共识,进而驱动数据促进创新转型、促进内外协同以助力持续性的数据效能发挥和数字化转型深化推进,仍是挑战。

(2)金融机构汇聚海量数据,但数据治理和数据安全仍面临挑战

金融机构是数据密集型行业,汇聚了海量数据,包括客户信息、账户数据、业务数据等,但内部机构也存在数据孤岛,业务线条和不同部门之间存在数据不互通,而外部数据也存在多源数据碎片化,以及不同机构之间也存在数据难打通,导致数据价值难以充分挖掘。例如,作为金融数据重要使用机构的银行机构,也普遍存在数据标准、数据质量、数据资产等缺乏数字化

管理工具等问题，数据治理和数据安全是一项大的挑战。

2018 年，中国银保监会发布的《银行金融机构数据治理指引》提出，[①]将数据治理提高到常规管理的战略高度。对此，多数银行开始开展数据治理体系建设工作，有关调研数据显示，超过 70% 的参访银行已经在部署数据治理体系的建设，利用各类数据安全管理手段，提升数据的管理水平和应用价值；但是也有部分银行仍未开展或者开展的效果不理想。从中国银保监会披露的信息中可了解，近 3 年仍有许多因数据质量问题受到监管处罚的金融机构，例如，2022 年 3 月，在中国银保监会组织开展的 21 个全国性中资银行机构专项检查中，三家政策性银行因 EAST 系统数据质量及数据报送等方面的问题被处罚共计 1340 万元，六大国有银行则被处罚共计 2580 万元，12 家股份制银行也因相关问题被处罚共计 4840 万元。[②]

（3）数据能力应用，需要从业务端和应用场景构建持续优化的闭环

数据能力建设在数据端侧重在数据汇集、数据存储、数据治理等方面，在应用端也分别在各业务环节进行探索，目前，数据能力应用建设仍缺乏形成闭环的持续优化，需要金融机构结合业务需求去推进数据应用，并依托技术支撑持续迭代优化数据应用。同时，数据的采集、存储、治理只是数据能力建设的第一步，数据应用脱离不了业务场景，需要更深入融合到业务和服务场景中，真正实现数据驱动、数据赋能业务服务智能化、管理智能化，助力数字化水平全面提升。

四 发展趋势：监管驱动叠加科技赋能，数据治理和数据综合应用能力强化

（1）监管要求及科技创新成为重要手段，金融数据治理进一步强化

监管要求提高，数据治理从应对报送转向更全面也更精细化管理。2008

---

① 中国银保监会。
② 中国银保监会。

年关于数据治理的指引主要强调了有效性原则，而 2022 年 1 月发布的《中国银保监会银行业金融机构监管数据标准化规范（2021 版）》则指出，金融机构要切实推进数据治理并提升数据质量和数据专业性，进一步增强数据规范性，该规范既强调了数据有效性，也强调了数据质量和专业性。这意味着数据治理的重要性进一步强化，进而对金融机构数据治理提出更高的要求和更大的挑战，对此，金融机构需要通过科技手段提高数据治理能力。

政策为数据治理提供了明确的依据，而科技的渗透和应用，如数据平台、数据中台等的建立，为金融机构从数据的采集获取、加工清洗处理、分析以及应用等方面助力加码，解决整个数据治理全流程的问题。

（2）"科技+金融+场景"的新金融模式持续深化，赋能数据综合应用能力

随着 AI、大数据以及云计算等基础技术在金融领域的应用深入，将数字科技注入金融业务和服务全流程，持续拓展和延伸金融服务应用场景，如人工智能应用于数据的智能分析能力和智能客服等，云计算为算力和存储资源提供助力，大数据技术提供大规模的数据挖掘和分析能力等，显著提升金融服务效率和能力。科技与金融的融合，以及具体场景深化应用，赋能综合应用能力提升，包括金融产品创新升级、金融机构流程优化和管理架构组织升级以及金融服务生态丰富、金融基础设施和金融功能等各个方面。

五 对策建议：金融机构数据能力建设与应用体系构建

（1）构建数据能力评价体系，驱动数据成为金融机构数字化转型发展新引擎

数字经济时代，数据要素成为竞争要道，金融机构由于数据密集的行业特性，成为数据能力建设和数字化转型探索的先行者。同时，新型技术将推动金融业务持续创新，推动金融机构的业务功能和服务向数字化、移动化迁移，这个过程中服务边界不断延伸甚至模糊。但是金融机构之间的数据能力和数字化进程是有差异的，如三大金融行业中，证券业和银行业的数据应用

和赋能业务的服务能力更优,保险业数据应用较早但数字化应用相对稍弱。因此,需要建立金融机构数字服务能力评价模型,来评估金融机构数据能力建设及数字服务水平,为金融机构对标自身发展阶段,探寻适合的数据发展路径提供有力支撑,并探究其增长路径。

(2)构建贯穿自上而下的凝聚共识的战略,并契合业务需求的管理体系

首先,在不断完善的行业标准指引下,一方面,金融机构需要结合自身的业务体系和需求,去构建契合发展的数据战略,提高内部共识和凝聚,助力后续的数据战略落地和推进;另一方面,金融机构根据业务需求驱动数据战略的完善,并积极参与和推动行业标准的完善。

其次,针对数据体系的管理、业务、系统等多层次的问题,金融机构需要构建和完善内部的管理体系。一方面,解决内部经营管理中产生的海量数据的管理、治理和应用挖掘问题;另一方面,驱动数据应用,真正赋能业务的发展。

(3)坚持监管驱动协同科技应用强化数据治理,为数据综合应用提供保障

监管驱动仍为金融机构数据治理的主要驱动力,也是主要的切入点。随着科技及技术应用的进步,数据治理需逐步从应对监管的要求走向结合业务需求的内需驱动,即金融机构从业务本身需求出发推动数据治理能力的着力点,如从业务战略核心数据为切入点,结合评价体系,构建量化的标准体系,诊断和评估自身的数据治理能力,从而不断完善数据治理标准体系、规划体系等,进而推动数据质量的提升,为数据应用提供保障。

参考文献

何震、陈娟:《大数据战略对上市公司公允价值相关性影响分析——以金融业为例》,《财会通讯》2020年第1期。

中国光大银行、普华永道：《商业银行数据战略白皮书》，2021 年 11 月。

中国信通院：《大数据白皮书（2020 年）》，2020 年 12 月。

前瞻产业研究院：《洞察 2023：中国大数据产业竞争格局及市场份额》，2023 年 1 月。

习辉、王帅强、从平平：《积极布局隐私计算，推动金融数据价值倍增》，《金融电子化》2023 年 1 月刊。

易观分析：《中国数字科技专题分析 2022》，2022 年 4 月。

赵越：《六大行数据治理现状盘点：治理架构、数据标准与数据平台》，2022 年 4 月 23 日。

姚前主编《区块链蓝皮书：中国区块链发展报告（2022）》，社会科学文献出版社，2022。

中小银行联盟、金融壹账通、金融科技 50 人论坛：《中小银行金融科技发展研究报告（2022）》，2022 年 12 月。

《中国工商银行股份有限公司 2021 年度报告》，2022 年 3 月。

《交通银行股份有限公司 2021 年度报告》，2022 年 3 月。

《中国农业银行股份有限公司 2021 年度报告》，2022 年 3 月。

国际数据公司 IDC：《中国金融云市场（2021 下半年）跟踪报告》，2022 年 5 月。

中国物流与采购联合会：《中国产业区块链发展报告（2022）》，2022 年 7 月。

中国互联网协会：《中国互联网发展报告（2022）》，2022 年 9 月。

B.8
2021～2022年人工智能在数字金融领域的发展报告

易　观*

摘　要： 人工智能技术在数字金融领域的应用呈高速增长态势，并深刻影响金融业的各个方面。本报告从金融机构的降本、提质、增效的核心需求出发，分析了人工智能技术业务场景应用和技术发展现状，总结了其当前最主要的发展特点，同时还讨论了人工智能技术在数字金融领域的现存问题和未来发展趋势，并提出了一些建议和展望。总的来说，人工智能技术在数字金融领域的应用将在未来持续增长，为金融业带来更多的机遇和挑战。

关键词： 人工智能　金融科技　数字金融　应用场景

一　发展情况：供需双向发力，人工智能向业务纵深发展

（一）人工智能在数字金融领域发展的政策导向

我国自2015年起持续推动人工智能（AI）发展，2017年7月，国务院发布的《新一代人工智能发展规划》正式将人工智能上升为国家战略，2023年政府工作报告重提人工智能。中国信通院测算，2022年我国人工智能核心产业规模达5080亿元，同比增长18%。人工智能领域的科技创新和

---

* 执笔人：郭怡清，供职于易观，主要从事金融科技、人工智能、数据安全等领域的研究。

成果转化，正在深刻地影响我国经济社会发展。

2021 年 12 月，中国人民银行印发《金融科技发展规划（2022—2025年）》；2022 年 1 月，中国银保监会印发的《关于银行业保险业数字化转型的指导意见》强调，深化人工智能技术在数字金融领域的创新应用。AI 技术在诸多金融场景的落地正在稳步推进，有效提升了金融服务效率和服务质量，更好地赋能实体经济。

（二）聚焦核心需求，渗透诸多业务场景

除了政策鼓励外，人工智能在金融领域发展迅速的内驱力主要来源于两个方面。其一，金融领域信息化建设较为完善，且拥有庞大的客户群体和丰富的高质量数据，为人工智能技术的发展提供了坚实的基础。其二，金融行业对于降本、提质、增效的需求日益突出，而人工智能在其中可起到强有力的推动作用。

1. 数字金融领域对于 AI 的核心需求

（1）降本

一是降低风险成本。为有效配合日益趋严的金融监管，提高金融机构的安全性和稳定性，人工智能技术可运用机器学习、图计算、知识图谱等，结合云计算和大数据等技术，量化风险指标，并通过数据分析、模型构建，有效提高金融市场风险评估的准确性和精准度，合理控制道德风险和逆向选择，实现金融风险的实时动态预警。

二是改善运营成本。金融机构通过信息化改造，将烦琐的信息录入、核验、提交等人工操作转为固化的业务流程，在提升精准度的同时降低人工成本。而在数字化转型阶段，人工智能在此基础上围绕业务目标优化业务流程，进而改善运营成本。例如，机器人流程自动化（RPA）技术将更多业务环节实现流程自动化，生物特征识别技术缓解线下网点服务压力，语音识别和计算机视觉等技术使得票据审核智能化，等等。在实际转型过程中，以银行为例，上市银行近年披露的年报数据显示，大部分银行的营业网点数和员工人数尤其是柜台员工人数持续缩减，而与之相对的是智能设备的铺设和

科技人员的配置呈现上升态势，金融机构对于懂业务又懂金融科技的复合型人才的需求持续上涨。

（2）提质

一是拓展线上业务。在移动互联网的背景下，加之新冠疫情影响，人们的生活消费习惯正在发生变化，对于非接触式服务的需求急速增加，即便在后疫情时代，线上业务已然成为日常服务的标配。一方面，大数据、生物特征识别等技术，帮助金融机构完成远程身份鉴别，实现足不出户的高效业务办理，例如，行动不便的老人，可通过人脸识别、亲属授权等方式远程办理业务。另一方面，金融机构可通过知识图谱、机器学习、智能语音等技术的应用，实现智能营销，拓宽客户触达渠道，提升营销精准度等。据中国银行业协会统计，2022年，我国银行业离柜率达96.99%（见图1）。线上业务的拓展突破时间和空间的限制，满足客户日益提升的便捷性要求，对于金融机构而言，通过服务边界的扩大可拓宽收入来源。

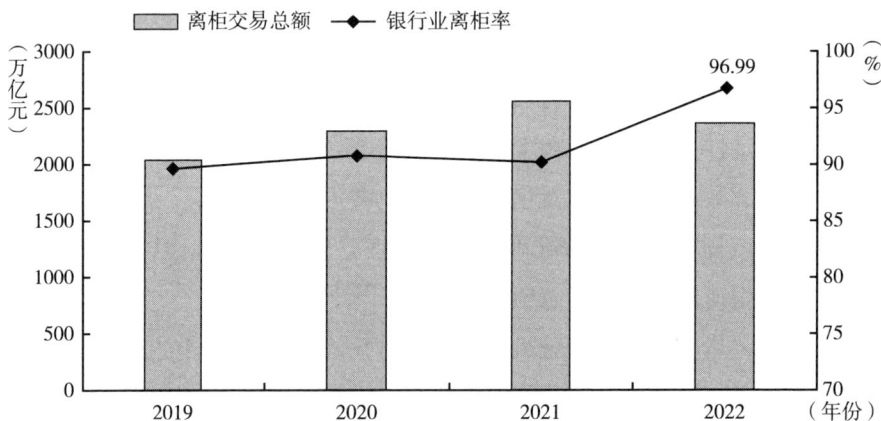

图1 2019~2022年银行业离柜业务情况

资料来源：中国银行业协会。

二是覆盖"长尾客群"。在金融机构的传统业务模式下，"长尾客群"的拓展需要投入大量的机构网点及人力维护成本，且服务效率普遍不高。但其对于打破金融机构同质化现象具有重要意义，因此金融机构需要与人工智能等技术跨界深度融合，打破数据孤岛，有效解决信息不对称，提高大数据分析效率和精准度，从而降低尾部风险系数，提高金融机构的风险监测和管理能力。人工智能、大数据、区块链等技术与金融服务模式的有效融合，可真正实现"数实融合"，在做到有效风险把控的前提下，尽可能服务于更多个体和中小型企业，将普惠金融落到实处，为实体经济提供强有力的支撑。

（3）增效

一是提高服务效率。信息技术对于金融市场运行效率的提升早已毋庸置疑，而人工智能技术更是将效率提升至更高水平。依托于成熟且不断迭代的软硬件设施，人工智能技术具备强大的计算能力，可对庞大的数据信息进行高效的处理和分析，从而提升金融机构的服务效率。例如，智能客服通过自然语言处理、知识图谱、智能语音等人机交互技术，在降低人力资源投入的同时，为用户提供全天候、高标准的智能服务，最大化地提升客服效率和顾客满意度。智能投顾可通过人工智能技术对市场进行实时监测，从而快速优化投资策略，同步调整与之对应的市场交易，将信息不对称等因素的影响降至最低。

二是提升客户满意度。随着技术的迭代优化，金融机构不再一味地追求离柜率等技术覆盖率指标，而是将提升客户满意度作为技术应用的衡量标准。因此，金融机构服务模式的变革需要围绕用户需求来展开，而人工智能技术具备对庞杂的客户数据进行分析的能力，使得金融机构能够及时且精准地掌握用户特征、破除产品和服务的同质化、满足客户的个性化需求、有效增加客户黏性，同时可以将服务成本降至较低范围。

2. AI 在数字金融领域应用的主要场景

（1）智能营销

在金融行业营销场景下，为满足客户实时需求、提升客户服务体验，需要借助机器学习、知识图谱、自然语言处理、智能语音、对话式 AI 等人工智能技术，结合物联网、大数据、互联网通信等信息技术，对海量信息进行深度分析，形成精准的用户画像，将金融产品和服务与客户资产和风险偏好等情况合理匹配，并围绕用户全生命周期打造个性化营销方案，对客户进行动态追踪，根据客户不同阶段的特性制订针对性的营销方案，从而有效提升客户转化率和防范客户流失等，提高用户体验和金融机构营销效率，深度挖掘客户价值。例如，运用 RPA、智能语音等技术充分调用全渠道优势，创新营销交互模式，提高用户交互体验的同时有效降低人工成本；运用内容推荐算法等，自动化生成个性化营销内容，提高客户转化率。

案例分析：我国券商对于金融产品的营销普遍存在人力资源有限且个体间营销能力存在较大差异、投放内容及营销渠道缺乏针对性、无有效方式从客户的实时信息中挖掘客户的潜在需求等问题，最终导致营销成本居高不下的同时客户转化率依旧较低。中信证券运用大数据和人工智能等数字化技术手段，搭建智能营销平台，在满足合规和风控管理的要求下，对海量结构化和非结构化的数据进行深入挖掘，实现数据沉淀、需求洞见、营销设计、过程跟踪、反馈分析的智能营销闭环，围绕客户全生命周期搭建统一营销投放和智能化引流体系。为客户提供满足其风险偏好和收益预期的金融产品，提升客户的忠诚度和黏性，并从中总结产品和服务优化方向，从而实现金融产品和服务迭代升级与客户黏性提升的良性循环。

（2）智能风控

在合规前提下，运用知识图谱、神经网络、决策树、逻辑回归、关联分析模型、文本挖掘、计算机视觉、RPA 等人工智能技术，从中国人民银行、中国银保监会和中国证监会等监管机构、金融机构、第三方合作商等拥有的数据中，高效且充分地挖掘潜在风险，有效开展信用评级，提升 KYC 成效，建立更加全面的用户画像，对市场异常情况和异常账户情况进行实时监测，满足监管机构的合规监管要求，从而有效应对道德风险和逆向选择，提高金融机构反洗钱和反恐融资、反欺诈等能力，金融机构风控的驱动力也由原来的监管驱动转变为降本、提质、增效的自我驱动。从行业宏观角度来看，人工智能技术的应用，有助于金融机构合理应对政策风险、货币风险、国际收支风险等系统性风险；从国家战略层面来看，金融机构主体风险应对能力的不断提升，有助于金融机构对中小微企业和绿色企业的支持力度，快速发展普惠金融和绿色金融，强化对实体经济的赋能。

案例分析：招商银行以"天秤"平台为核心，集合实时人工审理平台、智能调查平台、综合身份认证平台，共同构建智慧风控生态体系，落实全生命周期闭环管理。首先，事前感知环节，招商银行内部搭建多个业务线条间的数据共享平台，外部与监管机构、第三方机构进行合作，扩充风险数据，并通过机器学习、知识图谱等技术，自动化生成符合政策要求的新户限额策略，在合规的前提下，更好满足用户需求的同时降低人工成本。其次，事中侦测环节，构建实时侦测模型，结合生物识别、智能外呼等综合身份认证体系，精准高效地识别交易风险，并及时、自动采取有效管控措施，保证用户体验的同时提高操作效率。最后，事后处置环节，招商银行会对存量账户进行关联排查，基于海量风险数据及标签，不断优化风险侦测机器学习模型，并通过智能语音和人工结合的方式辅助账户风险合规调查。

（3）智能投研

智能投研是人工智能和投资研究的深度结合，目前尚处于非常早期的阶段，其运作原理是通过自然语言处理、计算机视觉、大模型、深度学习等AI能力，对爬虫抓取到的海量的市场信息进行整理和挖掘，寻找出有效信息，搭建模型算法，在风险资产定价、资本优化、预测市场趋势等方面发挥作用，以此辅助构建投资组合，大幅降低研发成本，提升投资准确度，保障收益，降低风险。

案例分析：华泰证券资管将专家经验和人工智能有机结合、优势互补，构建数字化投研体系。将专家经验转化为AI算法模型，自动化地进行线索挖掘，并以此形成投资策略、优化资产配置、控制投资风险等，并根据投资成效以人工的方式进行进一步迭代优化，以此形成全业务周期改善闭环，有效提升数据处理、投研内容生产、交易策略优化、组织协同效率。

（4）智能理财

智能理财运用自然语言处理、计算机视觉、联邦学习等技术，基于资产组合管理等理论基础，将海量结构化、半结构化和非结构化数据进行收集、处理和提炼，通过深度学习、神经网络等技术自主生成投资组合建议，并结合专家经验和客户自身偏好进行理财产品交易。人工智能等技术的应用，能够优化风险资产定价机制，使之更客观、更全面、更准确、更及时；结合客户风险偏好、财务状况、收益预期等情况，刻画精准的用户画像，利用模型自动生成定制化的理财建议；持续追踪客户投资情况，实现投后风险警示、自动调仓等智能化管理。总体而言，人工智能在金融理财业务上的应用，可以达到降低信息收集、风险控制、资产交易、合规监管等成本，提高理财效率和收益的效果。

案例分析：上海陆金所信息科技股份有限公司将人工智能和大数据等技术与心理学、投资决策、行为金融学等理论体系以及专家经验相结合，推出智能化理财产品，以客户为中心，聚焦客户具体需求和投资偏好，提供千人千面的理财方案。传统模式下需要足够的经验和精力处理海量市场信息，但是人工智能可以快速、准确地生成投资组合建议，从而更好地应对金融市场上的多方博弈和复杂多变的环境，为客户提供更优质的理财服务。

（5）智能运营

金融机构的运营管理为各业务部门提供强有力的支持，是金融机构数字化转型的关键一环。人工智能技术的应用可以使之运作更加顺畅、高效。例如，静脉技术、生物特征识别技术、人像监控技术、电子签名技术、身份证NFC识别技术等可以有效地支持远程银行业务；RPA等技术助力业务流程自动化变革；机器学习、智能语音和对话式AI技术等可以为各部门提供智能外呼支持，提升用户体验；OCR等计算机视觉技术可以在票据识别等方面发挥作用，提高员工工作效率，持续释放产能；等等。

案例分析：面对数据整合分析能力不足、运营成本高但客户满意度较低、流程自动化程度不高、远程业务布局不够充分等运营问题，中国银行全面复盘业务操作流程，借助AI等技术，建立全行级的集约智能运营服务体系，整合全行数据、算力、人力等资源，用智能化的方式节约运营成本、提高运营效率、改善客户体验及防范操作风险等，以此提升中国银行的核心竞争力，着力推动数字化转型。

3. AI底层技术不断完善，有力支撑上层场景应用

人工智能技术在数字金融领域的应用已经呈现蓬勃发展的趋势，成为金融行业数字化转型中的重要支撑。从技术架构角度来看，为全面赋能上述各大场景应用，金融机构需要配备软硬件、数据、算力、基本算法等基础要素，并基于此训练出适用于金融场景的算法模型，同时离不开金融机构整体战略规划、技术平台统一管理、人员组织架构等的配合（见图2）。

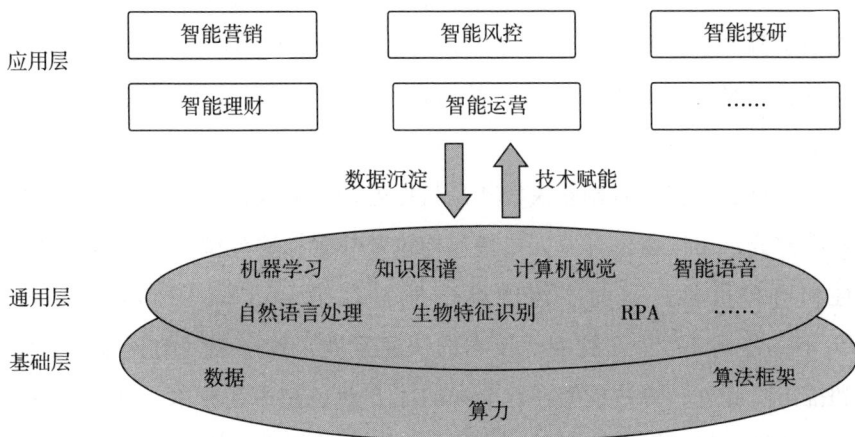

图2　金融人工智能技术架构

（1）基础层

一是数据。移动互联网时代，数据的产生和传播速度越发迅猛，数据的种类也在不断地增加，数据已经成为重要的基础性战略性资源，数据要素化正处于积极探索阶段，当前数据在以下几个方面正在快速演变。其一，除了传统的结构化数据，图像、视频、语音等诸多非结构化数据中蕴含的价值，也可以通过技术手段而被加以利用。其二，数据全生命周期安全被提升至重要位置，业界正在寻求在安全环境下释放数据价值的方式，例如，2022年隐私计算已经在金融机构进入业务部署阶段。其三，为提高数据质量及提升计算性能等，数据预处理等数据分析技术也正在快速发展。

二是算力。随着人工智能、大数据等技术的迅速发展，对计算机处理和运算的速度愈加重视，算力也处于高速增长阶段。在硬件技术方面，大型计算机、服务器、GPU、FPGA、TPU 等基础设备不断升级，网络设施不断完善，极大提升了计算能力；同时，基于 GPU 的训练芯片、基于 ASIC 等架构的云端训练芯片、端侧推理芯片等特殊用途芯片实现特定应用场景下的高算力；此外，基础设备的批量生产能力的提升，极大降低了运算所需硬件设备的成本。在软件技术方面，开源软件和云计算等技术应用的广泛应用、深度学习框架和计算优化技术的发展、区块链技术的不断成熟等，通过分散算力、大模型剪枝等方式，提高计算性能。总之，当前软硬件的快速迭代带来算力的大幅提升，以此为人工智能等技术及其应用提供了强大后盾。

三是算法框架。基础算法框架是数据处理的关键技术，是人工智能技术的核心部分，可以帮助开发人员快速构建及部署算法模型，提高算法的可重用性和可扩展性。目前主流的算法框架有 TensorFlow、PyTorch、Keras、Caffe 等，并且随着人工智能等技术的快速发展，越来越多的算法框架被开发和推出。此外，算法框架在性能和功能方面也越来越强大，如异构计算、分布式计算、自动微分、自动图优化等，极大地提高了算法的运行效率、准确性和可扩展性。

（2）通用层

为解决实际业务诉求，基于底层的数据、算力和算法框架，结合金融行业的特性，需要开发出一系列通用的人工智能技术，目前常用的技术有机器学习、知识图谱、计算机视觉、智能语音、自然语言处理、生物特征识别、RPA 等感知智能和流程自动化等技术，在具体场景应用中，需要针对实际用户需求，将通用技术加以整合，通过开发业务中台等方式，实现业务智能化。

一是机器学习。与其他技术相比，机器学习在金融行业的应用范围更加广泛，且已经深入融合金融机构各类决策过程。例如，典型应用场景之一的风险管理中，机器学习算法可以从大量的数据中，精准识别市场波动、信用违约等潜在风险，以便金融机构及时发觉并采用积极措施加以应对；在投研等场景下，机器学习可以通过分析市场数据预测市场趋势，辅助制定低风险高收益交易策略；在信用评分方面，机器学习通过分析客户的信用历史与相关的财务数据，预测违约可能性并提供更准确的信用评分等。

二是知识图谱。知识图谱是通过识别关键信息、分析内在联系、绘制图谱的方式，展现各类信息和知识及其相互关联的技术。金融机构可以用其有效整合业内信息、打破知识孤岛、明确需要跨部门协同的领域、提高金融机构获取行业信息的效率等，从而改善决策制定和降低风险，赋能智能风控、智能投研、智能理财等诸多场景。

三是计算机视觉。计算机视觉是运用机器快速整合和理解大量的视觉数据，广泛地应用于金融领域的诸多场景中。例如，在智能运营场景下，人脸识别、票据识别等技术的应用，有效替代原有的重复人工操作，提高效率的同时提升准确率；在智能理财中，通过 OCR 等技术从新闻文章、社交媒体帖子的图像中，识别市场趋势，从而指导交易策略；在智能投研中，通过识别公司标志和产品，结合知识图谱等技术，进行同业竞品分析，助力投资组合多样化；等等。

四是智能语音。智能语音运用语音识别和语音合成技术，允许用户和智能设备之间通过语音的方式实现交互，是用户交互模式的一大突破，同时，智能语音与机器学习等技术的结合程度不断提升，对话策略持续调优。目前智能语音在金融领域已经被广泛用于智能客服、身份识别等场景。

五是自然语言处理。自然语言处理可以从文本、音频等非结构化数据中挖掘其潜在价值，尤其是情感分析和信息抽取等技术极大地提升了金融机构的服务效率，自然语言处理技术在金融机构的重要性日益提升。并且，自然语言处理和其他技术的融合程度正在不断加深，例如，与知识图谱的结合，提高了数据采集等环节的效率；与智能语音技术的结合，优化了运营成本和客户体验；等等。

六是生物特征识别。生物特征识别是基于指纹、面部、虹膜、声音、

DNA、笔迹等人体生理和行为特征进行高精度身份识别的技术。随着移动互联网的发展，其在金融行业中的应用日益广泛，如客户远程身份认证、员工门禁和物理安全控制。但同时，介于生物特征的高敏感性，在技术应用的同时需要高度重视数据隐私保护和安全。

七是 RPA 技术。RPA 技术可以模拟人工操作来执行各类重复性、规律性和可高度预测的工作流程，可用于数据输入、表单填写、电子邮件发送、国库退税自动核对、清算资金自动对账、合同文件自动报送、证券自动开闭市等日常任务的执行，极大地助力金融机构降本、增效。

二　发展特点：坚定战略方向，不断发展成熟

（一）AI 赋能数字金融的战略地位不可撼动

人工智能技术是引领这一轮科技革命和产业变革的战略性技术，人工智能技术的应用是数字金融发展阶段中的高级形态，从国家整体战略规划层面上来说，人工智能技术在金融领域的应用是我国抢抓智能金融发展机遇的重要抓手。与其他行业相比，金融行业已然积累了庞大的数据，且数据质量相对较高，同时在一贯的强监管要求下，金融机构更容易探索新技术的场景应用。从金融机构赋能实体经济的角度来看，人工智能技术可以打破市场信息差，做到在风险防范的基础上，将金融市场上的资金导向具备潜力的中小微企业和绿色企业，做到金融体系和实体经济体系的深度融合。

（二）技术落地更加成熟，更加强调技术自主可控

我国金融机构的数字化转型已经迈入数智金融阶段，不仅在纯技术层面上得到了充分的发展，而且组织架构、技术架构、业务模式等诸多方面也正在进行变革，共同促进服务深度和广度的不断加深，大幅提升金融生产效率，全力为实体经济的增长赋能。

就人工智能技术本身而言，计算机视觉、智能语音、自然语言处理、知识图谱、机器学习等诸多人工智能技术的发展成熟，具备快速准确的学习能力以及海量数据快速处理的能力，在算法层面上对数智金融的发展予以保障。而在数据和算力方面，大数据、云计算、物联网、区块链等相关技术的发展，也为人工智能技术的落地应用提供了先决条件。

目前在金融机构实际场景应用层面上，人工智能等技术已经可以与金融场景实现深度融合，具体应用也已经从营销、风控等场景向投顾、理财、运营等场景渗透。人工智能技术在数字金融领域的应用也从原本的政策驱动和技术驱动转为业务驱动模式，逐渐由业务侧提出需要技术赋能需求以实现降本、提质、增效。

面对新技术的发展，我国始终强调技术自主可控，金融科技公司纷纷涌现，各大金融机构也逐步成立科技子公司。从合作模式上来看，金融科技公司对于金融机构而言也并非单纯的技术供应商，而是更倾向于生态合作伙伴，以此将技术与金融场景更好地进行融合，以及推动产业生态可持续发展。

三 存在的问题：发展面临多重风险与挑战

（一）AI技术应用的快速发展带来多方面合规风险

1. 数据层面

人工智能算法需要大量的数据进行训练，并且在实际应用中也需要可靠数据的输入才能得出结论，数据对于人工智能模型的构建和使用至关重要，而人工智能技术的应用首先面临数据层面的合规风险。其一，数据采集环节是否存在过度采集，一方面会在数据权属上存在疑问，另一方面也存在信息泄露的风险。其二，多源异构的数据是否能转化为可用的数据资产，数据来源存疑以及数据质量和标准化程度不高等，都会直接导致模型出现缺陷和风险。其三，在金融服务远程化和线上化的大趋势下，互联网环境下的数据在存储、处理和传输等环节是否存在泄露风险。

2. 模型算法层面

人工智能技术在数字金融领域的应用尚且处于相对早期的阶段，模型算法仍然存在较多的合规隐患。其一，诸多人工智能技术，如深度学习等，存在算法黑箱的情况，其复杂性和不确定性直接影响模型的可解释性，其可信性和可控性存在问题。其二，我国目前对于国外的技术尚且存在一定的依赖性，如开源代码和成熟算法等，因此在强监管的金融领域，复杂模型的价值转化存在阻碍。其三，随着人工智能技术的深入应用，如果算法模型出现故障，其造成金融体系系统性风险的可能性就会不断上升。

3. 监管层面

我国金融行业整体上技术发展速度较快，技术、产品、服务以及业务模式等方面快速变革，并且金融机构间技术发展水平并不均衡，尚未针对数字金融领域的人工智能技术的应用建立健全的标准和规范，责任权属界定并不明确。而且，随着技术的发展，金融机构的监管方也正在寻求运用人工智能技术提升监管效率、扩大监管的覆盖度，但是模型应用过程中的潜在风险可能会造成市场环境的不稳定性倍增。

（二）多方因素影响人工智能技术落地

1. 数据难以有效管理

除了金融机构自身的数据，以及监管方提供的数据之外，随着联邦学习等技术的成熟运用，外部第三方数据也可以安全地被金融机构合理利用，并且由于产业数字化的快速发展，金融机构接受到的数据量、数据种类等都呈现指数上升状态。再加之金融机构业务线条的复杂性，数据管理方面存在较大挑战，在数据的标准化程度、调用的便捷性、数据全生命周期的安全性等诸多方面都存在改进的空间。

2. 模型开发和应用成本高企

金融行业人工智能发展早期，由于技术不够成熟，模型开发成本较高，并且存在重复开发的问题。在前期模型搭建过程中，数据缺乏统一管理，模型的调试链路冗长，并且针对不同场景，需要单独开发针对性的模型，由此带来建模过程耗时较长且容易出现漏洞的问题。在实际应用中，各个部门应用到的模型存在重复开发现象，一方面增加了开发成本，另一方面使模型的统一管理和优化迭代成本上升，造成资源浪费和管理混乱。另外，金融机构在人工智能技术运用的前期需要投入大量成本，以完成基础设施的部署。

3. 缺乏顶层设计

人工智能技术本身及其在金融行业的应用仍未成熟，并且正处于快速发展中，一方面，需要金融机构对其进行快速反应；另一方面，也要求金融机构数据、算法等资源统筹管理，并且可以在一定程度上进行预判，从顶层架构上给新技术留足空间。但实际上，只有头部机构在顶层设计方面较为完善，而中小型金融机构仍然采取跟随策略，在整体规划上较为欠缺，主要原因是受到资金、人才、数字化发展进程、业务规模等的限制。

四 发展趋势：底层技术迭代与顶层规划设计并举

（一）人工智能技术不断革新

1. 技术革新重点从感知智能向认知智能转移

人工智能技术本身仍在快速发展阶段，向着更具备拟人思维的方向发展，使机器具备人类的理解、归纳和应用等逻辑思维和认知能力。当前人工智能技术的发展正在从感知智能转向认知智能，未来更是会向着决策智能的方向发展。例如，自2022年底，多家科技公司纷纷推出人工智能生成内容（AIGC）产品，在语义理解和信息整合推演等方面实现重大突破。

2. 技术与场景结合的深度不断加强

从客户的实际需求出发，人工智能技术在数字金融领域应用的深度和广度不断增加，技术的场景理解能力正在不断提升。例如，在营销场景下，人工智能技术的应用不再局限于智能客服，而是聚焦于客户的全生命周期，在营销策略制定、客户偏好洞察等营销全流程的诸多环节上发力，从而实现精准营销。

另外，基于金融机构较为良好的生态环境，新兴技术更偏向于在金融场景中首先落地。例如，图神经网络在营销场景下可辅助客群发现及拓展，在风控场景下可以提高反欺诈、反洗钱的效率；大语言模型可以在智能营销、智能客服、虚拟网点、智能投研等场景下率先落地，并且未来可能会在一定程度上降低金融科技人才门槛，加速金融机构数字化转型进程。

（二）强化金融机构自身科技实力

1. 更加强调技术自主可控，保障人工智能技术应用安全

我国始终强调金融机构技术自主可控，头部金融机构陆续成立科技子公司、AI 实验室等，在与外部合作方面，在加大与金融科技公司合作的同时，技术供应商也正在逐步被纳入监管体系之中。

除了满足监管需求之外，技术自主可控还有助于金融机构及时洞察客户需求，并通过人工智能等技术打造差异化产品，在应对市场变化时更加灵活机动，提升自身竞争力。

此外，为实现人工智能技术的安全应用，AI 可信治理也是未来重点关注的领域。近年来，各金融机构均在不同程度上上调人工智能的战略优先级，但是金融机构也需要在业务发展和技术合规之间寻求平衡，以保障长期稳定发展。

2. 建立工程化平台管理体系

当前各金融机构，尤其是中小型机构，缺乏从全局角度考虑人工智能技术的场景应用。未来，金融机构将会统筹协调机构内部资源，建立平台化的人工智能技术体系，配合各业务中台、数据中台等其他中台体系，实现各业务线应用的联动，提升资源调配和数据回收效率，降低资源浪费，增强模型全生命周期的可控性。

五 对策建议：重视合规与管理，推动技术应用稳健发展

（一）技术与监管双向发力，共同促进 AI 技术应用合规性

1. 建立健全行业法规，从顶层设计出发保障 AI 安全

政策上要对金融机构和金融科技公司制定更为全面的行业规范，要求其更加审慎地评估自身业务需求和技术能力，强调金融科技治理体系建设，加快完善技术合规风险量化评价机制。在具体业务、产品和服务创新过程中，需要充分考量人工智能技术可能带来的风险，并设立纠偏和暂停机制，保障人工智能在数字金融领域的可持续发展。

2. 发展可信 AI 技术，构建安全技术体系

除了政策层面上的规定，可信 AI 体系的架构可以通过技术手段保证人工智能技术合规安全。通过稳定性、可解释性、隐私保护、公平性、可视化、系统日志等技术的应用，从业务安全、算法安全、平台安全和数据安全等维度构建人工智能安全技术体系，并且从组织架构、内部管理等方面予以相应配合，保证理论、算法、功能的可解释性，提高模型攻击和系统层面的风险防范能力，建立监督机制和赔偿机制，保障数据和模型全生命周期安全，完善反馈渠道等，以此提升人工智能产品研发过程中的安全性、鲁棒性、可解释性、可追溯性、公平性等可信能力。

（二）强化统筹管理，多措并举落实技术应用

1. 头部机构加强技术体系规范化管理

为应对数据和模型并喷式增长带来的资源浪费和管理混乱的情况，头部机构需要从顶层设计出发，在技术层面上有效整合数据、算法、算力资源，合理规划技术中台体系，构建一体化 MLOps 解决方案，从设计、开发、运维等多个环节对 AI 模型进行统一管理，并且在组织架构方面予以相应的配

合，保证技术体系高效运转。

2.中小型机构制定合理战略规划

受到各方面条件限制，中小型机构的数字化转型难以全面推进，因此短期或中长期的战略规划尤为重要。中小型机构需要从客户实际需求出发，聚焦实际业务场景，制定合理的战略优先级，牢牢守住安全发展底线，从而保障数字化转型进程平稳有序。

此外，为降低研发和部署周期及成本，避免其转化为沉没成本，中小型机构可借鉴业务模式和组织构建等维度相似的头部机构，总结其人工智能技术建设经验，根据自身发展规划进行相应的调整。加大与外部金融科技供应商的合作，从解决实际业务问题的角度出发，引入标准化技术平台，在适当情况下，可以考虑引入头部机构科技子公司的标准化产品。

参考文献

Ashta A., Herrmann H., "Artificial Intelligence and Fintech：An Overview of Opportunities and Risks for Banking, Investments, and Microfinance," *Strategic Change*, 2021, 30 (3)：211-222.

Singh C., Lin W., "Can Artificial Intelligence, RegTech and CharityTech Provide Effective Solutions for Anti-Money laundering and Counter-Terror Financing Initiatives in Charitable Fundraising," *Journal of Money Laundering Control*, 2021, 24 (3)：464-482.

陈增敬、严晓东、冯新伟：《金融科技中人工智能技术典型事实与核心规律》，《中国科学基金》2021年第3期，第387~393页。

金京、张永庆：《人工智能视域下金融的发展、风险与对策研究》，《经济研究导刊》2022年第12期，第74~76页。

赖文彬、郑双浩、陈飞：《面向金融领域的智能推荐系统应用研究》，《金融科技时代》2023年第2期，第40~45页。

刘莺、韩春清、王李祥：《人工智能与我国中小银行数字化转型》，《信息通信技术与政策》2023年第1期，第22~27页。

马丹、张川、郭婕：《中国智能金融发展评价及提升路径分析》，《投资研究》2022年第10期，第142~160页。

腾讯研究院、腾讯优图实验室、腾讯云、交通银行：《价值共生·2022金融AI发展研究报告》，2022。

夏诗园：《人工智能在金融市场应用优势、风险及监管研究》，《金融理论与教学》2021年第1期，第8~13页。

谢前辉、赵伟成：《人工智能技术在金融领域的应用难点与对策建议研究》，《互联网周刊》2022年第13期，第32~34页。

许家海、张利影：《人工智能技术赋能普惠金融发展研究》，《金融科技时代》2022年第2期，第89~92页。

叶津汶：《大数据、人工智能在金融领域应用研究》，《理财》2022年第8期，第13~15页。

中国工商银行金融科技研究院：《商业银行人工智能应用实践及趋势展望》，《轻金融》2022年。

中国信息通信研究院：《金融人工智能研究报告（2022年）》，2022。

中国信息通信研究院：《人工智能白皮书（2022年）》，2022。

中国新一代人工智能发展战略研究院：《中国新一代人工智能科技产业区域竞争力评价指数（2022）》，2022。

B.9

2021~2022年监管科技发展报告

易　观[*]

摘　要： 2021~2022年，我国防范化解金融风险攻坚战取得了重要阶段性成果。维护金融行业的安全及稳定运行既是确保国家金融安全的重要底线，也是现代金融治理的重要构成。立足于"十四五"规划的新阶段，数字经济发展方兴未艾，各种新业态、新模式、新产品、新平台迭起，借助互联网等渠道加快渗透，给识别和监管金融风险带来了极大挑战。在此背景下，监管科技作为保障金融安全的利器，需要与国际接轨，通过新技术的应用来建立健全金融信息交换及业务交易的体系与流程，进而提升金融部门监管及金融机构合规的整体水平。在市场与监管的双引擎驱动下，监管科技的研发有望进一步加速，在覆盖场景和应用的广度与深度等方面继续推进。而从具体措施来看，发展监管科技不仅需要融入创新动能，而且需要涵盖对总纲框架、实施机制、管理标准、法律法规等的完善，为监管科技的日益深化提供更多富含保障的便利条件，从而使监管科技的能效持续提升。

关键词： 监管科技　金融监管　金融科技

在全球数字经济日益深化的大环境下，如何利用科技手段弥补监管套利、监管真空等传统监管短板，防范及化解金融风险逐步成为国际议题。适

---

* 执笔人：苏筱芮，供职于易观，主要从事金融科技、商业银行领域的研究，重点关注大数据、人工智能等技术在金融领域的应用。

时利用与完善监管科技，不仅可以弥补金融科技创新领域存在的治理短板，而且能够进一步缓解传统监管手段存在的困境，对统一监管规则、提升监管效能、强化金融消费者权益保护等均有所助益。后续，一方面建议需关注新型科技在实际监管中的落地应用，对存在的各类潜在风险提前介入与识别；另一方面也要鼓励金融机构通过数字化转型手段以增强现代监管的适应能力，在夯实风险管理底座的同时，借助多方协作在金融领域共建以监管科技为核心的高效监管与合规体系。

一 监管科技领域发展概况

（一）监管科技的起源及发展阶段

监管科技的概念起源于欧洲，最早由英国金融行为监管局（FCA）于2015年提出，认为监管科技属于金融科技的一个分支，其内容为利用新型技术以尽力达成监管要求。国际金融协会（IIF）也在2016年表示，监管科技能够助力金融机构满足监管报告要求。而西蒙·迪·卡斯特里等则在2019年提出，监管科技可为监管机构提供自动化报告及针对市场的实时监控方案。

上述围绕监管科技概念的讨论，实际上已经引出了监管科技的两个层面。第一个是"监管机构使用的科技"（科技+监管，SupTech），目的是监管；第二个是"市场机构使用的科技"（科技+合规，CompTech），目的是合规。监管侧与合规侧一起共同构成了监管科技（RegTech）生态。以金融行业为例，其中的参与主体涵盖金融监管部门、各类型金融机构、金融科技公司、专业监管科技公司等。表1列举了监管科技在我国发展的三个主要阶段。

表 1　监管科技在我国发展的三个主要阶段

发展阶段	时间	特征
监管科技 1.0	20 世纪 90 年代至 21 世纪初	主要是金融电子化，科技开始辅助传统金融业务，形式多为通过采购或研发软硬件工具，以助力部门办公以及信息化交流与沟通的需求

发展阶段	时间	特征
监管科技 2.0	21 世纪初至 2018 年左右	2018 年左右，以中国证监会为代表的金融监管部门就监管科技的发展路径进行了规划。这一阶段中，各类中央监管信息平台不断完善，业务系统建设持续优化，数字化程度与上一阶段相比有了大幅提升
监管科技 3.0	2018 年以后	重视数据资源的管理和价值挖掘，建立多维大数据平台，关注监管、合规的各类标准化建设，同时监管科技的理念也产生变化，从"KYC"进化到"KYD"（know your data），通过数据的应用实施风险及合规审查，助力预测行业趋势

从时代背景看，2021~2022 年正值新冠疫情的全球大流行，而监管科技则凭借其非现场、无接触等优势在疫情期间提供了监管工作层面的诸多助益。2021 年 12 月，国际清算银行（BIS）发布了一份《审慎监管下的监管科技工具及其在疫情期间的使用》（*Suptech tools for prudential supervision and their use during the pandemic*）的报告，该报告关注了 20 个地区的 71 个监管科技工具，并梳理了监管科技工具的主要类型及在疫情流行期间的具体应用情况。该报告指出，在旅行限制、隔离政策等不可抗力因素影响下，监管科技工具的应用能够克服物理隔离的不足，进而提升监管能力及效率。

（二）我国监管科技顶层制度不断完善，创新试点稳步推进

近年来，我国监管科技事业进展态势良好。一方面，顶层制度持续完善，为监管科技提供了优良的发展土壤；另一方面，由官方牵头的监管创新试点稳步推进，已有不少项目进入落地阶段，为鼓励市场创新起到了良好的激励及示范作用。

具体来看，在制度层面，早在 2019 年，《金融科技发展规划（2019—2021 年）》就涉及"提升金融风险技防能力"，并一针见血地指出了执行方式，也即运用数字化监管协议、智能风控平台等监管科技手段，推动金融监管路径由事后监管向事前、事中转变，力争解决信息不对称问题，并缓解

监管时滞，增强金融监管效率。

时至金融科技事业发展的第二阶段，2022 年 1 月，中国人民银行公布的《金融科技发展规划（2022—2025 年）》指出，要深化监管科技在支付结算、反洗钱、消费者保护等领域的应用，积极将数字合规工具无缝嵌入交易行为监测、业务数据报送。可以看出，与 2019 年相比，该阶段已经拥有落地场景的明确思路，同时也开始着眼于监管侧及合规侧的衔接。

在实践层面，金融科技创新试点呈现百花齐放的局面，参与机构涵盖了商业银行、金融科技公司、科研院所、保险公司等，涉及人工智能、大数据、区块链、隐私计算等前沿技术。据统计，2022 年我国金融科技创新试点共有 31 个批次、62 个金融科技创新应用对外公示。采取试点形式有诸多优势，能够通过龙头机构的选取开展先行先试，在合规前提下为机构开好"绿灯"，对试点前、中、后各流程进行全面评估，对鼓励市场机构更好发挥科技赋能、为传统业务提质、增效营造良好氛围。

2021~2022 年，我国金融科技创新试点出现了一些与往年不同的变化。一是部分金融科技创新应用采取了特定主题，更加聚焦某一行业或是特定领域。例如，2022 年 11 月，湖北金融科技创新监管工具第三批创新应用以"绿色金融"为主题，主要切入绿色金融信贷场景；同月，重庆第四批金融科技创新应用关注小微，以"小微企业融资"为主题；2022 年 12 月，中国人民银行发布北京第 5 批金融科技创新应用，将"智慧金融"作为主题。

二是资本市场专项领域的试点启动。2021 年 3 月，中国证监会在北京地区率先启动资本市场金融科技创新试点工作，并在当年年底官宣启动 16 个试点项目。截至 2023 年 1 月底，共有北京、上海、南京、广州、深圳这几个试点地区启动了共 77 个资本市场金融科技创新试点项目，除了传统商业银行，还吸引了证券公司、基金公司等专注于资本市场的机构踊跃参与。

（三）国际监管科技应用百花齐放、创新迭起

1. 英国

英国金融行为监管局持续发力监管科技的探索及创新，"监管沙盒"亦

由其首创，该机制旨在建立一种容错纠错机制，通过打造一种短周期、小规模的测试环境，进而刺激金融创新产品的诞生。

监管沙盒有助于营造积极、包容的金融创新环境。2022 年 8 月，牛津大学 Thomas Hellmann 等人在一篇《监管沙盒对金融科技产业的影响》（*The Impact of the Regulatory Sandbox on the FinTech Industry*）的报告中提出，一家初创企业入局沙盒测试后，处于同一行业的其他初创企业也更有动力积极入局。2021 年 11 月，FCA 披露了新一批次的监管沙盒项目，并重点关注了 ESG 与可持续发展等新型主题。截至 2022 年 11 月，监管沙盒中的 8 个申请批次已批准 179 家，参与测试的有 166 家，审批通过率为 32.60%。

此外，2021 年 4 月，FCA 计划建立一种依托新型技术、用于风险管理的预警系统——监管苗圃（regulatory nursery），并于 3 个月后的 7 月正式上线。监管苗圃围绕金融科技创新试点的参与主体，使得企业的信息识别及风险评估更为自动与智能，从早期就开始介入企业风险识别，从而为监管沙盒的安全、顺利开展保驾护航。

2. 美国

美国则关注金融科技相关的顶层法律法规建设，早在 2017 年就颁布了《金融科技监管白皮书》，提出 10 项管理原则。2020 年，美国消费者金融保护局（CFPB）推出"试验披露计划"（trial disclosure program），鼓励金融机构创新披露方式，由监管部门利用大数据、人工智能、云计算等新型技术，智能评估能否接受及批准机构申请。2021 年 7 月，美国金融业监管局（FINRA）计划借助人工智能技术中的分支——机器学习和自然语言处理等打造新型风险审查系统，用于辅助监管开展风险审查相关工作。

而美国证券交易委员会（SEC）亦动作频频，例如，其曾专门开发出智能监测分析系统，以收集企业的交易数据，还能够基于前述数据生成自动化报告。审查员可根据所生成的报告，识别其中是否存在内幕交易。此外，SEC 还构建了市场信息数据分析系统（MIDAS），其能够收集每笔股票订单从报单、撤单到执行交易的全周期流程信息，最精确时间可达微秒级。MIDAS 能大幅提升 SEC 的分析能效，可在半年至一年时间对数千只股票展开研究分析。

3. 新加坡

作为金融创新发展的"新高地",新加坡对于监管科技的实践应用受到外界瞩目。新加坡金融监管局(monetary authority of singapore,MAS)在金融创新的监管政策及应用领域也展开诸多尝试。2019 年,MAS 在首版监管沙盒的基础上,又推出了快捷沙盒(sandbox express),旨在为市场经营者提供更加全面的服务。2022 年 1 月 1 日,新版沙盒 sandbox Plus 开始生效,致力于为创新项目参与者提供更有力的保障。

此外,在反洗钱领域,MAS 还研发出了一个可疑交易报告(suspicious transaction report,STR)分析系统,该系统可利用文本挖掘来提升金融反洗钱、反恐怖融资报告的分析效率。

二 监管科技领域的发展特点

(一)监管科技应用丰富

监管科技的精进离不开各类新技术的应用,大数据、人工智能、云计算、区块链等增强了信息采集能力,提升了监管覆盖面,在以金融为代表的行业内得到了广泛应用。各技术类型、特征及典型应用场景如下所述。

1. 大数据

监管领域拥有极其庞大的数据量,这为大数据的应用提供了天然场景。从应用环节来看主要可分为:一是数据源的采集,涵盖文本、图形表格、音频、视频等丰富种类,数据源的质量是搜寻监管盲区、消除监管漏洞的关键因素;二是数据源的存储及管理,监管领域所涉及的数据品种多、结构复杂。因此,既需要考虑到数据的分类存储,对其进行合理压缩,也需要关注到后续需求场合时,能够快速调用数据。

2. 人工智能

作为新兴技术的一种类型,人工智能具有强大的计算能力及反欺诈能力,能够将金融与技术深度融合起来,有力保障金融系统安全性及服务效率。在信息合规层面，可借助联邦学习来处理信息安全及数据隐私问题，在合规前提下完成多方建模；在金融风控层面，则能够通过机器学习方式，结合监管法律法规相关的知识图谱及行业专家经验，在风险管理层面实现监管效能的提升。

2022年底以来，由ChatGPT引发的人工智能热潮使得人工智能内容生成技术（AIGC技术）备受市场关注。布局ChatGPT能为金融业尤其是银行业的流程升级以及数智化转型带来积极助益，其体现在四个方面：一是提升用户对话与服务体验；二是生成和优化内容创意；三是为业务降本、增效；四是助力产品及服务创新。而从合规层面看，ChatGPT能够使得模板化、重复率较高的一些监管及合规工作能效得到提升。

3. 云计算

云计算能够提供性价比较高的计算及存储资源，其主要特征如下：一是云计算拥有优良的运算能力，使得计算速度与传统模式相比大幅提升，从而促进监管科技的研发、运行、维护等工作流程；二是借助云计算来实现信息共享，能够强化监管平台与外界的交互，使得跨平台、跨机构交流更具效率；三是云端具有强大、稳定等优势，能够持续增强计算及存储资源的利用率，在促进监管资源效能得到充分释放的同时，还能节约建设成本及安全成本。

4. 区块链

传统流程中，主要由机构向监管部门报送自身业绩数据及经营指标，常常存在报送不及时、人工干预性较强等短板。而区块链的介入，则能够促进将被动监管化为主动，其体现在两个方面：一是提供安全性较为优良的数据接口；二是节点化接入及运作，使得监管机构成为链上节点，增强信息、数据同步的即时性，从而改善监管流程的有效性，并能够使违规、异常行为及时得到介入与干预，在风险管理层面具有积极意义。

（二）监管科技应用场景多元

1. 反洗钱

作为金融合规的基础内容，反洗钱对于强化机构内控、实现金融稳定具有重要意义。然而，传统反洗钱工作面临诸多痛点：在监管侧，不同类型的金融机构上报的大批次数据等处理效率有待提升；在合规侧，金融机构的反洗钱工作存在可疑交易识别难度大、难以跟上洗钱形势变化、海量数据存储管理方式粗放等问题。

因此，借助大数据、云计算、人工智能等新技术，搭建开放化、数字化的反洗钱系统成为商业银行的现实选择。例如，中国工商银行通过自身研发打造了安全、开放的智能反洗钱系统，能够对洗钱交易开展全流程监控，特点如下：一是打造了分布式矩阵计算引擎，能够妥善处理反洗钱工作中的海量数据；二是组件化、微服务设计，能够促进需求快速定制上线，实现反洗钱工作的个性化；三是构建了基于多层级的租户隔离机制，能够满足境外监管及行外客户的安全需求，其技术架构如图 1 所示。

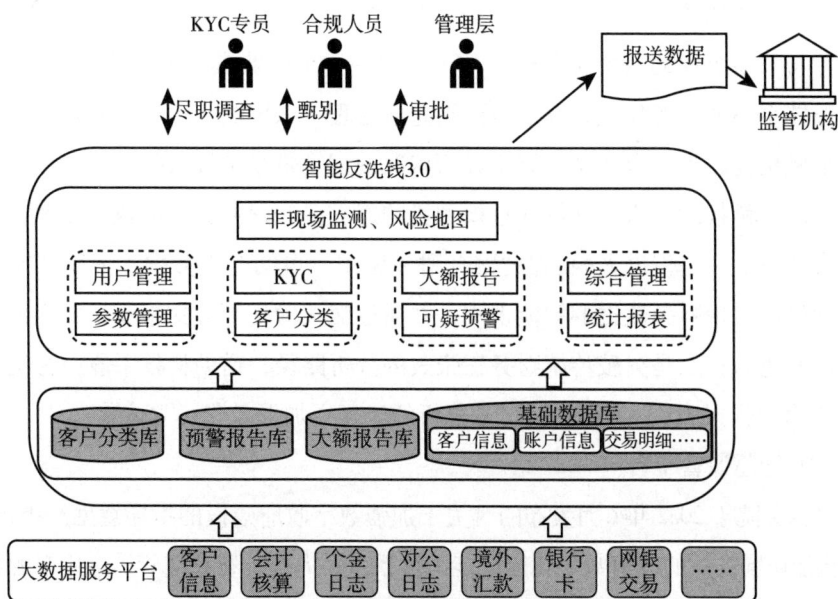

图1　租户隔离机制技术架构

2. 外汇

对外贸易水平的增强叠加数字科技在跨境领域的飞速发展，使得外汇交易的复杂性极大提升，同时也增加了跨境金融管理的难度，其具体体现在：

一是日新月异的数字化模式给传统外汇监管带来挑战；二是跨境资金的数字化流转路径较以往有了大幅改变；三是非法跨境金融活动形势日益严峻。

上述背景下，为适应外汇管理方式转变要求，外汇科技部门对技术框架和实现路径进行了研究及调整。以国家外汇管理局牵头打造的跨境金融服务平台（以下简称"跨境平台"）为例，推进各部门技术互通、数据融通、业务联通，有序搭建政府机构、银行机构、保险机构、中小微企业等多部门信息共享与核验机制。跨境平台拥有海量跨境信用信息，能够提供高效的核验服务，可助力银行向企业授信流程中的信息核验，从而有效缓解企业"融资难"和银行"风控难"。截至2022年底，已有300多家银行机构参与到跨境平台中的六大融资类场景中，服务企业已超1.8万家。其中，约75%的中小企业涉外收支年规模小于3000万美元，融资金额约2200亿美元。

3.财务风控

与大型企业的系统化架构及分工相比，中小企业具有财务人员不完善、财务体系不健全等痛点，这一方面给企业管理带来困难，另一方面也给外部的金融机构、投资者对企业真实经营状况的识别带来了极大挑战。

监管科技的介入，能够通过模型等的建立提升财务分析的执行效率，具体表现在：一是借助人+机器的融合财务模型，再结合大数据、人工智能等新型科技实现财务数据的智能识别，并通过交叉验证等方式来及早发现财务数据的掩饰；二是突破传统财务三张表的分析路径，借助科技手段完善机构的"第四张报表"，使得企业财务分析的流程更加形象化、立体化。

4.智慧监管平台

国务院于2022年6月发布的《关于加强数字政府建设的指导意见》提出，要构建协同高效的政府数字化履职能力体系，大力推行智慧监管，运用多源数据为市场主体精准"画像"，强化风险研判与预测预警。如何打通原有信息交换壁垒，使得信息流通发挥出更大价值，这就有赖于智慧监管平台的建设。

目前，此类平台在监管侧和合规侧均得到了广泛应用，通过"互联网+监管"系统的立体化搭建，汇聚各部门行政检查、行政处罚、主体信用、金融监管和司法判决等信息，从而提升跨地域、跨部门、跨层级协同监管的效率。而在合规侧，以 K 公司为例，其与数字广东携手打造了"粤商通"等涉企移动服务平台，探索实践政府服务事项同源管理，积极构建个人、法人数字空间，借助政务大数据等的信息共享，对拥有资金需求的企业精准开展风险画像，在促进政府服务增强工作能效的同时，使广大群众及企业主充分体验到办事的便捷性。

（三）监管科技提升细分金融领域监管效率

在金融不同细分领域，监管科技的应用也得到了长足发展，典型如银行业、保险业、证券业，此外，在融资租赁、消费金融等一些细分金融领域也出现了一些新态势。伴随着监管制度及手段的不断完善，监管科技在银行业领域的应用愈加丰富，从监管侧来看，科技能够在现场检查、专项调查、事件调查、监管报送等环节进行助力；而在合规侧，不断完善的监管评级体系也为提升监管的即时性和有效性筑牢了根基。具体如表 2 所示。

表 2　监管科技在金融细分领域的应用

细分领域	行业特征	监管侧应用	合规侧应用
银行	商业银行业务种类齐全、经营范围广泛、分支机构网点最为庞大，因此线下业务与其他细分领域相比占据了更高比例	例如，监管账户保障领域，北京金融综合服务网为住建委房地产预售资金监管账户、人社局农民工工资专户异常监测提供常态化数据支持，累计反馈账户信息及线索 6.3 万余条；为民政局开展社会救助对象经济状况核对近 30 万户次	金融机构在融资领域，借助住建、不动产、民政、公积金、社保、医保、工商等大数据平台的政务数据查询，进一步挖掘企业抵质押、经营异常等风险信息，助力提升风控效率
保险	保险行业具有投资需求大、经营周期长等特点，关注其中尽调、保障路径以及理赔效率的提升	例如，在农业险领域，利用先进的互联网大数据、云计算技术信息化手段打造"智慧农业保险综合信息监管平台"，实现对农业保险的基础数据、保险公司、保险状况、财政补贴拨付、农户理赔监管、年度投保数据分析、投保数据预警、职能部门考核等一体化动态监管	保险机构可借助保险行业的基础设施以及系统交互接口，顺应合规要求将其变更为符合监管标准的应用接口，进而纳入保险公司核心的财务、业务等系统中，打造快速、高效的数据集成体系以及数字化监管报告系统

细分领域	行业特征	监管侧应用	合规侧应用
证券	证券业作为主要从事证券经营与相关服务的专门行业，具有资本密集型和高度市场化等特征	证券业在智慧监管建设、基础数据库搭建等方面积极作为。以深圳证券交易所为例，2022年，深圳证券交易所在监管的"数智化"转型中大力推进企业画像系统建设，完成财务舞弊风险识别模块建设，推进纪律处分与行政处罚全链条案例库、资本系分析、资本运作全链条监控模块建设	一些传统的异常交易行为呈现隐蔽性强、层层掩盖等特征，传统监测行为难以识别和早期介入。因此，国内证券公司在投资业务联合风控系统建设的工作上频频发力，借助人工智能、大数据等新技术以提升异常交易行为监测的覆盖面，为全流程实现异常交易监测提供了良好的应用路径
支付	作为整个金融市场中的基础重要设施，支付系统的参与主体众多，包括银行、第三方支付机构等，账户安全是支付业务的核心与关键	一是建立数字化监管路径；二是建立路径后的数字化报告提交，通过数字科技的沟通与交流以提升外部对监管模式和监管意图的理解，对于支付业务中的高频交易分析等以数据驱动的手段来提升效能	借助人工智能等技术，基于支付系统内积淀的大规模历史数据，通过对比分析历史支付交易规律等实现与现有支付数据之间的实时匹配，使得识别、监测异常交易行为的效能得到大幅提升

三 监管科技领域存在的问题

（一）大型科技平台模糊金融业务边界的风险仍存在

数字经济时代，新模式、新业态等错综复杂。从过往的发展历程可以看出，监管科技遇到的挑战，同样也是金融科技遇到的挑战。尽管近年来"金融的归金融，科技的归科技"等管理原则愈加凸显，但不可否认的是，在市场经营环境越发开放的大背景下，此类边界却依旧存有模糊地带，可能带来监管真空，主要可分为以下两类。

一是大型科技平台对金融业务的介入程度逐步加深，借助其在互联网渠道多年累积的平台资源优势及客户流量优势，收购不同类型的金融牌照并介入持牌金融业务，如民营银行、消费金融公司、第三方支付公司、网络小贷、互联网保险等。

近年来，我国逐步建立起了金融控股公司相关的管理框架，由各部门按照职责分工对前述金融控股公司所控股的金融机构进行监管。截至 2022 年底，仅有中信金控、北京金控、招商金控三家获得设立许可，以科技优势见长的大型平台仍有缺席。目前来看，大型平台类企业的整改仍在持续，而在此过程中如何厘清金融业务与科技业务，如何在财报中区分金融收入与科技收入仍有待明晰。

二是部分平台对外推出的产品及服务内容仍处于较为模糊的地带，其中一个例子便是支付领域中的"月付"产品，具备信用支付的属性，一些不熟悉、不了解"月付"产品使用的金融消费者在科技平台的引导下，被自动选择了"月付"支付。此类行为不仅侵害了金融消费者的选择权，还有可能对其个人征信产生不利影响。因此，从顶层视角来看，更应当关注到披着科技外衣的"金融创新"业务，细化管理举措以及对产品合规性的界定，对于企图打擦边球、侵犯金融消费者权益的企业主体采取措施。

（二）信息安全问题日益严峻，数据标准缺乏有效规范

中国政府已明确将数据列为与劳动、资本、技术并列的生产要素。市场机构基于大数据、人工智能、云计算等核心技术，大力推进各业务流程数字化，使得数据的价值愈加凸显。但与此同时，信息安全与数据泄露等问题日益严峻，金融业作为数据密集型行业，更需加强对数据、信息的防护。目前金融业数据管理领域的短板如下。

一是数据确权，其内容既包括数据源的归属主体究竟如何确定，此类机制将牵扯到数据价值的利益分配，也包括数据质量体系的建设、数据质量的维护以及权责分工等。

二是数据治理相关的标准还亟待统一，即如何推动不同细分领域不同数据的标准化，数据使用层面存在割裂问题应如何解决等。

三是如何推动行业内不同层级机构共同提升数据治理水平。大型机构由

于分工细致、科技基础设施完备等因素，其数据治理水平相对比较完善，数据治理意识较强；但一些规模并无优势的中小机构，人才储备、科技基础设施等方面资源紧缺，在业务规模较少、场景相对有限的情况下，难以借助数字技术来验证和升级其数据治理能力。

上述种种问题，既需要从顶层视角针对数据领域的突出问题细化监管条款，利用科技等手段开展常态化巡查，同时也需要督促市场机构树立数据治理意识，在建立和储备数据人才队伍的同时，关注自身"护城河"的能力打造，对于数据资源的应用、数据价值的挖掘等开展系统化梳理，并在数据合规领域充分注重数据安全以避免踩到监管"红线"。

（三）科技应用可能加剧金融消费者弱势地位及信息不对称

近年来，借助数字技术开展金融创新活动呈现加速趋势。数字技术本身无害，但在与具体的金融业务融合之后，也会致使传统金融风险的形成路径、特征及传递模式出现变化。当这种路径传导至末端消费者时，就会使得金融消费者面临的环境风险有所增加。具体如下所述。

一是信息不对称导致的金融消费者知情权受损。数字科技的介入使得金融新产品、新模式等层出不穷，而消费者仅凭浅表层的产品信息，难以系统化、立体化地分析和判断产品风险。以银行理财为例，2022年第三季度以来，一些风险等级为R2的银行理财出现了罕见亏损，尽管市场观点表示这一现象与当期债市表现息息相关，但金融消费者仍难以通过表面信息了解到理财产品的具体投向及每类底层资产的比例和变动情况。此外，在互联网、移动互联网渠道利用各种话术对金融消费者实施诱导式宣传，尤其是只强调受益、不提及风险的行为，将加剧金融产品销售方以及金融消费者之间的信息不对称。

二是信息安全及保护问题突出，个人信息在网络渠道的过度采集及泄露风险加剧。随着金融行业数字化转型的不断深入，机构的专业化分工趋势也愈加显著，这就造成了消费者的个人信息不仅停留在金融机构自营的PC网站或App中，而且还会与商务合作伙伴共享。尽管近年来个人信息"断直连"等举措逐步落地，但如何与合作伙伴厘清个人信息保护工作等方面的权责仍有待明晰。其中一个典型便是消费者面临的贷款推销、信用卡分期等骚扰电话仍为一种难以解决的行业顽疾。

三是消费者体验可能因数字科技的应用产生下降。数字科技的诞生旨在提升效率和解放人力，能够一定程度上替代传统人工服务，使得客服相关员工人数有所精简，但其服务质量却难以与传统人工比肩，尤其在客户服务、客户运营侧，此类问题更加凸显，例如，老年客群在银行线下网点因不会使用智能柜员机而排长队；又如，拨打金融机构官方热线无法接入人工服务，使得消费者与机构之间交流成本加大。上述种种问题反映出，科技应用尽管披上了"数字化""智能化"等外衣，但仍可能加剧金融消费者弱势地位及信息不对称。

四 监管科技领域的发展趋势

（一）自动化报告的生成在监管领域有序推进

报告是实现金融监管目的、呈现金融合规成效的重要载体。从机构层面来看，金融机构需要以报告形式向上汇报自身的业务数据及合规情况；而从监管层面来看，监管部门同样需要及时归集报送主体所呈递的各类信息，并在此基础上开展分析加工、整理归档等工作。可以说，报告是连接金融机构与监管部门之间的重要桥梁，既能够反映出报告期内金融机构的经营及合规情况，也有助于监管部门掌握市场机构的经营动态及变化趋势。

传统的报告呈递方式存在一些缺陷，主要包括以下两点。一是传统报告传输与处理的效率较为低下。上报阶段，金融机构需经历复杂流程如跨部门协调、层层审批等环节，耗费大量人力成本，如遇人员衔接不畅等将致使数据报送延迟；归集阶段，各金融机构的上报信息再通过汇总、加工，然后形成系统化的报告，其时效往往存在滞后性。二是传统报告的报送流程中人工可干预程度高，可能引起数据失真。这不仅会造成低效，还可能使得信息报送过程中出现人工失误，更有甚者，存在报送人员经上级授意，为了所谓"合规"而故意粉饰、瞒报等行为，这些情形均为传统监管报告的生成带来挑战。

而监管科技的到来，则能够在一定程度上克服传统报告存在的不足。首先，在效率方面，借助监管科技能够加速合规报告内容生成的自动化，并按照指定的规则实施分段排序。例如，使用人工智能领域的自然语言处理来生成具有规范性的监管报告，促进生成能效的提升。其次，在及时性方面，监管科技能够以金融机构的接入形式来进行实时化监控，缩短烦琐流程，减少时间成本。最后，在信息质量方面，自动化生成能够从源头上杜绝人工干预甚至粉饰信息数据的行为，同时也能减少人工失误。此外，监管科技还能依托同类金融机构的数据比对、多方信息交叉验证等，提升报送数据的质量及准确性，发现偏误较大情形时立即反馈给机构，并要求其在核实确认后再次上报。

（二）绿色金融、ESG 等新兴概念加速融入监管科技

近年来，绿色环境发展理念已逐步渗透到生产、生活，深刻地影响着以金融为代表的行业，如绿色贷款、绿色债券、绿色保险、绿色基金、绿色信托等陆续兴起，为构建我国多层次绿色金融产品及服务体系发挥了重要作用。

而由绿色发展带动的 ESG "热潮"，在各行各业引发了广泛而深刻的影响。ESG 拥有三大维度，分别是环境（E，environmental）、社会（S，social）与公司治理（G，governance）。ESG 的重要价值观就是可持续发展，致力于为企业建立起应对风险的中长期行动框架，并深刻促进企业经营行为与理念的变革。

开展 ESG 相关的监管工作已成为一种全球性共识。颁布政策、强化审查、推动立法等举措在席卷加拿大、美国、欧洲、日本、新加坡等国家和地区的同时，也在国内取得了长足进展。例如，2022 年 4 月，中国证监会发布的《上市公司投资者关系管理工作指引》提出，要在沟通内容中增加上

市公司的 ESG 信息，以落实新发展理念。

践行 ESG 不仅出于合规要求，也可为企业自身带来提升：一是借助 ESG 这种工作形式全盘梳理旗下业务，衡量对应的投入产出以及客户满意度，为企业打造可持续的商业模式提供助力；二是通过 ESG 工作的披露、报告的发布结合企业其他外部宣传工作，能够为企业自身的品牌形象带来提升。

不过，ESG 还处于起步阶段，其工作的开展仍存在较多痛点：一方面，ESG 信息的披露覆盖程度不佳，企业多关注 ESG 相关的机制建设及理念，而在具体的执行方式及落地数据方面鲜有公布；另一方面，ESG 信息的披露质量也存在短板，无论是企业本身，还是致力于深耕 ESG 工作的评级机构，均面临数据可用性不高、统一准则匮乏等挑战。未来，ESG 工作的优化方向包括但不限于利用科技手段来提升 ESG 数据采集的效率、对无效信息进行过滤等，从而将高质量的数据输送给企业自身与外部机构。

（三）元宇宙等技术将促进监管，增强交互性，更加立体化

2022 年，元宇宙的火爆带来了市场的极大关注。目前，业内尚未对元宇宙的定义进行规范和统一，多从其基本特征进行描述。在这样的框架下，元宇宙是指利用技术手段数字化人的感官体验，将现实建模重构到虚拟世界中，并在此基础上对映射到虚拟世界的现实进行扩展，其中的内容及对象生产有赖于真人、虚拟数字人以及 AI，形成沉浸式、强社交性、虚实融合等特征的新的经济系统、社会系统，从而带来整体社会经济发展核心生产力的新飞跃。

从元宇宙的产业链来看，其自下而上主要由基建层、技术层、模式层、硬件层和应用层共同构成：基建层主要通过 5G、算法、算力的应用，为元宇宙的搭建夯实根基；从技术层来看，区块链、云计算、交互与建模技术、人工智能等在元宇宙中起到关键作用；模式层主要覆盖了虚拟经济系统与虚拟社会系统；硬件层既有提升体验的沉浸式交互设备，也有其他类型的交互设备；应用层覆盖游戏、社交、办公、电商、金融、政务等各类丰富场景。

2022 年，已有市场机构开启"元宇宙+数字政府"的探索，依托自身在人工智能、大数据领域的技术和数据优势，以及服务 G 端客户的经验积累，在元宇宙领域积极谋划。元宇宙的应用对于监管科技具有如下意义：一是通过沉浸式的体验，使得监管的落地措施尤其是日常化监管更加便捷；二是元宇宙带来的交互行为增强，能够促进 G 端与 B 端、C 端用户产生更为立体、实时的交流，使得信息的传递更为畅通；三是通过 B 端、C 端的体验反馈和行为分析实现高效监测，从而为后续监管的完善奠定优良根基。

例如，某专长于 G 端场景的科技公司针对元宇宙风潮，针对数字人打造了一个智能内容生成运营平台，通过内容驱动、问答指引的基本模式构建，利用语义理解、3D 建模、智能推荐、语音合成、形象驱动等引擎，打造出集能听、能说、能想等于一体的交互型数字人，能够实现语音交互、情绪理解、智能问答等丰富功能。目前，该公司数字人业务已切入新闻资讯、政策解读、互动问答、景区代言等场景，为多家政府机构提供了有效应用支撑。

五　监管科技领域相关政策建议

（一）完善顶层设计，强化顶层统筹

尽管目前已有多项政策文件提及监管科技的工作安排，但在金融业分业监管的大背景下，此类政策多散见于各文件的某个段落之中，难以形成全局化、系统化的发展路径。要想进一步在监管科技领域取得理想的发展成果，就需要开展体系化的思路梳理和统筹，具体可分为以下两类。

一是组织架构层面进行统筹。一方面，从监管层来看，中国人民银行、中国证监会等监管部门已分别就监管科技展开了相应探索，并成立了对应组织如监管科技专家咨询委员会、金融科技委员会等；另一方面，北京、深圳等地区也就监管科技联合本地的科技企业进行合作，可以考虑在上述基础上打破监管科技零散、割裂发展的现状，采用融合方式进行协调，设立专门组织及人员进行常态化管理，推动监管理念与监管举措的有机统一。

二是工作机制层面进行统筹。在总结监管科技工作成果的基础上，研判当下的新形势、新情况，结合国际监管科技的工作经验以及我国监管科技领域已经落地应用的案例，制定符合我国数字经济时代发展、与"十四五"规划高度协调的监管科技发展策略与规划，同时建立高效、合作的跨部门联动机制，从资金保障、统筹设计、跨部门合作监管等角度，为监管科技的全局化发展提供有力支撑。

（二）打破数据孤岛，推进信息共享

在监管科技领域，各类信息不对称仍时有发生，主要有如下类型。

一是监管侧与监管侧之间的信息交流。不同监管部门之间各有一套分业监管的原则及相应体系，尽管在原本各自的领域鲜有交集，但在数字经济蓬勃发展、数字科技日益深化的大环境下，监管部门间信息交换及共享的必要性和迫切性均显著提升。例如，针对一些跨地区、跨业态的大型平台企业，监管部门之间及时的信息交换，既有利于摸清此类平台企业的实际经营状况，也有助于及时评估其存在的底层风险。

二是监管侧与合规侧，也即政企之间的信息交流。监管机构需及时、公开地明确监管原则及实施手段，向金融机构传达监管精神，使其拥有监管预期，而金融机构也需要强化与监管部门之间的沟通，及时、准确地将自身业务数据及经营状况向上反馈。

综上所述，无论是监管部门之间，还是监管部门与金融机构之间，都需要信息的高效互动，可考虑通过建立监管科技领域专门的科技平台，根据各主体在监管科技生态体系内的定位角色，制定平台信息录入的质量标准、统计口径、维护方式以及共享原则等，通过边界的明确以促使信息流转在合规与商业价值挖掘之间取得有效平衡。

（三）夯实底层技术，筑牢安全防线

技术是一把双刃剑，既有可能为金融行业带来能效提升及有益变化，但

如若使用不当，也可能给行业造成不良影响。因此，夯实底层技术，筑牢安全防线既是维护金融稳定的重要基石，也是保障监管权威性、提升监管有效性的有力支撑，具体如下所述。

一是强化对新技术、新应用的动态监测及跟进，将各类前瞻性研究纳入监管工作日常，利用科技手段实现监管流程前置，对于风险问题做到"早发现、早应对"。在人才队伍的建设方面，与时俱进补充对金融及科技领域拥有深入理解的复合型人才，不断壮大数字化人才力量，提高科技水平竞争力。对于监管工作中的核心、敏感型事务以自有人员处理为主，而对于碎片化、非敏感型事务，可适当寻求外部力量。

二是强化研发以应对技术风险，将安全防护技术作为监管科技工作内容的重要环节。例如，在 AI 领域，提升人工智能异常模型自检测水平，及时剔除异常样本数据；在区块链领域，关注硬件系统以及业务底层协议相关的安全风险，提升自动化检测安全漏洞的效率；在人脸识别等生物识别领域，面对"技术型"不法分子善用的深度伪造（Deepfake）技术等开展攻坚研究，采用多特征融合等手段共同辅助鉴伪，结合多模态、RPA、联邦学习、低代码等技术，用科技为金融构筑起更加牢固的安全屏障。

参考文献

李东荣：《监管科技在数字金融领域的应用》，《中国金融》2021 年第 4 期，第 9~10 页。

巴曙松、熊邦娟、朱元倩：《监管科技在生成报告领域的应用与实践》，《新金融》2020 年第 7 期，第 19~23 页。

李秀媛：《新形势下智能反洗钱系统的建设实践》，《金融电子化》2021 年第 6 期，第 67~68 页。

张铁成：《外汇科技服务新时代外汇管理改革开放》，《中国外汇》2022 年第 19 期，第 46~48 页。

尹优平：《构建金融科技时代的金融消费权益保护体系》，《当代金融家》2020 年第 2 期，第 46~49 页。

张铁成：《深化数字外管和安全外管建设，推动外汇科技自立自强》，《中国外汇》2023年第2期。

边鹏：《我国监管科技发展趋势与机遇》，《金融电子化》2022年第7期，第14~15页。

陈彦达、隋学深：《分业监管模式下我国监管科技融合发展研究》，《当代经济管理》2022年第8期，第91~96页。

新业态新模式篇

New Format and New Model

B.10
2021~2022年数字人民币发展情况

零壹智库*

摘　要： 2021~2022 年是数字人民币快速发展的时期。经历了前期长时间的研究、精细化的设计，数字人民币终于于 2020 年在深圳、苏州等地开始试点，也逐步构建并向公众展示了其应用图景。数字人民币的试点地区逐步扩大，已经涉及 17 个省（区、市），且用户数量不断增多，应用场景不断丰富。与移动支付的广泛应用相比，数字人民币发展仍然相对缓慢，在公众认知、技术创新等方面还存在一些问题。未来，数字人民币的进一步发展需要多方发力，从而逐渐形成自身优势，成为新的金融基础设施，服务于中国特色金融体系建设。

关键词： 央行数字货币　数字人民币　可控匿名　用户黏性

---

* 执笔人：孙翼，中国人民大学财政金融学院，零壹智库特约分析师，主要研究领域为数字金融。

2021~2022 年，数字人民币进入快速发展阶段。经历了前期的研究，2020 年，数字人民币正式在深圳、苏州等地开始试点，到 2022 年底，试点地区不断扩大，从最初的"4+1"试点已经扩大到 17 个省（区、市）的大部分地区。从数字人民币支付技术来看，"碰一碰""双离线支付"等支付技术不断深化，"可控匿名""推送子钱包"等设计也逐步成熟，基本实现数字人民币最初的设计思路。从数字人民币使用来看，数字人民币 App 涉及的线上应用基本覆盖了各类支付场景，用户数也在持续增加，用户黏性也在逐步培养。

本文重点关注数字人民币开始试点至今的进展，包括发展情况、主要发展特点、发展存在的问题、发展趋势和发展建议五部分。在发展情况中，主要梳理了数字人民币近几年的发展数据和图景；在主要发展特点中，主要结合数字人民币双层运营、可控匿名、场景锚定等分析数字人民币的主要发展架构和定位；在发展存在的问题部分，分析了数字人民币在推广过程中的一些痛点；在发展趋势和发展建议中给出了解决建议和未来展望。整体而言，数字人民币的发展已经有了较好的基础，未来进一步的发展需要多方发力，从而逐渐形成自身优势，成为新的金融基础设施，服务于中国特色金融体系建设。

一　数字人民币概念范畴

央行数字货币（CBDC）是由各国中央银行发行的数字货币，随着私人数字货币的兴起和支付数字化程度的提高，许多国家都已经着手研究和试点央行数字货币，并意识到央行数字货币对货币体系可能的影响以及其在货币变革中的重要意义。

根据国际清算银行（BIS）对各国中央银行的持续调查，自 2019 年以来，各国对央行数字货币的态度从最初的谨慎观望，逐渐转向积极探索，整体研究热情不断提高。①②③④ 在 2022 年度的调查中，90%的中央银行表示，已经开展了央行数字货币的研究工作；60%的中央银行表示，已经进行了模型验证；14%的中央银行则开始了试点和发行工作。国际清算银行针对具体项目的调查表明，截至 2023 年 1 月，至少 87 个国家和地区已经开始零售型央行数字货币的研究，35 个国家和地区已经开始批发型央行数字货币的研究。

数字人民币，又称 DC/EP（数字货币与电子支付）、e-CNY，是由中国人民银行以数字化方式发行的人民币。从货币定位来看，数字人民币与纸钞、硬币都是由中国人民银行发行，均属于法定货币的范畴，具有同等的法律地位及法偿性。从发行管理来看，数字人民币的发行由中国人民银行负责，中国工商银行、中国建设银行等指定运营机构则负责数字人民币的运营和兑换服务，并承担为用户开设数字人民币钱包、处理日常交易等服务，属于双层运营体系。从数据管理来看，运营机构要对日常交易数据进行定期报送，中国人民银行对相关交易数据进行统一管理，因此数字人民币属于混合结构的零售型央行数字货币（见图1）。

二　2021~2022年数字人民币发展情况

（一）数字人民币试点多地开花，交易场景不断丰富

具体来看，根据中国人民银行和国务院新闻办公室公布的数据，截至

①　Barontini C. and Holden H. , "Proceeding with Caution-a Survey on Central Bank Digital Currency," BIS Papers, 2019, (101).

②　Boar C. , Holden H. and Wadsworth A. , "Impending Arrival : A Sequel to the Survey on Central Bank Digital Currency," BIS Papers, 2020, (107).

③　Boar C. and Wehrli A. , "Ready, Steady, go? -Results of the Third BIS Survey on Central Bank Digital Currency," BIS Papers, 2021 .

④　Kosse. A. , Mattei. I. , " Gaining Momentum - Results of the 2021 BIS Survey on Central Bank Digital Currencies," BIS Papers, 2022, No 125.

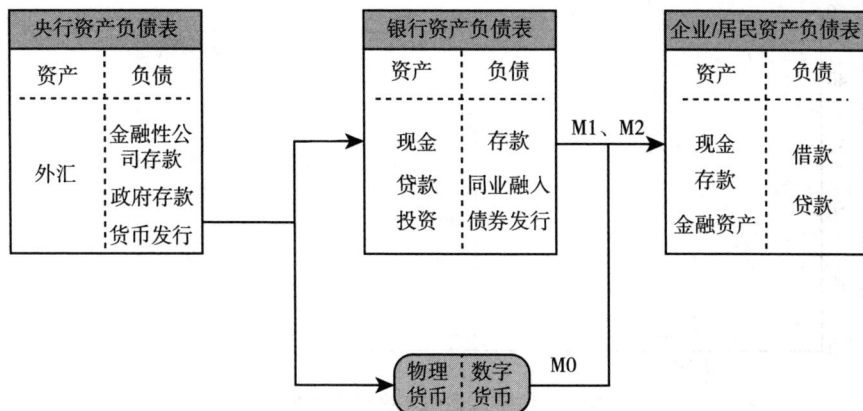

图1　数字人民币定位

资料来源：平安证券。

2022年8月底，前三批15个参与试点的省（区、市）累计使用数字人民币交易3.6亿笔，累计交易金额达1000.4亿元，各地累计有超过560万个商户能够支持公众使用数字人民币支付。与2021年6月底相比，在一年多的时间内，交易笔数和交易金额分别增长了408.8%和190.0%，落地推广速度有了明显提升。

分年份来看，根据零壹智库不完全统计，截至2023年1月底，各试点地区共进行了89次数字人民币试点，其中2020年有2次，分别在深圳和苏州，2021年有35次，2022年有47次（见图2）。与试点次数逐年增加伴随的是，数字人民币使用范围的扩大及试点方式多样性的提升。

从试点地区的整体情况来看，数字人民币的推广工作一直遵循"试点一批，成熟一批，推广一批"的方式稳妥推进。截至2022年12月，中国人民银行先后四轮选择了17个省（区、市）的26个地区开展数字人民币试点（见表1）。试点地区涉及东南沿海省份、中西部地区、东北地区的城市，具有较好的代表性，涉及人群也较广。同时，依托北京冬奥会场景，许多国际友人也有机会参与到数字人民币的试点当中。通过两年多的试点，数字人民币的双层运营架构、分层钱包矩阵等顶层设计都已经经过

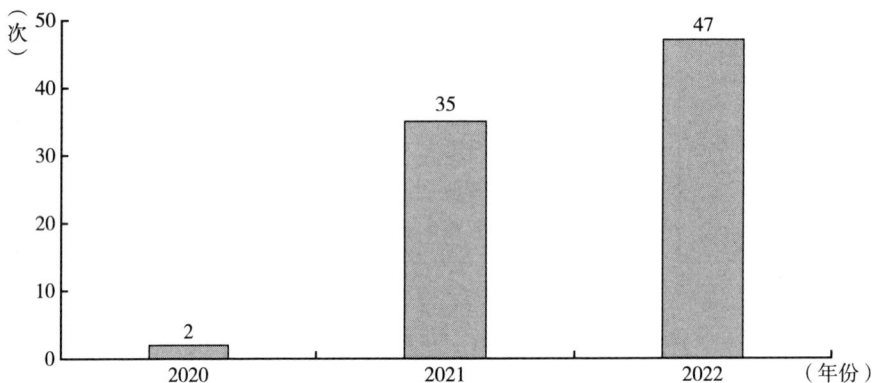

图 2　数字人民币年度试点次数

资料来源：零壹智库。

表 1　数字人民币试点推广城市（地区）

时间	轮次	城市（地区）
2020 年 8 月	第一轮	北京、雄安、深圳、苏州、成都
2020 年 11 月	第二轮	大连、青岛、上海、海南、长沙
2022 年 3 月	第三轮	天津、杭州、宁波、温州、湖州、绍兴、金华、福州、厦门、广州、重庆
2022 年 12 月	第四轮	济南、南宁、防城港、昆明、西双版纳、（江苏全省、广东全省、四川全省、河北全省）

了测试，多地同时试点、特定人群定向补贴等安排也得到了有效检验。

从具体试点地区来看，苏州和深圳试点次数最多，分别为 19 次和 14 次（见图 3）。苏州作为第一批数字人民币试点地区，始终重视数字人民币的推广。根据苏州市人民政府公布的信息，截至 2022 年底，苏州地区累计发放数字人民币贷款超 187 亿元，落地实践的数字人民币首创场景 50 个，在政府事务、事业单位、个人用户层面都取得了重要进展，试点工作相关的多项核心指标位居全国前列。

表 2 所示为苏州数字人民币部分试点情况，可以看出，苏州不仅试点次数较多，试点方式也较为多样。试点场景覆盖线上商城、公共交通、餐饮生

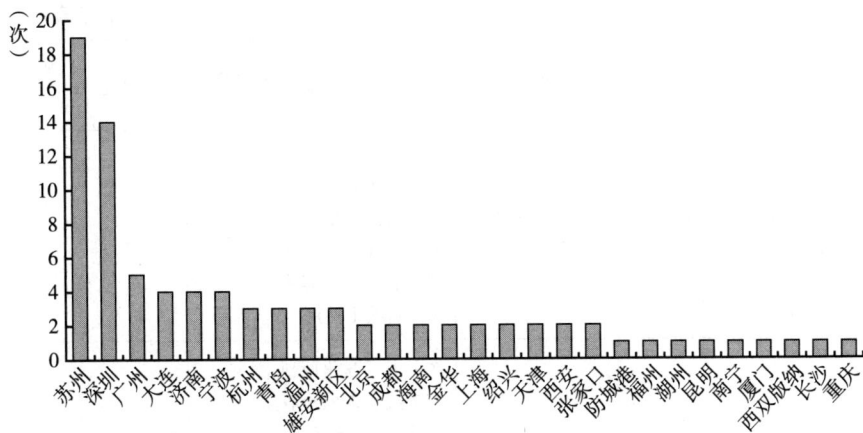

图3 各数字人民币试点地区试点次数

资料来源：零壹智库。

表2 苏州数字人民币部分试点情况

时间	活动主题	发放途径	红包使用限制	总金额（万元）	单个红包	数量（万个）
2020年12月	双12苏州购物节	摇号抽签	指定商家消费使用	2000	200元	10
2021年2月	年货节京东专场	预约报名抽签参与活动	指定线上电商或线下商户消费使用	3000	200元	15
2021年5月	五五购物节	预约报名抽签参与活动	指定线上电商或线下商户消费使用	1000	55元	18.18
2021年5月	致敬劳动者	—	—	110	55元	2
2021年7月	苏州市体育惠民消费行动	活动期间申领	指定商家消费使用	10	100元（50元体育类消费专属红包+50元全场通用红包）	0.1

时间	活动主题	发放途径	红包使用限制	总金额（万元）	单个红包	数量（万个）
2021年8月	苏州相城区黄桥街道	限前10000名中签，先到先得	苏州市区支持数字人民币支付功能的线下商户进行消费，也可在食行生鲜、京东App等多个平台线上使用	30	30元	1
2021年8月	交通银行沪苏联动京东专场	京东App活动页面报名参与抽签	在上海、苏州两地支持数字人民币收银的商户、热门景点、特色餐饮、商超连锁等使用，20元数字人民币满减券可在京东商城满200元使用	2000	20元红包+20元京东满减券	50
2021年9月	交通银行沪苏联动京东专场	—	—	1600	20元红包+20元京东满减券	40
2021年10月	常态化疫情防控有奖答题	参与疫情防控有奖答题用户赠送数字人民币红包	"一码通"扫码乘坐公交车	200	20元公交红包	10
2021年10月	苏州官方城市生活服务App"苏周到"	面向参与常态化疫情防控有奖答题的用户赠送数字人民币红包	使用该红包在大市范围通过"一码通"扫码乘坐公交车	200	20元	—
2021年12月	"太仓沙溪"数字人民币试点活动	"太仓沙溪"微信公众号	参与活动商户使用	30	80元	0.375

资料来源：零壹智库，TBanic数据库。

活等；部分试点活动面向指定人群进行发放，体现了数字人民币定向补贴的优势；部分试点活动与有奖竞猜、满减促销等活动联系起来，在增加试点的趣味性和可接受性的同时，为新冠疫情之后的刺激消费做出了贡献。

深圳在数字人民币试点中也取得了较好成果。根据深圳市人民政府公布的数据，截至2022年底，深圳市累计为用户开立了2840.75万个数字人民币钱包，累计处理数字人民币相关交易376.85亿元，落地应用场景达129.9万个。

从试点场景来看，数字人民币生态的建设采取"开放共享、竞争选优"的机制。这一机制不仅能够充分发挥现有机构在用户方面的积累，也能够有效调动市场参与机构的积极性，为数字人民币营造了交易场景丰富、机构公平竞争的发展环境。

试点场景的搭建一方面要依托数字人民币运营机构，另一方面要依赖终端设备提供商和交易场景提供商。中国人民银行选择了中国工商银行、中国建设银行等6家国有大行，招商银行、兴业银行2家全国性股份银行，以及网商银行、微众银行2家民营银行作为指定运营机构。这10家运营机构具有深厚的用户积累，覆盖的用户人群也较为多样，能够迅速触达客户，并能够提供可靠的支付服务。

在终端设备提供商方面，数字人民币App已经在苹果、华为、小米等多种型号手机的应用商店上架，供公众免费下载，这使得公众下载数字人民币应用不会受到手机型号的影响，减少了进一步推广的阻碍。在交易场景上，数字人民币已经逐步在餐饮文旅、日常支付、公共事业缴费、教育医疗、扶贫救助等领域应用，在数字人民币App中也已经链接了涵盖日常交易多个领域的线上应用，便于数字人民币用户在相关平台进行支付（见图4）。此外，数字人民币红包试点也涉及了"抗击疫情""春节补贴""消费红包"等多样化的主题，为不同需求、不同类型的用户提供数字人民币服务。

（二）数字人民币政策频繁出台，关注程度持续提升

数字人民币试点的快速推进不仅是试点地区政府和企业共同努力的结果，还有数字人民币政策规划逐步完善、公众关注度逐步提高的积极作用。

从政策规划角度来看，不论是中央还是地方，都十分重视数字人民币的

图标	应用	说明
天府通	乘车或购买app内商品使用
多点	多点app内支付订单使用
苏到	在线支付苏州市公共服务订单
青岛地铁	在支付出行费用时使用
北京一卡通	可用于手机一卡通充值、实体……
圳帮扶	在圳帮扶APP购买帮扶商品
腾讯视频	开通会员、购买影片、充值钻……
电e宝	可用于电费支付
朴林烟卡	用于APP内购物结算、礼品卡……
天天果园	支付水果生鲜订单费用
途牛	用于途牛旅游出行订单支付
京东金融	可用于购买京东自营商品
京喜	可用于购买京东自营商品
哔哩哔哩	可用于购买B币（限安卓）
普融商务	购买数字人民币专区内商户商品
快手	快手APP（安卓端）内快币充……
唯品会	可用于购买唯品会自营商品
影店	可购买实营电影票、演出票……
梦卜快跑	梦卜快跑APP内支付乘车费用
本来生活	本来生活APP内购买商品时……
深圳航空	支付机票及相关产品费用
东方航空	东航手机APP购买机票产品
爱奇艺	购买爱奇艺会员（限安卓非自……
党费缴纳	在数字人民币app交纳党费
携程旅行	预订交通出行酒店旅游等产品
苏宁易购APP	在购买自营商品时使用
中国电信翼支付	已支持在翼支付APP数字人民…
佰付美	可用于佰付美支付
中华老字号	在购买中华老字号商品时……
58同城	在购买自营商品时使用
特来电	可用于新能源汽车充电支付
中国电影通	电影购买
数据钱包	提供数字人民币为支付方式的……
网上国网	可用于电费支付
滴滴出行	支持网约车/单车场景使用
OPPO钱包	用于OPPO手机话费包充值话费
顺丰速运	顺丰速运APP内支付快递运费
百信银行	百信APP内百度闪付小程序敬请
春秋航空	购买机票等出行周边产品
真快乐	在购真快乐自营商品时使用
巴士管家	预订出行服务或商品时使用
中石化	在中国石化加油、购物、充值……
小遛共享	可用于充值及支付骑行费用
航旅纵横	支持行程单邮寄、畅行卡购买……

图 4　数字人民币 App 链接的部分应用

资料来源：TBanic 数据库。

推进。从中央部委层面，中国人民银行多次发文指导数字人民币生态的建设，包括稳妥推进数字货币研发、推进法定数字货币标准研制等。自 2019 年以来，中国人民银行年度工作会议、货币金银和安全保卫工作会议都会对下一年数字人民币的工作做出部署，体现了中国人民银行对这一工作的高度重视。此外，商务部、国家发展改革委等部门也在"十四五"规划中提及数字人民币的具体应用。

从地方层面，深圳、上海、北京、苏州等试点城市均在政府规划中提及数字人民币，涉及领域包括金融、信息化、司法、贸易、乡村振兴等。例如，《江苏省"十四五"金融发展规划》指出，"完善数字人民币苏州试点工作的统筹协调和推进机制，紧扣'验证、优化、提升、探索'的试点目标，找准试点和助推地方数字经济发展、产业转型升级、治理能力提升的契合点"；2021 年，上海市人民政府办公厅发布的《上海市建设国际消费中心城市实施方案》指出，完善重点商圈数字人民币受理环境建设，丰富数字人民币试点应用场景。

可以说，数字人民币相关的顶层设计在逐步完善，从中央到地方都对数字人民币的推广应用寄予厚望，并基于地区实际因地制宜地提出了数字人民币的发展规划，为数字人民币进一步的推广提供有力支持（见表3）。

表3　中央部委部分数字人民币相关文件

发布时间	发布部门	政策名称	重点内容
2020 年 8 月 12 日	商务部	《全面深化服务贸易创新发展试点总体方案》	国务院服务贸易发展部际联席会议各成员单位围绕试点任务，研究提出 122 项具体改革、开放和创新举措，包括在京津冀、长三角、粤港澳大湾区及中西部具备条件的试点地区开展数字人民币试点等
2020 年 8 月 14 日	商务部	《关于印发全面深化服务贸易创新发展试点总体方案的通知》	该通知提出，在京津冀、长三角、粤港澳大湾区及中西部具备条件的试点地区开展数字人民币试点。先由深圳、成都、苏州、雄安新区等地及未来冬奥场景相关部门协助推进，后续视情况扩大到其他地区
2020 年 10 月 23 日	中国人民银行	《中华人民共和国中国人民银行法（修订草案征求意见稿）》	根据该征求意见稿第 19 条，加入"人民币包括实物形式和数字形式"这一条文，数字人民币有望被赋予法律地位，法偿性得到保障。防范虚拟货币风险，明确任何单位和个人禁止制作和发售数字代币
2021 年 3 月 12 日	中共中央	《中华人民共和国国民经济和社会发展第十四个五年规划和 2035 年远景目标纲要》	该纲要提出，要积极参与数据安全、数字货币、数字税等国际规则和数字技术标准制定。稳妥推进数字货币研发
2021 年 9 月 24 日	国家发展改革委等 11 部门	《关于整治虚拟货币"挖矿"活动的通知》	全面梳理排查虚拟货币"挖矿"项目，严禁新增项目投资建设
2021 年 9 月 24 日	中国人民银行等 10 部门	《关于进一步防范和处置虚拟货币交易炒作风险的通知》	明确虚拟货币和相关业务活动本质属性，如虚拟货币相关业务活动属于非法金融活动等。建立健全应对虚拟货币交易炒作风险的工作机制。加强虚拟货币交易炒作风险监测预警。构建多维度、多层次的风险防范和处置体系
2021 年 10 月 9 日	商务部、中央网信办、国家发展改革委等	《"十四五"电子商务发展规划》	该规划指出，稳妥推进数字货币研发，探索数字人民币在电子商务领域的支持作用

续表

发布时间	发布部门	政策名称	重点内容
2022 年 2 月 9 日	中国人民银行等 4 部门	《金融标准化"十四五"发展规划》	全面开展人民币跨境支付清算产品服务、清算结算处理、业务运营和技术服务等方面标准建设,加强对人民币跨境支付系统建设的支撑。稳妥推进法定数字货币标准研制,综合考量安全可信基础设施、发行系统与存储系统、登记中心、支付交易通信模块、终端应用等,探索建立完善法定数字货币基础架构标准

资料来源:零壹智库。

从公众关注度层面来看,百度指数显示,自 2020 年 5 月至 2023 年 3 月,"数字人民币""央行数字货币"等关键词的整体关注度始终较高,搜索指数(公众搜索关键词情况)峰值明显,资讯指数(媒体报道情况)稳步上升,公众和媒体对数字人民币有所了解,关注度整体上升,并维持在较高水平(见图 5、图 6)。这也证明数字人民币试点对公众认知具有一定的积极作用。

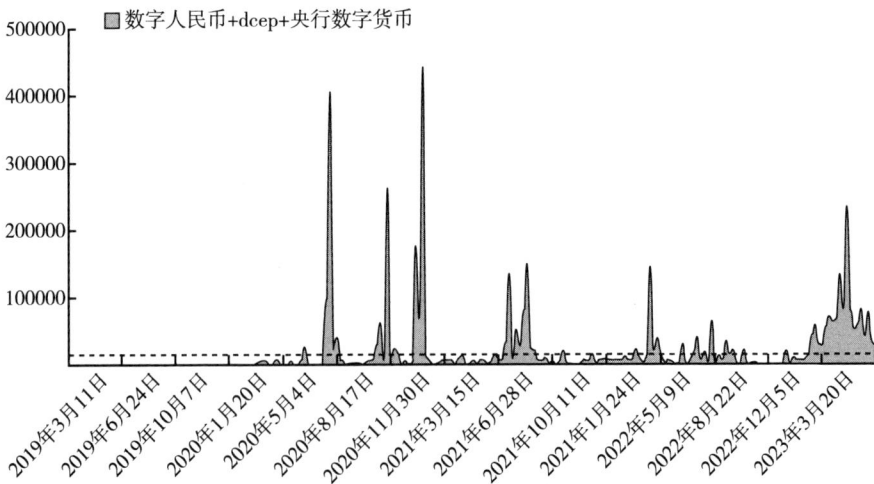

图 5　数字人民币搜索指数(2019~2023 年)

资料来源:百度指数。

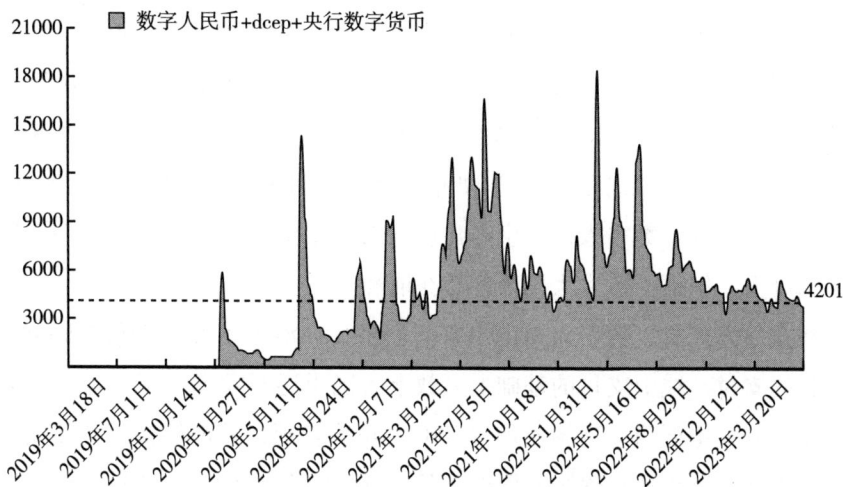

图6　数字人民币资讯指数（2019~2023年）

资料来源：百度指数。

三　数字人民币的主要发展特点

（一）侧重M0补充，保持现金特性的同时有创新

数字人民币属于零售型央行数字货币，定位于流通中的现金（M0），且基于双层运营体系发行，具备同类型央行数字货币的一般特性。在具体设计上，基于中国的实际情况，数字人民币还增加了"一币两库三中心""分层限额""可控匿名"等特点，这些特点使得数字人民币在保持现金特性的同时，有了许多可喜的创新。

数字人民币的一个重要特点是定位于M0，并作为现金的补充。基于这一特点，数字人民币由中国人民银行发行与管理，其使用和流通也受到现金相关法律的规范。同时，中国人民银行对数字人民币的存储不计付利息，也不会对数字人民币的交易收取手续费，数字人民币生产、使用和销毁等流程的成本均由政府负担。这使得数字人民币与人民币现金具有同等的地位和法偿性，与移动支付等支付方式相比更安全，且不需付出额外的成本。①

数字人民币的另一个特点是双层运营体系，从投放模式来看，数字人民币使用双层投放模式，即"中国人民银行—指定商业银行—公众"的模式，这与人民币的投放方式相类似。② 如前文所述，目前，主要国有银行和多家股份银行都参与到数字人民币生态建设中来，在保证数字人民币发行模式稳定的基础上，保证了数字人民币的易获取性。

在支付方式上，数字人民币也有所创新，在沿用了移动支付扫码支付、收付款码支付、线上支付的基础上，数字人民币还开发了"碰一碰"支付，这种支付方式主要通过近场通信（NFC）功能实现，并能够实现离线支付。此外，数字人民币还在逐步开展卡支付、可穿戴设备支付等方式，多样的支付方式不仅提高了数字人民币支付的便利性，也提高了数字人民币的人群适应性。

（二）兼顾匿名需求，打造可控匿名的交易工具

数字人民币还有一个重要特点是可控匿名。可控匿名首先是匿名，即数字人民币在一定程度上可以支持匿名交易，这主要是通过分级分类钱包和推送子钱包两个关键设计实现的。③ 分级分类钱包的核心是银行账户的松耦合，即公众可以根据不同的交易需求，提供不同程度的信息，从而开设不同级别的银行账户钱包，不同级别钱包的设计符合"小额匿名，大额实名"的原则，在一定程度上保障了用户的交易匿名性需求，且根据运营机构特点，在具体额度上有所差异（见表4、表5）。推送子钱包则是通过隐私保护技术，将用户的部分信息向商家隐去，减少商家对交易数据的过度采集，从而保障用户的隐私。

---

① 范一飞：《关于数字人民币 M0 定位的政策含义分析》，《金融时报》2020 年。
② 姚前：《法定数字货币的经济效应分析：理论与实证》，《国际金融研究》2019 年第 1 期。
③ 穆长春：《对数字人民币"可控匿名"的思考》，2021。

表4 数字钱包分类

单位：万元

数字钱包分类	办理要求	交易限制			
		余额上限	单笔限额	日累计限额	年累计限额
一类钱包	手机号、有效身份证件、本人银行账户运营机构现场面签	200	10	20	200
二类钱包	手机号、有效身份证件、本人银行账户	50	2	5	50
三类钱包	手机号、有效身份证件	20	2	2	20
四类钱包	手机号	10	1	1	10

可控匿名还要求可控，从中央银行的角度来看，完全匿名的央行数字货币是各国中央银行不会选择的，[①] 数字人民币不仅要保障用户合理的匿名交易需求，也要始终保持对非法交易行为的监管和打击能力。在数字人民币系统运行过程中，与数字人民币交易相关的金融机构都要对相关交易进行反洗钱和反恐怖融资检查，并通过数字化的手段强化对非法交易的监测和监管。

（三）注重场景锚定，尽可能发挥企业获客能力

如前文所述，数字人民币自推广之初就注重场景锚定，在设计上主要通过推送子钱包的方式实现，用户在指定运营机构开设账户后，不同银行的账户能够链接到不同的商家，这些商家都是具体的支付场景，在实现推送之后就可以进行便捷支付，因此这一功能也被称为"钱包快付"。

通过推送子钱包的方式，数字人民币能够较好地实现场景锚定，同时充分调动各大银行的资源来联系多样化的商家，将支付端和服务端无缝连接，为快速构建数字人民币生态奠定基础。

---

① 穆长春：《对数字人民币"可控匿名"的思考》，2021。

表 5　部分银行开设的具体钱包

银行	项目	一类钱包			二类钱包			三类钱包			四类钱包		
		单笔	日累计	年累计	单笔	日累计	年累计	单笔	日累计	年累计	单笔	日累计	年累计
中国工商银行	消费	2万元	5万元	100万元	2万元	2万元	50万元	5000元	1万元	10万元	2000元	5000元	5万元
	转账	2万元	5万元	100万元	5000元	1万元	50万元	5000元	1万元	10万元	2000元	5000元	5万元
	收钱包	无	无	无	无	无	无	无	无	无	无	无	无
	充钱包	1万元	5万元	100万元	1万元	2万元	50万元	5000元	1万元	10万元	2000元	5000元	5万元
	存银行	5万元	20万元	200万元	2万元	5万元	20万元	—	—	—	—	—	—
	*说明	消费和转账交易共享10万元日累计支付限额度和100万元年累计支付限额度											
招商银行	消费	2万元	10万元	100万元*	2万元	3万元	50万元*	5000元	1万元	10万元*	2000元	5000元	5万元*
	转账	2万元	10万元*	100万元*	2万元	3万元*	50万元*	5000元	1万元	10万元*	2000元	5000元*	5万元*
	收钱	无	10万元	无	无	2万元	无	无	1万元	无	无	5000元	无
	充钱包	10万元	10万元	无	2万元	2万元	无	1万元	1万元	无	5000元	5000元	无
	存银行	5万元	5万元	无	2万元	2万元	无	—	—	—	—	—	—
	*说明	消费和转账交易共享1万元日累计支付限额度和10万元年累计支付限额度											
网商银行	消费	无	无	无	2万元	2万元	50万元*	5000元	1万元	10万元*	2000元	5000元	5万元*
	转账	无	无	无	5000元	1万元	50万元*	5000元	1万元	10万元*	2000元	5000元	5万元*
	收钱	无	无	无	无	无	无	无	无	无	无	无	无
	充钱包	无	无	无	2万元	2万元	无	—	—	—	无	无	无
	存银行	无	无	无	2万元	2万元	无	—	—	—	无	无	无
	*说明	消费和转账交易共享50万元年累计支付限额度			消费和转账交易共享1万元日累计支付限额度和10万元年累计支付限额度						消费和转账交易共享5000元日累计支付限额度和5万元年累计支付限额度		

此外，作为新兴的支付方式，根据中国人民银行的设计，数字人民币还可以加载一些有利于货币职能的智能合约，智能合约的使用可以根据具体的需求进行设计，包括实现条件支付、定向支付、约时支付等功能。在试点过程中，部分地区就在数字人民币发放时加入了人群限制、支付场景限制等，为数字人民币嵌入了简单、清晰、可控的应用场景，以此赋能支付产品，服务货币政策和政府政策，促进业务模式创新。

四　数字人民币发展存在的问题

（一）公众认知仍有不足，相关概念容易混淆

虽然数字人民币试点范围已经较大，交易金额也已经有了明显增长，但与移动支付的体量乃至整个货币体系的规模相比，数字人民币的使用范围和影响人群仍然有限，这就使得公众对数字人民币的认知仍然存在不足。

其一，了解程度不足。试点应该是一个全方位认识数字人民币的窗口，但许多参与试点的公众只是关注数字人民币红包带来的短期利益，在试点之后对数字人民币的具体概念、原理和运行方式等都没有形成足够的了解，同时数字人民币试点范围有待继续扩大，从而为更多人普及数字人民币相关知识。

其二，对数字人民币存在误解。受部分自媒体宣传的影响，部分公众将数字人民币和加密货币混淆，认为其与加密货币一样价值波动较大，从而降低使用意愿。此外，部分自媒体宣传的"数字人民币全面取代现金"等错误信息也会对公众产生误导。

其三，对隐私保护的担忧。虽然数字人民币在设计上充分考虑了小额支付的匿名性需求，并保证交易数据管理的规范性，但部分公众并没有较好地了解这一设计，仍然担心数字人民币在监管层面有所加强，担心交易数据被泄露或被过度监管。

其四，虚假的数字人民币试点项目对公众形成误导。在试点过程中，部

分别有用心的机构假借数字人民币试点的名义吸引客户，从而获取流量或进行非法活动，这都对公众认识数字人民币产生了较大的负面影响，造成真正的数字人民币项目后续推进困难。

（二）便利性有待提升，难以形成用户依赖

从试点情况及公众反馈来看，数字人民币并没有完全体现出优于移动支付的特点，在支付方式上更多是和移动支付相似，包括扫码支付、收付款码支付、线上商城支付等，"碰一碰"、可穿戴设备支付等新兴的支付方式目前还没有被广泛使用。但在商店层面，目前大部分商店均支持微信和支付宝支付，所有线上商城基本都可以使用微信、支付宝和银行卡，而支持数字人民币的商店还在逐步增加中，整体力量还显得不足。因此大量用户仍然习惯使用微信、支付宝等支付方式，这种用户依赖的改变还需要长期的工作。

（三）国际进展整体较慢，众多事项仍需摸索

从更广泛的央行数字货币的发展来看，虽然各国在央行数字货币方面的探索热情较高，但在央行数字货币发行方面仍然较为谨慎，试点范围较小。相较而言，中国的数字人民币试点已经有了一定规模，在央行数字货币探索中走在了前列。因此，数字人民币进一步发展过程中可借鉴的经验和案例较少，许多问题都是新问题，需要相关部门不断摸索。在这种情况下，出于金融稳定的考虑，在一些关键环节，由于存在观点上的分歧以及对未来的不确定，数字人民币的推进较为缓慢。

五 数字人民币的发展趋势

放眼长远，数字人民币发展的方向已经渐渐清晰，坚持"以我为主"这一出发点、抓牢"场景锚定"这一基本策略、夯实"技术创新"这一发展基础，这些都是不会变的大趋势。

（一）以我为主，形成特色金融体系基座

从数字人民币发展趋势来看，数字人民币一定要遵循"以我为主"这一关键点，即立足中国国情实际，进行数字人民币的设计，这也是数字人民币研究的初心。我国地域广阔，人口规模巨大，地区发展差异明显，公众支付习惯多样。在这种情况下，数字人民币的未来发展模式一定不是单一的，而是要因地制宜地发展，从当地市场条件出发，坚持人民性和市场化原则。同时在数字人民币的发展中，要兼顾金融创新与金融安全，兼顾发展和规范，兼顾效率和治理，兼顾国内零售和国际跨境，推动数字人民币服务于中国特色金融体系的建设。

（二）创新发展，形成多样化的服务生态

未来，数字人民币的推广仍然要紧紧把握"场景锚定"这一关键点。支付服务具有很强的场景特征，因此要毫不动摇地加深指定运营机构和交易场景机构的合作。长远来看，数字人民币需要形成一个有独特场景、开放共享、广泛接受且能够和现有支付体系兼容的生态，相关机构在双层运营架构下能够良性激励和竞争，从而高效地应对各行各业的实际问题。

在技术创新方面，数字化是数字人民币的基础，而不是终点，数字人民币要长远发展，还需要不断进行技术创新，融合新兴技术，走向"数智化"。在不远的将来，围绕数字人民币，应该会出现结合隐私计算、人工智能、区块链等技术的相关产品，数字身份、智能合约和近场通信等方面的技术也会更加成熟。这些新技术的探索和落地能够进一步提升数字人民币的便利性、可靠性、安全性，并能够为数字人民币开发多样化的金融服务，创造价值增量。

六　数字人民币的发展建议

针对数字人民币现阶段存在的问题，结合数字人民币的长远发展趋

势，现阶段可以在以下五个层面发力，从而逐步解决当下问题，迈向长远目标。

（一）加强宣传教育，帮助公众理解和认识

为了解决公众对数字人民币认知仍有不足的问题，需要进一步加强对数字人民币的宣传和普及。一方面，政府要加大对数字人民币的宣传力度，利用官方的宣传渠道对数字人民币的概念、特点、应用场景进行说明。另一方面，在推广数字人民币的过程中，相关部门要注意宣传的方式方法，对数字人民币的介绍要尽量清晰简洁，要侧重对数字人民币便利性的介绍，既要突出数字人民币与第三方支付的区别，但又不能过于晦涩难懂，要尽可能增加公众对数字人民币的亲身体验。同时，鼓励公众向亲戚朋友介绍数字人民币，鼓励公众在社交平台宣传"碰一碰"等创新性支付方式，发挥数字人民币的网络效应。

（二）深化试点发行，推动公众交易和使用

为了增强公众的使用，要重视数字人民币支付场景的建立。网络效应在支付领域中十分重要，数字人民币要提高用户数量和用户黏性，必须继续丰富交易场景，深入用户生活。在试点中，数字人民币已经被应用于线上商城、工资支付、社保缴纳等方面，但在试点结束后，许多用户并不继续使用数字人民币，相关商家也较少询问客户使用数字人民币支付的意愿。未来，还需要对数字人民币交易场景进行持续开拓，并进行长期用户习惯培养，不能局限在短期的试点当中。

（三）创新技术应用，以技术拉动模式创新

面对移动支付目前广泛应用的现实情况，要进一步拓展数字人民币市场，注重提升数字人民币的易用性。首先是技术创新，数字人民币设计中提到的"碰一碰""双离线支付"等技术，对于提高数字人民币的场景适应性、用户体验感都有益处，但从试点情况来看，相关技术还不够成熟。因

此，还需要进一步创新相关技术，让数字人民币体现出优于移动支付的特点。其次是支付设备的创新，在冬奥会场景中，数字人民币已经开发了硬件卡、可穿戴设备等多样化方式，但使用程度不高。未来还可以在支付设备上进行创新，以此适应老年人不会使用智能手机的问题，增加老年人对数字人民币的使用。

（四）完善相关研究，扎实新金融基础设施

在实践之外，数字人民币理论的完善也是重中之重。支付是金融行业的基础领域和关键领域，承担着金融日常交易和转账的功能，为金融服务提供窗口。而数字人民币又是支付领域的关键创新，这就使得数字人民币的落地和推广一定会给金融体系带来深刻影响。因此，需要完善数字人民币对货币政策、银行体系、现金需求、金融稳定、国际货币体系等方面的研究，对影响逻辑、发行效果进行预研预判，从而指导数字人民币的设计和实践，让数字人民币更好地服务于新金融体系建设。

（五）促进跨境合作，以标准规范领航国际

在满足国内交易需求的基础上，数字人民币未来一定需要走向国际，应用于跨境支付，服务于人民币国际化。现阶段，中国人民银行已经在积极参与央行数字货币相关的多边和双边交流合作，并在数字人民币跨境支付方面有了较多研究积累。接下来，要以多边央行数字货币桥项目为抓手，继续参与国际清算银行、国际货币基金组织等国际组织倡导的多边合作项目，探究央行数字货币跨币种交易的可能性。

以香港作为试验区，深化内地与香港的跨境支付技术测试，尝试实现数字人民币系统与香港"转数快"系统的互联互通，以数字人民币服务香港地区公众和商户的日常交易和结算需求，从而提前排查数字货币跨币种交易可能出现的问题。此外，依靠数字人民币的先发优势，还要注重经验总结，发出国际声音，积极参与央行数字货币国际标准的制定，包括但不限于技术标准、跨境业务标准、相关金融产品标准等。

参考文献

零壹财经：《数字人民币概论（二）：特征、应用与产业图景》，2021。

范一飞：《关于数字人民币 M0 定位的政策含义分析》，《金融时报》2020 年。

穆长春：《微信、支付宝与数字人民币不存在竞争关系》，2020。

穆长春：《顺应技术演进和经济发展趋势　积极推进以我为主的法定数字货币》，《旗帜》2020 年第 11 期。

穆长春：《对数字人民币"可控匿名"的思考》，2021。

姚前：《法定数字货币的经济效应分析：理论与实证》，《国际金融研究》2019 年第 1 期。

姚前、汤莹玮：《关于央行法定数字货币的若干思考》，《金融研究》2017 年第 7 期。

中国人民银行：《扎实开展数字人民币研发试点工作》，2022。

Barontini C. and Holden H. , "Proceeding with caution－a survey on central bank digital currency", BIS Papers, 2019（101）.

Boar C. and Wehrli A. , "Ready, steady, go？－Results of the third BIS survey on central bank digital currency", BIS Papers, 2021.

Boar C. , Holden H. and Wadsworth A. , "Impending Arrival：A sequel to the survey on Central Bank Digital Currency", BIS Papers, 2020（107）.

Kosse. A，Mattei. I. , "Gaining momentum－Results of the 2021 BIS survey on central bank digital currencies", BIS Papers, 2022 No 125.

B.11

2022年中国绿色金融发展评价

零壹智库*

摘　要： 发展绿色金融，是推动绿色发展的必由之路。本报告基于绿色金融的内涵，从政府推动和市场效果两个维度，构建绿色金融指数指标体系，采用 CRITIC 客观赋权法确定指标权重，计算出 2010~2022 年中国绿色金融发展指数。其后基于绿色金融发展总指数，探析中国绿色金融发展的内在逻辑和趋势，并阐明金融科技在推动绿色金融活动中的作用。研究发现，2010~2022 年，中国绿色金融指数整体呈现上升趋势，金融科技在支持绿色金融发展中发挥了重要作用，在绿色资产识别、环境气候控制、环境数据共享等领域取得了成效。

关键词： 绿色金融　政策支持　市场效果　金融科技

　　本报告在回顾政策法规和学术文献的基础上厘定绿色金融的内涵，提出绿色金融评价体系，采用 CRITIC 客观赋权法生成指标权重，并计算 2010~2022 年各省份、区域、国家的绿色金融指数，其后基于绿色金融发展总指数，探析中国绿色金融发展的内在逻辑和趋势，并阐明金融科技在推动绿色金融活动中的作用。

＊ 执笔人：邓婷心，零壹智库分析师，主要研究领域为数字金融。

一 绿色金融的内涵与评价体系

本章节将结合政策法规和学术文献，明确绿色金融的内涵，并基于此提出绿色金融评价体系，力求客观、真实、准确地衡量中国绿色金融发展现状。

（一）绿色金融的内涵

各个国家学术界对绿色金融的概念没有全面的定义。四个代表性立场如下。第一，《美国遗产词典》（2000年第四版）解释说，绿色融资被称为"环境融资"或"可持续融资"，其主要作用在于如何使用不同的金融工具来保护生态环境和生物多样性。第二，专指在金融部门中，认为绿色金融是将绿色产业作为贷款政策、贷款目标、贷款条件、贷款类型的援助项目，并从贷款分配、财税支持、利率补贴、期限选择等方面优先考虑，且给予优惠政策。[①] 第三，将绿色金融看作一种中央策略，通过环境保护、节约能源等方式引导资金流动，促进国家可持续发展战略，形成绿色高效的竞争优势，并推动金融交易实现现代化转型。[②] 第四，绿色金融是为了实现绿色清洁，通过贷款、投资等方式，发布的包括绿色信贷、绿色债券、绿色股票和绿色保险等一系列金融工具。[③]

以上观点各有侧重，从不同角度反映绿色金融的内涵。目前，中国学术界主要偏向于第四种定义。此外，与西方国家相比，中国在政府领导下推动绿色金融具有独特优势。中国绿色金融的发展具有更明确的自上而下的功能。中央根据区域社会、经济和金融发展的特点制定绿色金融政策，促进国家政策在地方层面的实施。

---

① 和秀星：《实施"绿色金融"政策是金融业面向21世纪的战略选择》，《南京金专学报》1998年第4期，第22~25页。
② 高建良：《"绿色金融"与金融可持续发展》，《金融理论与教学》1998年第4期，第20~22页。
③ 马骏：《论构建中国绿色金融体系》，《金融论坛》2015年第5期，第18~27页。

根据以往的讨论和中国的具体国情，本文对绿色金融的定义如下：以政策推动为主导，以市场效果为导向，本着绿色节能建设的原则，将信贷、保险、债券、股票等衍生品作为金融工具，以金融手段促进绿色发展，协调经济、资源和环境的发展。可见，绿色金融主要分为市场效果和政府推动两方面，本文基于此内涵构建绿色金融指标体系。

（二）绿色金融的评价体系

指标体系、指标权重和数据来源是评价体系的三个主要组成部分。本文中绿色金融评价体系的内容如下。

1. 指标体系

基于绿色金融的内涵，依据《关于构建绿色金融体系的指导意见》，并参照现有文献，[1][2][3] 对绿色金融整体进行分类。政府和市场是经济发展中密不可分的两个方面，因此，本文将绿色金融分为市场效果和政府推动两个维度，构建指标体系，具体如图1所示。

（1）市场效果

市场发展状况是绿色金融政策实施效果的直观体现，具体来说，市场效果包括以下4个方面。

一是绿色信贷。绿色信贷是开启绿色金融的试金石，在我国绿色金融发展中占据核心地位。具体来说，绿色信贷是银行通过其融资政策为可持续绿色项目提供贷款机会，帮助环保型企业获得低息融资，能源密集型公司融资成本的增加可能会鼓励它们将环境和环境因素纳入会计决策。为此，本文选取"新材料、碳中和、新能源、固废处理、氢能、生态改造、水电"等企业作为环保企业，并计算其信贷占比作为正向指标；同时选取"石油、煤

---

① 朱敏、王凯丽、唐海云：《绿色金融发展对生态效率的空间溢出效应研究——以黄河流域资源型城市为例》，《金融发展研究》2022年第4期，第55~62页。
② 王玉林、周亚虹：《绿色金融发展与企业创新》，《财经研究》2023年第1期，第49~62页。
③ 王翌秋、郭冲：《长江经济带绿色金融与产业绿色发展耦合协调研究》，《河海大学学报》（哲学社会科学版）2022年第2期，第53~59+110~111页。

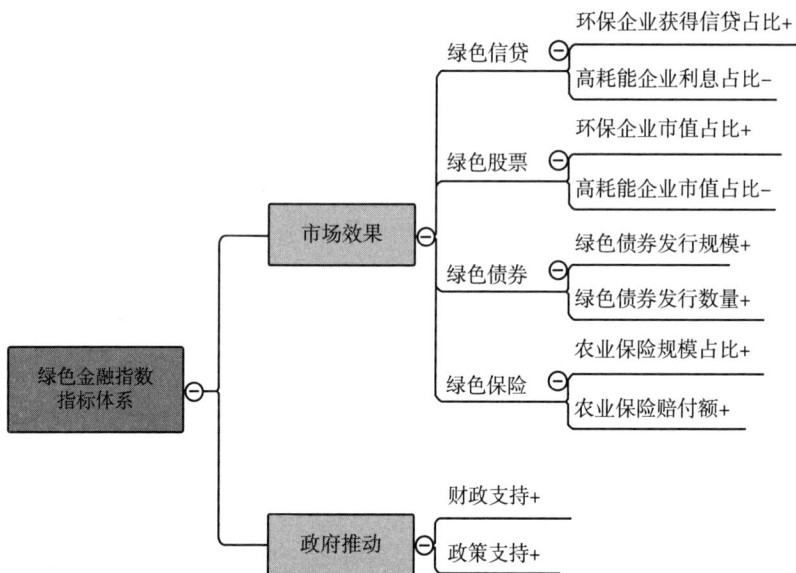

图1　绿色金融指数指标体系

炭、化学制造、黑色金属、非金属矿物、有色金属"企业作为高耗能企业，并计算其利息占比作为负向指标；最后将两者合并成绿色信贷指标。

二是绿色股票。绿色股票是一种新的可持续金融产品，为全球投资者提供新的资产类别。绿色股票专注于节能、减排和低碳转型，能够满足关注气候变化风险和机遇的股票投资者的具体需求。目前国际认定的"绿色股票"还未进入中国，但在我国ESG投资已经趋于完善的背景下，可选用ESG投资作为绿色股票的替代变量，又基于股价和公司市值呈正比关系。至此，绿色股票采用和前文类似的核算方法，选用环保企业市值占比作为正向指标，再选取高耗能企业市值占比作为负向指标，最后将两者合并成绿色股票指标。

三是绿色债券。绿色债券是指使用专门募集的资金为符合特定条件的绿色项目融资或再融资的债券工具。我国绿色债券起步较晚，但颇有厚积薄发之势，近年来，我国绿色债券累计发行额已超过2万亿元，居世界前列。绿色债券也成为继绿色信贷之后，中国发展绿色金融的又一动力。至此，本文选用绿色债券发行规模与绿色债券发行数量双重指标加权，用以形成绿色债券指数。

四是绿色保险。绿色保险是绿色金融体系的又一重要组成部分，也是市场经济中管理环境风险的工具。目前，绿色保险在控制农业、林业、畜牧业和渔业事故风险方面发挥着重要作用，并主要作用于支持乡村振兴的绿色融资。中国绿色保险主要包括环境治理中的风险保险和与绿色产业相关的保险业务，其中农业本身具备绿色属性，不仅注重可持续发展还有益于环境保护，是绿色保险的典型案例，目前国内外学者通常以农业保险作为绿色保险的代理变量。[①] 至此，本文使用农业保险代指绿色保险，并将农业保险规模占比和农业保险赔付额纳入其中，来衡量不同地区绿色保险的发展情况。

（2）政府推动

政府推动包括财政支持和政策支持两个方面。

一是财政支持，其主要指财政环保支出。财政环保支出是用于环境保护的税收成本的比例。近年来，政府不断加强对环境保护、污染防治等生态项目的投资，包括对家庭污染生产和修复等农村环境改善项目，以及农村有机污染防治和环境基础设施建设的财政扶持。财政环保支出是国家支持绿色金融的财政贡献，在一定程度上反映了各省份在环境保护领域的财政投入，衡量不同地区金融环境的可持续性水平，从而尽可能从多个维度衡量区域绿色金融的发展水平。

二是政策支持。自《关于构建绿色金融体系的指导意见》推进以来，地方绿色金融体系在自上而下的政策引领下逐步完善，全国31个省份均积极出台绿色金融相关政策措施，创新发展绿色金融工具，推进当地绿色金融的发展。至此，本文检索了30个省份（除西藏[②]）所有绿色金融政策，并细分为省级层面综合指引政策（绿色金融政策）、一般指引政策（绿色信贷、绿色债券等分支政策）与市级层面综合指引政策（绿色金融政策）、一

---

① 曾学文、刘永强、满明俊等：《中国绿色金融发展程度的测度分析》，《中国延安干部学院学报》2014年第6期，第112~121+105页。

② 基于西藏地区存在大量数据缺失且金融体系不健全，因此在分析时未纳入。

般指引政策（绿色信贷、绿色债券等分支政策），进行人工打分，最后得出政策支持指标。

2. 指标权重

指标权重的确定主要有两种方法：客观赋权和主观赋权。客观赋权法可以消除主观干扰，并且相对广泛。熵权法、标准差法和 CRITIC 法是主要的客观赋权方法，它们都使用变量的变化来确定权重。CRITIC 方法考虑了变量之间的冲突，并更准确地确定权重。[①] 因此，本文在对各项指标数据进行标准化的基础上，选择 CRITIC 方法确定指标权重。第 i 个指标的权重的表达式为：

$$w_i = \frac{C_i}{\sum_j^n C_j}, i = 1, 2, \cdots, n \tag{1}$$

$$C_i = \sigma_i \sum_j^n (1 - r_{ij}), i = 1, 2, \cdots, n, i \neq j \tag{2}$$

其中，σ_i 为指标 i 的标准差，r_{ij} 为指标 i 与指标 j 的相关系数。

3. 数据来源

本报告所涉数据来源于国家统计局、保险行业协会、各省财政年鉴、Wind 数据库、银行年报和社会责任报告等。省级层面部分指标的 2022 年数据国家统计局尚未公布，本文采用指数平滑法进行了预测。

基于上述设计，全国、分地区和典型省、市绿色金融发展指数的具体情况如下。

二 绿色金融总指数整体上行

2010~2022 年，中国绿色金融指数整体呈现上升趋势。从 2010 年的 82.60 上升到 2022 年的 934.68（见图 2），年复合增长率达 22.40%，远高于同期 GDP 年复合增长率（9.72%）。

---

① 许涤龙、陈双莲：《基于金融压力指数的系统性金融风险测度研究》，《经济学动态》2015年第 4 期，第 69~78 页。

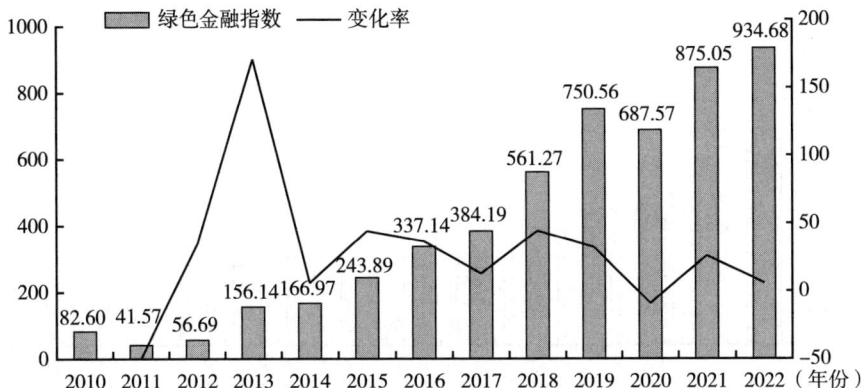

图 2 2010~2022 年全国绿色金融指数

资料来源：零壹智库。

分区域来看，2022 年绿色金融改革创新试验区所在省份的绿色金融综合指数表现较好。经济较为发达的北京、浙江、广东、江苏、福建、上海等地区基于其抢先的政策引导和活跃的市场环境，位于绿色金融发展水平的第一梯队。而宁夏、四川、青海等西部地区，在西部大开发的引导下，将节能环保产业作为区域重点发展产业，并结合地方区位优势，使绿色金融水平位于全国前列。而广西、河南、辽宁等地区，由于相关政策推行较慢，金融市场不够活跃等因素，处于全国绿色金融发展的末尾（见图 3）。

具体来看，促进绿色金融综合指数上行的主要有以下几个因素。

（一）绿色发展效果良好

绿色金融与绿色发展之间存在强相关性。一方面，绿色金融是绿色发展的重要支撑，绿色金融通过引导资金流向资源节约型技术开发和环保产业，吸引企业向环境友好型企业转型以获得相应的政策激励，引导企业强化绿色发展的观点。另一方面，良好的绿色发展意识和实践成为推动绿色金融发展与创新的时代背景，引导绿色金融综合指数上升，绿色发展与绿色金融互为因果，两者融合发展并呈螺旋向上的趋势。

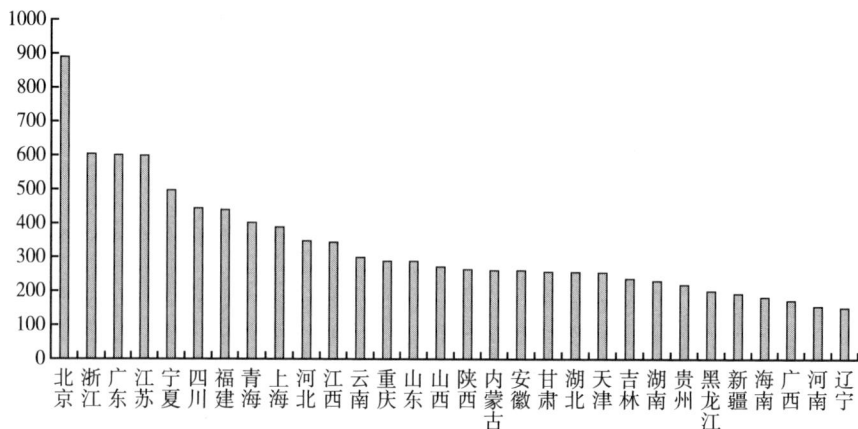

图3　2010~2022年分省份绿色金融指数

资料来源：零壹智库。

从生活垃圾清运量来看，截至2021年，[①] 我国城市生活垃圾清运量达到24869.2万吨，2010~2021年的年复合增长率达4.21%，生活垃圾无害化处理率由2010年的77.9%上升到2021年到99.9%（见图4）。近年来，我国先后多次大规模开展垃圾分类活动，通过政策引导，地方实施，社区督查，媒体宣传等多种机制，提高居民绿色发展意识，规范垃圾处理流程，共创绿色美好家园。

从城市绿化来看，2021年我国城市公园绿地面积约为347.98万公顷，同比增长5.0%。而2021年建成区绿化覆盖率也达到42.4%，同比增长0.71%，其涨势与绿色金融指数具有强相关性，具体如图5所示。

（二）绿色技术持续创新

绿色技术与绿色金融是互惠共生的两个概念。从供给端来说，绿色技术水平提升可以增强企业竞争优势，提高企业综合能力的同时增加企业抵抗风险的能力，推动企业更便捷地拿到绿色金融资金，除此以外，消费者绿色偏

---

① 基于国家统计局公开数据，本部分仅将数据更新至2021年。

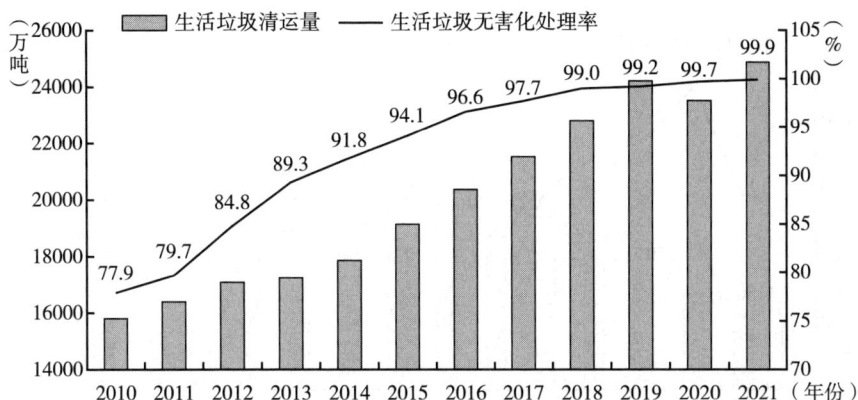

图4 2010~2021年全国生活垃圾清运量和生活垃圾无害化处理率

资料来源：国家统计局、零壹智库。

图5 2010~2021年全国城市公园绿地面积和建成区绿化覆盖率

资料来源：国家统计局、零壹智库。

好提升推动企业加大对绿色产品的技术创新。从需求端来说，技术创新本身具有高投入、高收益等特性，客观需要金融机构给予足够的资金支持，因此绿色技术也会倒逼绿色金融发展，以满足绿色创新企业对资金的客观需要。

从全国绿色技术创新指数来看，我国绿色技术水平整体呈现上升趋势，2008~2022年，绿色技术创新指数复合增长率达11.01%，尤其是2010~2016年，绿色技术水平迎来爆发式增长，并在随后保持平稳运行的态势（见图6）。

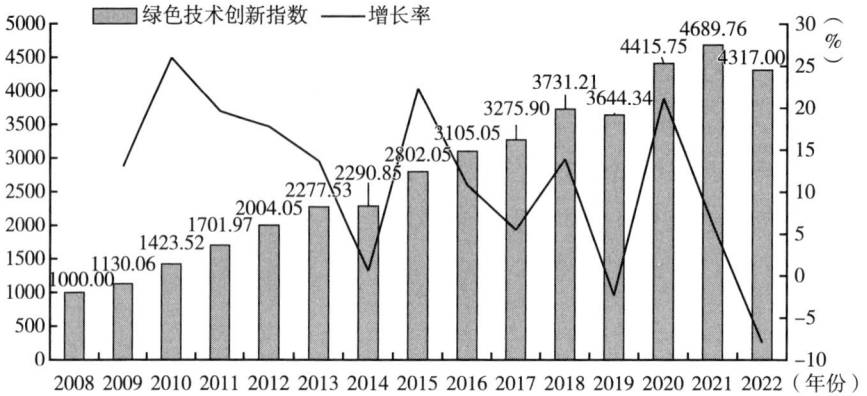

图 6　2008~2022 年全国绿色技术创新指数

资料来源：智慧芽、零壹智库。

从分省绿色技术创新指数来看，2022 年绿色技术创新指数依然是整体呈现东部绝对领先，中部地区表现较为平稳，而西部地区差距较大，与绿色金融指数情况类似。江苏、广东等地由于政策完善、市场营商环境较好，因此绿色技术水平遥遥领先（见图 7）。

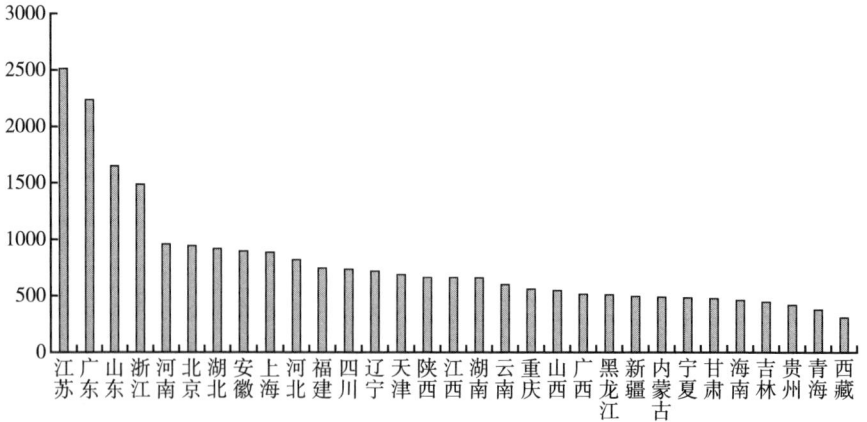

图 7　2022 年各省份绿色技术创新指数

资料来源：智慧芽、零壹智库。

从金融机构绿色技术创新情况来看，近年来，金融机构积极开展金融创新，并支持绿色技术创新企业和项目融资，把绿色技术创新作为优先支持领域。而金融机构本身也积极探索绿色技术创新，力求更环保、高效地服务实体经济。从2022年金融机构绿色专利申请与授权数量来看，中国平安共申请25件绿色专利，并获得1件专利授权，其技术创新水平遥遥领先。微众银行作为国内首家互联网银行，通过自身的金融科技，支持"绿普惠云"和泸州市"绿芽积分"项目，并申请24件绿色专利为绿色发展助力。除此以外，泰康保险、中国人寿等保险机构也积极推进绿色技术创新探索，为绿色发展贡献金融力量（见表1）。

表1　2022年金融机构绿色专利申请数与绿色专利授权数

单位：件

金融机构名称	绿色专利申请数	绿色专利授权数
中国平安	25	1
微众银行	24	1
中国农业银行	17	1
中国建设银行	12	1
中国银行	7	4
平安银行	4	0
泰康保险	3	3
中国工商银行	2	3
新网银行	2	1
中国人寿	2	0
江西远大保险	2	2
交通银行	1	0
中信银行	1	0
中国光大银行	1	0
上海银行	1	0
网商银行	1	0
苏宁银行	1	2
湖南三湘银行	1	0
重庆富民银行	1	0
平安消费金融	1	0

资料来源：智慧芽、零壹智库。

（三）金融生态发展加快

金融发展程度是实现绿色金融发展的基础。绿色金融是传统金融发展到一定程度的创新产物，金融规模庞大会减少绿色金融的信息不对称，提高贷款人和借款人的匹配效率，而金融效率提升会带动绿色金融审查、监管防控等效率提升，并且金融发展结构优化也会有助于绿色金融研发新产品，拓宽绿色金融服务范围。

本文借鉴经典文献衡量金融发展情况。①金融发展规模：本文借鉴齐俊妍①的做法将金融机构的存贷款余额与地区生产总值的比值作为各省份的金融发展规模。②金融发展效率：本文借鉴孙少勤等②的做法，以各省份金融机构中长期贷款余额占总贷款的比重作为代表金融发展效率的变量。③金融发展结构：本文采用各省份贷款中的中长期贷款比例作为代表金融发展结构的变量。测算结果显示，2010~2022年金融发展水平总体上行，这符合绿色金融发展规律，其中金融发展规模增长最明显，其复合增长率达3.2%，金融发展效率和金融发展结构也有略微提升（见图8）。

从金融机构的角度来看，2010~2021年③，主要金融机构平均资产总值呈线性增长趋势，从2010年的31806亿元增长到2021年的97404亿元（见图9），复合增长率为10.7%，其中浙商银行资产复合增长率达到39.76%，郑州银行资产复合增长率达到30.64%。可以看出，小型商业银行注资成为拉动金融发展规模提升的关键。

三　金融科技与绿色金融融合发展

限于篇幅，本文仅分析金融科技与绿色金融融合发展情况，省略了政府

---

① 齐俊妍：《金融市场发展与贸易竞争力：基于中国各行业的面板数据分析》，《世界经济研究》2010年第5期，第45~51+88页。

② 孙少勤、邱斌：《金融发展与我国出口结构优化研究——基于区域差异视角的分析》，《南开经济研究》2014年第4期，第17~31页。

③ 基于银行年报公开数据有限，本部分仅将数据更新至2021年。

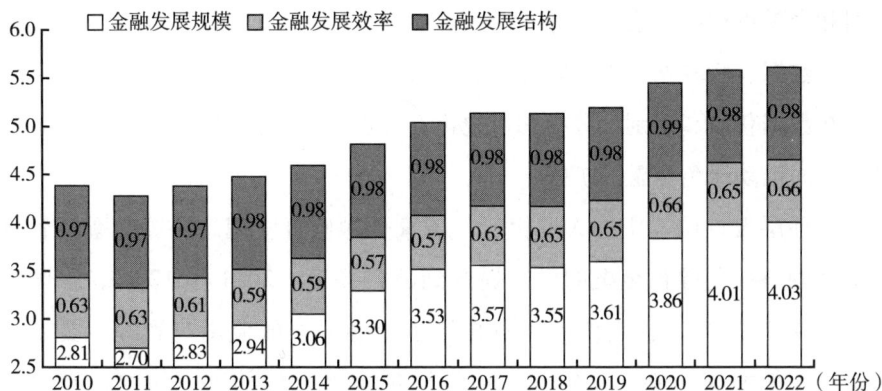

图8 2010~2022年全国金融发展水平

资料来源：国家统计局、零壹智库。

图9 2010~2021年主要金融机构平均资产总值

资料来源：中国人民银行、零壹智库。

和市场与绿色金融发展的分析。2022年绿色金融再扩容、再加力，推动社会绿色低碳高质量发展。金融科技在支持绿色金融发展中发挥了重要作用，在绿色资产识别、环境气候控制、环境数据共享等领域取得了成效。

（一）金融科技与绿色金融的融合提升到战略高度

"双碳"目标为中国发展绿色金融带来了新的机遇和要求。例如，加强

251

公司和金融机构的综合和标准化碳核算，加强金融机构的气候变化风险分析。大数据、物联网、人工智能、区块链等金融科技工具可以有效解决金融公司在数据获取、识别、分析和可视化方面识别绿色实体、项目和产品的困难，有力推动绿色金融的扩张。

在顶层设计中，中国人民银行、国家金融监督管理总局等金融监管部门将金融科技与绿色金融的融合提升到战略高度。2021年12月，中国人民银行在2022年工作会议中着重强调了金融科技的应用与管理，要求正确认识和把握碳达峰、碳中和，加强绿色金融工作的整体协调、有序推进。2022年1月，中国人民银行印发的《金融科技发展规划(2022—2025年)》明确指出，加强金融科技与绿色金融的深度融合，创新发展数字绿色金融，运用科技手段有序推进绿色低碳金融产品和服务开发，着力提升金融服务绿色产业的覆盖面和精准度。2022年2月，中国人民银行、国家市场监督管理总局、中国银行保险监督管理委员会、中国证券监督管理委员会联合印发《金融标准化"十四五"发展规划》，部署了下一步中国金融科技标准工作的重点：推动金融标准化工作数字化转型，研究制定转型金融标准，明确提出建立ESG评价标准体系，推动经济社会绿色发展和低碳转型(见图10)。

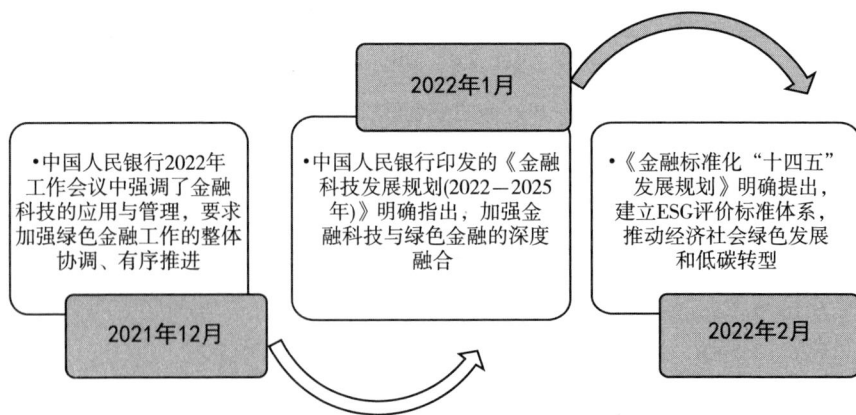

图10 金融科技与绿色金融的顶层设计发展

（二）金融科技公司多措并举推进绿色金融

金融科技支持绿色金融发展拥有广阔的市场前景，科技公司基于各自产品优势和原有业务生态投身绿色金融浪潮，走出了多元化发展的路径，服务于绿色金融的科技公司已经成为快速成长的市场主体类别。

以企业性质和业务模式划分，服务于绿色金融领域的中国科技公司主要包括环境信息大数据提供商、以服务绿色金融为主业的金融科技公司、金融机构下属科技服务子公司、互联网科技公司四大类主体。与 2020 年相比，2021 年以各类云服务商为代表的传统互联网科技公司积极拓展绿色金融服务与业务应用，为各类绿色金融场景提供系统性解决方案。同时，科技公司也正在布局并探索金融科技在绿色保险领域的应用。市场呈现从推动单一产品创新到提供系统性解决方案、从服务信贷投放到助力绿色产业投资的转变。

具体来看，金融科技公司支持绿色金融服务主要分为以下四个层次（见图11）。从绿色金融产品来看，金融科技工具的使用主要集中在绿色信贷、绿色债券、绿色保险、绿色基金/股票；从技术应用来看，大数据、人工智能和云计算仍是目前推动绿色金融发展的三大支柱性技术；从提供的服务和应用场景来看，相关科技公司在绿色金融领域中主要提供数据供给服务、系统开发服务、SaaS 平台服务、针对具体业务场景的系统化解决方案与生态服务等；从应用主体来看，相关科技公司在绿色金融领域目前以服务金融机构、企业、政府部门为主，在金融监管、个人用户应用场景方面的开发还较为有限。

四 展望

自 2016 年 8 月中国人民银行等 7 部委发布《关于构建绿色金融体系的指导意见》以来，中国构建了较为完整的绿色金融政策体系，并在顶层设计指引下加快绿色金融发展进程。经过近 7 年的发展，在绿色金融政策体

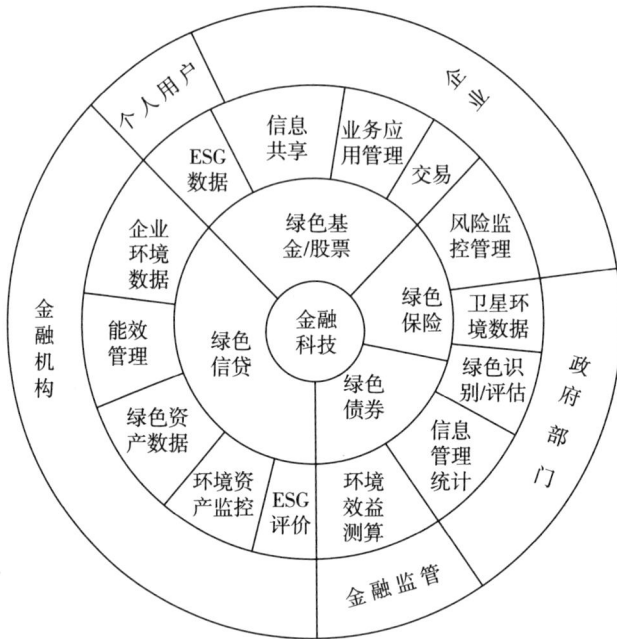

图 11 金融科技支撑绿色金融的路径

系、基础设施、市场主体和产品创新等方面都取得了显著的成效。绿色金融基于其可持续的重要内涵和新型金融业发展方式，正成为推动高质量发展的重要助力，深刻研究其历史内涵、政策经验和企业案例，为相关政府部门和企业提供参考决策，具有重要研究意义。

为此，本报告基于绿色金融的内涵，构建了政府推动和市场效果两个二级指标，政策支持、财政支持、绿色信贷、绿色股票、绿色债券、绿色保险等六个三级指标，以及环保企业获得信贷占比、高耗能企业利息占比、环保企业市值占比、高耗能企业市值占比、绿色债券发行规模、绿色债券发行数量等原始指标，得到绿色金融指数指标体系。然后，采用 CRITIC 客观赋权法，生成各指标的权重，对 30 个省份的绿色金融发展情况进行综合评价，得到绿色金融发展指数。基于绿色金融发展指数，探析中国绿色金融发展的内在逻辑和趋势及金融科技在推动绿色金融活动中的作用。

　　结果显示：从绿色金融综合指数来看，中国绿色金融发展指数高速增长。2010~2022年，中国绿色金融指数整体呈现上升趋势。从2010年的82.60上升到2022年的934.68，年复合增长率达22.40%，远高于同期GDP年复合增长率，其中绿色发展、绿色技术和金融生态为综合绿色金融发展做出贡献。在绿色金融政策支持层面，绿色金融的政策支持已经达到高位稳定阶段。政策推动、财政环保支持和污染防治成为政策支持的主要表现方式。在市场表现层面，中国绿色金融市场在政策影响下呈线性增长，其中绿色信贷、绿色债券、绿色股票和绿色保险都有较好表现。在金融科技层面，金融科技已逐渐成为推动绿色金融的新型力量。各金融科技公司多措并举，保障绿色金融高效、安全推进。

　　未来几年，中国绿色金融还将得到进一步发展。第一，优化绿色金融结构。目前，我国绿色金融发展中，绿色信贷占比较大，绿色债券蓄势待发，而相对来说，绿色股票和绿色保险发展缓慢，未来，应继续强化投融资市场发展，引导社会资金多维度流入绿色金融市场，提高投资者绿色产品偏好，满足对绿色投资的各个期限需求。第二，深化绿色金融改革创新试验区建设。绿色金融推进应由点及面，追求快速突破的同时要兼顾稳定和安全，对不同地区因地制宜，以创新试验区为突破口，渐进式发展绿色金融。目前我国北京、广东、江苏等绿色金融改革创新试验区成效斐然，未来，应抓住机遇，继续向下深化突破。第三，绿色金融更好地服务于"两碳"目标。未来，中国将开始建设全碳市场，规范碳排放权交易市场，丰富碳衍生品和其他碳交易品种，鼓励金融机构积极进行碳交易，同时引导企业在ESG投资时注重自身碳排放行为，促进各省份低碳发展目标的实现。

附录

附表1 各省份绿色金融综合指引政策

年份	省份	政策名称
2016	安徽	《安徽省绿色金融体系实施方案》
2019		《企业环境信用与绿色信贷衔接办法（试行）》
2019		《关于发展绿色金融支持安庆市经济实现高质量发展的指导意见》
2017	北京	《关于构建首都绿色金融体系的实施办法》
2021		《北京市地方金融监督管理局2021年生态环境保护工作计划和措施》
2022		《"两区"建设绿色金融改革开放发展行动方案》
2014 2017	福建	《关于辖区银行业机构支持生态文明先行示范区建设推进绿色信贷工作的指导意见》
2018		《福建省绿色金融体系建设实施方案》
2020		《关于加强绿色金融和环境信用评价联动助推高质量发展的实施意见》
2020		《三明市省级绿色金融改革试验区工作方案》
2022		《南平市省级绿色金融改革试验区工作方案》
2022		《泉州市金融服务绿色经济产业三年行动方案（2022—2024年）》
		《推动绿色金融发展的若干措施》
2018	甘肃	《甘肃省人民政府办公厅关于构建绿色金融体系的意见》
2019		《甘肃省兰州新区建设绿色金融改革创新试验区总体方案》
2020		《兰州新区绿色金融发展奖励政策（试行）》
2021		《甘肃省兰州新区绿色金融行业自律机制公约》
2021		《兰州新区绿色金融综合服务平台小微企业贷款风险补助政策（试行）》
2016	广东	《关于加强环保与金融融合促进绿色发展的实施意见》
2016		《深圳市关于构建绿色金融体系的实施意见（试行）》
2017		《广东省广州市建设绿色金融改革创新试验区实施细则》
2020		《关于贯彻落实金融支持粤港澳大湾区建设意见的行动方案》
2022		《广州市黄埔区、广州开发区促进绿色金融发展政策措施实施细则》
2022		《广东省发展绿色金融支持碳达峰行动的实施方案》
2018	广西	《关于构建绿色金融体系的实施意见》
2019		《广西壮族自治区绿色金融改革创新实施方案》
2016	贵州	《关于加快绿色金融发展的意见》
2017		《贵安新区建设绿色金融改革创新试验区任务清单》
2019		《贵州省绿色金融项目标准及评估办法（试行）》
2021		《贵安新区建设绿色金融改革创新试验区实施方案（征求意见稿）》

续表

年份	省份	政策名称
2022	贵州	《贵州省2022年度绿色金融创新发展工作方案》
2022		《贵州省绿色金融改革创新专项工作方案》
2022		《贵州省级绿色金融改革创新发展试点县建设工作实施方案》
2018	海南	《海南省绿色金融改革发展实施方案》
2017	河北	《承德市关于建立绿色金融体系的工作方案》
2017		《秦皇岛市构建绿色金融体系的实施意见》
2020		《邢台市绿色金融改革创新实施方案》
2022		《关于做好绿色金融支持绿色市政设施建设工作的通知》
2022		《金融支持雄安新区绿色低碳高质量发展的指导意见》
2018	河南	《南阳市金融支持绿色经济发展的指导意见》
2022		《关于推进河南省银行业保险业绿色金融发展的指导意见》
2022		《信阳市绿色金融改革创新三年行动方案（2022—2024年）》
2016	黑龙江	《关于推进黑龙江省绿色金融发展的实施意见》
2021		《黑龙江省绿色金融工作实施方案》
2015	湖北	《关于金融支持咸宁市加快实现绿色崛起的指导意见》
2017		《黄石市创建绿色金融改革创新试验区工作方案》
2022		《关于金融支持湖北省绿色低碳转型发展的实施意见》
2022		《关于推进湖北银行业保险业绿色金融发展的指导意见》
2022		《关于加快推动绿色金融支持绿色建筑产业发展的通知》
2017	湖南	《关于促进绿色金融发展的实施意见》
2022		《关于做好湖南省绿色低碳转型金融支持工作的通知》
2019	吉林	《关于推动绿色金融发展的若干意见（征求意见稿）》
2017	江苏	扬州市《关于构建绿色金融体系指导意见的实施细则》
2018		《关于深入推进绿色金融服务生态环境高质量发展的实施意见》
2018		南通市《关于加快绿色金融发展支持我市生态文明建设的实施意见》
2021		《关于大力发展绿色金融的指导意见》
2021		《长三角生态绿色一体化发展示范区绿色金融发展实施方案》
2021		扬州市《关于加快绿色金融发展的实施意见》
2022		常州《关于促进绿色金融高质量发展的实施方案》
2022		《昆山市建设金融支持深化两岸产业合作改革创新试验区实施方案》
2017	江西	《关于加快绿色金融发展的实施意见》
2017		《江西省"十三五"建设绿色金融体系规划》
2017		《萍乡市加快发展绿色金融的实施意见》
2018		《赣江新区建设绿色金融改革创新试验区实施细则》
2022		《江西省绿色金融发展规划（2022—2025年）》

续表

年份	省份	政策名称
2022	辽宁	《完善绿色金融体系助推辽宁绿色低碳发展的实施意见》
2017	内蒙古	《关于构建绿色金融体系的实施意见》
2018		《鄂尔多斯市构建绿色金融体系实施方案》
2018		《乌兰察布市人民政府关于构建绿色金融体系的实施意见》
2022		《关于金融支持内蒙古绿色低碳转型发展的通知》
2017	宁夏	《关于推进绿色金融发展的意见》
2018		《关于实施生态立区战略加快发展绿色金融的实施意见》
2021		《关于绿色金融支持清洁能源产业高质量发展的实施意见》
2008	青海	《关于支持绿色金融发展的实施意见》
2015		《关于推动全省加快发展普惠金融、绿色金融、移动金融的指导意见》
2016		《青海省关于发展绿色金融的实施意见》
2020		《青海省银行业保险业发展绿色金融支持国家公园示范省建设三年行动方案（2020—2022 年）》
2021		《绿色金融支持青海高质量发展的指导意见》
2018	山东	《济宁市绿色金融发展攻坚行动实施方案》
2020		《关于加强绿色金融服务的指导意见》
2021		《关于金融支持生态环境保护和生态环保产业发展的若干措施》
2020	山西	《关于进一步加强绿色金融工作的通知》
2016	陕西	《安康市绿色金融示范市建设工作方案》
2021		《关于金融支持陕西省绿色发展助推实现碳达峰碳中和目标的指导意见》
2022		《绿色金融助推民营经济发展的"安康实践"》
2022		《金融支持汉中市绿色发展助推实现碳达峰碳中和的实施细则》
2021	上海	《上海加快打造国际绿色金融枢纽　服务碳达峰碳中和目标实施意见》
2022		《上海市浦东新区绿色金融发展若干规定》
2022		《上海银行业保险业"十四五"期间推动绿色金融发展　服务碳达峰碳中和战略的行动方案》
2018	四川	《四川省绿色金融发展规划》
2018		《成都市人民政府办公厅关于推动绿色金融发展的实施意见》
2018		《泸州市人民政府办公室关于印发构建绿色金融体系的实施意见的通知》
2018		《绵阳市创新绿色金融服务实施意见》
2018		《广元市推进绿色金融发展实施意见》
2018		《关于发展绿色金融的实施意见》
2018		《内江市绿色金融发展规划》

年份	省份	政策名称
2018	四川	《南充市绿色金融发展规划》
2018		《眉山市绿色金融发展实施方案》
2018		《资阳市绿色金融发展实施办法》
2018		《雅安市推进绿色金融发展实施意见》
2018		《关于达州市推进绿色金融发展的实施意见》
2021		《金融支持雅安市建设绿色发展示范市工作实施方案》
2022		《金融支持四川省"5+1"现代产业绿色高质量发展专项行动方案》
2017	天津	《关于构建天津市绿色金融体系的实施意见》
2017	新疆	《关于自治区构建绿色金融体系的实施意见》
2017		《货币政策工具支持绿色金融改革创新试验区绿色经济发展实施细则（暂行）》
2021		《喀什地区推动绿色金融创新发展实施方案》
2017	浙江	《浙江省湖州市、衢州市建设绿色金融改革创新试验区总体方案》
2017		《湖州市人民政府办公室关于湖州市建设国家绿色金融改革创新试验区的若干意见》
2017		《安吉县绿色金融产业五年发展规划（2017—2021年）》
2017		《吴兴区聚焦实体经济发展全面推进绿色金融改革创新行动方案》
2018		《关于加快推进国家绿色金融改革创新试验区建设的若干政策意见（试行）》
2018		《德清县金融引领绿色经济发展试验区建设的若干意见》
2018		《推进安吉县绿色金融产业集聚区建设的实施意见》
2018		《安吉县绿色金融改革创新试验区建设2019年推进计划》
2018		《南浔区关于贯彻落实湖州市建设国家绿色金融改革创新试验区的若干意见》
2018		《长兴县人民政府办公室关于长兴县推进绿色金融改革创新支持实体经济发展的若干政策意见》
2020		《关于金融支持浙江经济绿色发展的实施意见》
2021		《湖州市绿色金融促进条例》
2021		《关于金融支持碳达峰碳中和的指导意见》
2017	重庆	《重庆市万州区绿色金融试点工作方案》
2017		《重庆市绿色金融发展规划（2017—2020）》
2017		《加快推进重庆市绿色金融发展行动计划（2017—2018年）》
2022		《重庆市建设绿色金融改革创新试验区总体方案》

附表2 各省份绿色金融工具指引政策

年份	省份	政策名称
2018	安徽	《安徽省银行业存款类法人金融机构绿色信贷业绩评价实施细则（试行）》
2020		《安徽省企业环境信用与绿色信贷衔接办法（试行）》
2014	北京	《北京市碳排放权交易管理办法（试行）》
2016	福建	《福建省碳排放权交易市场建设实施方案》
2016		《福建省碳排放权交易管理暂行办法》
2016		《福建省碳排放权交易市场信用信息管理实施细则（试行）》
2012	广东	《广东省碳排放权交易试点工作实施方案》
2014		《深圳市碳排放权交易管理暂行办法》
2016		《广州市碳排放权会计处理》
2018	贵州	《关于支持绿色信贷产品和抵质押品创新的指导意见》
2018		《关于绿色金融助推林业改革发展的指导意见》
2009	河北	《河北省绿色信贷政策效果评价办法（试行）》
2022		《关于有序做好绿色金融支持绿色建筑发展工作的通知》
2021	湖北	《关于推动湖北外资银行绿色金融发展的指导意见》
2021	湖南	《关于深化长株潭金融改革的实施方案（2021—2023年）》
2016	江苏	《江苏省碳排放权交易第三方核查机构管理办法（暂行）》
2017		《市政府关于加快金融业发展的实施意见（2018—2020年）》
2019		《江苏省绿色债券贴息政策实施细则（试行）》
2020		《江苏省绿色产业企业发行上市奖励政策实施细则（试行）》
2020		《关于深入推进"环保贷"工作的通知》
2019		《江苏省环境污染责任保险保费补贴政策实施细则（试行）》
2019		《江苏省绿色担保奖补政策实施细则（试行）》
2022		《江苏银行业绿色金融服务自律公约》
2017	江西	《江西银监局关于印发绿色信贷工作考核评价及差别化监管暂行办法的通知》
2018		《江西省新增省级地方特色农业保险实施工作方案（2018—2022年）》
2022		《江西省农业保险保费补贴管理办法》
2010	辽宁	《关于在辽宁省实施绿色信贷政策的指导意见》
2016	内蒙古	《内蒙古自治区人民政府办公厅关于印发培育发展绿色基金工作方案的通知》
2019	山东	《清洁基金绿色创新投资业务流程再造工作方案》
2021		《山东省再贴现减碳引导管理办法》
2022	宁夏	《自治区绿色信贷奖励资金管理办法》

续表

年份	省份	政策名称
2009	山西	《山西省绿色信贷政策效果评价办法（试行）》
2021	陕西	《绿色金融支持新型林业经营主体高质量发展十条措施》
2013	上海	《上海市碳排放管理试行办法》
2014		《上海市碳排放核查第三方机构管理暂行办法》
2020		《关于在长三角生态绿色一体化发展示范区深化落实金融支持政策推进先行先试的若干举措》
2021		《上海市浦东新区推进市场准营承诺即入制改革若干规定》
2021	四川	《关于推动城乡建设绿色发展的实施方案》
2016	新疆	《关于银行业金融机构加强绿色信贷工作的指导意见》
2021		《关于绿色金融支持自治区装配式建筑发展的实施意见》
2022		《关于加强绿色金融对节能降碳项目建设支持力度的通知》
2008	浙江	《关于落实环保政策法规推进绿色信贷建设的指导意见》
2011		《关于推进绿色信贷工作的实施意见》
2013		《龙湾区绿色信贷管理办法（试行）》
2017		宁波市《关于开展绿色金融支持绿色建筑协同发展试点工作的通知（试行）》
2019		《湖州市国家绿色金融改革创新试验区建设2019年推进计划》
2019		《丽水市绿色信贷实施规范（征求意见稿）》
2020		《关于印发加快推进南太湖绿色金融中心建设实施方案的通知》
2021		《湖州市国家绿色金融改革创新试验区建设2021年推进计划》
2014	重庆	《重庆市碳排放权交易管理暂行办法》
2021		《重庆绿色金融大道发展专项规划》
2023		《重庆市碳排放权交易管理办法（试行）》

资料来源：零壹智库。

参考文献

王玉林、周亚虹：《绿色金融发展与企业创新》，《财经研究》2023 年第 1 期，第 49~62 页。

朱敏、王凯丽、唐海云：《绿色金融发展对生态效率的空间溢出效应研究——以黄河流域资源型城市为例》，《金融发展研究》2022 年第 4 期，第 55~62 页。

王翌秋、郭冲：《长江经济带绿色金融与产业绿色发展耦合协调研究》，《河海大学学报》（哲学社会科学版）2022 年第 2 期，第 53~59+110~111 页。

马骏：《论构建中国绿色金融体系》，《金融论坛》2015 年第 5 期，第 18~27 页。

许涤龙、陈双莲：《基于金融压力指数的系统性金融风险测度研究》，《经济学动态》2015 年第 4 期，第 69~78 页。

曾学文、刘永强、满明俊等：《中国绿色金融发展程度的测度分析》，《中国延安干部学院学报》2014 年第 6 期，第 112~121+105 页。

孙少勤、邱斌：《金融发展与我国出口结构优化研究——基于区域差异视角的分析》，《南开经济研究》2014 年第 4 期，第 17~31 页。

齐俊妍：《金融市场发展与贸易竞争力：基于中国各行业的面板数据分析》，《世界经济研究》2010 年第 5 期，第 45~51+88 页。

潘岳：《谈谈环境经济政策》，《求是》2007 年第 20 期，第 58~60 页。

高建良：《"绿色金融"与金融可持续发展》，《金融理论与教学》1998 年第 4 期，第 20~22 页。

和秀星：《实施"绿色金融"政策是金融业面向 21 世纪的战略选择》，《南京金专学报》1998 年第 4 期，第 22~25 页。

B.12

2021~2022年数智化营销模式发展情况

零壹智库*

摘　要： 金融数字化转型，已经被列入国家"十四五"规划纲要。近年来，金融监管机构相继出台了多项关于数字化转型和数字化营销的指导意见和监管规定。金融机构数字化基础设施已逐步趋于成熟，但金融科技工具的开发与投产，并未能有效帮助一线营销团队解决当前面临的痛点和问题。金融机构要实现营销模式的数字化、智能化，需要更多地从市场出发、从客户出发、从一线员工出发，优化迭代科技工具、经营管理策略和客群营销策略。

关键词： 数字化转型　数字技术　营销模式　营销策略

国家"十四五"规划纲要对金融行业数字化转型工作提出了明确部署。坚持回归本源，提高金融机构干部员工的金融专业能力，用好金融科技工具服务好实体经济、服务好人民群众，是金融机构数字化转型的出发点和落脚点。金融机构要实现营销模式的数字化和智能化，不仅是金融科技工具的开发与投产，而且是金融科技工具在营销工作中的有效使用。

一　金融领域数智化营销模式的政策指导

2016年，中国人民银行印发了《关于加强支付结算管理防范电信网络

---

* 执笔人：周承，资深银行数智化营销专家，零壹智库特约分析师，主要研究领域为数字金融。

新型违法犯罪有关事项的通知》（银发〔2016〕261 号，以下简称 261 号文）。该通知要求，自 2016 年 12 月 1 日起，银行业金融机构（以下简称银行）为个人开立银行结算账户的，同一个人在同一家银行（以法人为单位，下同）只能开立一个 Ⅰ 类户，已开立 Ⅰ 类户，再开新户的，应当开立 Ⅱ 类户或 Ⅲ 类户。261 号文的发布，为实现线上远程开立银行账户奠定了政策基础。

2018 年，中国人民银行印发了《关于改进个人银行账户分类管理有关事项的通知》（银发〔2018〕16 号）。该通知从开户、资金转入转出及限额等方面做了很多优化和改进，进一步扩大了 Ⅱ 类、Ⅲ 类账户的应用范围。

随着保险从业人员通过网络直播和短视频等方式开展保险营销宣传、销售等行为的日益普遍，2020 年 6 月，北京银保监局办公室印发了《关于保险网络直播和短视频风险提示的通知》（京银保监办发〔2020〕66 号），从业务形式、有关主体、相关内容三个方面，对辖内保险公司及所属从业人员开展保险短视频、直播营销宣传和销售活动作出了明确要求。

2021 年初，为规范商业银行通过互联网开展个人存款业务，维护市场秩序，防范金融风险，保护金融消费者合法权益，中国银保监会办公厅、中国人民银行办公厅联合印发了《关于规范商业银行通过互联网开展个人存款业务有关事项的通知》（银保监办发〔2021〕9 号，以下简称互联网存款新规）。该通知指出，"地方性法人商业银行要坚守发展定位，确保通过互联网开展的存款业务，立足于服务已设立机构所在区域的客户。无实体经营网点，业务主要在线上开展，且符合银保监会规定条件的除外"。

同期，为进一步规范互联网贷款业务行为，中国银保监会办公厅发布《关于进一步规范商业银行互联网贷款业务的通知》（银保监办发〔2021〕24 号，以下简称互联网贷款新规）。该通知指出，"严控跨地域经营。地方法人银行开展互联网贷款业务的，应服务于当地客户，不得跨注册地辖区开展互联网贷款业务。无实体经营网点、业务主要在线上开展，且符合银保监会其他规定条件的除外"。城市商业银行和农村商业银行设立机构以覆盖本市或本省为主，互联网存款新规和互联网贷款新规下发后，对于这些地方法人银行的影响较大，对国有银行及全国性股份制银行影响较小。

为进一步提高保险中介机构的运营效率、优化内部资源配置和提升风险防范水平，2021年1月，中国银保监会印发了《保险中介机构信息化工作监管办法》，对计算机、通信、网络等现代信息技术，应用于业务处理、经营管理和内部控制等方面，提出了明确的管理要求。

为深入贯彻落实以习近平同志为核心的党中央决策部署，加快数字经济建设，全面推进银行业和保险业数字化转型，推动金融高质量发展，更好服务实体经济和满足人民群众的需要，2022年初，中国银保监会正式发布《关于银行业保险业数字化转型的指导意见》（银保监办发〔2022〕2号）。该指导意见为银行业保险业的数字化转型发展指明了方向。该指导意见明确，银行业保险业数字化转型的基本原则是，坚持回归本源，把服务实体经济、服务人民群众作为银行业保险业数字化转型的出发点和落脚点。银行保险机构要加强顶层设计和统筹规划，科学制定数字化转型战略，统筹推进工作。要大力推进业务经营管理数字化转型，积极发展产业数字金融，推进个人金融服务数字化转型，加强金融市场业务数字化建设，全面深入推进数字化场景运营体系建设，构建安全高效、合作共赢的金融服务生态，强化数字化风控能力建设。要从健全数据治理体系、增强数据管理能力、加强数据质量控制、提高数据应用能力等四个方面提升数据治理与应用能力。要加强自身科技能力建设，加大数据中心基础设施弹性供给，提高科技架构支撑能力，推动科技管理敏捷转型，提高新技术应用和自主可控能力。银行保险机构要加强战略风险、创新业务的合规性风险、流动性风险、操作风险及外包风险等管理，同时防范模型和算法风险，强化网络安全防护，加强数据安全和隐私保护。

为推进资本市场信息化建设，着力做好基础标准制定工作，促进行业数据治理、业务服务等领域标准研制，不断夯实科技监管基础，2022年底，中国证监会发布《证券期货业机构内部接口 证券交易》等七项金融行业标准。这七项金融行业标准，明确了证券期货业机构内部证券交易的业务消息流程、接口设计原则，以及委托交易应用层消息的接口字段，促进了行业对登记结算核心业务元素的理解和技术定义的统一，进一步降低了数据共享和技术系统运营成本；给出了证券期货行业机构开展信息技术服务连续性管理的基本程序和措施，有利于引导行业机构正确认识信息技术服务连续性的重要性，强化信息技术服务连续性管理的组织保障，规范实施过程，提升信息技术服务连续性管理水平；有利于市场参与机构快捷、方便地实现各类业务系统端到端的数据传输，降低数据通信成本，提高行业数据通信安全水平和通信效率；有利于提高客户信息交互规范性与时效性，提升行业机构服务效率与服务质量；为动态评估投资者风险承受能力和风险偏好提供了数据基础，以促进解决各证券经营机构在建立投资者评估数据库开展投资者评估时，遇到的数据规范不统一、数据格式不一致、评估维度不完整、评估数据范围差异大等问题。

二 金融领域数智化营销模式发展情况

近年来，数字化、数字化转型、数字化营销、私域流量等关键词，被各大银行反复提及。以 2021 年六家大型商业银行披露的年度报告为例，中国工商银行，全文提及"数字化"36 次，提及"数字化转型"13 次；中国农业银行，全文提及"数字化"84 次，提及"数字化转型"34 次；中国银行，全文提及"数字化"41 次，提及"数字化转型"41 次；中国建设银行，全文提及"数字化"53 次，提及"数字化转型"5 次；交通银行，全文提及"数字化"65 次，提及"数字化转型"28 次；中国邮政储蓄银行，全文提及"数字化"87 次，提及"数字化转型"35 次。从年度报告中的提及次数可以看出，数字化或数字化转型，已成为各大金融机构的战略共识，下面以中国工商银行、中国建设银行、招商银行和国泰君安证券为例。

（一）中国工商银行

中国工商银行提出了"数字生态、数字资产、数字技术、数字基建、数字基因"的五维布局，筹划推出面向未来的数字化品牌"数字工行（D-ICBC）"，同时依托集团金融科技和数据优势，以客户为中心、以"数据+

技术"双要素驱动，深化数字工行建设。

G端：创新数字政务服务新模式。共与全国 29 个省份开展政务数据合作，落地 300 多个政务合作场景，积极助力政务服务"一网通办"。

B端：深度参与产业数字化。紧密对接现代农业、先进制造业、现代服务业等行业龙头数字化转型发展步伐。围绕医疗、教育、出行等民生热点领域，上线了 20 余个"金融+行业"的云服务生态圈，对外输出 2600 余种金融产品和服务。

C端：着力打造云上工行服务新模式。持续推动手机银行升级，将智慧大脑与工银 e 服务、工小智、云工作室等渠道对接，为个人全量客户提供1000 万余种智能服务方案。实现"实体+电子"社保卡发卡，支持社保卡跨省通办，并构建"智慧风控"平台，保护客户资金安全，在涉敏、防盗刷、老年人转账等高风险领域，加强异常交易监控。

（二）中国建设银行

中国建设银行全面推进常态化数字化经营，将开放、共享、协同、敏捷的思维模式应用于日常经营活动，持续提升数字化经营能力。"三大战略"、智慧政务、乡村振兴、绿色金融、大财富管理等重点业务领域依托场景平台经营，有效实现流量与价值转化。业务、数据、技术三大中台建设稳步推进，特别是以用户、商户、权益、支付为核心的"3+1"能力中心建设取得阶段性进展。围绕"建生态、搭场景、扩用户"的数字化经营逻辑，确立了以手机银行、"建行生活"App"双子星"企业级平台为核心，多渠道布局、企业级优先、特色化为补充，线上线下融合发展的建行生态场景体系，场景平台逐步成为其获客和活客的重要阵地。

（三）招商银行

零售客户服务方面，招商银行持续提升"人+数字化"能力，经营模式从以客户经理管户为主向"管户+流量"双模式并进升级。报告期内，招商银行 App 和掌上生活 App 的月活跃用户（MAU）达 1.11 亿户，28 个场景的 MAU 超过千万，促进月活跃用户与管理客户总资产（AUM）的有机融合。提升私人银行业务数字化服务能力，家族信托立项周期缩短 92%，最快仅需 3 个工作日，线上下单占比达 89%。

企业客户服务方面，招商银行全流程整合客户需求场景，实现仅需开户临柜一次、后续线上一站式办理常规业务。积极推进智能风控平台建设，提升对公融资业务全流程线上化率，截至报告期末，线上化率达 67.26%，流动资金贷款、保函、票据、国内信用证等产品的线上化流程业务笔数已超过传统线下流程。

风险管理方面，招商银行以智能风控平台"天秤"提升交易风险管控能力。报告期内，将非持卡人伪冒及盗用金额比例降至 0.9‰，近三年复合降幅 62.46%。对公智能预警系统对有潜在风险的公司客户预警准确率达 75.68%。构建信用债违约预警平台，对重大信用事件预警准确率达 86%。

降本增效方面，招商银行的 AI 模拟人、辅助人、替代人成效显著，AI 智能客服、语音质检、智能审录等共实现人力替代超过 6000 人。AI 智能客服与 62 家公积金中心确立合作关系，已经为 26 家公积金中心提供智能客服服务，引进公积金各类服务接口 41 个。体系化推进科技队伍效能提升工作，研发产出规模同比提升超过 30%。自主研发的海螺 RPA（机器人流程自动化）平台，已经实现对国外成熟产品的全面替代，累计开发了 2000 个场景应用。建设"慧点隐私计算平台"并实现与头部隐私计算厂商互联互通，在多个业务场景应用落地，为用户提供更加全面的隐私保护服务。

（四）国泰君安证券

国泰君安证券发布实施的《全面数字化转型整体方案》明确提出，打造"SMART 投行"的数字化转型愿景，全面推进数字化转型，持续优化以君弘 App 为核心的数字化财富管理平台和以 Matrix-道合 App 为核心的机构客户服务平台。截至报告期末，君弘 App 手机终端用户为 3790 万户，平均月活跃用户排名行业第 2；道合平台机构用户累计超过 5.5 万户，覆盖机构和企业客户 9047 家。

三 金融领域数智化营销模式发展存在的误区

金融领域数智化营销发展，依托金融科技工具的开发和投产，但开发和投产了众多金融科技工具后，仍然未能有效解决分支机构营销工作中面临的难题，在金融营销维度存在以下一些误区。

（一）金融领域数智化营销不等于科技系统开发

手机银行、云工作室等金融科技工具，是金融领域数字化转型必需的基础设施，但并不是开发出了这些工具，直接给一线下指标，一线就能够把这些工具有效使用。金融机构开发的这些工具，不但没有实际解决一线网点获客难、老客提升难的问题，而且给一线增加了考核指标负担。

金融机构的数字化转型，系统开发很重要，是数字化转型的科技基础设施，但开发出来后，更应该考虑的是这些金融科技工具是否被一线有效使用起来，是否能真正解决一线痛点，是否能真正提升客户体验，是否能为金融机构的利润增长创造价值。以手机银行为例，进入数字时代，平时能到银行网点办理业务的客户，以老年客户为主，这类客群，本身就离网点不远，而且早已习惯到网点办理各项业务，没有必要使用手机银行，再加上老年客户使用的手机或许并不支持手机银行的安装运行，他们也不太会使用手机银行。因此，能够时常到网点办理业务的客户，并不是手机银行的目标客群。手机银行的目标客群是中青年客户。首先，从他们使用的手机来看，基本支持手机银行的安装运行，对手机银行的使用，也很容易上手；其次，这类客群平时很忙，没时间到网点排号办理业务，通过手机银行线上远程办理业务，是这类客群的刚需。但是，各大银行的手机银行有效动户率一直保持在低位，这就是总行的数字化转型基础设施并没有被一线有效使用的现实表现。

为什么会出现这样的情况？因为，网点营销人员不具备数字化营销能力，不能运用数字化平台去触达没有必要也没有意愿来网点的客户。对于手机号码变更，没有告知银行的客户；对于不接银行营销电话的客户；对于不看银行营销短信的客户，网点营销人员根本没有办法联系上他们。但是，手机银行有考核指标，为了完成指标，网点营销人员只能够触达时常到网点办理业务的老年客户，甚至客户在注册登录手机银行的时候，都不是用自己的手机，而是用的网点的设备。这就是各大银行手机银行有效动户率一直保持在低位的最主要的原因。这也导致手机银行这一线上远程获客利器，并没有被一线使用起来。如果给手机银行的价值打 10 分，一线真正使用到的，最多 3 分。由于权限、视角和资源的不同，总行在开发出科技工具后，更应该组织各方智慧和力量，让这些工具的价值被充分发挥出来，切切实实地为一线赋能，为一线解决问题，为银行的利润增长创造价值，而不仅仅让其沦为一个考核指标。

（二）金融领域数智化营销不等于直播带货

许多金融机构正在向互联网和快速消费品行业学习，让员工直播带货。但是这一模式仅适合总行、分行品牌推广，并不适合银行网点做金融产品销售。

金融领域数智化营销，与非金融行业有着本质的区别，其中，最关键的是监管的不同。2020 年，中国银保监会办公厅发布的《关于防范金融直播营销有关风险的提示》指出，金融营销在直播场景下，容易出现由直播时间限制或消费者中途观看等原因导致的信息披露不足、消费者信息获取不全等情况。金融产品与普通商品有所不同，一般需要根据消费者或投资者的风险承受能力进行针对性推介，而直播带货模式下无法有效识别每个人的风险承受能力，也做不到一对一地充分沟通。同时，许多金融机构通过线上直播也并不是为客户解答金融方面的问题，而是让客户来参加"薅羊毛"的活动，这种做法脱离了金融行业要通过自己的金融专业能力，为客户创造价值的本源。而且，"薅羊毛"的活动，只能吸引部分贪小便宜的客户，真正有价值的客户，更看重的是金融机构从业人员是否具备扎实的金融专业能力。

（三）金融机构数智化营销不等于上线企业微信

许多银行除了向互联网和快速消费品行业学习，让员工直播带货，同时还上线了企业微信。上线之后，同样是以指标的方式向一线下达，认为只要用企业微信添加了客户，或者拉一个200人的企业微信群就可以经营好客户了。

1. 企业微信的好友添加阶段

金融机构要求员工通过电话外呼添加客户微信，要么客户不接电话，要么话术没说完就被客户挂断，部分客户即使在电话中同意添加，但过后仍然不会通过营销人员的好友添加申请。同时，金融机构网点到店客户越来越少，想要通过金融机构网点添加企业微信好友，难上加难。

2. 企业微信客户的标签画像

企业微信画像里的资产等级、产品持仓仅是客户在该机构的数据，不代表客户的全部，在该机构金融资产少，不代表客户在其他机构的金融资产也少。同时，金融机构的CRM系统信息，缺少客户的非金融信息数据，即使导入企业微信后，仍然无法给客户打上完整的人物画像标签。

3. 与企业微信客户沟通的方式

金融机构营销人员添加客户企业微信好友后，由于数量庞大，网点现有人力仍然无法实现一对一的沟通。要实现与客户的批量沟通，主要通过群发助手的功能，把消息批量发送给客户，但是，每群发一次，就会被一批客户拉黑。

4. 与企业微信客户沟通的内容

很多金融机构在要求员工执行朋友圈SOP，即通过朋友圈转发和其他银行没有差异的早报、广告，但会持续被客户拉黑或屏蔽。另外，有些金融机构尝试组建了企业微信客户群，员工通过群发助手发布的"薅羊毛"活动或产品广告，客户同样不予理会，或直接把员工拉黑。当前，各大金融机构要求营销人员发布的朋友圈内容，要么是产品广告，要么是"薅羊毛"的活动，要么是千篇一律的早报。这样的朋友圈SOP，会导致越勤奋的员工，越容易被客户拉黑屏蔽。

（四）金融机构数智化营销不等于 AI 智能外呼

当前，大部分金融机构仍然在推行"每天不低于 20 个电话外呼，每个电话外呼不低于 60 秒"的过程管理。同时，大部分金融机构陆续上线了 AI 智能语音外呼。虽然电话营销在过去是一个成功的方式，但是现在，电话营销不再是一个有效的方式。

1. 法律法规限制

根据《民法典》第 1033 条规定，除法律另有规定或者权利人明确同意外，任何组织或者个人不得以电话、短信、即时通信工具、电子邮件、传单等方式侵扰他人的私人生活安宁。2020 年，工业和信息化部结合前期实践经验，对《通信短信息服务管理规定》（工业和信息化部令第 31 号）进行修订，形成了《通信短信息和语音呼叫服务管理规定（征求意见稿）》，并向社会公开征求意见。该规定指出，任何组织或个人未经用户同意或者请求，或者用户明确表示拒绝的，不得向其发送商业性短信息或拨打商业性电话。用户未明确同意的，视为拒绝。用户同意后又明确表示拒绝接收的，应当停止。此外，工业和信息化部还将组织建立全国统一的"谢绝来电"平台。2021 年 11 月，《个人信息保护法》正式施行，其第一章第 10 条明确规定，任何组织、个人不得非法收集、使用、加工、传输他人个人信息，不得非法买卖、提供或者公开他人个人信息。

因此，按照以上规定，银行外呼，首先要征得客户的同意，客户如果不同意，或者未明确表示同意的，银行都不应当给客户发送商业性短信或拨打商业性电话。与此同时，中国银保监会消费者权益保护局发布 2021 年第 19 号通报，通报了对某银行消保现场检查发现的侵害消费者权益相关问题。其中，第 5 条有这样的描述："五、违规查询、存储、传输和使用个人客户信息，侵害消费者信息安全权。……信用卡中心向 1.99 万名已注销信用卡账户的客户致电营销保险产品，部分客户多次明确表示拒绝来电，该行仍持续向其电话营销。"上述做法违反了中国银监会办公厅《关于加强网络信息安全与客户信息保护有关事项的通知》《商业银行信用卡业务监督管理办法》以及国务院办公厅《关于加强金融消费者权益保护工作的指导意见》等规定。2022 年 3 月，中国银保监会行政处罚决定书，银保监罚决字〔2022〕3 号、银保监罚决字〔2022〕5 号、银保监罚决字〔2022〕6 号相继公布，三家银行信用卡中心因"电销"被处罚。

2. 科技限制

当前，有财力、有科技实力的金融机构纷纷布局 AI 智能语音外呼机器人。通过 AI 智能外呼，金融机构可以用数字化系统，低成本地快速呼叫更多的客户。这对金融机构来说，的确是通过数智化带来了人工成本的降低和外呼通话量的提升。但是，从客户角度来看，当客户接到 AI 机器人外呼的电话，对着电话说了半天，结果发现是个机器人。这对客户来说，无疑是一种情感上的欺骗和伤害。同时，外呼机器人能提供的服务和响应，取决于后台数据库中的话术数量，若客户提出的诉求未被纳入语音数据库，外呼机器人则无法实现快速准确的响应。如果金融机构的数智化营销是这样的营销，只会让客户与金融机构的距离越来越远。凡是背离了用户需求，降低了客户体验的金融科技工具，都难以创造价值。

当下，金融机构都把数智化营销放在了重要的战略地位，但是，在贯彻执行层面，要么只是简单粗暴地把互联网技术团队挖过来，要么是直接复制互联网行业的做法。金融行业是一个特殊的行业，是一个受到强监管的行业。金融机构要向互联网行业学习的，不单单是技术层面，还要学习互联网企业的思维逻辑，以解决用户痛点为目标，以提升用户体验为导向的经营思路，在了解监管政策、了解市场、了解客户、了解员工的基础上，用互联网的思维开展内部管理和客户营销。

为了解决用户被电话骚扰的痛点，手机厂商也从最开始的电话标签拒接，升级到现在的 AI 智能通话助手。什么是手机的 AI 智能通话助手？简而言之，AI 智能通话助手，是嵌入手机的 AI 通话功能，当手机识别到骚扰电话的类别后，手机不是拒接，而是自动接听，并且能根据对方说的内容，进行自动对话。因此，当金融机构在用 AI 外呼语音机器人自动骚扰客户的时候，手机厂商帮助客户用 AI 通话助手自动应对。这就是互联网思维在产品研发上的应用。

四　金融领域数智化营销模式的发展建议

金融领域数智化营销的基础设施已经基本完善，下一阶段要更多地考虑如何把基础设施的功能有效发挥出来，切实解决营销端的痛点和需求。

为此，对金融领域数智化营销的发展，建议如下。

（一）迭代经营管理策略

一是员工培养。数智化营销需要对应的人才保障，培养员工的数智化营销能力，要从金融专业能力和数字化营销能力两个方面入手。金融科技工具对于营销人员的意义在于开启了线上展业通道，在客户不到网点的情况下，线上营销模式将成为其触达客户、与客户交互的最佳方式。

二是过程管理。数字化营销，离不开内容的持续输出，离不开客户的持续获取，离不开私域工具的持续耕耘。这三个环节缺一不可，有的金融机构尝试跳过前两步，直接进入第三步，建立客户微信群，结果建一个"死"一个，除了员工在群里说话、发红包、发产品之外，客户几乎没有交流，这个群也自然沦为垃圾群或鸡肋群。因此，在过程管理方面，需要把传统的电话考核转型为内容输出阅读量的考核、流量平台粉丝量的考核以及微信（企业微信）好友、微信社群量的考核。这或许会让管理者觉得心里没底，毕竟数智化营销对于金融机构来说是一个新探索、新挑战，但是如果不勇敢迈出这一步，营销团队当前面临的困境还将继续成为未来的困境。

同时，在网点勇敢探索的过程中，总行、分行的业务管理部门，是否更应该调整管理思维和策略？是否应该把简单粗放的摊指标管理模式转型为有策略、有方法、有机制、有配套的赋能式管理模式？制定容错机制，给一线营销团队营造敢想、敢拼、敢探索的创新氛围，毕竟一线营销团队才是最懂市场、最懂客户，对市场和客户变化最敏感的岗位。

（二）迭代客群营销策略

时代在发展，客户行为习惯也在发生变化，金融机构总部正在大力推进数字化转型，分支机构在客群运营方面，也应当借助数字化转型思维和工具，迭代客群营销模式。接下来以长尾客群、代发工资客群为例，提出建议供读者参考。

1. 长尾客群经营现状及建议

一位客户在一家金融机构的资产不多，被这家机构列为长尾客户，但并不表示这位客户在其他金融机构也没有资产。时下，多家金融机构把长尾客户确定为重点客群，旨在提升长尾客群的价值贡献。

对于长尾客群经营，金融机构主要采取以下措施。一是上线企业微信，给一线员工下达企业微信好友考核指标，要求每月添加不低于一定数量的企业微信好友。二是配合企业微信好友添加指标，金融机构再花钱组织一些线上活动，类似于添加企业微信好友，送6元立减金等"薅羊毛"活动。三是要求员工通过群发助手和朋友圈，频繁发布活动广告，试图通过大量的广告来实现长尾客户的业绩转化。

但是，金融机构在花费了大量的人力、财力、物力和时间后，实际成效却远低于预期。首先，米面油、立减金砸钱不少，但只能吸引专程过来"薅羊毛"的客户；其次，长尾客户数量庞大，但金融机构网点人员紧张，依靠当前的营销方式难以经营大量的长尾客户。

长尾客群经营的核心应该是，从长尾客群中筛选出有价值的客户进行重点经营。在这方面，金融机构面临的难题是：虽然开发投产了大量的数字化、智能化科技工具，但仍然不知道客户关系管理系统里面的长尾客户中，哪些客户是有价值的客户。为此，对于长尾客群经营的重构，提出如下建议。一是客群触达。一线营销人员持续添加存量长尾客户微信。二是客群分群。组建不同主题的社群，通过不同主题的内容吸引对该主题感兴趣的客户进入社群，实现客群的分群经营。三是客群交互。通过不同主题社群的话题交流，实现KYC，筛选出有价值的客户持续经营，最终实现业绩产出。

2. 代发工资客群经营现状及建议

代发工资客群以中青年为主，这类客群对金融机构持续发展的价值极大，对于银行的低成本负债规模、个人贷款规模以及高风险产品的规模提升有重要价值。因此，代发工资客群被多家银行确定为重点客群。

时下，金融领域数字化转型如火如荼，但在金融机构营销一线，依然采用的是以下传统营销方式。一是策划组织针对代发工资客户的专属"薅羊毛"福利活动，用金融机构的官方公众号发布，再要求一线营销人员全员转发朋友圈。二是组织人员或外聘培训师撰写营销话术，要求一线营销人员通过电话营销方式，逐个致电代发工资客户，目的是添加代发工资客户微信，告知其可领取的福利。

但是，代发工资客群忙于工作，没有时间到网点，没有时间接听营销人员的电话，营销人员无法有效触达代发工资客户，难以添加代发工资客户微信，而代发工资客户则难以看到金融机构官方公众号和员工朋友圈发布的代发工资客户专属福利广告。要解决代发工资客群的经营问题，需要金融机构深入研究代发工资客群行为习惯，用该客群接受的方式进行触达联系，例如，在添加微信之前，不要打电话骚扰。用代发工资客群关注的金融话题（基金）和非金融话题与客户进行交互，与客户的有效交互是业绩转化的基础和核心。

大量的存量客户，是金融机构亟待发掘的"金矿"。存量客户的营销与运营，仅仅依赖传统的营销方式，往往事倍功半。对于金融机构营销团队而言，需要有效使用内外部成熟的数字化工具，首先解决客户触达的难题，其次通过有价值的内容解决与客户有效交互的难题，通过以微信生态为核心的私域平台工具等实现客群的分类分群和批量经营，最后再通过手机银行实现客户远程开户及金融产品营销，让客户高效便捷地体验到金融专业服务的同时，实现金融机构利润的持续增长。

李强总理在记者会上强调，"坐在办公室碰到的都是问题，下去调研看到的全是办法"。数智化营销是一场持久战，金融机构总部、分部的经营管理部门应当让管理干部离市场更近一些、离客户更近一些、离员工更近一些，让管理部门制定的管理办法更加适应客户和员工的变化。同时，适时选代过程管理机制，给一线营销团队足够的时间去转型换挡，这或许会让金融机构损失一部分短期利益，但是，有了下蹲，才能跳得更高。

参考文献

中国人民银行：《关于加强支付结算管理防范电信网络新型违法犯罪有关事项的通知》（银发〔2016〕261号）。

中国人民银行：《关于改进个人银行账户分类管理有关事项的通知》（银发〔2018〕16号）。

北京银保监局：《关于保险网络直播和短视频风险提示的通知》（京银保监办发〔2020〕66号）。

中国银保监会办公厅、中国人民银行办公厅：《关于规范商业银行通过互联网开展个人存款业务有关事项的通知》（银保监办发〔2021〕9号）。

中国银保监会办公厅：《关于进一步规范商业银行互联网贷款业务的通知》（银保监办发〔2021〕24号）。

中国银保监会：《保险中介机构信息化工作监管办法》，2021年。

中国银保监会：《关于银行业保险业数字化转型的指导意见》（银保监办发〔2022〕2号）。

B.13

元宇宙金融：实践与风险

零壹智库*

摘　要： 元宇宙金融逐渐走进大众视野，引起社会广泛热议。本文在分析元宇宙金融实践模式的基础上，探究其面临的风险。研究显示，目前元宇宙金融的实践模式可分为原生类元宇宙金融、嫁接型元宇宙金融以及融合型元宇宙金融三类。元宇宙金融面临数据安全风险、泡沫风险和合规风险。为避免重蹈互联网金融被迫整治的覆辙，元宇宙金融从业机构需强化对这些风险的管控。

关键词： 区块链　元宇宙金融　NFT

2022 年 1 月，工业和信息化部提出，"培育一批进军元宇宙、区块链、人工智能等新兴领域的创新型中小企业"。2023 年 5 月 5 日，北京市东城区元宇宙产业联盟成立。2023 年 6 月 13 日，上海市科学技术委员会印发《上海市"元宇宙"关键技术攻关行动方案（2023～2025 年）》（沪科〔2023〕157 号）。可见，元宇宙被中央部委和地方政府陆续关注。在元宇宙变得炙手可热的同时，元宇宙金融悄然兴起，受到诸多机构的热烈追捧。本文从内涵、实践模式和风险维度，对元宇宙金融略作探讨，力求为大家深入了解元宇宙金融提供参考。

---

* 执笔人：谢晓佳、刘睿，零壹智库特约分析师，主要研究领域为数字金融。

一 元宇宙金融的内涵

元宇宙金融与元宇宙相伴而生。本文基于元宇宙的内涵明确元宇宙金融的内涵。元宇宙（Metaverse）是人类运用数字技术构建的，由现实世界映射或超越现实世界，可与现实世界交互的虚拟世界，具备新型社会体系的数字生活空间。"元宇宙"一词最早来源于 1992 年美国科幻作家尼尔·斯蒂芬森的科幻小说《雪崩》，在书中元宇宙是一个平行于现实世界、始终在线的虚拟世界。随着信息技术的不断革新，元宇宙逐渐进入实践探索阶段。2021年 3 月 10 日，美国公司 Roblox 首次将元宇宙写进其招股说明书。同年，Facebook 宣布更名为 Meta。随后，微软、谷歌、NVIDIA 等美国企业先后宣布布局元宇宙。

元宇宙金融是元宇宙中的金融体系，试图以去中心化思想和分布式账本技术（区块链）为基石，以支付为起点，逐渐发展到借贷、交易等各细分金融活动领域，进而向资产确权、社会组织等维度拓展，为去中心化框架下的元宇宙经济活动提供支持（李亚达等，2022）。[1] 随着实践的不断探索，元宇宙金融的内涵仍在不断扩大。业界亦将横跨元宇宙和现实世界的金融活动纳入元宇宙金融的内涵之中。

2021 年，江苏银行、南京银行、百信银行等中国的商业银行开始进军"元宇宙"，发行了数字藏品并推出虚拟数字人。

二 元宇宙金融的实践模式

当前业界探索的元宇宙金融，大体可分为三大类，每一类都有其代表性的实践运用（见图 1）。下面，对这几类元宇宙金融略作介绍。

---

[1] https：//mp. weixin. qq. com/s？_ _ biz＝MzIxMjM3MzYxMQ＝＝&mid＝2247536747&idx＝2&sn＝b7d900afbdf8cad3e4bd2810254a3ede&chksm＝9745096fa03280791c0e3c41e3780a8dad6735d5c7657bf25d9e6920db6d83321c7536db079a&scene＝27.

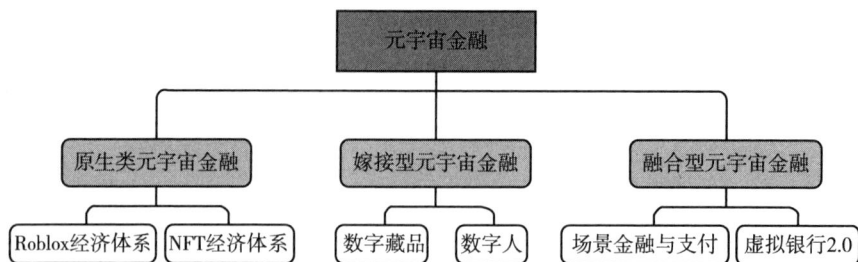

图1 元宇宙金融分类

（一）原生类元宇宙金融

原生类元宇宙金融是指基于元宇宙经济体系产生的金融活动。其重要特征是利用代币或虚拟平台进行交易。其可分为两类：一类是在虚拟空间构建的金融生态体系，其代表是 Roblox 经济体系；另一类是基于区块链非同质化代币衍生的金融体系，其代表是 NFT 经济体系。

1. 基于 Roblox 经济体系的元宇宙金融

Roblox 成立于 2004 年，是全球最大的游戏 UGC（用户生成内容）平台及互动社区，Roblox 的服务包括客户端、创作平台及云架构三大组件。基于 Roblox 的服务衍生出 Roblox 经济体系。

Roblox 经济体系由玩家、开发者、Roblox 平台三方组成。其中，玩家与开发者并无明显界限，用户可以既是玩家，玩别人开发的游戏；也可以是开发者，在社区中开发自己的游戏给别人玩。Roblox 平台不从事制作游戏业务，仅提供工具和平台供开发者自由地创作沉浸式 3D 游戏。对于玩家和开发者而言，Roblox 既是游戏平台也是创作平台；对于 Roblox 公司而言，其客户既是玩家也是开发者。

各方之间的交易依托以加密货币 Robux 为基础的经济体系，这也是 Roblox 商业模式的核心。玩家和开发者用加密货币与 Roblox 平台或第三方进行交易。玩家通过兑换 Robux 来订阅 Roblox 会员、购买游戏、游戏内购、在 Avatar 购买人物形象等。开发者通过游戏出售、游戏用户时长积累和游戏内虚拟道具售卖等获得加密货币 Robux，达到一定收入门槛后可兑换为现实货币。Roblox 平台在各个交易环节抽成，并用加密货币 Robux 标价售卖广告位、提供开发工具等向开发者出售。

2013 年 Roblox 彻底开放平台，并发布开发者交换计划，允许开发者将他们从游戏中赚取的 Robux 兑换成现实货币。同时，Roblox 平台还给予权限，开发者可以自己定价、设计商业模式，还可以自己投放广告和商业合作，甚至可以自己组建工作室。

元宇宙金融主要在平台交易、内容开发等环节发挥作用，Roblox 公司的客户间、Roblox 公司的客户与平台间的交易均属于元宇宙金融范畴。Roblox 平台给开发者提供长期稳定的收益渠道，借此保证游戏内容的不断更新。从 Roblox 经济体系模型来看，只要有不间断的游戏内容，良性循环就容易搭建，平台也能持续从中获益（见图 2）。

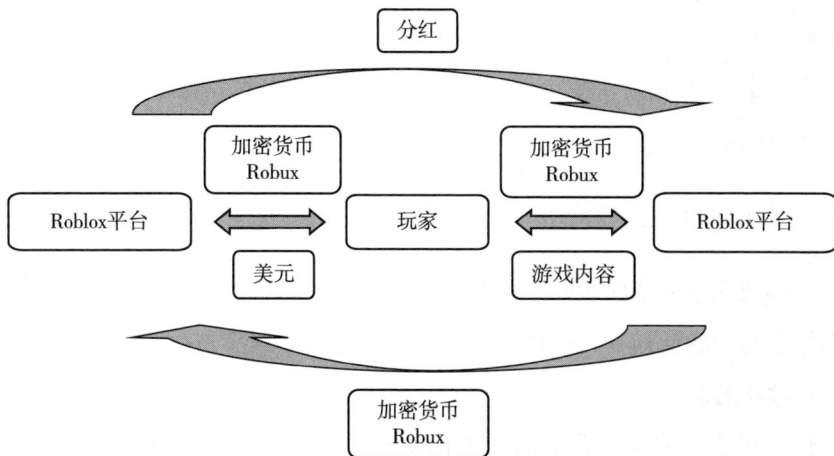

图 2　Roblox 经济体系中各方利益关系

资料来源：01 元宇宙根据 Roblox 财报整理。

2. 基于 NFT 经济体系的元宇宙金融

NFT，英文全称为 Non-Fungible Token，中文通常译为非同质化通证（货币）。NFT 是存储在区块链上的数据单元，其将实体物品或者数字文件上链并铸造成代币。依托区块链可溯源和不可篡改的特性，其能够为底层资产提供有效验证。

与 Roblox 经济体系类似，NFT 经济体系中也存在大量经济交易活动，但是交易内容有所不同。NFT 市场主要以各类 NFT 代币作为流通媒介。目前，元宇宙新经济中普遍流行的交易方式是遵从 NFT 规则。

2021 年是 NFT 疯狂增长的一年，大量资金涌入 NFT 发行平台，参与者包括各类艺术家、NBA、奢侈品公司、科技巨头、VISA。各大巨头入局的同时，NFT 也开始"向下兼容"，参与发行和交易的门槛逐渐降低。其中，最典型的是 OpenSea，其是一个支持普通用户创作数字艺术品的平台。目前，OpenSea 已一跃成为全球最大的 NFT 发行和交易市场。

NFT 市场存在交易流动性差、使用价值低、市场估值不准确等问题，而 DeFi（去中心化金融）可很好地解决这些问题，因此"DeFi+NFT"应运而生。"DeFi+NFT"模式主要是通过质押或抵押 NFT 以实现借贷，或者将 NFT 碎片化为易于流通的 ERC－20 代币。这些措施使 NFT 更具金融属性，进而提高了 NFT 的流动性。"DeFi+NFT"日渐发展成为基于 NFT 经济体系的元宇宙金融。

（二）嫁接型元宇宙金融

嫁接型元宇宙金融实践应用是指现实生活中的服务或产品与元宇宙相嫁接而伴生的金融活动。目前体系比较成熟的是数字藏品与数字人应用。

1. 数字藏品

数字藏品是 NFT 在我国的本土化发展，由数字艺术品与 NFT 构成，其中，数字艺术品是数字藏品的价值基础，NFT 则为数字藏品提供资产性、流动性等应用。具体而言，通过拍照、扫描、3D 建模等手段，人们将实物资产的关键描述信息数字化并存储于 NFT 的区块链，[1] 然后在 NFT 中进行流转。与国外 NFT 相比，数字藏品更加强调收藏功能，金融属性较弱，不能

---

[1] 刘飞虎、马其家：《论数字藏品的双重属性、金融风险与监管因应》，《经贸法律评论》2023 年第 2 期，第 127~145 页。

用于二级市场交易，只能使用人民币购买。因此，我国的数字藏品是凭证而非通证。人民网舆情数据中心发布的《国内数字藏品发展与规范建设研究报告》指出，数字藏品是指使用区块链技术，对应特定的作品、艺术品生成的唯一数字凭证。

数字藏品能够有效帮助创作者获利，丰富扩展了资产的表现形式，也扩大了元宇宙中的资产规模与表现形式。随着元宇宙金融的发展，未来数字藏品的金融属性有望进一步释放，可以用于抵押、融资等。

目前，国内数字藏品市场发展如火如荼。01区块链、ForeChain收集了自2022年1~12月，来自57家数字藏品平台发行的约42773款数字藏品。从2022年全年情况来看，藏品发行数量总体呈现上升的趋势，发行数字藏品达4692.84万件，发行总额达16.29亿元。从单月来看，藏品发行数量在12月最多，共发行656.94万件；而发行总额则是在10月最高，达31193.17万元（见图3）。

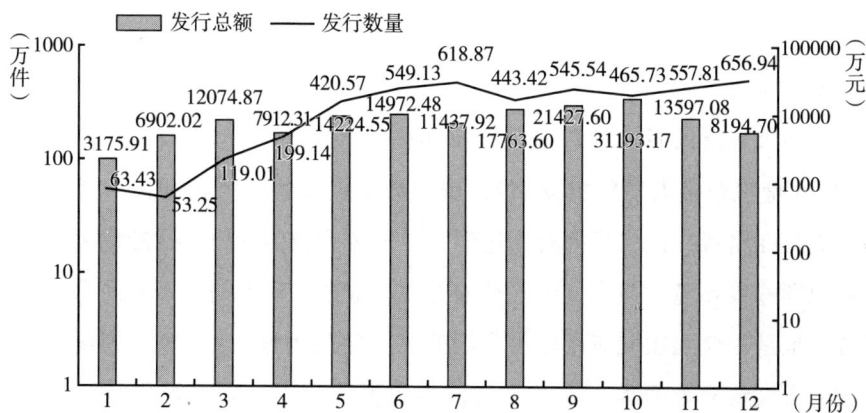

图3　2022年分月份数字藏品发行数量与发行总额

资料来源：01元宇宙、ForeChain。

据不完全统计，2021~2022年国内至少有10家银行入局数字藏品，包括中国工商银行、中国农业银行、中国银行、中国邮政储蓄银行、北京银行、南京银行、中国光大银行、华夏银行、西安银行、百信银行等（见表1）。

表 1　部分银行推出的数字藏品

银行	推出时间	数字藏品名字	发行平台
中国工商银行	2022 年 11 月	中国工商银行手机银行数字藏品	—
中国农业银行	2022 年 6 月	元宇宙 NET 数字藏品	农行掌上银行 App
中国银行	2022 年 11 月	第五届中国国际进口博览会数字藏品	—
中国邮政储蓄银行	2023 年 2 月	"智慧兔"数字藏品	中国邮政储蓄银行区块链服务平台
北京银行	2022 年 1 月	"京喜小京"数字藏品	—
南京银行	2022 年 8 月	"你好鸭"数字藏品	腾讯至信链
中国光大银行	2022 年 8 月	"小茄子"数字藏品	—
华夏银行	2022 年 8 月	"郑小夏"数字藏品	—
西安银行	2022 年 5 月	25 周年定制数字藏品	嗨艺购
百信银行	2021 年 11 月	"4 in love"四周年纪念数字藏品	百度超级链
微众银行	2022 年 1 月	"福虎"数字藏品	—
广西北部湾银行	2022 年 3 月	"北北""贝贝"数字藏品	腾讯至信链
齐鲁银行	2022 年 11 月	"萌小齐"数字藏品	海豹数藏平台

资料来源：01 元宇宙根据公开资料整理。

2. 数字人

数字人是指人们在计算机上模拟出一个类似真人的虚拟人形象。根据《2020 年虚拟数字人发展白皮书》，虚拟数字人具备三大特征：一是拥有人的外观及性格特征；二是拥有通过语言、表情或肢体动作表达的能力；三是拥有识别外界环境、与人交流互动的能力。虚拟数字人是元宇宙的重要组成部分，也是在金融领域应用较为广泛的"元宇宙组件"。按照应用场景，虚拟数字人大致分为两类：一类是身份型虚拟数字人，如虚拟化身和虚拟偶像，这类数字人拥有独立身份，被赋予具有个性的人格特征；另一类是服务型虚拟数字人，主要替代现实中的真人进行生产和服务活动。

人们可以化身数字人进入元宇宙提供给我们的虚拟世界中，并进行社交、工作以及参与商业活动等。根据艾媒数据，2020 年中国虚拟偶像核心市场规模为 34.6 亿元，带动的市场规模为 645.6 亿元。

数字人诞生后，诸多行业逐渐推出各具特色的数字人。金融数字人的浪潮由浦发银行开启。2019 年 11 月，浦发银行推出"小浦"在网点轮岗服务客户。而后百信银行、宁波银行等纷纷推出金融数字人（见表 2）。金融领域的数字人偏重于功能型，目前主要从事一些简单、重复性的服务，如风险提示、催收等；部分金融机构的数字人还会提供投资顾问、保险代理、经纪等服务，帮助金融机构获取客户以及销售金融产品。

表 2　部分银行推出的数字人

银行	数字人名字	推出时间
浦发银行	小浦	2019 年 11 月
南京银行	"楠楠"和"晶晶"	2019 年 11 月
中国光大银行	阳光小智	2019 年 12 月
渤海银行	小渤	2020 年 1 月
西安银行	多模态数字人	2021 年 2 月
中国工商银行	小天	2021 年 8 月
百信银行	AIYA	2021 年 12 月
江南农商银行	VTM	2021 年 12 月
宁波银行	小宁	2022 年 9 月

资料来源：01 元宇宙根据公开资料整理。

（三）融合型元宇宙金融

融合型元宇宙金融实践应用是指元宇宙金融充当虚拟世界与现实世界联系的纽带，实现两个世界资产、交易等的自由切换，主要代表是场景金融与支付、虚拟银行 2.0。

1. 场景金融与支付

麦肯锡发布的研究报告《元宇宙中的价值创造——虚拟世界的真实业务》披露，消费者在三个场景愿意使用元宇宙产品：购物、参加虚拟社交活动或玩社交游戏、使用 VR 设备进行锻炼。这些场景均需要支付，基于这些场景的支付等金融活动可理解为元宇宙场景金融与支付。

总体而言，元宇宙在技术应用上的突破为场景金融与支付带来新的发展机会与市场需求，将场景金融虚拟空间与现实空间连接并实现自由切换，为虚拟场景中的客户提供现实场景下的金融服务，可全面提升客户场景体验的质量。立足于用户的消费习惯与偏好，可开发针对性强、个性化突出的金融产品。因此，元宇宙还为场景金融开发个性化金融产品与支付方式提供了新的思路和环境。

在场景金融与支付方面，Visa 和 Mastercard 已有布局。Visa 于 2022 年 10 月向美国专利商标局提交了关于数字钱包、NFT 和元宇宙的两项商标申请，同时表示正持续测试在以太坊上的 USDC 结算和支付。Mastercard 在 2023 年 1 月与币安达成合作，将在巴西推出预付加密货币卡，允许所有持有有效国民身份证的巴西新用户和现有币安用户，使用比特币、币安币（BNB）等加密货币购买物品和支付账单。

受政策限制，国内机构在元宇宙支付方面尚未提前布局，但在 VR 场景支付方面做了一些探索。2016 年，支付宝推出 VR Pay，用户可以在移动 VR 平台或 VR App 中购买商品。同年，小米 VR 平台正式上线。国内商业银行也在使用 VR 技术来改善服务质量。2016 年，中国工商银行、中国银行、中国建设银行、华夏银行等都提供 VR 设备为客户带来全新的沉浸式体验。

总体而言，元宇宙中的支付比较复杂，我国企业以及金融机构正在积极探索创新之中。学界通常用专利数量表征创新活动。本文从智慧芽采集了元宇宙支付的专利申请数量和专利授权数量。结果显示，2013~2022 年，有关元宇宙支付的专利申请数量与专利授权数量总体上呈上升趋势（见图 4）。这些专利旨在探索元宇宙中的支付创新。以 2021 年 12 月被公开的小米申请的"虚拟现实环境下的移动支付方法及装置"专利授权为例，该专利能够支持用户在虚拟现实环境中完成支付。另外，2022 年 12 月，中国专利部门公开了中国银行申请的"元宇宙环境下的移动支付方法及装置"专利。该专利旨在保障元宇宙环境下的移动支付安全。

2. 虚拟银行2.0

香港金融管理局于 2000 年发布了《虚拟银行的认可》，将虚拟银行界定为通过互联网或其他形式的电子渠道而非实体分行提供零售银行服务的银

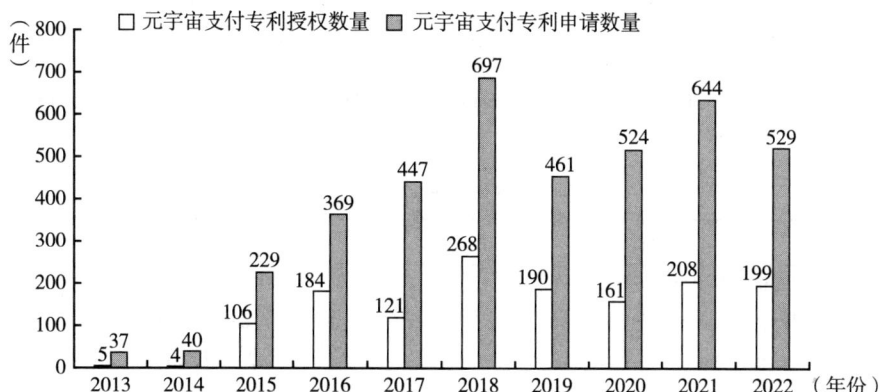

图 4 2013～2022 年全国元宇宙支付专利授权数量与申请数量

资料来源：智慧芽、01 元宇宙。

行。虚拟银行可以归结为三类：一是由传统金融机构开设的直销型虚拟银行；二是背靠科技巨头生态和流量优势的互联网型虚拟银行；三是仍在摸索中的创业型虚拟银行。基于元宇宙中的虚拟经济系统建立的虚拟银行，是虚拟银行的最新发展——虚拟银行 2.0。

传统虚拟银行的经营业务主要集中在零售方面，而虚拟银行 2.0 不仅在虚拟世界中提供与现实银行相似的全方位金融服务，还可以打破时空束缚，为用户提供"无处不在"的个性化金融服务。此外。虚拟银行 2.0 是元宇宙与现实世界经济往来的重要纽带，可以通过场景嵌入、数据驱动、智能联动等与线下母行实现微秒级加密传输，实现跨次元即时认证。

2021 年 6 月，韩国国民银行在元宇宙平台创建了虚拟城镇，并上线金融商务中心，用户可以以数字身份咨询银行业务。同年 11 月，韩国国民银行与 VR 内容开发商 Sharebox 合作构建虚拟分行。该虚拟分行由入口、贵宾休息室和大厅组成，大厅支持客户访问个性化的财务信息，或者进行简单的财务交易；贵宾休息室则可以让客户通过咨询，体验投资倾向分析和投资组合设计。

在国内，百度打造了沉浸式虚拟空间——希壤。2021 年 12 月，中国工商银行河北雄安分行宣布入驻希壤，在希壤里打造虚拟分行。该虚拟分行能够为客户提供沉浸式体验、智能化服务、开展数字化营销以及推出定制化产品。据银行科技研究社不完全统计，目前打造了自己的元宇宙分行或虚拟营业厅的国内银行包括中国工商银行、南京银行、中国建设银行和中国银行（见表3）。

表3　部分元宇宙虚拟分行

银行	推出时间
中国工商银行河北雄安分行	2021 年 12 月
南京银行	2022 年 9 月
中国建设银行	2022 年 10 月
中国工商银行	2022 年 10 月
中国银行	2022 年 11 月

资料来源：银行科技研究社，01 元宇宙。

三　元宇宙金融面临的风险

从三大实践模式看，元宇宙金融确实给消费者带来了便利，提升了消费者体验，增加了消费者福利。但任何事物都具有两面性，为推动元宇宙金融持续健康发展，我们不得不关注其风险。在此，对元宇宙金融的风险略作分析。

（一）数据安全风险

数据安全风险是指用户在元宇宙金融体系进行交易或使用相关服务时，由于相关法律、技术等原因，敏感数据可能被泄露。数据被泄露的原因主要有两种：一是平台或机构为牟利将用户数据卖给第三方；二是平台受黑客攻击导致数据泄露。元宇宙作为一个能够带给用户沉浸式体验的平行空间，用户在其中的一举一动都会被数据记录，一些敏感信息如指纹、人脸、虹膜等生物识别信息，一旦泄露将会造成严重后果。不仅用户可能遭受心理伤害或财产损失，元宇宙金融系统也会面临失信于人的风险，导致信用缺失，无法实现可持续发展。因此，如何保障用户的信息与数据安全成为重中之重。

为防止这类风险，元宇宙中的平台或机构有必要将数据安全与隐私保护融入管理制度中，并在业务开展时如实践行。监管部门需要加强对元宇宙金融的行业监管，完善新形态下的技术监测手段，保证元宇宙世界的安全健康运行，保障用户在虚拟世界的身心安全以及隐私安全。除此之外，相关部门还要严格把控元宇宙中的内容审核，遏制有害违法信息的传播与扩散。

（二）泡沫风险

泡沫风险主要是指元宇宙中虚拟商品在连续交易的过程中价格急剧膨胀，远远超过了其实际代表的价值，当虚拟商品的价格上升至某个"阈值"时，其价格极有可能会发生暴跌，造成元宇宙金融系统的震荡。其产生的主要原因是元宇宙中各类虚拟商品的交易价格并未遵循价格规律，在平台的哄抬以及购买者的预期过于乐观的情况下，平台虚拟商品的市场价格往往偏离了其底层价值，在投资者的"追涨杀跌"下，平台虚拟商品的价格浮动进一步增大，泡沫风险便由此产生。

当前，在元宇宙中以虚拟货币为交易媒介的虚拟经济活动，相关投资风险完全由投资者个人承担。没有收益保证，平台虚拟商品的价格很大程度上取决于投资者的预期。当投资者看好平台虚拟商品未来走势时，便会高价买入，推动价格进一步上升；然而，当预期变差，没有其他投资者愿意为平台虚拟商品支付更高的价格时，平台虚拟商品的价格可能迅速下跌，泡沫可能随时破裂。

元宇宙并非一个完全与现实脱离的虚拟世界，而是通过数字孪生等数字技术建立的一个与现实高度相似的虚拟世界，用户在这个世界中的行为影响会外溢到现实世界，元宇宙中的虚拟商品与现实中的商品具有相同属性，因此虚拟商品同样遵循价格规律，其价格应该对标现实商品的价格。平台可按照此逻辑合理控制元宇宙物价，以防出现泡沫风险。

（三）合规风险

合规风险是指元宇宙金融相关行为不符合或不完全符合法律规定，从而可能使相关人员遭受损失的现象。合规风险主要在于元宇宙金融的部分行为与现行法律规定不兼容或不完全兼容。例如，元宇宙金融体系中，交易者身份与资金的合法性难以得到验证，加密资产是否存在代码漏洞难以保证。此外，元宇宙金融体系中还可能存在高杠杆、抵押品不足、无反洗钱机制、无用户身份识别、交易匿名与市场操纵等现象。这可能助长洗钱、恐怖融资及网络敲诈等犯罪。

针对各类合规风险，有关部门需要加大有效监管力度，明确元宇宙金融技术底层——区块链的"权力架构"，确定可监管的重要对象，尤其是各类加密资产交易所。在去中心化交易未建立规范的约束与监管体制前，可鼓励受监督的中心化交易吸引大部分投资，降低合规风险。此外，参与交易的个体或机构，有必要提高自身的风险识别与防范意识，尽量避免合规风险发生。

四　元宇宙金融发展展望

综上所述，元宇宙金融正在快速发展，已衍生出三大类六小类具体实践模式。同时，元宇宙金融也存在着风险。我们要肯定各类元宇宙金融的积极意义，同时需正视发展初期可能引发的各类风险，并寻求规避方法。未来，随着元宇宙中机构与用户的不断入驻，虚拟世界的经济体系将会变得愈加复杂，在不同元宇宙间或元宇宙与现实世界间的经济活动将日渐频繁。这将为元宇宙金融提供更大的发展空间。元宇宙金融也可能呈现如下发展趋势。

第一，诸多支付机构抢滩元宇宙支付。经过多年发展与激烈竞争后，我国的非银行支付机构已减少至 201 家。诸多支付机构被淘汰，一个重要原因在于微信和支付宝抢占了主要的线下和线上的支付场景。元宇宙为支付机构提供了一个全新的支付场景，且诸多支付机构尚处于同一起跑线上。为了生存与发展，诸多支付机构可能抢滩元宇宙支付，争夺新的支付场景。

第二，传统金融机构将深度介入元宇宙金融。与支付机构相比，银行、证券和保险等传统金融机构具有牌照优势：一方面牌照无须定期续展，另一方面可开展的金融业务较多。在中央部委和地方政府持续推动元宇宙发展的情况下，元宇宙经济体系中的金融需求将日渐增加。传统金融机构可能凭借其牌照优势，深度介入元宇宙金融，开发出更加丰富的元宇宙金融产品。

第三，元宇宙金融可能全面纳入"监管沙盒"管控。对于新生事物，我国金融监管部门始终保持着"适度包容"的监管态度。不管是最早的支付宝还是后续的互联网金融，金融监管部门均秉承这一监管态度。但因信息不对称等诸多原因，互联网金融最终被迫整治。"监管沙盒"可提高监管信息对称性，能较好地平衡金融创新与风险。在金融监管部门逐步推动"监管沙盒"的背景下，元宇宙金融可能被全面纳入"监管沙盒"进行风险管控，力求在促进元宇宙金融创新的同时，管控元宇宙金融风险。

参考文献

刘嘉铮：《元宇宙货币系统的风险分析与法律对策》，《东方法学》2022 年第 6 期。

边鹏、伍春昀：《我国元宇宙产业政策的金融抑制与缓解》，《工程经济》2023 年第 2 期。

张祎宁、邓建鹏：《元宇宙金融的风险与监管应对》，《民主与科学》2022 年第 6 期。

龚涛：《去中心化元宇宙的法治困境与出路》，《上海政法学院学报（法治论丛）》2023 年第 1 期。

邱峰：《聚焦虚拟银行：探索实践及启示与建议》，《北方金融》2021 年第 6 期。

赵志宏：《元宇宙银行（Meta Bank）——虚拟银行 2.0》，《当代金融家》2021 年第 12 期。

韩永辉、刘洋：《元宇宙经济的层次架构、运转规律与治理方向》，《国际经济评论》2023 年第 3 期。

陈丽姗：《元宇宙+金融：典型案例和发展路径》，2022 年 4 月。

陈丽姗：《元宇宙场景应用探索报告（2022）》，2022 年 6 月。

银行科技研究社：《银行探索元宇宙主要集中于三个方向，未来道阻且长》，2022 年 10 月 21 日。

ForeChain：《元宇宙第一个 Roblox 的历程、模式与未来》，2022 年 9 月 19 日。

01 区块链：《国内 2000+家数字藏品平台大全》，2022 年 11 月。

新成就新治理篇

New Achievements and New Governance

B.14
2021~2022年数字金融
支持实体经济情况

祝红梅*

摘　要：　2021~2022年，百年变局和世纪疫情相互叠加的复杂环境对我国经济运行产生较大压力，对于金融服务实体经济的质效提出更高要求。数字金融充分发挥优势，高效赋能实体经济，积极助力实体经济数字化转型、中小微企业发展、乡村振兴和绿色发展，并进一步提升了涉外金融服务水平。数字普惠金融进一步下沉拓展向纵深发展，产业数字金融成为数字金融发展新动力，数字金融和绿色金融融合发展趋势明显。针对金融机构数字化转型进展不一、实体经济数字化水平不高、数据治理体系有待完善、产业数字金融服务能力有待提升等问题，建议采取措施加快推动中小金融机构数字化转型，加强数字金融基础设施建设，完善金融数据治理体系，营造产业数字金融发展良好环境。

---

* 祝红梅，经济学博士，北京市社会科学院研究员，主要研究方向为普惠金融、绿色金融。

关键词： 数字金融　普惠金融　实体经济

数字金融利用金融科技等技术创新在提高金融服务覆盖面和便利性方面有很大优势，是增强金融服务实体经济能力的重要方向和抓手。2021年，《金融科技发展规划（2019—2021年）》顺利收官，大数据、云计算、人工智能、区块链等技术在金融领域应用成效显著，有力提升金融服务实体经济质效。2022年1月，中国人民银行印发的《金融科技发展规划（2022—2025年）》提出，要坚持"数字驱动、智慧为民、绿色低碳、公平普惠"的发展原则，把数字元素注入金融服务全流程，合理运用金融科技手段丰富金融市场层次，优化金融产品供给，不断拓展金融服务触达半径和辐射范围，弥合数字鸿沟，提供更加普惠、绿色、人性化的数字金融服务，有力支撑创新驱动发展、数字经济、乡村振兴、碳达峰碳中和等战略实施。数字金融充分发挥便捷、高效、非接触的优势，高效赋能实体经济，积极助力稳产保供、市场主体纾困和恢复经济发展。

一　发展成就

（一）数字金融支持实体经济发展的基础环境进一步完善

一是基础设施建设成效显著。我国已基本实现城乡网络全覆盖和"同网同速"。我国千兆光网已具备覆盖超5亿户家庭的能力，实现了"市市通千兆""县县通5G"。移动物联网连接数量达18.4亿户，占全球总数的70%。工业互联网已经全面融入了45个国民经济大类。[①] 截至2022年12月，我国互联网宽带接入端口数量达到10.71亿个，较2021年12月净增

---

① 国务院新闻办公室：《2022年工业和信息化发展情况新闻发布会》，2023年1月18日，http：//www.scio.gov.cn/xwfbh/xwbfbh/wqfbh/49421/49502/index.htm。

5320 万个；移动通信基站总数达 1083 万个，较 2021 年 12 月净增 87 万个；网民规模达 10.67 亿，较 2021 年 12 月增长 3549 万；互联网普及率达 75.6%，较 2021 年 12 月提升 2.6 个百分点。[①]

二是数据要素市场加快建设。2020 年以来，党中央、国务院先后发布文件要求加快培育数据要素市场，推进政府数据开放共享，培育数字经济新产业、新业态和新模式。[②] 建立健全数据要素市场规则，激活数据要素潜能。[③] "数据二十条"[④] 从数据产权、流通交易、收益分配、安全治理等方面提出构建数据基础制度的具体措施。

三是金融科技创新活跃。包括金融机构、互联网科技企业、传统金融IT 服务商等在内的各类机构在金融科技领域的创新成果不断涌现。根据《2022 年金融科技领域技术创新指数分析报告》，2018 年 1 月至 2022 年 10 月，全球超过 50 个国家和地区共申请了 19 万件金融科技领域相关专利，其中中国以 10.7 万件的申请量排在首位，此后是美国，其申请数量为 3.71 万件。在此期间，金融科技领域全球专利申请数量最多的 10 家企业中有 7 家来自中国，3 家来自美国。[⑤]

（二）数字金融赋能中小微企业发展

中小微企业是国民经济和社会发展的生力军，是推动经济实现高质量发展和共同富裕的重要基础。到 2022 年底，我国中小微企业数量已经超过5200 万户，培育了 7 万多家专精特新中小企业。[⑥] 利用科技手段缓解中小微

---

① 中国互联网络信息中心（CNNIC）：第 51 次《中国互联网络发展状况统计报告》，2023 年 3 月，https：//www.cnnic.net.cn/n4/2023/0303/c88-10757.html。
② 《中共中央 国务院关于构建更加完善的要素市场化配置体制机制的意见》，2020 年 4 月 9 日。
③ 《中华人民共和国国民经济和社会发展第十四个五年规划和 2035 年远景目标纲要》，新华社，2021 年 3 月 13 日。
④ 指 2022 年 12 月发布的《中共中央 国务院关于构建数据基础制度更好发挥数据要素作用的意见》。
⑤ 《2022 年金融科技领域技术创新指数分析报告》，智慧芽洞察，2022 年 12 月 13 日，https：//baijiahao.baidu.com/s？id=1752082916379654475&wfr=spider&for=pc。
⑥ 国务院新闻办公室：《加快推进新型工业化做强做优做大实体经济》，2023 年 3 月 1 日，http：//www.scio.gov.cn/xwfbh/xwbfbh/wqfbh/49421/49637/wz49639/Document/1737009/1737009.html。

企业"融资难""融资贵"问题一直是小微金融服务的重点。2022年5月，中国人民银行印发的《关于推动建立金融服务小微企业敢贷愿贷能贷会贷长效机制的通知》明确，要推动科技赋能和产品创新，提升银行会贷的水平。强化金融科技手段运用，合理运用技术手段，创新风险评估方式，提高贷款审批效率，拓宽小微客户覆盖面。[1] 实践中，相关部门和机构积极探索数字金融赋能小微企业创新发展的有效路径。

一是用活"数据"。运用大数据和互联网技术深入企业生产经营的各个环节，广泛挖掘与企业经营活动密切相关的海量替代数据，建立风险评价模型，降低小微企业融资中的信息不对称。如中国工商银行的"经营快贷"、中国银行的"银税贷"、华夏银行的"龙商贷"、微众银行的"微业贷"等。

二是延伸"链条"。利用区块链、物联网等技术，深度融合供应链生态，广泛连接数据，提供数字供应链金融服务方案。例如，中国建设银行2020年4月上线供应链服务平台，利用金融科技手段，为供应链所有参与方提供全流程在线、全产品服务、全场景覆盖的供应链综合金融服务。2022年，中国建设银行供应链产品"建行e贷"为近5200个核心企业产业链上的近12万户链条企业提供超9200亿元供应链融资支持。[2] 网商银行"大雁系统"将图计算等技术应用于风控，为品牌上下游的小微经销商、供货商、零售门店提供贷款等综合金融服务。

三是搭好"平台"。随着金融科技在中小微企业融资领域的广泛和成熟利用，各地纷纷建设综合性融资服务平台，健全、优化银企信息对接机制，提升小微企业融资可得性和效率，如北京市的"创信融"、广东省的"粤信融"、四川省的"天府信用通"、广西的"桂信融"等。国家级普惠金融改革试验区浙江省宁波市依托数字金融平台建设，形成了融资对接、信息查

---

① 中国人民银行：《关于推动建立金融服务小微企业敢贷愿贷能贷会贷长效机制的通知》，2022年5月26日，http://www.pbc.gov.cn/goutongjiaoliu/113456/113469/4564172/index.html。

② 《链通上下游注入新动能——建行供应链金融助力实体经济跑出"加速度"》，中国经营网，2023年4月14日，http://www.cb.com.cn/index/show/gd/cv/cv1361884301490。

询、精准获客、信贷风险防控"四位一体"的全方位、全链条金融服务体系，有力支持了实体经济（见专栏）。

专栏

以数增信　智能获客　宁波市普惠金融信用信息服务平台
为信贷融资提供全流程支撑

一、背景

宁波民营经济发达，中小微企业众多。2019年12月，国务院批复宁波市设立普惠金融改革试验区，建设更高水平的普惠金融体系，更好地推动制造业高质量发展和经济转型升级。为破解中小微企业面临的融资难、融资贵困境，中国人民银行宁波市中心支行充分发挥数字技术作用，全力打造"硬核"金融基础设施，于2020年12月迭代升级宁波市普惠金融信用信息服务平台2.0版，完成了与长三角征信链平台、省企业信用信息服务平台的对接，形成了融资对接、信息查询、精准获客、信贷风险防控"四位一体"的全方位、全链条普惠金融服务体系。

二、主要做法

（一）打造以数增信的全景窗口

依托省市两级大数据共享平台、市公共信用信息平台等系统采集共享信息，并将信息分为企业基本信息、财产信息、财务信息、经营信息、正面信息、负面信息、信用评价等七大类信息，同时据此整合形成企业信用报告，降低金融机构多头查询获取信息成本，最后通过对市场主体多维"画像"实现"以数增信"。

（二）构建融资对接的快捷通道

作为全国中小企业融资综合信用服务平台、宁波市首贷服务中心（服务站）的后台依托，平台在电脑端、手机App端、政务自助机端访问端口保持7×24小时不间断开放，并支持注册用户、简易流程、特色产品、融资专场、微信扫码和微信公众号等6种申贷方式，便于客户随时随地提交融资申请。同时，平台建立抢单机制，指导金融机构按照"1天内回应、3天内走访、5 天内对符合条件的客户完成授信"的"135 机制"进行对接，并短信提醒市场主体融资受理进度，改进用户体验。

（三）创建精准获客的高效渠道

平台从七大类 300 多项数据中提取 50 项关键指标，供金融机构组合使用、轻松筛选目标潜在客户，有效改变以往"人工扫街"式的获客模式。同时，平台主动推送"专精特新""亩产论英雄评级""绿色工厂评级"等企业名单，形成从政策制定、金融机构走访反馈及效果评估的闭环管理，有效发挥金融支持中小微企业培育作用。

（四）筑造数字风控的坚实屏障

平台提供工商法人变更次数、不动产查封、纳税环比降幅等 27 个风险指标，供金融机构风控使用。在市场主体授权的前提下，金融机构还可通过联机接口方式下载相关数据到内部风险控制系统，更加精准防控信贷风险。同时，通过运用 CA 证书、人脸识别技术、国密算法、数据脱敏显示等方式，平台实现对客户身份认证和数据安全存储、加密传输和应用。

三、取得成效

一是有效降低贷前调查成本，缩短信贷决策时间。2022 年，平台累计查询 657 万次。据调查，近 90% 的银行在贷前会通过平台查询申贷对象信息，平均授信审批时长由 2019 年的 6.5 个工作日缩短到目前的 3.9 个工作日。

二是促进信贷便利化、信任半径拓展和交易规模化。截至 2022 年底，金融机构在平台累计上架金融产品 358 个，分为"知识产权质押融资专场"、"科创金融专场"、"乡村振兴专场"、"绿色金融专场"、"文旅专场"、"国担'信易贷'融资专场"和"专精特新融资专场"七大专场。2022 年，共有 14302 户用户通过平台发布融资需求，融资需求总额达 506.83 亿元；成功授信 7607 户，授信金额达 299.07 亿元；成功放贷 6928 户，放贷金额达 277.22 亿元。

三是帮助金融机构增加获客渠道、提升获客效率。2022 年，共有 37 家金融机构使用平台普惠客户筛选功能，其中有 17 家金融机构筛选 65 批次，共计导出 907.5 万条企业基本信息数据。例如，宁波银行通过平台筛选"白名单"客户 13.9 万，已为 8277 家企业放款 2.61 万笔、55.4 亿元，其中首贷户为 1368 家。

四是增强信贷风险管理的及时性、主动性和前瞻性。平台共有可配置风险预警参数 27 个，金融机构可以选择不同的风险参数，建立差异化的风控模型，实施个性化的风险预警。2022 年，共有 46 家金融机构使用风险预警功能，通过选择风险参数累计建立风险模型 167 个，平台共计推送预警信息 11.22 万条，涉及市场主体 21491 户。

（资料来源：中国人民银行宁波市中心支行）

（三）数字金融创新有力支持乡村振兴

数字金融在缓解传统农村金融服务"成本高、风险高"两大难题方面展现的优势极大地促进了我国农村金融服务的覆盖面、可得性和便利性。2021 年 4 月，中国人民银行牵头在江苏、安徽等 9 省（市）启动金融科技赋能乡村振兴示范工程，探索运用新一代信息技术打造惠农利民金融产品与服务，为实施乡村振兴战略提供金融保障。金融机构、金融科技企业和地方政府依托数字技术创新金融产品和服务模式、搭建服务平台、完善信用信息体系，涌现出很多好的经验模式。

在信贷产品方面，如网商银行自主研发的卫星遥感信贷技术"大山雀"系统综合利用卫星遥感技术和大数据风控模型，给予农户精准的信贷支持。在成功识别水稻、小麦等粮食作物的基础上，2021 年成功识别苹果、猕猴桃等新品类，使更多种植大户获得技术带来的金融创新服务。

在保险服务方面，如中国人民保险集团建设数智化农业保险服务平台"耘智保"，面向三农主体、业务人员提供农业保险承保、理赔全流程线上操作。构建"保险+科技+信贷"的综合服务平台，整合人脸识别、智能点数、卫星遥感等技术，开发了 60 多款数据产品，为农村保险客户提供"小额、线上、场景化"的新型融资服务和科技增值服务。[1]

---

① 张金海：《以科技赋能助推乡村振兴》，《中国金融》2022 年第 19 期。

在服务平台建设方面，如成都市建设的"农贷通"数字平台集普惠金融、财政政策、信用体系、产权交易、资金汇聚、现代服务为一体，为农业经营主体提供融资对接、农业保险承保、金融教育等综合金融服务。截至2022年底，"农贷通"平台累计发布金融产品672个，通过平台发放贷款3.77万笔，金额达488.5亿元。[①]

（四）数字支付全面发力支撑实体经济数字化

我国数字金融最广泛的应用在支付领域，数字支付使用率在全球领先。根据世界银行2021年6月发布的最新一期全球金融包容性指数数据库（Global Findex）调查数据，2021年中国成年人使用数字支付的比例为85%，远高于发展中经济体51%的平均水平。截至2022年12月，我国网络支付[②]用户规模达9.11亿，较2021年12月增长781万，占网民整体的85.4%。[③] 支付是金融体系的毛细血管，广泛的支付数字化有力支撑了实体经济数字化。

一是移动支付持续下沉，助推智慧城市和数字乡村建设。在监管部门推动指导下，条码支付服务进入互联互通的新发展阶段。2021年，以微信支付、支付宝为代表的第三方平台率先向云闪付等支付机构开放。线下场景中，支付宝、微信支付均和银联云闪付在全国多个城市实现了收款码扫码互认。线上场景中，美团、拼多多等平台已支持众多主流支付渠道。微信支付已与12家银行机构开展了互联互通合作。[④] 移动支付便民工程由试点城市扩展到全国，并向县域和农村地区纵向延伸。服务场景广泛覆盖消费、交通、教育、医疗、缴费、理财等领域，较好地满足了人民群众安全、便捷、高效

---

① 陈继明、朱睿博：《金融科技赋能乡村振兴：国际经验、中国案例与启示》，《西南金融》2022年第12期。

② 根据《非金融机构支付服务管理办法》（中国人民银行令〔2010〕第2号），网络支付是指依托公共网络或专用网络在收付款人之间转移货币资金的行为，包括货币汇兑、互联网支付、移动电话支付、固定电话支付、数字电视支付等。

③ 中国互联网络信息中心（CNNIC）：第51次《中国互联网络发展状况统计报告》，2023年3月，https://www.cnnic.net.cn/n4/2023/0303/c88-10757.html。

④ 中国互联网络信息中心（CNNIC）：第49次《中国互联网络发展状况统计报告》，2022年2月，https://www.cnnic.net.cn/n4/2022/0401/c88-1131.html。

的支付服务需求，促进了相关领域数字化、信息化程度，助推了智慧城市、数字乡村建设，特别是移动支付服务在农村地区的应用，通过互联网模式精准对接农村地区特色产业金融服务需求，帮助农村特色产品实现引流和销售。

二是产业支付助力中小微企业数字化转型。根据易观分析的研究，产业支付是指支付机构通过对企业提供支付、科技、货源、物流、金融、品牌、营销等全方位数字化解决方案，从而实现对产业的经营赋能。随着企业数字化转型需求的增加，我国产业支付的市场规模从 2016 年的 243 亿元快速增长到 2021 年的 3214 亿元。[①] 产业支付将成为未来第三方支付的重要增长点，艾瑞咨询发布的《2022 年第三方支付行业研究报告》预计，到 2026 年，第三方企业支付交易规模可达 409.9 万亿元，其中产业互联网支付交易规模占比 74.1%，约合 303.74 万亿元。后疫情时代，众多支付机构纷纷发力 B 端，通过搭建赋能中小商户全面数字化为中心的生态化服务体系，助力中小微企业数字化，服务实体经济。如 2022 年 7 月，京东支付科技首次披露推出以支付科技助力产业数字化的三大解决方案，包括面向大型企业的全链路支付解决方案，面向产业供应链复杂贸易场景的企业支付 SaaS 科技服务平台，以及面向银行的精细化用户营销解决方案。[②]

（五）数字征信数据共享互通有力助力金融服务实体经济

区块链、大数据技术有效解决征信机构在数据共享方面的行业痛点，可以实现信息异地共享，拓宽数据渠道，节省数据采集成本，打破"信息孤岛"，让跨地区的信用信息共享成为可能。继 2020 年 10 月"长三角征信链"上线运行后，"珠三角征信链"和"京津冀征信链"相继于 2021 年 4 月和 7 月启动建设。2022 年 4 月，"京津冀征信链"首款产品在链上发布，在全国率先实现征信链商业化应用。数据的跨区域共享互通为银行服务中小微企业融资提供了更有力的数据支撑。例如，"京津冀征信链"在三地有效

---

① 易观分析：《中国产业支付专题分析 2021》。
② 《市场规模破 3 千亿 产业支付需求激增 京东支付科技发布三大解决方案》，凤凰网商业，2022 年 7 月 21 日。

联通的基础上，汇聚了工商、司法、行政、电力、知识产权、电信运营商等多个领域的 41 个大类、276 个小类数据。截至 2022 年 9 月，已累计向商业银行提供征信服务 395.5 万次，月均调用量 65.9 万次。助力商业银行向 372.5 万户小微企业授信 173.2 亿元。[①]

（六）数字化跨境金融服务平台提升涉外金融服务水平

国家外汇管理局建立跨境金融区块链服务平台（以下简称跨境平台），实现数据跨部门的可信交换和有效核验，推动跨境贸易融资和支付便利化业务线上办理。跨境平台于 2019 年 3 月在 7 个省（直辖市）、14 家法人银行试点，首期推出 2 个应用场景。截至 2022 年 9 月底，跨境平台已推出 6 个融资类应用场景和 3 个外汇业务便利化类应用场景，服务企业超过 7 万家，企业累计融资金额超过 2000 亿美元、付汇金额超过 6700 亿美元。[②] 融资类场景参与法人银行 300 多家，服务企业超过 1.6 万家，其中涉外收支年规模小于 3000 万美元的中小微企业占比约 75%。[③] 跨境平台精准破解跨境贸易融资中企业信用信息匮乏、银行风控成本较高的问题，提升了中小微企业融资可得性和效率。

二 特点及趋势

（一）数字普惠金融向纵深发展

《推进普惠金融发展规划（2016—2020 年）》实施以来，我国普惠金融发展取得积极成效，数字金融发挥了重要作用。数字金融突破物理网点和

---

① 北京市金融局：《首都金融营商环境系列报道十二："京津冀征信链"成为全国首个基于互联网的涉企信用信息征信链平台》，2022 年 11 月 22 日。

② 国家外汇管理局：《外汇这十年：建设跨境金融服务平台 科技赋能服务实体经济》，2022 年 9 月 29 日。

③ 国家外汇管理局：《外汇这十年：建设跨境金融服务平台 科技赋能服务实体经济》，2022 年 9 月 29 日。

地域限制，触达更多的普惠金融客群，重点覆盖金融服务薄弱和空白领域。2021~2022 年，在新冠疫情持续冲击下，数字普惠金融加速向纵深发展，服务品种和服务场景日趋丰富，数字技术运用促进金融服务不断下沉拓展。数字化成为金融机构重要转型发展方向，强化以科技赋能不断提升普惠金融服务水平。大型商业银行数字化转型深入推进，中小商业银行加快打造具有行业、地域特色的数字普惠金融产品和服务。2022 年底，普惠小微贷款的余额接近 24 万亿元，授信户数超过 5600 万户，贷款利率由 2018 年 1 月的 6.3%下降到 4.9%。[①]

2022 年 8 月，北京大学数字金融研究中心课题组发布《北京大学数字普惠金融指数（2011—2021 年）》第四次更新报告，对中国数字普惠金融的最新发展趋势进行分析发现，数字金融使用深度指数的增长已经成为数字普惠金融总指数增长的重要驱动力（见图 1）。[②]

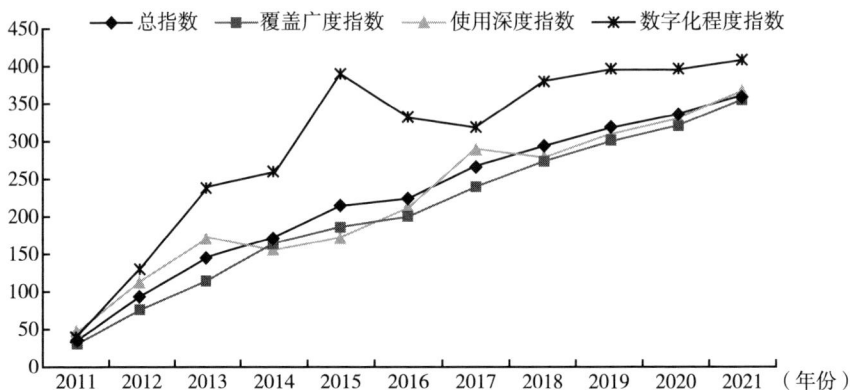

图 1   2011~2021 年数字普惠金融总指数及分指数的省级中位值

资料来源：北京大学数字金融研究中心课题组：《北京大学数字普惠金融指数（2011—2021 年）》，2022 年 8 月。

---

① 中国人民银行：《国新办举行"权威部门话开局"系列主题新闻发布会介绍"坚定信心、守正创新，服务实体经济高质量发展"》，2023 年 3 月 3 日，http://www.pbc.gov.cn/goutongjiaoliu/113456/113469/4810126/index.html。
② 北京大学数字金融研究中心课题组：《北京大学数字普惠金融指数（2011—2021 年）》，2022 年 8 月，第 3 页。

（二）产业数字金融成为数字金融发展新动力

《"十四五"数字经济发展规划》提出，要大力推进产业数字化，大力提升农业数字化水平，纵深推进工业数字化转型，全面加快商贸、物流、金融等服务业数字化转型。2022年1月，中国银保监会发布的《关于银行业保险业数字化转型的指导意见》提出，构建适应现代经济发展的数字金融新格局，不断提高金融服务实体经济的能力和水平，明确要求"积极发展产业数字金融"。发展产业数字金融将助力加快建设现代化产业体系，将进一步提升金融与实体经济的适配度，预计产业数字金融将为实体经济带来数万亿元规模的成本减负。① 大力发展产业数字金融已成为行业共识，代表着数字金融未来发展方向，相关机构加快布局。例如，华夏银行于2021年5月成立产业数字金融部，基于产业链上下游交易场景，推出多种数字信贷类产品。截至2022年6月末，已累计服务客户超900户，累计投放金额近240亿元。②

（三）数字金融和绿色金融进一步融合

绿色发展、可持续发展已经成为推动我国经济增长的新引擎，"十四五"时期是我国经济社会发展全面绿色转型的关键时期，绿色金融将持续发力。党的二十大报告提出的"完善支持绿色发展的财税、金融、投资、价格政策和标准体系"，突出了绿色金融体系建设的重要性。我国绿色金融政策框架日益完善，形成了多层次产品和市场体系。截至2022年底，我国本外币绿色贷款余额达22.03万亿元，同比增长38.5%，高于各项贷款增速28.1个百分点。③ 数字技术在绿色企业识别、环境信息披露、环境风险建模及定价、信贷风险控制、绿色产品开发等方面为我国绿色金融体系建设提供

---

① 《黄奇帆谈产业数字金融：可为实体经济带来数万亿规模的成本减负》，澎湃新闻，2023年2月25日。

② 《为产业数字化插上金融数字化"翅膀"华夏银行携产业数字金融成果亮相服贸会》，中国网财经，2022年9月4日。

③ 中国人民银行：《2022年四季度金融机构贷款投向统计报告》。

了有力支撑。地方政府运用信息技术手段，建立大数据平台，通过数据采集、核算、评价贴标为金融机构开展绿色金融业务提供便利。数字金融与绿色金融融合发展趋势愈加明显。如网商银行借助大数据、人工智能技术建立小微企业绿色评价模型，同时结合数字化供应链金融能力，更精准地识别真实的金融需求，为供应链上各环节小微企业更精准、高效地提供数字化的金融产品。截至 2022 年底，网商银行已累计完成 623 万家小微企业的绿色评级，并累计为 42 万小微企业提供绿色利率优惠。[①]

（四）金融科技公司更加重视服务实体经济

随着数字金融监管逐步规范化、法治化，金融科技公司更加注重守正创新，更加注重服务实体经济，服务经济社会发展大局。根据中国互联网金融与毕马威（KMPG）2022 年联合开展的调查，未来金融科技企业青睐的业务领域中，数字化供应链金融、绿色金融和 ESG 投资、"三农"金融服务、小微金融服务等实体经济领域排在前列（见图 2）。

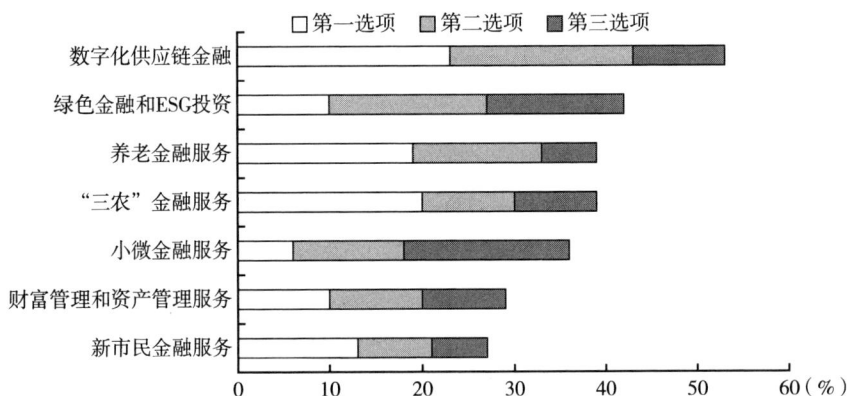

图 2　未来金融科技发展的蓝海业务领域（多选排序）

资料来源：中国互联网金融协会 &KMPG：《2022 中国金融科技企业首席洞察报告》。

---

① 《网商银行绿色金融实践：数字化高效激励小微经营者绿色转型》，新浪财经，2023 年 3 月 30 日，https：//finance.sina.com.cn/jjxw/2023-03-30/doc-imynrnhk4771482.shtml。

三 存在的问题

（一）金融机构数字化转型进展不一

近年来，金融机构积极推进数字化转型，但进展不一。从金融业细分行业来看，银行业金融科技投入最多，金融科技的应用程度和推进数字化转型的进度均高于证券业和保险业。保险业金融科技投入规模高于证券业，但增速较低。从银行业内部来看，国有大型银行和全国性股份制银行金融科技投入较大，数字化转型进展较快，而大部分中小银行还处于起步阶段。数字化转型需要资金、技术、规模、数据，对于中小银行而言难度比较大。这一现状一定程度上制约着数字金融服务实体经济的广度和深度。

（二）实体经济数字化水平不高

实体经济数字化水平直接影响数字金融对实体经济的服务质量。当前，我国数字经济与实体经济融合已经取得一定成就，但传统产业数字化发展相对较慢。农业、工业等传统产业数字化还需深化，部分企业数字化转型存在"不愿""不敢""不会"的困境，中小企业数字化转型相对滞后。[1] 2021年，我国产业数字化在农业、工业和服务业中的渗透率分别为10%、22%、43%，农业和工业大幅落后于服务业。[2] 根据腾讯研究院2022年开展的调查，我国民营企业数字化投入规模偏小、投入模式滞后、支撑保障体系不健全等问题普遍存在，数字化转型相关政策已经很丰富，但政策的传导和落地还存在不畅。[3] 调研显示，超过60%的民营企业不了解数字化转型

---

[1] 《国务院关于数字经济发展情况的报告》，中国人大网，2022年10月28日，http://www. npc. gov. cn/npc/c30834/202211/dd847f6232c94c73a8b59526d61b4728. shtml。

[2] 周民：《高水平推进实体经济数字化发展》，《学习时报》2023年3月20日。

[3] 吴朋阳、牛福莲：《民营企业的数字化转型》，《数字经济》2022年第8期，第96~99页。

相关支持政策的确切内容，相对地，已获得政策支持的企业仅占不到 5%。[①]

（三）数据治理体系有待完善

金融数据治理是实现金融业数字化转型的重要内容，是数字金融更好服务实体经济的基础。随着金融科技的发展，金融机构借助资金流和信息流等渠道，利用多场景、多维度的大数据优势，加强与互联网企业、金融科技公司等合作，数据治理能力不断提升，但仍存在不足。如数据质量粗糙，数据管理与应用粗放，技术架构和基础设施落后，不能满足业务发展与风险管理需要。

（四）产业数字金融服务能力有待提升

发展产业数字金融的趋势确定，但快速形成较大规模市场存在困难。近年来，我国数字金融的迅速发展主要是在消费金融领域，在获客、风控和运营等方面都已达到较为成熟的水平。而产业数字金融与消费数字金融在服务对象、数据需求、流程管理、风控技术、监管要求等方面均有较大差异，原有的经验难以直接复制。产业场景非常复杂，将产业数字化与金融数字化进行有效融合存在难度，给金融机构和金融科技公司提出了更大挑战。

四　对策建议

（一）加快推动中小金融机构数字化转型

加强中小金融机构数字化转型的分类指导。引导中小金融机构明确市场定位和发展方向，坚持以服务实体经济为重点，发挥特色和优势，根据自身

---

① 腾讯研究院：《2022 中国民营企业数字化转型调研报告》。

发展阶段、资源禀赋选择适合的数字化转型路径。鼓励大型金融机构和金融科技公司向中小金融机构输出解决方案，建立合作机制。发挥省联社平台作用，加强金融科技基础设施建设，为系统内农村商业银行数字化转型提供支撑。

（二）加强数字金融基础设施建设

加强金融领域"新基建"建设，加快推进绿色高可用数据中心、安全泛在的金融网络和先进高效的算力体系建设，[①] 进一步夯实数字金融发展的基础。加强金融科技重大核心技术攻关，构建高效、稳健的关键核心技术金融应用供给体系。优化科技创新体制机制，推动科技成果转化应用，提升金融科技发展水平。

（三）完善金融数据治理体系

加强顶层设计，以提高数据质量、促进数据共享、保障数据安全为目标，建立完善金融数据治理体系和标准。推动数据共享公共平台建设，促进金融数据开放、安全地流动和融合，提高数据要素支持金融创新的能力。加快规范统一的数据要素市场建设，形成合理的数据要素市场价格机制。发展监管科技，加强对金融数据安全利用和企业个人信息保护的监管，及时识别和防范新型数字金融风险。

（四）营造产业数字金融发展良好环境

加快产业互联网标准体系建设，完善产业互联网基础设施。规范产业链数据的收集、使用和保护。建立市场化服务与公共服务双轮驱动的数字化转型服务生态。鼓励行业龙头企业、互联网平台等开放数字化资源和能力，为传统企业和中小企业数字化转型提供帮助。加快培育发展面向中小企业的数字化解决方案供应商。

---

① 《金融科技发展规划（2022—2025 年）》提出，建设绿色高可用数据中心，架设安全泛在的金融网络，布局先进高效的算力体系。

参考文献

巴曙松、赵文耀、慈庆琪：《中小银行数字化转型：挑战、机遇与转型路径》，《清华金融评论》2022 年第 9 期。

黄国平：《创新和重塑数据治理体系——以金融数据治理为例》，《经济管理》2023 年第 1 期。

沈建光、朱太辉、张彧通：《金融数字化赋能乡村振兴》，中国金融出版社，2022。

沈一飞、郭笑雨：《数字经济与金融数据治理》，《中国金融》2020 年第 22 期。

王鹏：《产业金融数字化转型路径》，《中国金融》2022 年第 24 期。

B.15

2021~2022年防范化解
数字金融风险情况

董希淼　侯潇怡[*]

摘　要: 数字技术对金融业各个领域、各项业务均带来深刻影响，既不断提升金融机构竞争能力和服务效能，也对金融风险防范提出了更高要求，如数字金融领域的业务战略风险、模型算法风险、科技网络风险逐渐显现。2021年以来，我国在完善法律法规、加强金融监管、开展专项整治、坚持规划引领等方面采取措施，进一步防范化解金融风险，成效显著。但仍存在一些问题和不足，建议持续完善法律法规、加强战略规划引领、改革金融监管体系、优化风险管理机制等。

关键词: 数字金融　金融风险　数字技术　数据赋能

　　回望过去两年，金融科技的蓬勃发展极大促进了我国金融业转型创新，而新冠疫情在客观上加速了数字金融发展。大数据、云计算、人工智能、区块链等技术应用，对金融业各个领域、各项业务均带来深刻影响，金融与科技加快融合、双向赋能，竞争能力和服务效能不断提升。国际货币基金组织（IMF）研究发现，在中国，数字化每增长1%，国内生产总值就增长0.3%。[①]与此同时，数字金融领域的业务战略风险、模型算法风险、科技网络风险逐

---

* 董希淼，招联首席研究员、复旦大学金融研究院兼职研究员，主要研究领域为数字金融；侯潇怡，招联研究员，主要研究领域为数字金融。

① 席睿德：《亚洲数字革命：新的经济增长引擎》，《债券》2018年第11期，第7~11页。

渐显现，① 信息泄露、合规管理、网络诈骗等多重风险和乱象时有发生，数字金融健康稳健发展面临一定挑战。近两年来，国家层面加强立法，金融管理部门完善监管，从业机构自我约束，金融消费者提高素养，共同构建防范化解数字金融风险的多重屏障。从实践情况来看，2021 年以来，我国防范化解数字金融风险已取得积极成效，但也存在一些不足和问题，未来应采取更多措施提升数字金融风险管理能力。

一　防范化解数字金融风险的总体情况

2021 年以来，我国从 6 个方面采取措施，进一步防范化解数字金融风险。

（一）完善法律法规

完善相关法律、法规，是防范数字金融风险的重要举措。2021 年，颁布了《数据安全法》《个人信息保护法》两部重要的法律，监管部门出台多个部门规章和规范性文件，为防范数字金融风险提供了制度保障。

金融业是产生和积累数据量与信息量最大、最丰富的领域之一，尤其是随着传统金融行业的数字化转型进程加深，数据的价值不断凸显，数据安全与个人信息保护所面临的挑战也更加突出。2021 年 9 月，《数据安全法》正式施行，将个人、企业和公共机构的数据安全纳入保障体系，规范了数据安全保护义务，确立了对数据领域的全方位监管、治理和保护，数据安全步入法治化轨道。2021 年 11 月，《个人信息保护法》正式施行，为个人信息处理活动提供了明确的法律依据，为维护个人信息权益提供了充分保障，也为企业合规处理提供了操作指引。两部法律与《民法典》《网络安全法》《数据安全法》一起构筑了我国个人信息与数据保护的法律规

---

① 董希淼、杨芮：《亚洲地区金融数字化转型：趋势、挑战和对策》，《金融纵横》2022 年第 10 期，第 51~58 页。

范体系。

在监管制度层面，2022年1月实行的《征信业务管理办法》具有重要意义。近年来，征信的新业态、新特征不断涌现，滥用征信和未经授权或过度收集、使用信用信息等乱象随之产生。该办法清晰界定信用信息的定义及征信管理的边界，征信领域的合规要求逐渐规范与严格化。诸如"断直连"等对行业业态影响深远的举措，将进一步促进金融机构和征信机构的专业分工与协作，推动征信业朝着市场化、法治化等方向逐步转变。此外，中国人民银行分别于2021年1月、2022年1月发布《非银行支付机构条例（征求意见稿）》《地方金融监督管理条例（草案征求意见稿）》向社会公开征求意见，拟进一步加强对非银行支付机构和地方金融组织监管。

与此同时，完善制度办法，补齐金融控股公司监管短板。2020年9月，国务院发布《关于实施金融控股公司准入管理的决定》，中国人民银行随即印发《金融控股公司监督管理试行办法》，自2020年11月1日起施行。2022年3月，中国人民银行宣布批准中国中信金融控股有限公司（筹）和北京金融控股集团有限公司的金融控股公司设立许可。这标志着我国设立金融控股公司迈出实质性一步，金融控股公司正式迎来持牌经营新阶段。

（二）加强金融监管

党的二十大报告提出，加强和完善现代金融监管，强化金融稳定保障体系，依法将各类金融活动全部纳入监管，守住不发生系统性风险底线。2021年以来，我国继续加强金融监管，完善金融安全网，数字金融风险防控能力持续强化。

一是金融监管体系不断完善。近年来，数字金融领域风险积聚，原因之一在于我国分业监管体系与金融业综合经营趋势不相适应，金融监管部门之间沟通不畅、协调不够。在金融业综合经营趋势日渐清晰、数字金融创新不断深化的背景下，如何深化金融监管体制改革、构建现代金融监管框架成为一项重大课题。第五次全国金融工作会议之后，国务院成立金融稳定发展委员会（以下简称国务院金融委），加强对金融监管协调。国务院金融委经常召开会议，对防范化解金融风险工作做出部署。如2021年7月，国务院金融委召开会议，要求加强对金融领域战略性、前瞻性、基础性、针对性的问题研究，围绕一系列重大课题加大研究力度。其中的重大课题包括"发展普惠金融、绿色金融、数字金融"。这是国务院金融委首次提及"数字金融"。

二是加强对重点业务日常监管。2021年以来，金融管理部门相继出台文件，大幅收紧互联网存贷款业务。2021年1月，中国银保监会、中国人民银行发布《关于规范商业银行通过互联网开展个人存款业务有关事项的通知》，对商业银行互联网存款业务进行规范，将互联网定期存款业务严格限定于自营网络平台，地方性银行开展互联网存款业务应立足于服务已设立机构所在区域的客户。2021年2月，中国银保监会发布《关于进一步规范商业银行互联网贷款业务的通知》，强调商业银行等机构应强化风险控制的主体责任，独立开展互联网贷款风险管理，自主完成对贷款风险评估和风险控制具有重要影响的风控环节，严禁将贷前、贷中、贷后管理的关键环节外包，并在出资比例、集中度、限额管理等3个方面设定较为严格的定量指标。

三是持续加大行政处罚力度。数据显示，2021年中国银保监会及派出机构针对银行机构和相关责任人，共开出罚单4023张，罚没金额合计约19.15亿元；[①] 2022年金融机构共收到金融管理部门、交易所和行业协会11917张罚单，合计处罚金额达27.1亿元。[②] 其中，数字金融下的合规与消费者权益保护是近年监管关注的重点领域，尤其数据安全和治理、个人信息保护等方面的罚单增多，引导金融机构加强数字金融领域合规发展。中国银保监会还组织开展了对21家全国性中资银行机构EAST数据质量专项检查，2022年第一季度21家银行机构被集体处罚，处罚金额共计8760万元。

在消费者权益保护方面，多家大型银行、股份制银行因违反信用信息采

---

① 韩业清：《758家银行被罚，174人被终身禁业，罚没超19亿元！2021年银行机构处罚一览》，《中国银行保险报》2022年5月27日。

② 唐曜华：《2022年金融机构合计被罚27亿、金融消保罚单大增｜金融合规报告》，《21世纪经济报道》2023年1月13日。

集、提供、查询及相关管理规定，违反个人金融信息保护规定，违反金融营销宣传管理规定等违法违规行为受到处罚，很多罚单金额达数千万元。

（三）开展专项整治

近年来，P2P网络借贷平台暴雷、互联网平台经济无序发展等金融乱象表明，在构建全面监管体系、加强数字金融日常监管之外，及时针对重要突出问题进行专项整治同样十分必要。2021年以来，互联网金融风险专项整治工作和对从事金融业务的互联网平台整改工作取得实质进展，有效化解了潜在的数字金融风险。

一是互联网金融风险专项整治工作顺利完成。2016年《互联网金融风险专项整治工作实施方案》正式出台，互联网金融风险专项整治拉开序幕。2021年以来，P2P网络借贷平台等整治工作加深，良性退出逐步进入尾声。2023年2月，中国人民银行发布《2022年第四季度中国货币政策执行报告》，并在专栏《强化金融稳定保障体系　守住系统性风险底线》中指出，经过三年集中攻坚，系统性金融风险上升势头得到遏制，金融业脱实向虚、盲目扩张态势得到根本扭转，牢牢守住了不发生系统性金融风险的底线。中国人民银行进而表示，互联网金融风险专项整治工作顺利完成，近5000家P2P网贷机构全部停业；严厉打击非法集资，过去5年累计立案查处非法集资案件2.5万起。

二是平台经济整改工作基本完成。在互联网飞速发展和普及的当今时代，占据场景和流量优势的互联网平台顺势开展大量互联网+金融的"金融创新"业务，逐步发展为"类银行"平台。相较其快速扩张的资产规模，在风险层面，这些"类银行"平台却缺乏与银行同样的资本、市场、监管等约束，繁荣之下隐藏着巨大隐患，甚至足以引发系统性风险。2020年12月和2021年4月，中国人民银行、中国银保监会、中国证监会、国家外汇管理局等金融管理部门两次约谈了蚂蚁集团，指出了蚂蚁集团经营中存在的公司治理机制不健全、存在违规监管套利行为、利用市场优势地位排斥同业经营者、损害消费者合法权益等问题，并提出了回归支付本源、持牌合规经营个人征信业务、设立金融控股公司、完善公司治理、合规开展证券基金业务等 5 项整改要求。2021 年 4 月，金融管理部门联合约谈腾讯、度小满金融、京东金融、字节跳动、美团金融、滴滴金融、陆金所、天星数科、360 数科、新浪金融、苏宁金融、国美金融、携程金融等 13 家网络平台，强调坚持金融活动全部纳入金融监管，金融业务必须持牌经营。自此，针对 14 家互联网平台的专项整改工作拉开序幕。

2023 年 1 月，中国人民银行相关负责人在新闻发布会上透露，2020 年11 月以来，金融管理部门指导督促蚂蚁集团等 14 家大型平台企业的一些突出问题扎实开展整改，目前已基本完成整改，平台企业金融业务的常态化监管框架也已初步形成。下一步，金融管理部门将坚持"两个毫不动摇"，发展和规范并重，继续推动剩余少数平台企业的整改，善始善终，完成整改工作，并进一步提升常态化监管水平。

（四）坚持规划引领

2021 年 3 月通过的《中华人民共和国国民经济和社会发展第十四个五年规划和 2035 年远景目标纲要》明确要求，稳妥发展金融科技，加快金融机构数字化转型。2022 年 1 月，国务院印发《"十四五"数字经济发展规划》，部署了八方面重点任务，明确到 2025 年数字经济核心产业即数字产业化的增加值占国内生产总值比重达到 10%。2022 年以来，《金融科技发展规划（2022—2025 年）》《关于银行业保险业数字化转型的指导意见》《金融标准化"十四五"发展规划》等多部具有重要引领作用的规划文件相继出台，为数字金融风险防范与化解提供了纲领性、前瞻性的指引。

2022 年 1 月，中国人民银行印发《金融科技发展规划（2022—2025年）》，提出金融科技发展愿景、指导思想、基本原则、发展目标，明确金融科技发展 8 项重点任务和 5 项保障措施。从风险防范层面来看，该规划明确提出强化金融科技治理，全面塑造数字化能力，健全多方参与、协同共治的金融科技伦理规范体系，构建互促共进的数字生态；健全安全、高效的金融科技创新体系，搭建业务、技术、数据融合联动的一体化运营中台，建立智能化风控机制；加快监管科技的全方位应用，强化数字化监管能力建设，对金融科技创新实施穿透式监管，筑牢金融与科技的风险防火墙等细化要求，为新时期数字金融风险化解与防范谋定方向、明晰路径。

2022年1月，中国银保监会发布《关于银行业保险业数字化转型的指导意见》，就风险防范提出7条具体举措，包括加强战略风险管理，在推进数字化转型过程中牢牢守住风险底线；加强创新业务的合规性管理；加强数字化环境下的流动性风险管理；加强操作风险及外包风险管理；防范模型和算法风险；强化网络安全防护；加强数据安全和隐私保护；等等。

2022年2月8日，中国人民银行等四部门印发的《金融标准化"十四五"发展规划》提出，到2025年，与现代金融体系相适应的标准体系基本建成，并着重强调了标准化引领金融业数字生态建设，提出了稳妥推进法定数字货币标准研制、稳步推进金融科技标准建设、系统完善金融数据要素标准等6方面内容。

中国证监会科技监管局局长姚前在2022年底的金融街论坛上表示，证监部门将加强监管科技顶层设计与统筹规划，持续落实证券期货业科技发展"十四五"规划，加快推动中国证监会智慧监管IT战略规划发布实施，建设智慧监管平台。

（五）推广"监管沙盒"

"监管沙盒"（regulatory sandbox）通过提供一个"缩小版"的真实市场和包容审慎的监管环境，旨在提高金融创新的积极性和监管的前瞻性。2015年，英国金融市场行为管理局（FCA）提出"监管沙盒"理念，并于2016年5月敞开第一个"监管沙盒"。随后"监管沙盒"理念和机制逐渐被各国广泛采纳，目前全球已有近40个国家和地区实施"监管沙盒"机制。

中国版金融科技"监管沙盒"探索始于2019年。2019年10月，中国人民银行等六部委批准在北京开展金融科技应用试点工作；2019年12月，中国人民银行支持北京在全国率先启动金融科技创新监管试点。2020年1月，中国人民银行营业管理部（北京）公布首批6个拟纳入金融科技创新监管试点的应用。由此，金融科技创新监管试点被称为中国版的"监管沙盒"。经过近半年的试点，2020 年 4 月，中国人民银行决定将试点范围扩大到上海市、重庆市、深圳市、雄安新区、杭州市、苏州市等六市（区），引导持牌金融机构、科技公司申请创新测试。2021 年 4 月，金融科技创新监管工具开始在全国推广实施。据不完全统计，截至 2021 年 12 月 27 日，全国已有 17 个地区进行"监管沙盒"项目公示，总计近 120 个。从项目类型来看，存在向小微金融、绿色信贷、消费者权益保护倾斜等特点。

从 2022 年"监管沙盒"项目落地情况看，呈现参与地区更多、试点范围不断扩大、试点批次持续更新、应用项目更加贴近政策与服务实体经济等特点。中国互联网金融协会和毕马威中国在《2022 中国金融科技企业首席洞察报告》中，对国内 251 个金融机构和金融科技企业进行问卷调研后发现，持续开展"监管沙盒"是受访企业最为认可的平衡创新和风险的关键举措。从实践情况来看，随着项目持续扩容，2021 年以来"监管沙盒"机制逐步呈现常态化。

（六）科技伦理治理

2022 年 12 月，由 OpenAI 研发的 ChatGPT 问世，此类大语言模型一经发布便引起了广泛关注。随着外界对其了解和使用的深入，人们逐步意识到 ChatGPT 并非传统语言机器人，不少学者认为这是人类向通用人工智能迈出的一大步。在这场人工智能的狂欢盛宴中，一些科技伦理问题再度暴露出来并引发争议，要想让科技向善，守住伦理底线是前提，科技伦理治理的紧迫性随之凸显。

2021 年以来，我国相继出台和完善多个法律法规与监管制度，不断加强科技伦理治理。2022 年 3 月，中共中央办公厅、国务院办公厅出台了《关于加强科技伦理治理的意见》（以下简称《意见》），这是首个从国家层面进行科技伦理治理的指导性文件，填补了我国科技伦理治理的制度空白。《意见》确立了我国科技伦理治理的指导思想，并提出了加强科技伦理治理的 5 项基本要求，即伦理先行、依法依规、敏捷治理、立足国情、开放合作。此外，《意见》还明确了开展科技活动应当遵循的 5 项科技伦理原则——增进人类福祉、尊重生命权利、坚持公平公正、合理控制风险、保持公开透明，体现了中国加强科技伦理治理的立场和态度。

就金融领域而言，2022 年 10 月，中国人民银行印发《金融领域科技伦理指引》，提出在金融领域开展科技活动需要遵循的守正创新、数据安全、包容普惠、公开透明、公平竞争、风险防控、绿色低碳等 7 个方面的价值理念和行为规范，指导金融机构开展科技伦理治理工作，预防和化解金融科技活动伦理风险。近年来，金融机构也在相关政策法规指引下，不断加强内部治理和行业自律，科技向善未来可期。

二　防范化解数字金融风险的主要特点

随着法律法规不断完善，监管工具不断丰富，风险治理经验不断成熟，2021 年以来，我国防范化解数字金融风险呈现以下四大特点。

（一）构建长效机制与开展专项工作相结合

从当前我国数字金融风险的特点来看，既存在因法律法规和监管制度不健全所带来的共性漏洞问题，如数据安全、信息保护等；也存在因某一类别机构特定的技术、环境等条件下爆发出的个性问题，如 P2P 网贷暴雷、首次代币发行（ICO）非法集资等。从风险化解和治理的方法思路上看，与之相对的，则呈现构建长效机制与开展专项工作相结合的特点。

2021 年以来，我国陆续颁布《数据安全法》《个人信息保护法》等基础性法律，推出《金融科技发展规划（2022—2025 年）》等纲领性文件，并不断深化金融监管体制改革，顶层设计层面明确"一委一行两会"的金融监管格局，兼顾促进金融改革创新与不发生系统性风险的现代金融监管框架正在逐步形成，为数字金融高质量发展构建了长效机制。同时，结合市场实际暴露的问题，以开展专项整治为抓手，进行"精准排雷"，在互联网金融风险专项整治工作和平台经济专项整改工作中取得显著成效，并以专项整治经验反哺健全长效机制，初步实现了对数字金融包容创新、审慎监管及有效监管三方面的有机统一。

（二）监管金融机构与整治网络平台相结合

当前，数字金融市场参与者主要分为金融机构与网络平台两类，两者在发展历史、组织机制、业务模式、产品创新、数字化程度等方面存在较大差异，故在防范化解数字金融风险实践中，监管部门充分考虑到两类市场主体的差别，采取监管金融机构与整治网络平台相结合的综合治理手段。

对金融机构，在不断完善现有金融监管体系框架和法律法规的基础上，在保持近年来强监管导向不变的前提下，针对数字化转型中出现的问题通过出台专门法律法规和加强检查处罚等约束手段，以及"监管沙盒"等机制，引导金融机构在安全基础上进行科技创新。对网络平台，因其数字业务本身根植于科技和互联网，进而向金融延伸，打破了原有金融业务逻辑和业务划分，防范和化解其存在风险，对监管机构和从业者而言都是全新的命题。因此，金融管理部门近年不断推动金融科技监管的迭代优化，逐步形成了"金融的归金融，科技的归科技，数据的归征信"的监管框架，[1] 通过对网络平台开展专项整治等手段，促使其金融、科技、数据业务回归本源，较好地控制和化解了外溢的风险，数字金融监管政策也随之加快完善步伐。

（三）金融"严监管"与伦理"软约束"相结合

在数字金融监管过程中，金融管理部门按照"凡是金融活动都须持牌经营，凡是金融业务都须纳入监管"的金融监管原则，[2] 充分运用当前已有的金融监管制度及工具，对数字金融各项业务进行全面统一监管。数字金融概念较为宽泛，不同业务的模式及风险存在较大差异，其监管要求、工具存

---

[1] 朱太辉、张彧通：《金融数字化的运行模式研究》，《金融发展研究》2022年第5期，第3~10页。

[2] 江泽岸、林泽欣：《数字金融综合监管框架及政策建议》，《产业创新研究》2023年第4期，第8~10页。

在一定差异。

当前中国数字金融规模快速扩张，在强制性与高成本的"严监管"之外，也需要"软约束"的规范，通过规范性要素与文化认知性要素的结合来影响主体的行为，[①] 从而在潜移默化中引导参与者行为自律，实现科技向善。除了相继出台《意见》《金融领域科技伦理指引》等指引性文件，行业自律也是科技伦理治理的重要组成部分。中国互联网金融协会于2016年发布《中国互联网金融协会会员自律公约》和《互联网金融行业健康发展倡议书》，深圳、浙江等地于2020年和2021年先后成立地方性自律组织——金融科技伦理委员会，金融机构近年对科技伦理治理的关注和发声明显增加，相信科技伦理治理未来在数字金融风险防范与治理中发挥的作用将愈加显著。

（四）防范金融风险与促进良性创新相结合

处理好防范金融风险与促进良性创新二者之间的关系，使之齐头并进、互相促进，本来就是数字金融与生俱来的使命。从金融监管来看，更加强调"精准拆弹"，既能对当前数字金融产生的一些新型风险和问题实现"精准号脉""对症下药"，又能积极引导和促进数字金融健康可持续发展，科学地做到监管对创新与风险的有效平衡。

2021年以来，一方面，我国现代金融监管体系在持续构建和完善中，从顶层设计层面的《金融科技发展规划（2022—2025年）》《关于银行业保险业数字化转型的指导意见》等纲领文件，到各类法律法规的从无到有、从有到优，与数字金融发展相适应的政策法规体系正在形成。互联网平台、地方金融组织以及虚拟货币等主体和活动，逐步纳入统一的监管范围，监管制度短板进一步补齐，金融机构与金融科技公司的发展实现进一步规范。另一方面，对金融科技创新的引导举措和机制也在进一步完善和加强，"监管沙盒"从试点完成闭环，到试点项目、参与机构与地区的进一步扩容，"监管沙盒"的覆盖范围和实践成效也在逐步增大。

---

① 李侠：《科技伦理：没有约束的科技是危险的》，《光明日报》2015年7月31日。

三 防范化解数字金融风险的不足和问题

（一）法律法规有待进一步细化

目前，我国数字金融仍缺乏系统、专门的法律规范，现行法律体系中针对数字金融行业专门性的规范文件很少，2021 年颁布的《数据安全法》《个人信息保护法》等法律法规有所针对但并未覆盖全部场景与业务，已有的行业规范性文件大多效力很低且多属于框架性的指导意见、通知等，具体的可操作性和法律约束性不强。[1] 反观国外数字金融监管法律体系，欧盟出台了《数据服务法》《数字市场法》《一般数据保护条例》，内容涉及消费者基本权利保护、数字市场创新与公平竞争、完善监管范围及数据规制等方面，形成了针对数字金融监管的体系化部署。[2]

当前，我国监管法规并未在法律层面对数字金融和传统金融作出区分，由此造成数字金融与传统金融之间监管的法律重叠和空白。且因我国数字金融监管立法一直存在一定滞后性，随着当前数字金融业务规模与金融创新业务不断增加，数字金融市场快速的发展变化，监管单位与市场从业主体对更具适用性、确定性的数字金融法律法规的需求不断增加，亟待针对当前市场实际需求，进一步细化与完善相关法律法规。

（二）金融监管体系需进一步优化

从当前实践来看，随着数字金融加快发展，现行监管体系存在的多方面问题逐渐暴露。

一是金融业分业监管的现状与混业监管的趋势之间矛盾愈加突出，各监管机构间职权划界不清，监管协同效果不佳，监管空白和监管交叉同时存

---

[1]　王瑞霞：《我国数字金融监管法律问题研究》，河北经贸大学硕士学位论文，2022 年 5 月 9 日。

[2]　宋晓燕：《国际金融危机后十年监管变革考》，《东方法学》2018 年第 1 期，第 193 页。

在；二是监管对象存在模糊，人工智能、区块链等新技术加剧了金融业态的复杂程度，金融交易的主体、行为和区域更加模糊化，现有监管规则和监管工具难以有效防范；三是现有金融监管机构人员素质和能力有待提升，随着数字金融创新步伐加快、影响范围扩大，监管人员能力不匹配问题更加突出；四是监管科技和监管方式的发展严重滞后于被监管的数字金融市场发展，监管手段和监管工具仍不够丰富，以静态指标监测为主，难以对动态发展的数字金融市场进行有效监控和治理。① 因此，紧跟数字金融发展创新的趋势，持续优化当前金融监管体系，进一步提升监管效能，对更好地预防和化解数字金融风险，具有重要且深远的意义。

（三）数字金融风险仍然普遍存在

近年来，在监管、金融机构、消费者和投资者等的多方合力下，我国防范化解数字金融风险已经取得突出进展。但客观地看，数字技术的应用和推广确实使得金融风险更为隐蔽、更易扩散和更加复杂，且随着技术创新而不断处于动态发展变化中，数字金融风险依旧普遍存在，防范化解数字金融风险仍然面临挑战。

具体来看，数据安全与隐私保护问题就是当前十分突出的问题之一，仅2023年第一季度，就出现了数起数据和隐私泄露的大型案例事件。2023年2月，通信软件Telegram上大面积转发某隐私查询机器人链接，显示国内来自电商或快递物流行业的约45亿条个人信息泄露；2023年3月，中国台湾的大型科技企业宏碁公司（Acer Inc.）确认，一个名为"Kernelware"的黑客入侵了其一台服务器并窃取了160GB机密数据；央视2023年3·15晚会曝光了某常用视频软件破解版被嵌入第三方插件，可窃取用户大量个人信息。数字金融时代，几乎每一个行为动作都会产生数据，每一项金融交易都依赖数据，虽然《民法典》《网络安全法》《数据安全法》《个人信息保护

---

① 罗月琪：《金融数字化对宏观审慎监管制度的挑战与变革》，《现代企业》2022年第12期，第138~140页。

法》《消费者权益保护法》等法律已构成了我国相对完善的个人信息保护法律体系，但过往监管和法律长期相对缺位积累了不少存量问题，需要时间化解，意识和观念深入人心也需要更多时间，数据过度采集、数据泄露、非法共享、随意滥用现象依然时有出现。

另一个鲜明的例子是，数字金融的快速发展随之带来的"共债"风险上升。随着数字金融快速发展，金融机构和互联网平台的授信能力提升，金融机构与互联网公司合作助贷或联合贷款的模式盛行。在商业追逐规模和利润的驱使下，客观存在一定的过度营销、诱导式放贷和掠夺式放贷等情况，尤其对普惠金融覆盖的长尾客群，授信两极分化愈加突出，许多真正急需金融支持的客群，如个体户等金融服务严重不足，而一部分已有足够授信的借款人信息却被反复利用，多头借贷和过度借贷等现象突出，机构逐利下的过度授信导致"共债"风险日益突出，[1] 居民部门杠杆率近年来上升较快。

（四）防范风险、服务实体经济和促进创新难以平衡

数字金融是技术驱动下的金融创新，从理念到业务都对原有的金融业态和金融监管形成冲击，如何兼顾安全和创新成为世界范围内的难题。即便是在金融监管高度发达的英、美两国，也尚未出现成熟的金融科技监管模式可供借鉴。从现行金融监管体制的实效来看，存在防范风险、服务实体经济与促进创新三者难以平衡的难题。

当前数字金融监管以刚性为主，柔性不足。对于监管相对成熟的传统金融机构来说，需要监管机构事先制定行为规则，当监管对象违反这些规则时，监管者就会采取相应的监管措施，但因数字金融的创新性势必冲击传统边界，需要一定容错空间，而这种"命令和控制"式金融监管则难免对创新有所抑制。[2] 对于互联网平台等新事物而言，金融监管则相对滞后，监管

---

① 王海军、杨虎：《数字金融渗透与中国家庭债务扩张——基于房贷和消费的传导机制》，《武汉大学学报》（哲学社会科学版）2022 年第 1 期，第 114~129 页。
② 张苗玥：《金融科技背景下金融监管理念的转变路径研究》，《中国商论》2023 年第 2 期，第 120~122 页。

措施落后于行业实践，且良性引导不足。虽然数字金融创新较快，但风险也快速积累。同时，商业本身的逐利性，导致大量资金在金融体系内空转、套利，惠及长尾客群、服务实体经济存在严重不足，在一定程度上背离了数字金融创新的初衷。

（五）金融消费者和投资者权益保护任重道远

数字金融时代，金融消费者和投资者在参与金融交易时面临许多新的风险变化。消费者的隐私权、知情权、财产权等个人权益易受侵害。例如，在人工智能主导和算法歧视下，大数据"杀熟"等现象日益突出且饱受诟病，但至今仍未有专门的法律法规和足够成熟的监管技术可以制约这些新出现的"侵权"问题。

此外，新技术和新的"金融产品"层出不穷，令人眼花缭乱，缺乏识别能力的广大普通消费者和投资者在追逐商机中反而蒙受了更大损失。如以比特币、以太坊为代表的虚拟货币和"元宇宙"、NFT（非同质化通证）等新事物的出现，在科技光环和财富造梦的泡沫中，随之带来了大量簇拥者和交易者，"炒币""炒NFT"等游离在法律和监管模糊地带的数字金融行为，正在成为许多消费者和投资者青睐的投资手段。但由于区块链技术自身的隐秘性和不可知性，嵌套在其中的金融交易的风险和监管难度极大增加，更易受到人为操控、市场波动等因素的冲击，消费者和投资者的合法权益难以保障，更易造成巨大损失。此外，以ICO为代表的各类新型非法集资和诈骗也更具隐蔽性和伤害性，虽然我国此前清理打击ICO专项行动已顺利完成，但各类披着数字金融创新外衣的新型违法犯罪层出不穷，值得警惕。因此未来仍需要多方努力，金融消费者和投资者权益保护任重道远。

四　防范化解数字金融风险的对策建议

金融风险与金融发展相伴而生，如影随形。作为新的金融业态，数字金融风险更具隐蔽性、复杂性和传染性。未来一段时间，防范化解数字金融风险仍然任重道远。

总体而言，防范化解数字金融风险的工作将呈现四个方面的趋势。一是金融监管仍将加强。虽然互联网金融风险专项整治工作和平台经济整改工作基本完成，但常态化监管之下仍将坚持"强监管""严监管"，巩固前期整治成果，推动数字金融健康可持续发展。二是制度建设持续完善。将继续出台新的法律法规，弥补监管短板和空白；细化深化制度办法，为加强监管提供全面支持，防患于未然。三是行业自律和伦理治理全面推进。将更好地激发市场主体自我约束的能动性，"软硬兼施"，从"严监管"和"软约束"两个方面筑牢风险防线，推动"良币驱逐劣币"。四是金融和技术风险长期共存。数字技术没有改变金融业务的本质和风险属性，金融与技术跨界融合滋生和放大法律合规风险、数据安全风险以及操作风险、声誉风险，在特定情景下还可能带来流动性风险。

《黄帝内经》说，"上工治未病，不治已病，此之谓也"。"治未病"即采取相应的措施，防止疾病的发生和发展。下一阶段，可以从以下几个方面采取措施，完善数字金融风险管理体系，坚持防范与化解并重，加强监管，完善治理，更好地防控数字金融风险，保障数字金融行稳致远，不断提高其服务实体经济效能。

（一）持续完善法律法规

金融法治是金融市场和金融体系健康运行的基础。加强金融法治建设，是金融治理体系和治理能力现代化的必由之路，更是提高数字金融监管效能、防范数字金融风险的重要抓手。应加快完成《中国人民银行法》《商业银行法》《银行业监督管理法》等法律修订，加快出台《非银行机构支付条例》《地方金融监督管理条例》等行政法规，完善制度建设，补齐监管短板。如在相关法律修订中，新增设立银行要有信息科技架构和系统等要求。同时，应加强对数字金融薄弱环节和新兴领域的研究和立法。例如，针对金融消费者权益保护面临的挑战，适时将《银行保险机构消费者权益保护管理办法》升格为"金融消费者权益保护法"，完善数字金融消费者权益保护基本制度。

除了金融法律之外，在实践中规范金融运行和金融监管的更多是部门规章和规范性文件。因此，不仅要修订金融法律，还要加强对部门规章和规范性文件的修订：一方面，应根据形势发展变化，对存量的部门规章和规范性文件进行修订完善，使监管规则更具适用性、有效性；另一方面，要针对新情况、新问题，及时出台新的部门规章和规范性文件，填补监管空白，补齐监管短板。

（二）加强战略规划引领

国家和金融管理部门应加强数字金融的统筹规划，促进数字金融可持续发展，推动数字经济与数字金融双向赋能、数字金融与数字技术双向赋能、制度创新与技术进步双向赋能。同时，在相关规划中进一步明确数字金融风险管理体制和机制。金融机构应科学制定和实施数字化转型发展战略，明确分阶段实施目标，长期投入、持续推进。金融机构应加强对数字化转型工作的组织领导，董事会、高管层统筹负责数字化转型工作，建立数字化转型委员会或领导小组，明确专职或牵头部门，开展整体架构和机制设计，建立健全数字化转型管理评估和考核体系，培育良好的数字文化，确保业务条线协同推进数字化转型工作。改善组织体系和机制流程，以价值创造为导向，加强跨领域、跨部门、跨职能的横向协作和扁平化管理。对大型金融机构来说，应对组织架构进行优化甚至重构，提高产品和服务创新迭代的效率，提升对市场和客户需求响应的速度。中小金融机构要发挥机构层级少、决策链条短等特点，推动全组织敏捷转型，增强持续的创新力、快速的响应力、强大的执行力。完善利益共享、责任共担的考核机制，完善数字化创新激励机制，加强对新产品、新业务、新模式的风险防范。从事金融业务的互联网平台应以平台经济整治为契机，坚持持牌经营、良性创新，面向未来构建健康可持续发展的新机制。

（三）改革金融监管体系

2023 年 3 月，中共中央、国务院印发了《党和国家机构改革方案》，明确了我国金融管理体制的顶层设计，中央金融委员会统一领导下的"一行一总局一会"金融管理新框架正在形成。在此框架下，具有中国特色的"双峰"监管进一步显露端倪。从职能设置上看，国家金融监督管理总局统一负责除证券业之外的金融监管，有助于减少数字金融监管空白和监管交叉，落实好行为监管和功能监管。对于发展迅速但情况复杂、存在多领域交叉的数字金融来说，构建起"大一统"的金融监管体系将有利于未来集中一切可以利用的监管力量，实现对数字金融监管的全覆盖和效能最大化。建议设立数字金融监管局，作为国家金融监督管理总局的内设机构，专司数字金融领域监管，更好地防范数字金融风险。金融消费者和投资者权益保护的职能全部集中到国家金融监督管理总局之后，应加大对数字金融领域新情况、新问题的研究，不断加强和改进消费者和投资者教育，提升消费者和投资者防范数字金融风险的意识和能力。此外，在金融业混业经营加速、金融科技创新深化、地方金融组织涌现的背景下，地方经济发展对金融业的依赖程度日益增强，还应强化地方金融监管，在区域层面上更好地防范化解数字金融风险。

（四）优化风险管理机制

防范化解数字金融风险，应进一步落实好从业机构的主体责任。金融机构需要改变过度依赖客户财务指标和专家经验判断的传统风险管理方式，通过平台化的方式使风险信息开放、共享，实现规模化的信息交互和信息匹配。一是建立稳健的信息科技风险治理架构，建立有效的管理流程对信息科技风险进行识别、监测、报告并及时管控，建立健全安全运维体系，完善网络安全纵深防御体系建设，具备有效的网络安全风险监测、分析、处置能力，并强化与第三方合作机构之间的网络安全风险隔离。二是实现规则与策略、模型与算法的集中统一管理，防止人工智能算法带来的模型风险，对模型数据的准确性和充足性进行交叉验证和定期评估。三是加强数字风控顶层设计，打造风控中台柔性、敏捷反应团队，搭建体系化的风险管理平台，支撑前台数字化经营、后台精细化管理。

无论是金融机构还是网络平台，都应进一步加强客户信息保护。第一，在思想上，要高度重视客户信息保护，以最严格的标准和最严密的措施确保客户信息安全。第二，在管理上，应建立信息数据库分级授权管理制度，根据个人信息的重要程度、业务需要、敏感程度等，实行分级管理。第三，在机制上，加强金融信息安全保护的宣传教育。一方面，应开展员工内部培训，在工作中强化对用户信息的保护意识；另一方面，应当未雨绸缪，将加强信息保护等融入消费者教育内容，提高消费者金融素养和自我保护能力。

（五）规范数据要素管理

在数字经济时代，数据已经成为重要的资源和关键生产要素，安全有效地推动数据利用、共享和流通，挖掘数据价值，将有利于快速释放数据生产力，也有助于防范数字金融风险。在数据要素管理方面，亚洲地区应采取如下措施。一是构建数据要素市场规则，培育规范数据交易平台和市场主体，探索场内和场外相结合的数据交易模式，建立数据资本资产定价机制，推动数据资源交易流通。二是建立健全数据标准体系，适应数字化转型需要，金融机构应设置统一的企业级数据标准，包括业务定义、技术定义和管理信息等，确保各责任主体对数据标准进行管理和维护，以保障数据标准与业务实现同步更新。三是构建数据全生命周期安全防护体系，不断升级技术安全防控系统，有效保障平台、数据和设备的安全，对数据安全进行定级管理，对不同类型和级别的数据制定相应的数据使用权限和管理审批流程。

（六）提升数字监管能力

金融机构应当发挥从企业、居民储蓄和中央银行运行的货币市场获取资金的低成本优势，在对客户放贷的尽职调查和对客户的抵押、信用、风险防范过程中积累的信用判断优势，以及资本金规模基础和扩张优势，与金融科技公司强强联合、优势互补，实现金融数字化的资源优化配置。网络平台应当通过大数据、云计算、人工智能的应用，提高服务金融业务的效率，实现数字网络平台公司和金融业务的资源优化配置，产生优化红利，通过物联网、大数据、人工智能的运筹、统计、调度，降低产业链、供应链的物流成本，发挥全产业链、全流程、全场景的信息传递功能，降低金融运行成本和风险。金融管理部门应平衡创新与风险，大力发展监管科技，持续提高员工素质，运用数字技术支持数字金融监管并提高监管效能，通过"监管沙盒"计划或创新中心等模式，在防控风险的条件下鼓励金融机构和科技公司加强合作、加快创新。

总之，金融管理部门、金融机构、互联网平台和社会各界要加强协调配合，继续采取有效措施，处理好基础和重点、当下和长远、合规和创新、手段和目的等关系，更有效地防范化解数字金融风险，推动数字金融高质量发展，更好地服务实体经济和金融消费者、投资者。

B.16
2021～2022年金融业数字化转型和场景建设情况

黄 迈 李梦晗 吴万钦*

摘 要： 数字化转型是金融业高质量发展的重要驱动力。近年来，政策层面多次强调要加快推进金融领域数字化转型，金融业务的线上化、数字化水平不断提升，重点场景建设也取得明显进展。当前，金融业数字化转型更加关注技术赋能的实效，发展出现结构分化，场景竞争更加聚焦B端和G端。同时，在数字化转型中也存在部分金融机构对数字化转型重视不够、数字化转型尚未触及体制机制和流程创新、重点场景建设思路不清晰、数据赋能作用不明显、关键风险认识不足等问题。结合未来金融业数字化转型的发展趋势，本文提出加快推进数字化转型和场景建设的建议。

关键词： 金融科技 数字化转型 场景金融

党的二十大报告对加快发展数字经济提出明确要求。数字经济健康发展离不开金融的支持，金融业数字化转型是发展数字经济的重要内容。如何加快推动金融业数字化转型，运用金融科技手段提升金融服务的可得性、便利性，更好地发挥金融对经济高质量发展的支撑作用，是当前需要深入思考和努力探索的方向。

---
* 黄迈，经济学博士，高级经济师，中国农业银行战略规划部《农村金融研究》执行副主编，中国人民大学农村经济与金融研究所特约研究员，研究方向为数字金融、农村金融；李梦晗、吴万钦，重庆工商大学金融学院，研究方向为数字金融。本文观点不代表笔者所在单位意见。

一 基本情况

（一）政策支持力度持续加大

2021 年以来，政府部门陆续出台了一系列政策文件，对顶层设计和重点领域，均多次强调要加快推进金融领域数字化转型（见表 1）。例如，国家"十四五"规划和 2035 年远景目标纲要提出，要"稳妥发展金融科技，加快金融机构数字化转型"。《金融科技发展规划（2022—2025 年）》明确了金融数字化转型的总体思路、发展目标、重点任务和实施保障，成为未来一段时期我国金融科技发展的总纲领。《关于银行业保险业数字化转型的指导意见》专门指出，要推广数字化的金融产品与服务，引进和培养数字化人才，提高银行业服务质量与效率。同时，还提出要将数字化转型情况纳入银行保险机构信息科技监管评级评分。《金融标准化"十四五"发展规划》提出，要用标准化引领金融业数字生态建设。以上这些政策涵盖了宏观层面和微观层面，从不同维度为加快推进金融数字化转型提供了重要支撑。

表 1　金融业数字化转型相关政策措施

发布时间	政策文件	相关内容
2021 年 3 月	《中华人民共和国国民经济和社会发展第十四个五年规划和 2035 年远景目标纲要》	稳妥发展金融科技，加快金融机构数字化转型
2021 年 10 月	中共中央、国务院印发《国家标准化发展纲要》	健全和推广金融领域科技、产品、服务与基础设施等标准。……围绕金融等领域智慧化转型需求，加快完善相关标准
2021 年 12 月	国务院印发《"十四五"数字经济发展规划》	加快金融领域数字化转型。合理推动大数据、人工智能、区块链等技术在银行、证券、保险等领域的深化应用
2021 年 12 月	工业和信息化部、国家发展改革委等 19 部委联合印发《"十四五"促进中小企业发展规划》	健全信用信息共享机制，支持金融机构运用金融科技创新金融产品和服务，推动供应链金融场景化和生态化，加强对创新型中小企业的支持

续表

发布时间	政策文件	相关内容
2022 年 1 月	中国人民银行印发《金融科技发展规划（2022—2025 年）》	明确金融数字化转型的总体思路、发展目标、重点任务和实施保障
2022 年 1 月	中国银保监会办公厅印发《关于银行业保险业数字化转型的指导意见》	以数字化转型推动银行业保险业高质量发展……将数字化转型情况纳入银行保险机构信息科技监管评级评分
2022 年 2 月	中国人民银行会同市场监督管理总局、中国银保监会、中国证监会联合印发《金融标准化"十四五"发展规划》	标准化引领金融业数字生态建设。稳步推进金融科技标准建设，系统完善金融数据要素标准，健全金融信息基础设施标准，强化金融网络安全标准防护，推进金融业信息化核心技术安全可控标准建设

（二）金融机构数字化转型的探索实践

数字化转型是金融行业高质量发展的重要动能。特别是 2020 年以来，受新冠疫情冲击，线上金融服务需求迎来了快速增长，如信贷、保险等均在加快推广"非接触式"服务。[①]

1. 银行业数字化转型的探索实践

如何有效反映银行数字化转型程度？谢绚丽和王诗卉[②]曾构建了一套从战略数字化、业务数字化和管理数字化三个维度测度银行数字化转型的指标体系。笔者也尝试从以下三个方面进行简要总结。一是数字化转型已成为银行业提升核心竞争力的重要战略。例如，从 2021 年 59 家上市银行年报中可以看出，包括大型商业银行在内的多家银行均明确表示，将加快推进金融科技创新应用，为银行数字化转型做好支撑（见表2）。其中，有 57 家都在年报中多次提及"数字化转型"，有 24 家提及次数超过 10 次，大型商业银行提及次数更是达到 30 次左右。又如，中国工商银行推出了集团数字化品牌

[①] 限于篇幅，此部分只简要梳理银行业保险业数字化转型进展情况。

[②] 谢绚丽、王诗卉：《中国商业银行数字化转型：测度、进程及影响》，《经济学（季刊）》2022 年第 6 期。

"数字工行"（D-ICBC）；中国农业银行将"全面实施数字经营战略"作为三大战略之一写入全行"十四五"规划；兴业银行在 2022 年年报中提出，要坚持将数字化转型视为"生死存亡之战"。二是业务经营管理的数字化水平快速提升。商业银行在营销获客、产品创新、运营管理和风控管理等各个环节的数字化水平都在不断提升。按照中国银行业协会近期发布的《2022年中国银行业服务报告》，2022 年银行业平均电子渠道分流率为 96.99%。中国工商银行数字化业务量占比超过 98%。同时，中国建设银行"快贷"、中国农业银行"惠农 e 贷"等数字化拳头产品加快打造形成，市场份额和服务优势也逐步显现。三是金融科技投入和人才培养力度持续加大。从年报上看，整个银行业 2021 年科技投入规模达 3000 多亿元；各家银行科技投入占营业收入的比例普遍在 3% 左右，部分超过 5%。① 2022 年大型商业银行科技投入增速较快（见表 3）。中国工商银行、中国建设银行、兴业银行等明确提出，将强化科技型人才布局作为数字化转型的重点任务。

表 2　大型商业银行关于数字化转型的有关要求

金融机构	数字战略	具体内容
中国农业银行	数字化云平台 iABC	围绕"数字化转型"的战略构想，以支持产品线上化。以业务平台化、经营数据化、服务生态化为目标，构建中国农业银行新一代数字化云平台 iABC，实现"薄前台、厚中台、强后台"，夯实移动基础，助力业务发展，决胜数字时代
中国工商银行	"数字工行"（D-ICBC）	"数字生态、数字资产、数字技术、数字基建、数字基因"的五维布局，即做活数字生态运营，构建共创共赢数字生态；深化数字资产应用，做实做强做活数据新要素；强化数字技术赋能，打造先进可控的硬核科技；优化数字基建布局，夯实数字化转型发展根基；加强数字基因渗透，建设敏捷协同的组织机制
中国建设银行	"建行云"	积极打造"建行云"品牌建设，践行"新金融"，全力推动实施住房租赁、普惠金融、金融科技"三大战略"，按照"建生态、搭场景、扩用户"的数字化经营思路，强化 C 端突围，做客户身边有温度的银行；着力 B 端赋能，做企业全生命周期伙伴；推进 G 端连接，成为国家信赖的金融重器

---

① 苏洁：《小型银行向数字化能力要效率》，《中国银行保险报》2023 年 2 月 20 日。

金融机构	数字战略	具体内容
中国银行	"数字中银+"	围绕"夯实基础支撑、赋能业务发展、布局未来能力"主线，以数据为驱动、金融科技为手段，改造传统商业银行模式，推动集团营销、产品、渠道、运营、服务、风控、管理等领域重塑再造，打造"数字中银"
中国邮政储蓄银行	"123456"战略布局	"1"是坚持数字生态银行转型"一条主线"；"2"是并行推进"数字化商业模式创新"和"传统银行智能化重塑"两大轨道；"3"是实施个人金融、公司金融、资金资管三大板块数字化改造；"4"是打造产品创新、风险防控、数据赋能和科技引领四大数字化能力；"5"是重点突破生态、渠道、产品、运营和管理五大领域；"6"是强化顶层设计、协同机制、敏捷组织、专家队伍、资源保障和考核激励六大支撑
交通银行	"数字化新交行"	打造体验极致、生态丰富、风控智能、运营高效的数字化新交行，打造出"交银e办事"、数字人民币手机银行6.0等一批创新标杆。加快民生消费场景建设，推出政务钱包、惠民就医、智慧校园、资金监管等标准化场景解决方案。大力发展"交通银行"微信小程序、云端银行等新媒体渠道，提升渠道获新转化与经营能力

资料来源：笔者根据网络公开资料整理。

表3 大型商业银行2022年科技投入与科技人员情况

金融机构	科技投入（亿元）	同比增长（%）	占营业收入比重（%）	科技人员数量（人）	同比增长（%）	科技人员占比（%）
中国工商银行	262.24	0.91	2.86	36000	2.86	8.30
中国农业银行	232.11	13.05	3.20	10021	10.62	2.20
中国建设银行	232.90	-1.21	2.83	15811	4.56	4.20
中国银行	215.41	15.70	3.49	9376	14.50	3.51
中国邮政储蓄银行	106.52	6.20	3.18	4294	26.29	3.27
交通银行	116.31	32.93	5.26	5862	29.15	6.38

资料来源：大型上市银行2021年年报、2022年年报。

2.保险业数字化转型的探索实践

近几年，推进数字化转型已成为保险业发展的共识，保险公司相继制定并推动转型战略。具体主要体现在以下几方面。一是参与主体多元化。数字保险市场的参与主体除了传统保险公司和保险中介，还不断增加了互联网保险公司、保险科技公司以及互联网平台等。二是发展方式差异化。大型上市保险公司将"保险+科技"提到战略高度，都设立了自己的科技型子公司，凭借强大的资源禀赋自建科技能力。中小保险公司在数字化发展上的资金和技术实力相对较弱，主要选择与保险科技企业或平台合作。[①] 三是产品服务无感化。不断加强线上产品投保、续保、查询、理赔等"一站式"金融服务。类似退货运费险、旅游意外险、航班延误险等数字保险产品已经通过"润物细无声"的方式，逐步融入线上消费场景中。同时，各家保险公司还推出了"快赔""闪赔"等理赔新模式，探索提供线上化、个性化的理赔服务。四是运营服务流程化。通过搭建线上核保、理赔、运营、营销平台，建设"流程银行"等方式，推动数字化运营服务能力提升。[②]

（三）重点场景建设取得明显进展

场景建设是金融机构从同质化竞争走向高质量发展的重要转折，已成为金融业提高效率、降低成本、优化体验和满足需求的重要手段。随着金融业数字化和标准化发展深入推进，不同类型的场景建设也在加速演进（见表4）。

表4 金融业场景建设典型案例

类型	典型场景	主要内容
B端	中国工商银行"兴农撮合"平台	为农业产业融合发展项目主体开设特色专属主页，引导各经营主体通过平台发布产品、需求及招商引资信息，实现线上化供需匹配
	中国农业银行"智慧畜牧"平台	面向养殖企业、政府部门等客户，基于智能耳标、摄像头、网关等物联网设备搭建的实时化、智能化畜牧养殖管理系统
	北京银行"TradeGO"平台	基于区块链技术的国际贸易单据数字化解决方案为行业客户提供安全、高效的国际贸易数字单据全生命周期管理和数字交单服务

---

① 朱禁弢：《保险业数字化转型迎来加速发展新机遇》，《中国保险》2021年第12期。

② 上海银保监局课题组：《银行保险机构数字化转型：现状、问题与建议》，《中国银行业》2022年第12期。

续表

类型	典型场景	主要内容
G 端	中国农业银行"三资"管理平台	涵盖资产资源管理、资金管理、股权管理、资产交易、乡村治理、金融服务等功能模块，帮助基层政府和农村集体经济组织摸清资产家底，促进村集体资产管理流程规范化、线上化
	中国建设银行"裕农通"App	面向广域乡村大场景，联合地方政府，基于 G 端，连接 B 端和 C 端，集助农金融服务、便民生活服务和社交功能于一体的线上平台
	北京银行"京管云"平台	为实现教培领域收费监管、科学监管、高效监管提供解决方案上线的预付资金监管系统
C 端	中国建设银行"建行生活"App	面向大众百姓的生活服务平台，主要为用户提供餐饮、外卖、商超、出行、充值缴费等高频生活场景的一站式服务
	中国工商银行"兴农通"App	面向乡村居民、回乡养老人员等客群，提供办卡、查询、缴费、数字人民币、学农技、地方特色场景等民生服务

从 B 端看，围绕重点产业的场景平台建设加快推进。随着产业互联网、5G、物联网等新技术的发展，B 端场景建设成为金融业关注的重点。其中较为典型的有，中国工商银行 2021 年 9 月上线的"兴农撮合"平台，通过网页和 App 两种渠道，引导各经营主体通过平台发布产品、需求及招商引资信息，寻求合作伙伴，实现线上化供需匹配。截至 2022 年底，"兴农撮合"活动已在全国所有省份开展，覆盖 60% 的农业产业强镇、90% 的国家现代农业产业园、100% 的优势特色产业集群，服务超 10 万个农业经营主体。① 又如，中国建设银行 2022 年升级打造"建行惠懂你"3.0 综合化生态型服务平台，为小微企业、"专精特新"等各类普惠客群提供更加便利的专业金融服务。截至 2022 年底，"建行惠懂你"App 累计访问量达 2.1 亿次，授信客户达 199 万户，授信金额达 1.64 万亿元。再如，中国农业银行 2022年 6 月上线"智慧畜牧"平台，通过使用智能耳标、摄像头、网关等物联网设备构建实时化、智能化的畜牧养殖管理系统，提供生物资产盘点、牧场圈舍管理、告警管理等功能。截至 2022 年 11 月底，已在西藏、广东、河

① 执委会办公室：《与服贸会共成长｜工商银行：搭建撮合平台，服务乡村振兴》，2023 年 3月 2 日，https：//www.ciftis.org/article/15759438052585472.html。

南、山东等27个省份进行试点推广，累计发放贷款74.77亿元。①

从G端看，积极与政府共建生态，并将金融服务融入各类政务场景中。例如，中国建设银行的"裕农通"App面向广域乡村大场景，联合地方政府，基于G端，连接B端和C端，打造成数字化平台、数据化平台、集中化平台和农民日常生活与社交的主要渠道，实现了"政务+生态+金融"的全场景线上自助服务。② 截至2022年底，累计与29个省级政府建立合作关系，为14个省13个市搭建"互联网+政务服务""互联网+监管"平台或应用场景；平台注册用户达2.4亿户，累计业务办理量达40亿笔。③ 又如，中国农业银行专门上线推广农村集体"三资"管理平台，为县乡政府及村两委和农村集体经济组织提供数字化管理工具，帮助基层政府和农村集体经济组织摸清资产家底，促进村集体资产管理流程规范化、线上化。截至2022年底，中国农业银行"三资"管理平台已在全国1488个县上线，覆盖14.8万个行政村。④

专栏：福建"e龙岩"App上线"数字普惠金融服务平台"

为让"数据多跑路，群众少跑腿"，福建省龙岩市汇聚政府与金融监管部门合力，在拥有165万用户的"e龙岩"政务服务App上搭建了"数字普惠金融服务平台"，为金融机构展业提供优质获客渠道，全市33家银行业金融机构、13家政府性担保公司、2家保险业金融机构接入平台，上线各类金融产品447项，实现了融资对接、秒贷专区、直连专区、贷后管理、金融教育、消保维权、硬币自循环、假币复议等多项功能。截至2023年3月末，平台先后和13家银行业金融机构实现数据直连，共有17款"秒贷"或"数据直连"产品投产上线，成功完成授信27.91亿元，占平台全部授信98.73亿元的28.27%。

（资料来源：中国人民银行龙岩市中心支行）

---

① 《奋发有为2022｜农业银行加快推动数字化转型步伐》，https：//www.cebnet.com.cn/20221230/102849614.html。
② 张敏：《"裕农通"金融科技赋能乡村振兴》，《中国金融》2022年第19期。
③ 《中国建设银行公布2022年度经营业绩》，中国建设银行官网，2023年3月29日。
④ 《中国农业银行 服务加快建设农业强国 助力全面推进乡村振兴》，《人民日报》2023年3月7日。

从 C 端看，细分场景市场已被互联网平台占领，但仍有金融机构进行大胆尝试。经过多年的充分竞争，"衣、医、食、住、行、玩、娱"等 C 端细分场景的流量入口已经牢牢掌握在互联网头部企业中。近年来，一些金融机构也在基于手机银行 App 不断加载生活消费场景，但使用体验并不理想。目前来看，相对比较成功的有招商银行"掌上生活"App。过去两年，也有金融机构进行大胆尝试，例如，中国建设银行于 2020 年 11 月推出了以服务用户本地生活消费为主的"建行生活"App，汇集了美食、外卖、缴费、出行、电影演出、商超、网点等多种生活场景，将金融服务延伸到衣、食、住、行等生活的方方面面。截至 2022 年底，"建行生活"用户规模已经超8000 万，日活跃用户约为 400 万，入驻优质商户门店达 33 万家。① 又如，北京银行于 2020 年 7 月正式推出"京彩生活"App，其中包含政务惠民、城市出行、工会服务、健康医疗、便民缴费、生活消费、数字钱包等七大核心场景群，覆盖 42 个大类、百余项惠民服务。此外，数字人民币的试点推广也为商业银行拓展 C 端场景带来了机遇。例如，中国农业银行深圳分行与运营方合作，创新推出了"数字人民币 SIM 卡硬件钱包"，实现了一卡通用户融合，适用于网络通信、POS 消费、门禁认证、一线支付等多种生活场景。②

二　主要特点

（一）数字化转型全面推进，但更加关注技术赋能的实效

金融科技改变了金融业同质化竞争的传统格局，数字技术提高了业务运作效率和金融服务能力，金融机构也逐步实现交易数字化、服务无界化和金

---

① 中国建设银行：《【ESG 专栏】"建行生活"飞入寻常百姓家》，http：//www1.ccb.com/cn/group/trends/20221104_ 1667554743.html。

② 《数字人民币 5G" 应用成果创新发布　助力金融科技服务民生领域》，https：//www.thepaper.cn/newsDetail_ forward_ 21543755。

融场景化。总的来看，金融机构的数字化转型已迈入 2.0 阶段，即不仅仅是对信息系统的升级改造，或者简单利用数字技术推动业务发展；而是更加注重能力建设，关注科技赋能和数据赋能，希望利用数字技术引领全面变革。与过去起步阶段不同，2020 年以来金融机构变得更加务实，更加注重资源利用率，以及数字化手段是否能够对业务增长产生实际作用。从技术应用来看，一旦有新技术问世，就会快速应用到金融行业，如 AI 技术推动机器人流程自动化（RPA）在银行业具体领域的应用，优化了银行的业务流程。从数据应用来看，随着前期大量数据的积累与沉淀，数据支持决策的能力不断增强，如许多银行推出了基于特定场景数据的纯线上、纯信用的贷款产品，同时也在数字风控领域发挥了较好作用。

（二）金融机构数字化转型发展出现结构分化

目前，金融机构都在加快推进数字化转型，但不同类型的金融机构处于不同的发展阶段。以商业银行为例，从百信银行 2023 年初发布的《商业银行"Bank Digital Mesh"数字化成熟度评估模型白皮书》来看，大型银行数字化转型起步较早，2020 年之后就进入 2.0 阶段，更加注重能力建设，通过数字化运营不断提升相应能力。股份制银行也在大规模进行数字化转型，但中小银行（城市商业银行和农村商业银行）则呈现两极分化的趋势，[①] 有些中小银行缺乏对数字化转型的顶层设计，只是对原有"信息科技规划"进行简单的升级改造，推出一些同质化的产品，并未从根本上更新服务理念、重塑业务流程。在科技投入方面，大型银行基本能满足自身在金融科技建设方面的需要，但中小银行就相对不足。在科技人才方面，中小银行科技人才有限，"金融+科技"等复合型人才占比较低。同时，也缺乏相应的外部引入和激励机制，人才流出较为严重。

（三）场景竞争更加聚焦 B 端和 G 端

2020 年以来，金融机构主要是围绕 B 端和 G 端场景持续发力。究其原

---

① 苏洁：《小型银行向数字化能力要效率》，《中国银行保险报》2023 年 2 月 20 日。

因，从客观制约来看，B端和G端场景金融发展相对滞后，直到近两年随着数字政府建设、产业互联网的快速发展，才逐步引起更多的关注。[①] 同时，B端和G端细分场景也存在进入门槛高、前期投入大、复制推广难等特点，一旦介入很难被替代。从竞争格局来看，C端核心高频场景已被互联网巨头牢牢掌控，而金融机构、互联网平台等面对B端场景都处在同一起跑线。[②] 过去金融机构开展的供应链金融服务也为更好拓展B端场景奠定了基础。同时，金融机构服务G端场景也具备一定的资源优势。例如，中国工商银行以科技和产品服务为手段，聚焦B端和G端生态建设，形成相关行业一揽子解决方案，密切了银政、银企关系。中国建设银行以"金融+产品+服务"为抓手，构建起了智慧政务、智慧生活、智慧社区、智慧医疗、智慧出行、智慧旅游等10个领域的智慧生态圈，全方位实现B端赋能、G端链接。以智慧政务为例，已累计与29个省级政府建立合作关系，参与政务服务、监管平台及应用场景建设，累计注册用户超2亿户，累计业务办理量超25亿笔，"跨省通办"平台落地西南五省，网点"跨省通办"覆盖全国，全行14000余家网点成为"百姓身边的政务大厅"。[③]

三 存在的主要问题

（一）仍有部分金融机构对数字化转型重视不够

金融机构数字化转型不仅是技术层面的项目改造，而且需要从管理到运营的各个环节在理念和思维上进行更新，在技术和业务不断融合中推进迭代创新。目前来看，有少部分金融机构对数字化转型的重要性和紧迫性认识不

---

① 杨哲、黄迈：《场景金融：金融科技时代的银行服务变革》，机械工业出版社，2021。
② 杨哲、吴昊、黄迈：《商业银行开展B端场景金融服务的隐忧与策略》，《中国银行业》2021年第11期。
③ 《纵深推进新金融行动 全力服务高质量发展——中国建设银行公布2021年度经营业绩》中国建设银行官网，2022年3月29日。

到位，数字化转型工作推进过程中也缺乏统筹、效率不高、进展迟缓。具体体现在以下几方面。一是缺乏对前沿技术的基本认知和应用。少数金融机构的管理理念较为落后，使得金融科技应用和金融服务转型不匹配，无法有效推进数字化转型升级。二是未将数字化转型上升到战略高度。根据上海银保监局课题组（2022）的调研，部分机构未将数字化转型纳入战略规划，仅制定了短期数字化目标或工作计划。三是少部分金融机构对数字化转型持谨慎态度。从2021年全部上市银行的年报来看，仍有22家银行对数字化转型的提及次数不足5次。四是仅关注局部领域的系统改造。一些金融机构还没有全面推进数字化转型相关工作，只是在个别的业务领域进行一些简单的系统升级改造。

（二）数字化转型尚未触及体制机制和流程创新

数字化转型理应摆在金融业发展的战略高度，作为"一把手工程"进行全面推动。但从目前来看，数字化转型工作还未触及体制机制的"灵魂"。这主要体现在以下几方面。一是对数字化转型存在认知偏差。虽然制定了数字化转型的战略，但方向、目标和路径都不够清晰，缺乏统一认识。部分机构数字化转型只是单纯地将传统金融业务线上化，或者依托第三方科技公司协助引流。同时，过于追求短期利益，缺乏数字化转型的长期战略规划。二是与数字经营理念还有较大差距。数字化转型各项工作推进还没有真正贯彻"以客户为中心"的服务理念，没有从根本上扭转同质化的传统经营思路，更多的还是以简单复制同业经验为特征的"模仿创新"。三是尚未触及体制机制和流程变革。大多数金融机构的数字化转型，更多体现在数字产品和服务创新，没有涉及组织架构、协同联动、考核激励等管理体制和服务流程的重构，尚不具备全体系支持数字化转型的条件。[①] 大多数金融机构通过成立转型办公室或科技部门来统筹推动数字化转型相关工作，调查结果表明，将近70%的机构并没有进行组织结构上的重组，没有形成横向协同和扁平管理机制，导致"部门银行"现象和数据孤岛问题仍然存在。

---

① 蔡葵：《落实金融科技发展规划 推动金融业数字化转型》，《金融科技时代》2022年第7期。

（三）重点场景建设缺乏清晰的发展思路

场景金融服务创新已成为金融机构数字化转型的重要抓手。近年来，商业银行纷纷发力场景建设，特别是非金融场景建设，甚至"大干快上"，希望将支付、融资以及信用等相关金融服务嵌入社会生活密切相关的各个领域。但经历过 C 端场景的激烈竞争无果后，金融机构又开始转战 B 端和 G 端场景建设。总的来看，其主要存在以下问题。一是场景建设缺乏前瞻性的思考谋划。目前主要还是参考金融同业或者互联网公司的做法，并没有结合自身实际，进行有取舍、有选择的场景建设。二是没有牢牢抓住核心高频场景。场景建设不在多、贵在精。一些金融机构考核场景营销只注重场景建设的数量，比如与地方政府或者企业的签约数量，没有真正引入互联网运营的流量思维考察场景的有效性和活跃度。一个场景建设是否有效，并不是看平台是否建立起来，也不是看平台是否有用户，而是看用户体验、转化和黏性，以及用户需求触达和满足情况。三是场景建设还没有形成可复制的成熟模式。一些重点场景建设投入大、见效小，商业价值不明显，只是一个样板工程，尚未形成体系化、可复制、可推广的成功模式。

（四）数据赋能作用还不够明显

数字化转型的基础资源就是数据，金融行业的数据信息较多，但其对数据资源没有进行充分的利用和挖掘，导致数据赋能作用还不够明显。一是缺乏高质量数据。部分中小金融机构由于科技投入不足，导致数据挖掘和利用能力较弱。有些机构采集的数据不够丰富，维度比较单一。同时，数据挖掘还不够深入，存量信息难以有效发挥数据要素的增信作用。二是数据治理体系不完善。不少机构数据标准不统一，缺乏有效整合，数据碎片化和数据孤岛问题突出。[①] 就当前金融机构的实践来看，有效利用相关数据资源还面临数据分散、标准不统一、对接难度大等障碍。三是数据安全问题日益凸显。

---

① 刘春航：《积极稳妥实施银行业保险业数字化转型战略》，《中国银行业》2021 年第 11 期。

在多方参与的场景建设过程中，系统平台和数据权属界定不清晰，导致金融业在数据使用安全问题上存在一定困难。四是数据应用能力亟待提升。不少金融机构的数据应用工作仍停留在传统的结构化数据挖掘和分析上，对非结构化数据的挖掘还不够，对合成数据的关注不够，数据价值无法释放。

（五）对数字化转型的关键风险认识不足

金融业数字化转型过程中的主要风险就是面对陌生的、高风险的业务场景，但缺乏相匹配的风险管理能力。一方面，对信用风险、操作风险等传统风险防控提出了更高要求。例如，信用风险方面，一些银行过分依赖第三方平台的引流和助贷，甚至将授信审查、风险控制等关键环节进行外包，信用风险管理不可控，能力明显被削弱。[①] 又如，操作风险方面，金融机构与科技公司进行了广泛合作，两者之间的关系由单纯的外包演变成了多层次、多种类的相互影响，很可能会造成合作方的操作风险向内传递。另一方面，对技术风险和数据风险等新型风险重视不够。技术是一把双刃剑，随着金融科技应用更加复杂多样，技术风险也更为突出。与其他风险相比，技术风险更具突发性、隐蔽性、发生渠道多样性、技术依赖性与跨时空性等复杂特征。同样，数据的质量直接决定了数字化转型的成效。目前，数据不完整、不真实等问题仍然较为突出，一些数据也缺乏有效的核验机制，存在数据被人为修改或伪造的风险。[②]

四　未来发展趋势

（一）科技赋能：加快向"数智化"发展

科技应用正加快推动金融业数字化转型。回顾过去几年，每一次技术突

---

① 刘春航：《积极稳妥实施银行业保险业数字化转型战略》，《中国银行业》2021 年第 11 期。
② 袁江、刘青：《互联网信贷业务及风险防范》，《中国金融》2020 年第 17 期。

破，都在金融业营销、运营、风控等各个重点领域得到广泛应用，并对金融业数字化转型产生了深远影响。金融科技的关键技术，正不断降低信任成本，推动金融服务效率和质量的提升，驱动金融服务加快进入"数智化"阶段。赵志宏[1]提出，未来元宇宙银行可以构建各种类型的虚拟生态场景，提供实体网点或手机银行无法提供的全新体验。2022 年 11 月，OpenAI 推出 ChatGPT，要求金融从业者从生成式 AI 视角重新看待和理解金融服务创新。随着生成式 AI 在金融业更多场景中实现规模化应用，将推动金融服务更加数字化、智能化，不仅将打破传统的程序化服务模式，进一步降低金融服务创新和运营成本，还将产生更多新的数据，辅助人工提供更多个性化服务，更好地推动金融和场景实现高效协同。金融机构应该抓住机遇，加快探索面向 B 端、C 端和 G 端融合的产品和服务创新。

（二）精准经营：全流程精准闭环管理

数字经济高质量发展的关键是数据。随着高质量垂直数据的不断积累，数据资产化将加速推进，数据"更多、更好用"将成为主要发展方向，数据应用能力和数据赋能作用也将进一步增强。无论是"新增客户识别拓展"，还是"存量客户深度经营"，金融服务的精准性和有效性都将进一步提升。从全流程管理来看，金融业将实现精准经营，有望成为真正意义上的数字银行。一是精准识别需求。经济社会变化推动客户需求不断更迭，要求金融业通过数字技术进行全面深入的市场分析，精准识别目标客户和潜在需求，为后续创新更多更加适配的产品和服务奠定基础。二是精准提供服务。随着数字化转型的不断深入，数据驱动决策将体现在产品和服务创新等各个方面。针对存量客户，需要重视客户体验的优化，依托精准服务提供有效支撑，特别是私域运营的理念和打法在金融业将得到广泛应用。三是精准实现风控。数字风控已经成为金融业关注的重点。未来，将进一步利用大数据、大模型进行智能风险管理，风控的精准度将进一步提升。

---

① 赵志宏：《元宇宙银行（Meta Bank）——虚拟银行 2.0》，《当代金融家》2021 年第 12 期。

（三）开放融合：无感泛在的全天候服务

生态圈战略是当前金融业数字化转型的一项重要选择。金融业的发展将更加重视跨界合作，通过融合发展提供无感泛在的全天候服务，打造开放式金融生态。不少金融机构也在研究制定契合自身数字化转型发展需要的生态圈战略，通过"走出去"和"引进来"，更好地引领场景建设方向，形成真正意义上的生态银行，让金融服务"无感泛在"。一是"业技数人"的融合。目前，"业技"融合已经深度发展，未来"业技数人"将加快融合，更多的价值将得到释放。二是金融与产业的融合。金融科技公司、银行、保险公司等金融机构将与互联网企业、零售商、产业链等进行紧密合作，共同为客户提供多元化的金融服务。三是金融与场景的融合。金融服务将与更多场景融合发展，依托生态服务用户，以用户需求和体验为导向加快转型。金融产品对外输出的种类进一步丰富，输出能力、输出效率都将进一步提高。四是内部组织架构的融合。随着数字化转型向中后台深入，金融业内部决策链条更加简化，组织边界更加模糊，协同合作更加普遍，敏捷型组织将以不同的创新形式出现，并更好适应数字化转型要求。

五　几点建议

（一）政府层面

一是加快推进数据立法和数据确权。要加快制定并健全数据产权保护的相关法律法规，明确数据权属问题。探索建立全国性的数据交易平台，制定数据交易的市场规则及行业标准，形成数据资源确权、开放、流通和交易的制度安排。

二是加快推进统筹和协调机制建设。近期，国家机构改革已经明确新设国家数据局，为加快打造数字化强国奠定了基础。要强化政府统筹，加快数字化转型规划、标准、机制等方面的顶层设计，增强对数字化转型的指导和规范，特别是要协调解决重大问题，确保数据保护、利用和安全并重。同时，金融管理部门需要加强对金融业数字化转型的指导，出台应用场景建设的标准指引，加快研究金融业数字化转型应用场景的建设指引，制定标准规范并进行评估。

三是加快完善数字化转型的配套政策。要通过政策制定，在战略、业务、流程甚至组织上推动变革，营造良好的数字化转型环境。探索为相关市场主体提供政策支持、税收优惠、创业资金等激励措施，同时做好风险评估，平衡风险控制和鼓励创新。促进推动不同技术的融合应用，不断夯实数字化转型的技术底座。

四是推动跨部门、多主体的协同合作。针对重点场景建设，尤其是起步阶段，应充分发挥政府的统筹引领作用，积极推动不同领域间的跨部门合作，打破部门壁垒。整合政府、金融机构和科技企业的资源与能力，探索形成共同体，协同推进金融业数字化转型。通过共享复用，解决场景建设成本高、重复建设等问题。

（二）金融机构层面

一是持续强化顶层设计和战略引领。数字化转型是引领金融机构高质量发展的重要驱动力。要从技术创新、客户体验、渠道融合、组织协同、生态构建等不同维度全方位明确数字化转型的方向和目标，特别是要对数字化转型进行体系化思考，在整个业务模式和场景构建中融入数字化转型的目标要求。

二是加快推动重点领域核心高频场景建设。核心高频场景是金融业数字化转型的重要抓手。要始终坚持客户需求导向，挖掘智慧政务、数字产业链等重点领域的核心关键场景，通过加强核心高频场景建设，带动并覆盖更多场景客户，提升客户触达能力和转化能力。同时，结合自身实际，通过"自主建设+外部合作"相结合的方式有序推进场景建设，通过项目化运作，提高场景建设的效率和质量。

三是持续做好数字金融产品和服务创新。进一步加大研发投入，促进技术创新和金融服务的深度融合，推动数字化产品和服务的快速迭代，快速适应和满足多元化、个性化的市场需求。通过加快推动线上线下渠道协同发展，实现数字金融产品和服务的全渠道覆盖，提升客户获取和使用的便捷性。推动多元化的跨界合作，形成全方位、多层次、广覆盖的数字金融产品服务体系。

四是加快推进数据资产化，深度挖掘数据要素价值。坚持数据保护与开发利用并重，持续增强大数据、大模型的分析应用能力，深度挖掘数据要素价值。通过 AI 技术的深入应用，利用机器学习等算法模型，全方位洞察客户的行为和习惯、意图和偏好，更好地赋能金融服务创新并满足客户需求。

五是构建与数字化转型相适应的资源保障体系。强化跨部门的协作，通过柔性团队、项目团队等方式实现业务流程的组织架构的优化。构建数字化转型的多维评价考核体系，识别转型过程中的问题和挑战，及时做好"加法"和"减法"，调整战略和资源投入，实现持续改进和创新。培养数字化服务团队，提升员工数字化素养，以提高金融机构在数字化转型过程中的人才竞争力。

（三）金融监管层面

一是完善监管评价体系。加快推动金融业数字化转型的行业标准出台，探索设计更多贴近数字化转型实际的量化评价指标，为加快推动金融业数字化转型提供正向引导和有效激励。

二是改进监管技术手段。加快推进金融科技监管平台建设，整合金融机构、科技公司等多方信息资源，实现金融科技监管数据共享与应用。建立健全金融科技风险防控体系，加强对金融科技创新业务的风险评估与管理，确保金融科技发展与金融稳定相互促进。探索在条件成熟的地区开展数字化监管试点创新。持续推进金融科技"监管沙盒"试点，在一定的监管框架内，为金融机构和科技企业提供一个安全、可控的创新环境，推动创新和监管向前发展。

三是加强数据安全监管。数字化转型和场景建设需要大量的数据支持，监管部门需要制定更加严格且更具针对性的行业数据保护和安全措施，并加强对金融机构在数据收集和使用方面的监管，确保数据合规使用。从严管控金融机构的数据采集行为，依法依规打击金融机构数据滥用等违法行为。

四是加强监管队伍建设。建立全面的监管人才培养体系，提高监管人员的金融科技素养和业务能力。引进金融科技领域的专家人才，加强监管团队的专业能力，提高对新技术、新业务的监管能力。优化监管队伍结构，加强对金融科技、数据分析等专业人才的培养和引进，打造专业化、高素质的监管队伍。加强国际交流与合作，借鉴国际先进经验，提升监管人员的国际视野和全球合作意识。

参考文献

周永红：《金融机构数字化转型之道：从"立柱架梁"迈入"全面推进"》，《现代商业银行》2022年第6期。

B.17
2021~2022年金融科技治理
体系建设报告

李 全　詹开颜[*]

摘　要： 近年来，我国金融科技在数字化转型的浪潮中扬帆远航，科技的赋能提高了金融服务的质量和效率，也带来了一系列金融系统层面与技术层面交织的新风险。金融科技经历了萌芽阶段宽松的"包容性"治理和整肃阶段严厉的"运动式"治理。2022年伊始，中国人民银行印发了《金融科技发展规划（2022—2025年）》，对我国金融科技治理体系建设提出了明确要求和清晰规划。2021~2022年，我国金融科技治理体系建设成就明显，顶层设计日益完善，风险管控趋于全面。但不容忽视的是，当下金融科技治理还存在着诸如行业标准意识不强、消费者保护欠缺、复合型金融科技人才缺乏等关键问题。在今后的治理实践中，应进一步完善、优化金融科技治理体系，确保科技正向赋能金融，更好服务数字经济发展。

关键词： 金融科技　风险管控　协同治理

作为传统互联网金融升级版的科技金融迅猛发展，已逐步改变了传统金融业的运行模式。科技的赋能促使金融服务向效率更高、成本更低、普惠性

＊ 李全，南开大学金融学院金融研究所所长、教授、博士生导师，中国财政科学研究院博士生导师，研究方向为数字金融；詹开颜，南开大学金融学院，研究方向为数字金融。

更强的方向演进，同时也在一定程度上改变了金融业的风险布局。风险伴随着金融创新的全过程，金融科技应用技术失灵、数据安全风险、平台垄断、顺周期性风险层出不穷，[①] 表现为技术层面与金融系统层面风险交织的新治理局面。2017 年，中国人民银行金融科技委员会成立，标志着我国金融科技治理模式从野蛮生长开始走向成熟规范。与传统金融业务相比，金融科技具有跨界、普惠、共享的特点，强调多参与者的共同参与和协调互动。以风险管控为单一目的的传统金融科技监管已无法全面反映金融科技创新发展过程中多参与者柔性互动、协同治理的整体样貌。中国人民银行 2022 年 1 月发布的《金融科技发展规划（2022—2025 年）》首次提出了"健全金融科技治理体系"的重点任务，旨在推动金融科技各参与主体良性有序参与治理，构建起我国金融科技安全与高质量发展的"四梁八柱"。

一 2021~2022年金融科技治理体系建设情况

（一）金融科技现代化治理结构加速完善

2021~2022 年，我国金融科技治理顶层设计日益完善，包含行政监管、行业自律、机构自治、社会监督的有效协同、多层次的金融科技治理体系逐步建立。首先，行政力量依然是金融科技治理体系中的核心。政府层面，形成了包括中央"一委一行两会"、国家网信办、国家科技伦理委员会、工业和信息化部、地方金融监督管理局等多部门的金融科技国家综合治理体系，发挥金融科技的谋篇布局、统筹协调、审慎监管、伦理审查等方面的全方位、全过程治理效能。金融科技行政治理体系如图 1 所示。其次，行业自律是金融科技治理体系的重要组成。两年来，作为金融科技最具代表性的行业自律组织——中国互联网金融协会（以下简称互金协）发挥了金融科技治

---

① 龚强、马洁、班铭媛：《中国金融科技发展的风险与监管启示》，《国际经济评论》2022 年第 6 期。

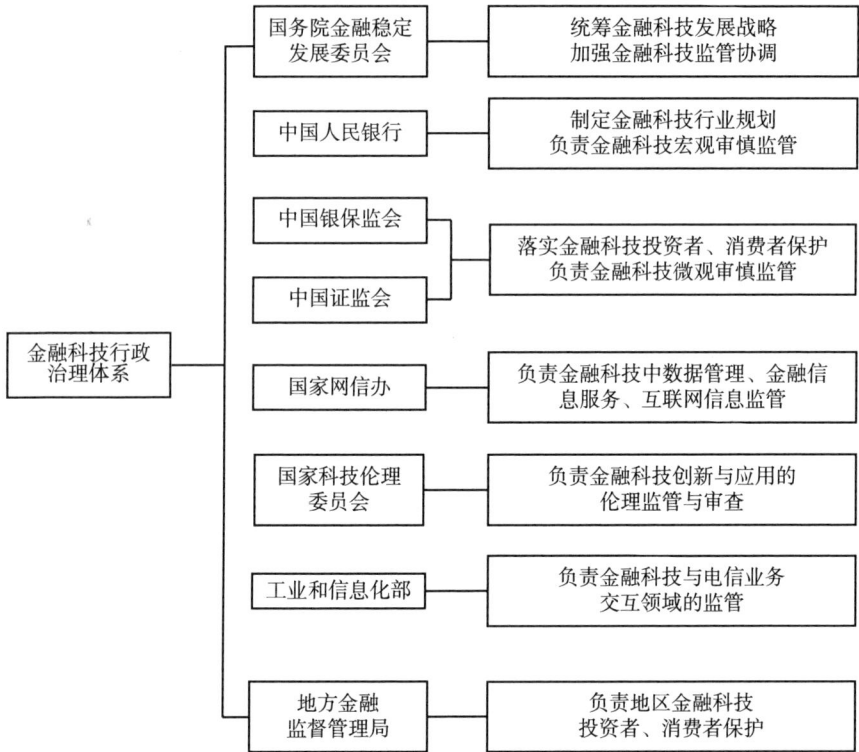

图 1　金融科技行政治理体系

资料来源：各行政主体官网。

理重要的配合和支撑作用，为监管部门要求的有效落地提供了重要辅助作用。互金协于 2021 年 1 月召开会议，研究制定了《金融机构开源治理全生命周期管理规范》，确保开源技术合规使用，也是对金融科技机构开源技术行政监管的有效补充。2021 年 8 月，互金协发布了《关于 2021 年度移动金融客户端应用软件备案外部评估的通知》，对金融机构移动金融客户端应用软件外部评估提出了具体要求。再次，机构自治方面，以银行为主的金融机构积极开展顶层设计规划，部分银行数字化转型的企业级协调机制逐步确立。较为典型的案例是中国建设银行于 2018 年率先将金融科技健康发展上升到战略高度。2021 年，中国建设银行致力于实现"最懂金融的科技集团"和"最懂科技的金融集团"，研究制定了《中国建设银行金融科技战略规划

（2021—2025 年）》，并成立了"一委三部一公司"以及负责金融科技的多个总行直属部门，完善金融科技组织布局。中国工商银行也于 2021 年成立了金融科技与数字化发展委员会，以"金融+科技"打造智慧银行生态系统，建立了总分行金融科技、风险内控、办公室和信息管理四部门联合治理机制，全面构建金融科技健康发展、风险控制新布局，使金融科技可能引致的各类风险可管、可控、可承受。2022 年，光大银行确定"驱动引领"科技定位，调整形成"两委两部两中心"金融科技组织架构，设置数字化转型委员会，优化金融科技与数字化管理委员会，成立金融科技部、数据资产管理部、科技研发中心、智能运营中心，充分发挥科技引领作用。最后，社会监督在金融科技治理体系中发挥着补充作用，社会公众基数庞大，有利于形成金融科技的监督合力。当社会公众发现金融科技企业违规行为时，可以向企业提出建议或直接向监管部门投诉。2021 年全国金融科技类企业投诉量占电商总体投诉的 7.8%，同比上升 3.5 个百分点。① 社会监督成为金融科技治理体系中一支不可或缺的力量。

（二）金融科技创新监管工具深度应用

传统的金融监管往往滞后于金融创新，监管与创新似乎是一种水火不容的矛盾状态。事实上，金融创新是冲破了监管的"金融抑制"产生的，而突破旧监管方式的金融创新又推动金融监管的变革和发展。金融创新与金融监管是一种对立与统一的辩证关系。近年来，金融科技创新与监管在中国版"监管沙盒"的实践中寻求平衡。"监管沙盒"作为金融科技监管的核心工具，自 2019 年首次实施后逐步扩大应用范围。继 2019～2020 年 9 个试点城市首次启动"监管沙盒"试点应用项目后，2021 年，我国又有 13 个省（市）启动首批共 27 个试点应用项目。2022 年，7 个省（市）启动首批 11 个试点应用。② 2021～2022 年第一批金融科技创新监管试点省份情况如表 1

---

① 网经社电子商务研究中心：《2021 年度中国电子商务用户体验与投诉监测报告》，2022 年 3 月 14 日。
② 中国人民银行官网。

所示，可以看出，"监管沙盒"的应用已从2020年底的金融科技发达地区辐射到全国范围。此外，"监管沙盒"的应用场景也涵盖供应链金融、市场基础设施、智能服务、智能风控、普惠金融等众多领域，采用技术也更加丰富，包括知识图谱、卫星遥感、知识学习等，得到金融机构和金融科技企业的广泛认可。"监管沙盒"应用项目增加的同时，落地速度也有所提升，2021~2022年，大量创新应用项目成功完成测试出盒。金融科技创新监管工具完成初步闭环。与此同时，"监管沙盒"的机制也有突破性进展，北京市于2021年12月启动了首批针对资本市场金融科技的16个沙盒试点项目。①技术应用涉及大数据、人工智能、隐私计算、区块链等高新技术，业务场景覆盖智能投顾、智能运营、智能交易、智能营销等资本市场各类业务领域。

表1　2021~2022年第一批金融科技创新监管试点省份情况

单位：个

试点省份	应用数	试点省份	应用数
山东	3	新疆	2
湖北	2	天津	1
贵州	2	江西	2
广西	2	黑龙江	2
山西	2	湖南	2
安徽	2	云南	1
河南	1	辽宁	3
甘肃	1	吉林	1
宁夏	2	海南	3
福建	2	陕西	1

资料来源：中国人民银行官网。

此外，在全球金融市场开放性和网络基础设施建设互通不断加强的情况下，"监管沙盒"的应用开始走向大中华地区。2021年10月21日，中国人民银行与香港金融管理局签署《关于在粤港澳大湾区开展金融科技创新监

———————

① 中国人民银行官网。

管合作的谅解备忘录》，拟将两地"监管沙盒"进行联网对接，使两地的金融科技公司就创新应用进行同步测试，探索建立针对跨境金融科技应用的监管信息共享、风险联动应对系统，有效降低了金融科技产品开发成本，也加快了创新应用的出盒速度。

（三）金融科技伦理建设持续加强

金融科技作为科技主导的金融业态的变革，存在着诸如数据安全风险、数字鸿沟、算法黑箱等伦理挑战。"算法"变成"算计"、"套餐"变成"套路"、"杀价"变成"杀熟"等有悖科技伦理现象时有出现。金融科技伦理的规范化治理是确保金融科技应用不走偏路的前提。现阶段，超过90%的金融科技企业认为，金融科技伦理建设十分有必要。[1] 2021~2022年，宏观上，金融科技伦理体系加速构建，制度形成了约束作用，适用于我国科技的专业伦理准则逐步建立。中国人民银行金融科技委员会在2021~2022年将推动科技伦理治理体系建设作为年度重点工作之一，将科技伦理治理提上了新高度。中共中央办公厅、国务院办公厅于2022年3月印发了《关于加强科技伦理治理的意见》，为我国科技伦理治理提出了全面、系统的部署。2022年10月9日，中国人民银行下发的《金融领域科技伦理指引》明确了金融科技发展必须遵循的伦理价值理念和行为规范，形成了金融科技伦理的"正面清单"。为解决数据安全风险，各大金融机构纷纷建设覆盖数据全生命周期的集敏感数据识别、动态权限控制、统一数据脱敏引擎、风险监控审计为一体的数据安全技术平台，完善数据风控系统。2021年开始，各地区各部门开始密切关注金融科技给老年群体带来的"数字鸿沟"并实施一系列举措治理。2021年3月，中国银保监会下发的《关于银行保险机构切实解决老年人运用智能技术困难的通知》要求，银行保险机构优化网点布局，保留和改进人工服务，尊重老年人的使用习惯。2021年3月，中国

---

[1] 中国互联网金融协会、毕马威公司：《2022中国金融科技企业首席洞察报告》，2022年9月8日。

人民银行印发了《人工智能算法金融应用评价规范》，针对当前人工智能技术应用中存在的算法伦理问题，确立了人工智能算法安全可用规范、适用性评价方法与判定准则、精准性和性能评价方法，着力解决人工智能应用于金融领域的算法黑箱问题。

此外，地方性金融科技伦理治理专门机构相继成立，继深圳市成立首个地方金融科技伦理委员会后，2021年3月，首个省级金融科技伦理委员会在浙江省挂牌成立。2022年，安徽省也成立了省级金融科技伦理委员会。因此金融科技伦理治理的部门职能划分更加明确，金融科技朝着"科技向善"的治理目标迈进。

（四）数字化能力显著提升

企业数字化能力是促进金融科技创新发展的驱动力，也是推动数字经济蓬勃发展的重要支撑。2021~2022年，我国金融科技企业数字化能力建设取得新进展。企业更注重运用数字技术对商业模式进行重构，设计数字化转型战略，将数字化能力提升到战略高度，同时加强数字信息基础设施建设，全面提升企业数字化素养，强化数字思维。以中国工商银行为例，其于2022年2月推出"数字工行"，以数字生态、数字资产、数字技术、数字基建、数字基因五个维度为抓手，全面打造数字化能力。2021年，中国工商银行"技术+数据"持续爆发，继续发展"云计算"技术，不仅拥有业内规模最大的集基础设施云、应用平台云、金融生态云为一体的云计算平台，而且全行应用节点入云率高达91%。[①] 此外，中国工商银行数字化综合服务能力也显著提高，引领了国内银行业数字化劳动力的打造，开启了机器人流程自动化（robotic process automation，RPA）技术在银行业的率先应用，以数字化劳动力替代人工操作，提升了业务效率，推动了业务流程重构，实现了业务流程自动化处理，达到了降本、增效、降低业务操作风险的目的。2022年底，中国工商银行已将RPA应用于各类金融服务，数字化水平显著提升。

---

① 中国工商银行2021年年报。

二　金融科技治理体系的建设特点

（一）治理模式以"合作型"为主

我国金融科技在经历了萌芽阶段宽松的"包容性"治理和整肃阶段严厉的"运动式"治理之后，政府监管部门力图重塑金融科技市场的投资信心。[①] 单一监管主体、单一治理机制已无法兼顾创新与安全。金融科技治理的中心从单一结构转向多中心治理网络，在2021～2022年的治理实践中，行政监管部门不再是金融科技治理的单一部门，表现为公私合作治理，治理主体多元化的"合作型"治理模式，避免了单一治理机制"一放就乱""一管就死"的被动治理局面，政府部门基于金融科技发展的逻辑和需要，赋予市场主体一定的自治权力，金融科技市场参与者的资源高效整合，以监管部门、金融机构、金融科技公司和社会公众协同治理的多元金融科技治理体系取代旧治理体系。"回应性监管"也取代了传统监管模式，带来了监管效能的有利改变。第一，被监管者的能动性被激发，从而主动参与到监管实践中。第二，监管者除政府监管部门外，还融合了行业协会、第三方机构、企业自身等，监管范围更加全面。此外，金融科技公司被监管的同时，也利用自身信息、技术优势为监管部门提供支持，实现双向互动的良性循环，契合了市场的开放性和竞争性。2021年4月25日，中国人民银行数字货币研究所与蚂蚁集团签署技术战略合作协议，双方基于蚂蚁集团自主研制的分布式数据库 Ocean Base 和移动开发平台 mPaaS，共同推进建设数字人民币的数字平台。监管者与经营者的深度合作，使他们建立起维护金融科技市场整体利益的信任关系。金融科技行业规范、企业机构内控、各层面的金融科技发展战略规划也成为金融科技治理的分系统。金融科技治理的规范能力和技术能力显著增强。

[①] 唐士亚：《中国金融科技治理模式变迁及其逻辑》，《经济社会体制比较》2022年第5期。

（二）金融科技监管"严"的主基调持续奏响

创新并非没有边界，没有约束的自由不是真正的自由。由于金融科技"去中心化"的特质，金融科技市场包含的众多消费者、机构、产品及服务形成了相互联系密切且复杂的网络结构，因此蕴藏了更多风险，也加剧了风险的传播。[①] 同时，金融科技也会对风险防范体系和监管体系造成冲击。在当前我国金融监管仍滞后于金融科技发展的背景下，为避免金融科技导致的系统性风险产生，监管部门对金融科技延续"严"的监管态势。从 2020 年开始，金融科技监管部门频繁出台各类与金融科技相关的监管新政并取缔所有 P2P 平台，对金融科技领域违法违规乱象进行了严厉打击。2021 年初，监管部门明确金融科技的"红线""雷区"，对市场中出现的垄断、不正当竞争现象予以严肃查处，维护金融科技市场公平竞争、有序发展秩序。坚持所有金融科技活动必须持牌经营并依法依规纳入监管体系，对各类违法违规行为秉持"零容忍"态度。2021 年 1 月，蚂蚁集团上市被正式叫停，随后的 4 月 10 日，国家市场监督管理总局对蚂蚁集团的关联企业阿里巴巴开出了高达 182 亿元的巨额罚单，[②] 彰显了我国监管部门对头部金融科技企业不纵容、不包庇的监管决心和对金融科技行业监管收紧与毫不动摇地反对市场垄断的鲜明态度；4 月 29 日，中国人民银行各监管部门密集约谈了 13 家金融科技企业，提出了严格要求和多项整改意见，再次重申了对金融科技越线行为的"零容忍"态度，标志着金融科技监管在"合作型"金融科技治理下并未放松，金融科技监管"严"的主基调持续奏响。

（三）金融机构业务、管理与科技高度融合

从金融科技的机构自治角度来看，数字化时代，科技已经嵌入企业运行

[①] 陈红、郭亮：《金融科技风险产生缘由、负面效应及其防范体系构建》，《改革》2020 年第 3 期。

[②] 新华社：《市场监管总局对阿里巴巴"二选一"垄断行为作出行政处罚》，2021 年 4 月 10 日。

和金融业务价值链的全过程。金融科技治理更强调机构内部科技与金融业务及企业运营管理的融合，不仅仅局限于科技赋能带来的低成本和高效率，金融机构资源整合能力、资源配置效率的提高也成为治理目标。用科技重构金融业态、重构企业管理模式成为治理体系中机构自治的重点。

三 金融科技治理体系现存的问题

（一）行业标准意识不强，标准研制参与度不足

金融科技标准是金融科技企业创新、参与市场活动的准绳，也是金融科技高质量发展的先决条件，在金融科技应用和监管方面应建立多层次的高质量标准体系。金融科技企业应当以国家标准为顶层设计和治理底线；以行业标准对技术产品进行升级打磨；以企业标准为技术产品的合规性和质量标杆，尽力打造超标杆金融科技产品。金融科技企业参与金融科技标准研究和制定工作既有利于提升企业金融科技规范化水平，也有利于建立业内认可的统一市场秩序。中国人民银行、国家市场监督管理总局、中国银保监会、中国证监会等四部门于2022年2月联合印发的《金融标准化"十四五"发展规划》指出，要加强云计算、区块链、大数据、人工智能等标准的研制和有效应用，用高质量标准为金融科技发展提供技术支撑。然而，部分企业行业标准意识仍然薄弱，标准研制实质性参与度较低的问题削弱了金融科技标准体系应有的规范作用。互金协和毕马威公司联合发布的调查问卷显示，在251家业内具有代表性的金融科技企业中，有56家受访企业参与过国家标准和行业标准的制定，占比仅为22%，同比下降14个百分点；参与过行业协会和产业联盟标准制定的企业为49家，占比仅为20%，同比下降12个百分点；而参与过国际标准制定的企业仅为7家，占比为3%，同比下降10个百分点。[①] 由此可见，企业主体参与标准研制的能力和积极性都不强且参与

---

① 中国互联网金融协会、毕马威公司：《2022中国金融科技企业首席洞察报告》，2022年9月8日。

度呈现下降态势，行业标准意识薄弱，对于标准制定的实质性参与度仍不足。

（二）金融科技背景下消费者保护工作未达到"强监管"的要求

尽管近年来国家对金融消费者保护工作逐步重视，但金融科技治理体系下的金融消费者保护力度仍然不足，原因有以下几点。首先，金融消费者保护立法工作滞后于金融科技消费的扩张。金融消费者保护仅有的最高层级的规范文件是中国人民银行 2020 年出台的《金融消费者权益保护实施办法》，金融消费者保护缺乏国家层面的法律依据。其次，在金融科技的消费者中，长尾客户占有很大比例且涉及的人员结构复杂。他们的金融综合素养和科技素养都难以匹配金融科技创新应用的发展，[①] 造成自我保护能力较弱。同时，他们的消费能力不强，往往容易受到监管部门的忽视。金融消费者保护工作涉及营销、产品设计、风险控制、投诉申诉、消费者教育、合作伙伴管理等诸多环节，从当下金融消费者保护现状来看，涵盖消费者保护全过程的体系尚未完全确立，且监管部门容易忽视金融科技长尾客户的消费保护。各地金融消费者保护联合会职能不明确，缺乏资源和话语权，接到消费者投诉举报后没有行政权力，工作难以有实质性作为，无法达到"强监管"的要求。此外，我国金融消费者保护是建立在金融行业"分业监管"的基础上的。当前中国人民银行、中国证监会、中国银保监会分别设立金融消费权益保护局，负责消费者保护工作的统筹协调。而金融科技领域的金融业务早已形成了跨行业的混业经营模式，"分业监管"模式与金融科技混业经营的现实不适配，金融消费者保护体系难以涵盖金融科技消费者面临的问题。在"分业监管"体系下，监管的边界越发模糊，导致监管工作出现重叠或空白，降低监管效率。各行业之间监管的标准也不统一，缺乏具体的量化标准，无法对标和相互协作。此外，当金融消费纠纷发生时，消费者往往采取

---

① 唐峰：《金融科技应用中金融消费者保护的现实挑战与制度回应》，《西南金融》2020 年第 11 期。

投诉的方法而较少采取成本较高的仲裁、起诉的方法。投诉的处理存在结果导向的弊端，只注重纠纷的了结，不关注处理的程序。金融机构为了应对监管部门的考核，有时对投诉人会采取息事宁人、花钱买太平的措施。

（三）金融科技发展所需要的复合型人才缺口较大

科技是中性的，金融的本质属性也不会改变，"人才+治理"是科技和金融产生聚变反应的关键。金融科技离不开人才的支撑，随着金融科技进一步发展，业内对既熟悉金融业务，又具备技术操作、科技创新能力的复合型人才需求持续增长。符合市场需要的复合型金融科技人才，不仅要熟练掌握技术，而且要具备将技术与实际业务结合的能力，如利用金融科技实现金融产品差异化定价、高效支付清算、智能营销和投资等。复合型金融人才需兼备技术研发、实践能力和对金融业的深层洞悉，但其培养所需时间较长、培养难度较大，而金融科技处于飞速发展和广泛应用时期，长期内复合型金融人才将处于"供不应求"的状态。调查显示，在我国251个受访金融科技企业中，86%的企业认为，"难以找到金融+科技复合背景的人才"是目前人才方面所面临的最大问题。① 《中国金融科技人才培养与发展问卷调研（2021）》指出，2021年，96.8%的调研机构的金融科技专业人才存在缺口。2021~2022年，受新冠疫情影响，我国就业市场表现惨淡，但金融科技行业求贤若渴，中国银行、中国邮政储蓄银行、中信银行、浙商银行等众多银行纷纷启动金融科技人才招聘计划，交通银行更是在2021年秋招提出，要打造"金融科技万人计划"。② 传统金融人才缺乏科技创新能力，不足以应对金融科技行业日新月异的发展，导致高端金融科技人才极度匮乏。

---

① 中国互联网金融协会、毕马威公司：《2022中国金融科技企业首席洞察报告》，2022年9月8日。

② 《"抢人大战"上演：多家国有大行秋招人数过万》，中国金融新闻网，2021年9月13日。

四　金融科技治理体系的发展趋势

（一）信息安全重视程度提升，数据治理能力提高成为必然要求

在金融科技"强监管"的背景下，金融科技治理体系对于信息安全重视程度空前提升。2021 年，监管部门针对金融机构在信息获取、处理等方面的违规问题开出 119 张罚单，金额约为 4654 万元，[①] 加大金融业数据合规领域监管的趋势更加明显，保护数据安全成为金融机构治理的重要任务。2021 年 9 月，中国银保监会发布的《商业银行监管评级办法》将"数据治理"纳入了评价体系，"数据治理"被列入商业银行风险监管的评价指标，银行业的数据治理成为"严监管"的重要领域。监管机构对于银行在监管数据质量和数据报送中存在的违法违规行为加大了惩罚力度。2022 年 3 月，中国银保监会组织开展了对 21 家全国性中资银行机构 EAST 数据质量专项检查，对检查发现的数据漏报、数据偏差等可能影响信息安全的问题进行了严肃处罚。在这次专项检查中，监管部门对政策性银行、国有大型银行、股份制银行等共 21 家银行机构依法作出行政处罚决定，处罚金额合计 8760 万元。[②]

在监管部门对信息安全重视程度空前提升的背景下，金融机构数据治理能力提高已成为一道必须答好的"必答题"。尽管金融机构已认识到数据对其经营管理模式变革和优化的价值，通过建立数据治理机制实现高效的数据挖掘和统一管理，但在数据泄露、隐私侵权等问题面前，强化信息保护，破解数据安全之困作为数据治理首要任务已成为共识，未来也将成为金融科技治理的重点。

---

① 周道许：《强化金融数据安全治理　夯实金融行业发展基础》，2022 年 7 月 27 日。
② 《因 EAST 数据质量违规问题　年内部分银行收大额罚单》，《中国银行保险报》2022 年 12 月 1 日。

（二）金融科技跨境监管合作更加密切

当下，全球金融市场互联互通日益紧密，创新技术交流互鉴越来越频繁。我国金融科技企业逐渐走出国门，与境外国家（地区）共享科技创新赋能金融的成果，很多中国金融科技企业也在境外密集布局。蚂蚁金服近年来不断扩大国际版图，计划到 2026 年为 20 亿全球用户提供服务，其中 60% 来自海外。[①] 不同经济体在金融科技治理实践的差异性较大，各国或地区存在金融科技监管差异，企业面临着多套金融科技规则嵌套的监管不确定性，金融科技可能因此带来跨境监管套利、监管竞次、风险传染等风险。随着金融开放的扩大，国际上部分国家已着力探索全球金融科技风险监测，探索建立针对跨境金融科技应用的监管信息共享、风险联动应对和危机处置安排，改善金融科技跨境监管滞后于跨境发展的窘境。世界银行 2021 年推出了涵盖全球 200 多个国家的金融科技监管法律法规和指导意见的数据库，[②] 助力全球金融科技监管合作。随着我国金融开放的力度越来越大，金融科技跨境监管合作已成为未来我国金融科技治理体系的发展趋势。2021 年 9 月 1 日，中国银保监会、香港保险业监管局、澳门金融管理局签订了《金融科技合作谅解备忘录》，从而促进三地监管机构在金融服务科技创新、监管方面的协作。这是我国金融科技跨境监管合作的初探，可以预见，在未来应对金融科技应用跨境风险时，这种跨境监管合作会进一步发展、成熟。

（三）赋能经济社会发展的治理目标更加明确

金融科技发展的根本目标是服务经济社会发展。金融科技已在助力乡村振兴、支持"双碳"目标实现方面发挥了显著作用，未来金融科技治理体系建设仍会朝着这一方向迈进。2021 年 4 月，中国人民银行、农业农村部等六部委联合发布《关于金融支持巩固拓展脱贫攻坚成果全面推进乡村振

---

① 零壹财经：《蚂蚁金服正式公布全球化战略，计划未来十年服务 20 亿用户》，2016 年 11 月 2 日。

② 杨农：《全球视野下金融科技发展与治理趋势》，《银行家》2022 年第 9 期。

兴的意见》，在江苏、安徽、福建、江西、山东、河南、重庆、四川、陕西启动金融科技赋能乡村振兴示范工程，开始了金融科技赋能乡村振兴的探索，取得了一系列突出成效。2022 年 4 月，中国人民银行印发了《关于做好 2022 年金融支持全面推进乡村振兴重点工作的意见》。在政策支持和需求拉动下，未来治理体系中的一部分将落在合理引导金融科技搭建高效农村综合数字平台、助推农村公共服务便利化、纾解农村信用难题等方面，金融科技在全面助力乡村振兴方面大有可为。另外，金融科技在支持绿色金融方面也积累了一些经验，监管部门可以利用大数据、区块链等科技手段构建绿色金融产品管理系统，通过金融科技手段，可以准确识别、筛选符合监管口径的绿色信贷数据，从而实现监管数据的及时生成、统计和推送。政府部门通过金融科技构建绿色低碳金融综合服务平台，解决中小微企业环境风险评价、收益测算的技术性问题。乡村振兴和"双碳"目标都是我国经济社会发展的重要战略规划，金融科技的高效助力已取得较为明显的成效并积累了一定经验，未来金融科技治理体系对金融科技发展的部署和指引将朝着赋能经济社会发展迈进。

（四）国家金融和科技部门作用更显著

当前，科技赋能下的金融行业经历了颠覆性变革，给经济社会发展带来了重大影响。未来阶段，顶层设计层面对金融科技发展与监管提出了更清晰的规划和更集中的领导体系，金融与科技这两个部门的定位和职责更加明确。2023 年 3 月，中共中央、国务院印发了《党和国家机构改革方案》，聚焦金融、科技、数据三大核心，19 条改革方案中有 11 条与金融科技治理有关。中央金融委员会和中央科技委员会首次组建，分别负责金融稳定和发展，以及科技领域的战略性、全局问题的统筹协调。在原中国银保监会的基础上组建国家金融监督管理总局，统一负责金融行业的投资者和消费者保护工作和除证券业外的金融业的机构监管、行为监管、功能监管。监管职能进一步明确，监管力度进一步加大。以上率下，建立以中央金融管理部门地方派出机构为主的地方金融监管体制，优化地方金融监管机构设置和力量配备。国家数据局挂牌成立，数据要素市场化进程未来将进一步加快。

2023年是党和国家机构改革的开局之年。可以预见，未来金融科技治理体系中，国家金融和科技相关部门的协同将更加高效，对金融科技的重视程度空前增强，为科技赋能金融，助力经济发展保驾护航。

五　完善金融科技治理体系的政策建议

（一）加快完善金融科技人才培养体系

针对复合型金融科技人才匮乏的困境，应加快构建金融科技人才培养体系，从增加供给的角度缓解金融科技人才供需矛盾。首先，政府部门、金融科技公司、人才培养单位应以市场需求为导向制定金融科技人才总体发展规划，完善顶层设计，制订集知识储备、业务能力、创新精神为一体的复合型金融科技人才培养计划。其次，要完善产学研合作及校企协同培养机制，发展高校、行业协会、科研单位、社会组织共同参与的"金融科技产学研协同创新同盟"，找准储备复合型金融人才的业务、技能薄弱点，加大培养力度。最后，高校在专业和课程设置上要推进电子信息、计算机、金融学多学科交叉融合，着力打造懂金融、会技术、能创新的复合型金融科技人才。

（二）加强金融消费者保护，提升金融消费者素养

面对当下我国金融科技治理体系下的金融消费者保护力度较弱的现实问题，可以从监管部门和金融消费者两个客体出发制订解决方案。首先，针对金融消费者保护"分业监管"难以适配金融科技混业经营的特征问题，可以设置独立的金融科技消费者保护机构。"化零为整"，形成一个具有规范金融科技标准，涵盖金融科技各消费领域和场景的金融消费者保护部门，专注于金融科技消费者保护，重点关注长尾客户，针对其特性，制定保护措施。配合监管工作，实现各监管部门的协调调度。其次，针对我国目前尚无专门针对金融消费者保护的国家法律，要进一步完善金融消费者保护的有关

法律法规，补齐制度短板，让监管部门有法可依，有章可循。最后，消费者金融素养的提升对于其自身识别风险、防范风险具有重要作用，也能够在此基础上对行政监管部门的风险治理效率有所增进。因此，应加强金融宣传教育，建立起长效、覆盖面广的金融知识宣传媒介，普及金融基础教育，着力提升消费者金融素养。

（三）提升金融科技标准化质量，强化金融科技健康发展标准支撑

金融科技标准是金融科技创新与发展的准绳，在金融科技治理中发挥着重要作用，但金融科技标准工作还存在行业标准意识不强、标准研制参与度不足等问题。为解决这些问题，首先，我国头部金融科技企业要树立全球眼光，积极参与国际标准建设，积极贡献中国智慧，争取拥有标准话语权，占据标准制高点。其次，要深化金融科技标准化工作改革，大力培育发展团体标准，充分调动金融科技市场主体能动性。同时也要确保金融社会团体不超出章程规定制定发布金融团体标准，金融科技企业到依法成立的金融社会团体开展金融科技团体标准制定活动，保证团体标准质量。最后，金融科技企业要争做企业标准领跑者，政府监管部门应鼓励企业制定严于国家标准、行业标准的企业标准。营造金融相关企业之间比学赶超、竞争上游的氛围，螺旋式推进金融科技标准高质量健康发展。

参考文献

陈红、郭亮：《金融科技风险产生缘由、负面效应及其防范体系构建》，《改革》2020 年第 3 期。

龚强、马洁、班铭媛：《中国金融科技发展的风险与监管启示》，《国际经济评论》2022 年第 6 期。

唐士亚：《中国金融科技治理模式变迁及其逻辑》，《经济社会体制比较》2022 年第 5 期。

唐峰：《金融科技应用中金融消费者保护的现实挑战与制度回应》，《西南金融》

2020 年第 11 期。

网经社电子商务研究中心：《2021 年度中国电子商务用户体验与投诉监测报告》，2022 年 3 月 14 日。

新华社：《市场监管总局对阿里巴巴"二选一"垄断行为作出行政处罚》，2021 年 4 月 10 日。

零壹财经：《蚂蚁金服正式公布全球化战略，计划未来十年服务 20 亿用户》，2016 年 11 月 2 日。

杨农：《全球视野下金融科技发展与治理趋势》，《银行家》2022 年第 9 期。

《因 EAST 数据质量违规问题　年内部分银行收大额罚单》，《中国银行保险报》2022 年 12 月 1 日。

中国互联网金融协会、毕马威公司：《2022 中国金融科技企业首席洞察报告》，2022 年 9 月 8 日。

《"抢人大战"上演：多家国有大行秋招人数过万》，中国金融新闻网，2021 年 9 月 13 日。

周道许：《强化金融数据安全治理，夯实金融行业发展基础》，2022 年 7 月 27 日。

国际借鉴篇

International Reference

B.18
2021~2022年国外数字金融的模式
创新与案例分析

尹振涛　王冠惟*

摘　要： 近年来，信息技术的研发与应用发展迅速，加之新冠疫情等因素
的影响，数字金融作为顺应数字经济时代的一种金融模式，其地
位愈加重要。本报告首先总结了2021~2022年国外数字金融的
发展状况与模式创新，然后分别介绍了数字支付、数字投融资、
数字贷款与数字银行，以及数字货币与数字资产等几个重点领域
的发展现状，并对有代表性和创新性的公司或产品进行了详细的
介绍。研究发现，经济发达地区的数字金融市场比发展中国家更
为活跃，相关市场的竞争也更激烈，而发展相对落后的非洲、拉
丁美洲及东南亚等地区更容易受到投资者的关注。

* 尹振涛，研究员，中国社会科学院金融研究所金融科技研究室主任，中国社会科学院大学教
授，主要研究领域为金融科技、数字金融；王冠惟，中国社会科学院大学应用经济学院。

关键词： 数字支付　数字投融资　数字贷款　数字资产　NFT

一　引言

数字金融是将传统的金融服务业态与互联网、大数据等信息技术相结合的新一代金融服务，是以信息技术为核心的金融行业进行数字化的过程，主要包括网上银行、移动支付、网上证券基金贷款等金融服务。

近年来，信息技术的研发与应用发展迅速，加之新冠疫情等因素的影响，我国线上市场快速发展，数字经济时代到来，市场中的大量数字成为一种十分重要的资源。这种情况下金融产品与信息技术的结合愈加紧密，数字金融作为顺应数字经济时代的一种金融模式，体现出它的优势和潜力，为生活提供了便利，提高了金融服务的效率，同时在金融服务和实体经济的融合中也发挥了重要的作用，其地位越发重要。2021年7月6日，国务院金融稳定发展委员会召开的会议中首次提及数字金融概念，要求加大对数字金融等课题的研究力度，增强政策储备；一系列政策明确了未来数字金融发展的方向和重点，推动构建普惠便捷的数字社会，做大做强数字经济，助力实现我国经济高质量发展；同时让数字经济以服务实体经济为目标，推动金融更好为实体经济服务，有助于引导金融回归服务实体经济的本源。在对我国数字金融行业提出更高要求的同时，也体现了国家对数字金融的重视。

与传统金融服务相比，数字金融具有以下特点。第一，技术特性较高。数字金融重视数字技术的研发与应用，大范围地利用人工智能、大数据等技术，以便给用户提供更方便快捷的金融服务，通过数字信息技术的创新与应用，提升了金融体系服务实体经济的效率和能力，有助于引导金融回归服务实体经济的本源。第二，覆盖区域广、门槛低。应用大数据、区块链以及人工智能等信息技术，拓宽了获取金融服务的渠道，降低了金融服务的门槛，改善了金融资源配置不均的问题，使收入较低、偏远地区的群体也能拥有相应的金融服务，在金融企业的服务效率大幅上升的同时使整个社会的金融资源配置得到了优化。第三，成本较低。数字金融缩短了业务流程，减少了中间环节，降低了人力成本与运营成本，同时提高了信息的获取能力和使用效率，降低了信息不对称所产生的成本，以及信息搜寻成本、决策成本以及时间成本。第四，定制化服务。通过互联网、大数据收集到的用户的消费偏好、兴趣爱好等信息，然后通过数字技术处理分析，针对不同的客户提供定制化的金融产品或服务。

我国目前的数字金融还处于初级阶段，很多模式、措施仍在试点阶段，体系还不完善，面临诸多挑战；与国内相比，欧美等国家的数字金融起步较早，相关的模式创新种类繁多，经验与教训比较丰富，了解国外数字金融的发展状况与模式创新，借鉴先进的技术和成功的经验为我所用，同时结合我国自身特点进行改进创新，对我国数字金融行业的发展有重要的意义。本报告总结了 2021~2022 年国外数字金融的发展状况与模式创新，介绍了数字支付、数字投融资、数字贷款与数字银行，以及数字货币与数字资产等几个重点领域的发展现状，并对有代表性和创新性的公司或产品进行了介绍，最后对我国数字金融的发展提出了建议。

二 全球数字金融行业发展现状及趋势

从 2008 年金融危机至今，在支付、贷款、理财等领域，传统的金融机构原本稳健的商业模式受到了巨大的冲击，由于公众对传统金融机构的不满以及严格的监管措施，金融科技、数字金融企业在过去几年发展迅速，如谷歌、亚马逊、Facebook 和阿里巴巴等大型科技和电子商务公司通过其用户数量、技术能力等方面的优势，也相继进军数字金融行业，对传统银行业产生了极大的威胁。同时 COVID-19 的大范围传播，使得人们加快向数字金融转变，迫使金融机构进行数字化转型，在全球范围内，金融科技行业对疫情的抵御能力比最初预计的更强，数字金融在疫情流行期间持续增长，发达国家以及防控措施更严格的国家或地区的数字金融市场比发展中国家更为活跃。

（一）2021~2022年发展状况

2021 年，数字创新经济发展迅速，各个机构之间进行了更加密切的合作，金融服务机构通过嵌入式银行等来拓宽日常业务的范围，同时不断将偏远的过去缺乏金融科技服务的地区纳入服务范围，数字金融企业以一种惊人的速度融资，风险投资创下新高。如图 1、图 2 所示，2021 年全球金融科技投资总额为 2100 亿美元，同比增长 68%，交易数量为 5684 宗，同比增长 51%；风险投资为 1150 亿美元，同比增长 148.9%，交易数量为 4720 宗，同比增长 50.5%。其中以加密货币表现最为优异，随着人们对加密货币的深入了解与接触，对加密货币的了解越来越深，态度也不再像最初那样谨慎，相关领域的活动开始活跃起来，2021 年加密币和区块链领域的投资升至将近 300 亿美元，同比增长 455.6%，涨势惊人。其中几笔较大的交易为美国 Generate 筹得资金将近 20 亿美元，巴西 Nubank 筹得资金 11 亿美元，美国 Chime 筹得资金 11 亿美元，瑞典 Klarna 风投筹得资金 12 亿美元，等等。

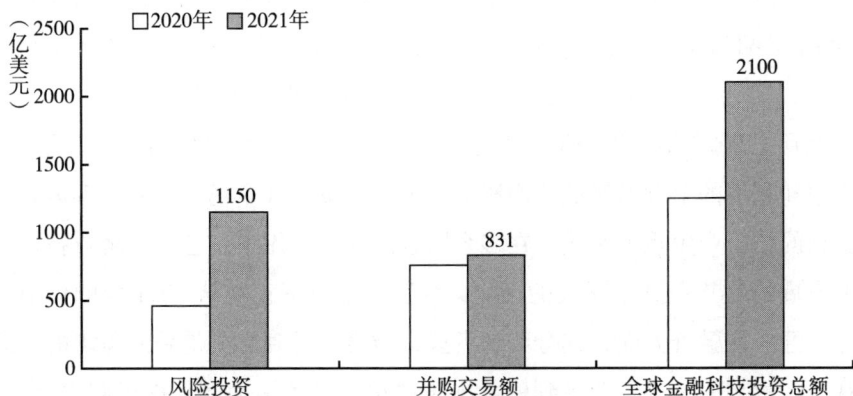

图 1 金融科技投资交易额

在并购方面，由于新冠疫情在全球范围的流行带来的恐慌，相关并购交易在 2020 年发生了大幅下降；2021 年，各国疫情防控政策转变之后，并购交易出现了反弹，如图 1、图 2 所示，2021 年全球金融科技并购交易额达到

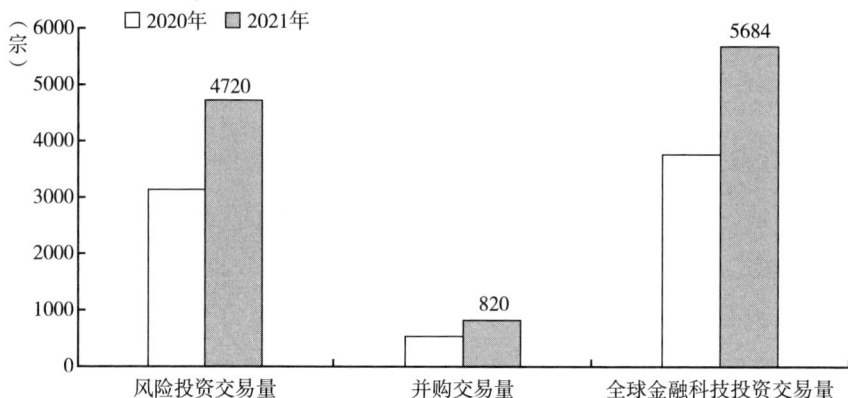

图 2　金融科技投资交易量

831 亿美元，同比增长 9.6%，交易量达到 820 宗，同比增长 53%。其中跨境
交易为 362 亿美元，同比增长 238.3%，交易量为 275 宗，同比增长 47.1%，
最大的一笔并购交易是 Refinitiv 被英国伦敦证券交易所以 148 亿美元收购，其
次是 Nets 被 Nexi 以 92 亿美元收购，其余大宗交易还有 NDAQ. US 以 27.5 亿
美元收购提供了基于云的安全软件平台的企业金融犯罪管理的行业领导者
Verafin，PayPal 以 27 亿美元的价格收购日本双边支付平台 Paidy，全球支付巨
头 Visa 以 22 亿美元的价格收购欧洲开放银行平台 Tink 等。①②

　　但到了 2022 年，市场情况发生了很大的变化，由于俄乌冲突以及通货
膨胀率和利率的上升带来的负面影响，加之全球公开市场动荡对许多金融科
技公司的估值产生重大影响，在多个因素的共同作用下，全球金融科技投资
向上发展的趋势受到了很大的影响，数字金融投资正在从 2021 年的创纪录
高点降温。在融资方面，细分到各行业，越容易受到影响消费者需求的负面
宏观条件影响的细分行业受到的冲击越严重。以美国为例，由于利率上升、
家庭预算收紧等因素，2022 年，消费者另类贷款的相关交易数量比 2021 年
下降了超过 50%，投资规模也下降了超过 30%；从 2021 年到 2022 年，消费

---

① 数据由 PitchBook 提供，截至 2021 年 12 月 31 日。
② 毕马威国际：《金融科技动向（2021 年下半年）》，全球金融科技投资分析，其数据来源为
　 PitchBook 数据库。

者支付应用的投资总额下降了73%。虽然面向消费者的应用程序难以吸引资金，但B2B金融科技公司仍然相对强劲。过去几年，人们对建设企业金融科技应用的基础设施的兴趣增加，得益于此，消费者将支出、银行和投资转移到金融科技平台，消费金融科技在2019~2020年的增长率显著提高。到2021年，随着消费者对金融科技的应用趋于平稳，消费者和商业部门的收入增长率开始呈现共同趋势。

截至2022年上半年，全球金融科技投资为1080亿美元，交易数量为2980宗，不同地区的情况也有所不同。欧美的相关领域投资额与交易数量均出现下滑，与之相反，亚太地区投资却呈现一副繁荣的景象，虽然交易的数量比2021年也有所下滑，但投资额创下了历史新高，主要是因为出现了几个大宗交易。

2022年上半年全球金融科技的风险投资为526亿美元，交易数量为2548宗。其中支付领域占比最大，为436亿美元；加密货币领域受到了一定的冲击，但是交易额仍然巨大，占比第二，达到142亿美元。按地区来看，美洲地区的风险投资交易额最大，达到272亿美元；欧洲地区也有几宗大额投资，德国互联网券商Trade Republic筹得资金11亿美元，英国的全球支付解决方案供应商Checkout. com筹得资金10亿美元；相比之下，亚太地区的风险投资仍然比较疲软，投资额仅为87亿美元。[1]

2022年上半年全球金融科技并购交易额达到491亿美元，交易数量为349宗。其中跨境并购交易额达318亿美元，交易数量为126宗，最大的一笔并购交易是美国金融科技公司Square以290亿美元收购澳大利亚"先买后付"公司Afterpay，其余大宗并购交易还有资产管理公司Abrdn以18亿美元收购在线投资平台Interactive Investor，美国购房贷款服务提供商SimpleNexus被nCino以12亿美元收购，SoFi以11亿美元收购数字银行服务平台Technisys以提供包括储蓄、贷款等数字银行服务。[2]

---

[1] Mattermark数据库，截至2022年7月30日。

[2] 毕马威国际：《金融科技动向（2022年上半年）》，全球金融科技投资分析，其数据来源为PitchBook数据库，截至2022年6月30日。

（二）未来发展趋势

近年来，嵌入式金融成为热门潮流，鉴于大量的银行都希望为非银行和非金融机构提供服务，来拓宽自己的业务范围，因此嵌入式金融预计未来会获得进一步的发展，会有越来越多的银行提供嵌入式解决方案，包括支付、金融和保险。同时，对于嵌入式金融服务的监管也会逐渐加强。

由于地域政治问题以及其他各种因素，对加密货币的关注度在未来预计会有所下降，加密货币领域的投资将会进一步放缓，相关投资会更多地聚焦数字基础设施的建设。

欧美地区与亚太地区的数字金融行业经过一段时间的发展，以及趋于成熟，相关市场竞争愈加激烈，因此，数字金融相对落后的非洲地区、拉丁美洲地区将会受到更多关注，投资者可能会在这些地区进行更多的交易。

碳中和、碳达峰的提出，ESG 作为关注企业环境、社会等而非财务绩效的投资理念和企业评价标准，受到越来越多的关注。基于 ESG 评价，投资者可以通过观测企业 ESG 绩效，评估其投资行为和投资对象在促进经济可持续发展等方面是否做出了一定程度的贡献。投资者对专注于气候变化、"双碳"目标等拥有 ESG 业务能力的数字金融公司的兴趣在逐渐上升，近年来其优先级不断上升，并预计在未来一段时间内持续上升。

三　全球数字金融行业重点领域发展现状

（一）数字支付

1. 市场状况

数字支付是指借助计算机等硬件设施和一些数字科技手段实现的数字化支付，具体可以分为数字商务、移动 POS 支付以及数字汇款三个模块。其中数字商务是指消费者通过互联网进行的与在线购买的产品和服务直接相关的交易，网上交易可以通过各种支付方式进行，如信用卡、借记卡以及

PayPal 等在线支付提供商。移动 POS 支付是指通过智能手机应用程序处理的 POS 交易，是通过智能手机应用程序和属于商家的合适支付终端之间的非接触式交互进行的，目前世界上应用最广泛的移动钱包供应商是 Apple Pay 与 Samsung Pay。数字汇款是指流动人口通过互联网进行的跨境汇款，一般包括居民和非居民之间的资金转移以及短期工人从其他国家转移到原籍国的收入。

由于智能设备的普及以及相关信息技术大范围应用到支付领域，应用手机、平板电脑通过网络提供即时转账的数字支付方式发展迅速，数字支付领域出现了很多创新，如通过移动设备发送和接收金钱的移动钱包、允许个人通过移动电话将资金从他们的银行账户或信用卡转移到另一个人的账户上的 P2P 移动支付以及加密货币等，对通过信用卡、支票、现金等支付的传统支付方式产生了巨大的冲击。各大企业对数字支付领域表现出浓厚的兴趣，除了 PayPal、Square 等数字支付领域的大型企业，一些科技巨头和大型银行相继进军数字支付领域。

根据 Statista Digital Market Outlook（2022）数据，2020~2022 年全球数字支付交易额如图 3 所示。2020 年全球数字支付交易额为 59910 亿美元，其中电子商务为 39420 亿美元，移动 POS 支付为 19550 亿美元，电子汇款为 940 亿美元。2021 年全球数字支付交易额为 75220 亿美元，同比增长 25.6%。其中电子商务为 48770 亿美元，同比增长 23.7%；移动 POS 支付为 25290 亿美元，同比增长 29.4%；电子汇款为 1160 亿美元，同比增长 23.4%。2022 年全球数字支付交易额为 84880 亿美元，同比增长 12.8%。其中电子商务为 54880 亿美元，同比增长 12.5%；移动 POS 支付为 28800 亿美元，同比增长 13.9%；电子汇款为 1200 亿美元，同比增长 3.4%。不难看出，电子商务占比最大，但增长最快的是移动 POS 支付。

近几年中国①一直是全球最大的数字支付市场，并将在未来一段时间内持续下去，随后是美国、英国、日本与德国，预计到 2025 年，中美两国的

---

① 不含香港、澳门、台湾数据，下文同。

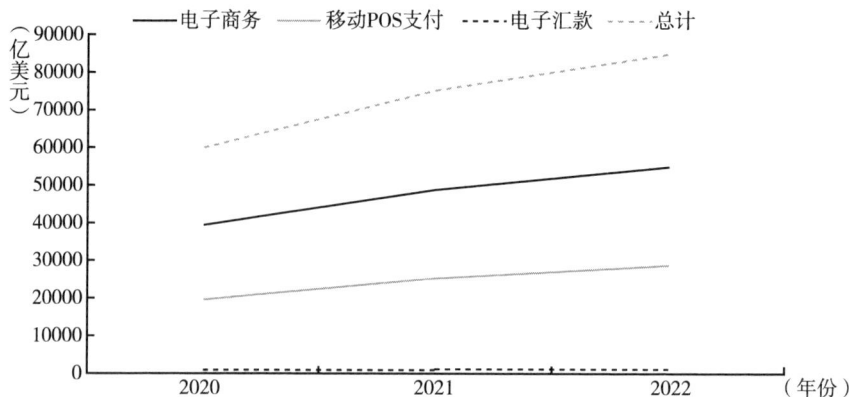

图3　2020~2022年全球数字支付交易额

交易额将占全球的50%以上。2020~2022年全球主要地区数字支付交易额
如图4所示。2021年中国数字支付交易额为31190亿美元，同比增长
21.3%；美国数字支付交易额为15270亿美元，同比增长21.7%；欧盟数字
支付交易额为14100亿美元，同比增长31.9%。2022年中国数字支付交易
额为34970亿美元，同比增长12.1%；美国数字支付交易额为17650亿美
元，同比增长15.6%；欧盟数字支付交易额为15520亿美元，同比增
长10.1%。①

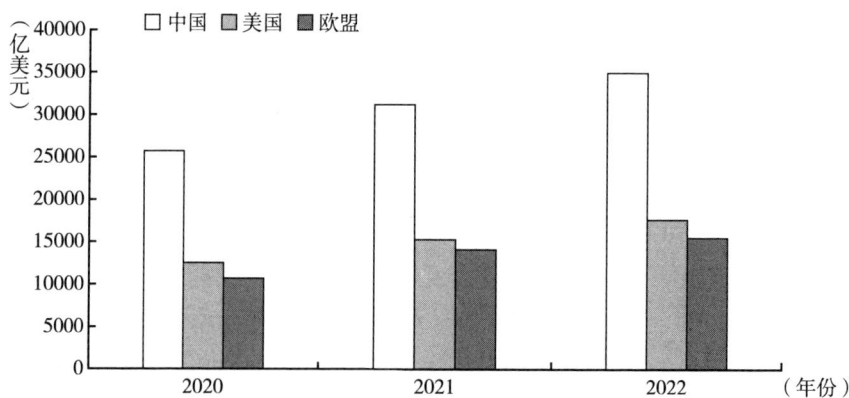

图4　2020~2022年全球主要地区数字支付交易额

---

① CB Insight数据库。

不同国家的数字支付手段也有所不同，根据 Statista 在 2021 年对在线和移动支付进行的一项调查（Statista Global Consumer Survey），中国大陆在线支付使用率最高，随后是信用卡与借记卡；英国最流行的支付方式是信用卡，其次是借记卡；美国最流行的支付方式是信用卡，其次是在线支付方式。德国在线支付使用率为 70%，是占比最高的国家，其中最流行的是采用发票支付的在线支付方式。印度和英国分别以 64% 和 62% 的占比紧随其后，中国大陆以 53% 的占比排在第 10 位，美国则是 45%，居第 14 位。不同国家的用户也有所差别，在印度使用在线支付方式最多的为 20～29 岁的人，而在美国则为 30～39 岁的人。

在线支付领域品牌方面，如图 5 所示，在中国，前三名是支付宝（93%）、微信支付（85%）和银联（42%）。美国 PayPal 遥遥领先，使用率为 82%；其次是 venmo，使用率为 37%；第三则是 G-pay，使用率为 28%。英国和美国类似，也是 PayPal 一骑绝尘，使用率为 90%；其次是 Visa Checkout，使用率为 32%；第三是苹果支付，使用率为 29%。德国最受欢迎的几大支付领域品牌分别是 PayPal（93%）、Klarna（50%）以及 Amazon Pay（26%）。

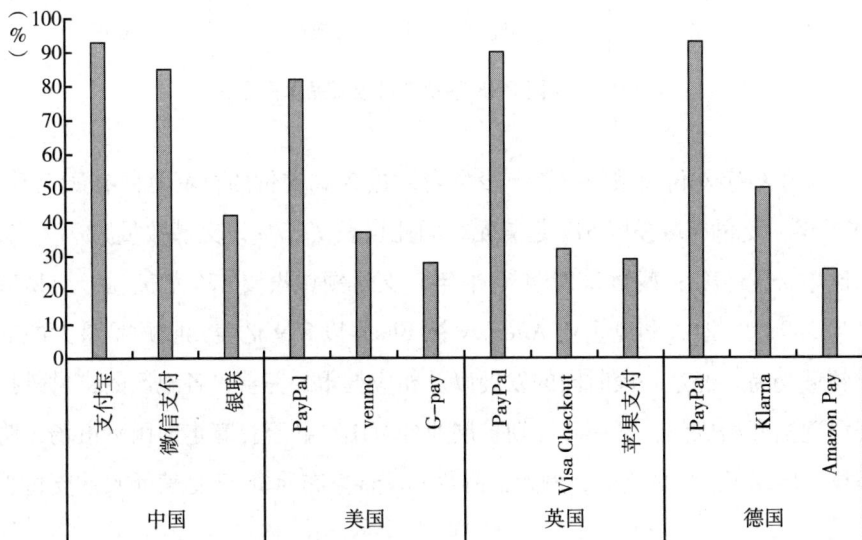

图 5　各国在线支付领域品牌占比

在通过智能手机的 POS 移动支付领域品牌方面，如图 6 所示，中国支付宝排名第一，使用率为 91%；其次是微信支付，使用率为 84%，第三是银联，使用率为 33%。美国最受欢迎的是 PayPal，使用率为 57%；其次是苹果支付的 54%；G-pay 也有 38% 的使用率。英国则是苹果支付以 63% 的使用率遥遥领先，几乎相当于第二名 PayPal（36%）和第三名 G-pay（31%）之和。德国前三位则是 PayPal（56%）、苹果支付（39%）以及 G-pay（27%）。①

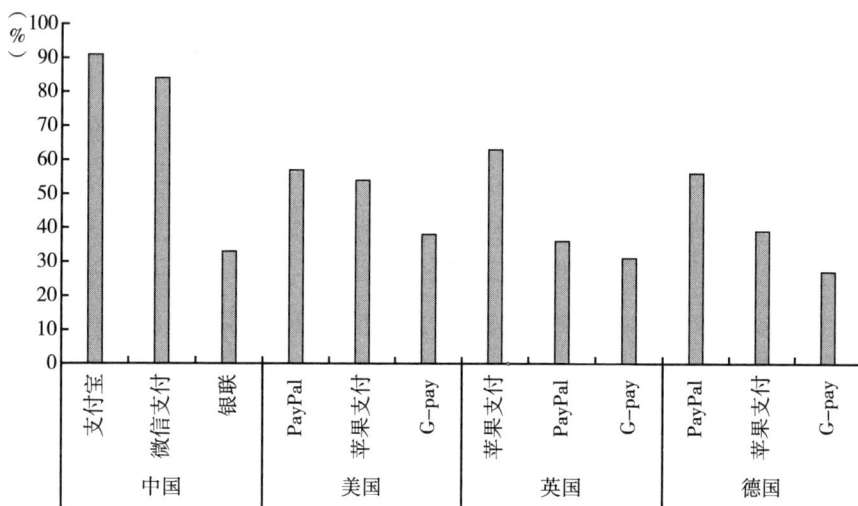

图 6　各国 POS 移动支付领域品牌占比

关于数字支付领域的投资，投资者对嵌入式支付的投资意向有所上升。2021 年，支付领域投资 517 亿美元，同比增长 77.7%，交易数量为 777 宗，同比增长 43.9%；截至 2022 年上半年，支付领域投资 436 亿美元，交易数量为 369 宗，澳大利亚企业 Afterpay 被 Block 以 279 亿美元收购是最大的支付领域交易。经过一段时间的发展以及相应技术的完善，各地区的支付科技公司逐渐开始成熟，下一步计划扩展业务范围，甚至打算走向国际市场，跨境投资出现了一定的上升，例如，荷兰 Prosus 宣布斥资 47 亿美元收购支付平

---

① Statista Global Consumer Survey，截至 2022 年 9 月。

台 BillDesk，澳大利亚先买后付公司 Zip 收购 ZestMoney 的少数股东权益等。①

近两年，世界各个地区相继涌现大额先买后付相关技术领域的交易，相关投资升温的同时，通货膨胀、利率上升等因素致使借贷的成本上升，加之地缘政治以及全球经济发展放缓等因素，此领域可能存在较高的风险，相关投资者对"先买后付"领域的投资也开始变得谨慎。

随着公司推进数字化，银行的核心系统替代品受到越来越多的关注，许多大型金融机构也在持续关注嵌入式金融，以及能提供更为全面、系统服务的数字金融公司，对数字金融领域的企业兴趣升温，打算通过并购等手段，改善银行核心系统，减少对原有基础设施的依赖，通过云计算、大数据以及区块链等技术提升客户体验。

2. 创新产品与企业

（1）拉丁美洲跨境支付平台 DLocal

2021 年 6 月 3 日，拉丁美洲跨境支付平台 DLocal 在纳斯达克上市，以收盘价计算市值为 95 亿美元。总部坐落于乌拉圭的 DLocal 由 Sebastián Kanovich、Sergio Fogel 和 Andres Bzurovski 联合创立，是乌拉圭首家在美国上市的独角兽企业，在美国、巴西、乌拉圭、英国、以色列、中国等国家设有办事处，旨在处理中东、拉丁美洲、亚太等地区新兴市场的在线支付，在 35 个国家或地区提供跨境交易和本地交易服务，支持 5 种不同产品的 700 多种支付方式。服务数字娱乐行业、电商贸易企业、软件服务公司、旅行服务商和全球电商平台等诸多领域。

全球性企业在将业务拓展到新的国家或地区时，会遇到许多困难。首先，不同国家或地区的收付款服务体系有所不同。跨国公司获取资金的能力受到当地支付方式的制约，很多公司没有专门的部门负责这一部分，使得这些公司将业务拓展到这些国家或地区的成本很高，特别对一些需要整合各区域银行的支付技术的跨境支付运营商来说，进行技术整合需要花费很多时间与金钱。其次，监管合规。不同地区监管规定有所不同，公司自己培养这方

---

① PitchBook，截至 2022 年 6 月 30 日。

面的人才时间成本过高且效果不佳，寻找能帮助跨国公司应对监管规定的本地支付业务的专家协助，以应对监管要求是很有必要的。

DLocal 作为一个一体化支付平台，为其客户解决上述问题提供了一个简单的解决方案，使在线交易变得容易。DLocal 为客户提供各类本地支付方式或者构建独一无二的支付方式，使跨国公司的收款方式和其客户的付款方式相匹配，尽可能地囊括更多的群体；通过和当地的银行进行合作，运用本地银行的速度优势，简化了跨国公司的本土业务流程，使得原本需要建立跨国分部来处理的事情得到了快速的解决，同时使用单一集成的程序自动执行工作，在即时付款通知、查看付款状态、工作流程管理等多个环节实现了自动化，通过 SaaS 产品等先进的信息技术，降低人为失误可能性的同时提高了工作效率，使账项的到账速度大幅上升，改善了双方的交易体验。同时 DLocal 还会进一步和客户进行合作，通过丰富的经验，为客户在新市场的业务提供本土化的服务，通过虚拟账户等来解决新市场基础设施可能比较落后的问题，帮助客户处理纳税、合规方面的问题等。

亚非拉地区的市场拥有巨大的潜力，越来越多的企业认识到这一点，打算参与进来开发这个市场，这些企业不可避免地会遇到前文所提及的问题，这为 DLocal 提供了宽阔的舞台，发展前景良好。当然，DLocal 同样也面临一些问题，由于国际贸易的飞速发展，以及科学技术大量应用到金融领域，亚非拉等发展中国家与地区出现了监管远远跟不上市场发展的问题，特别是电子诈骗的问题在这些地区越来越严重，而相关的法律法规还不完善，尽管近两年 DLocal 推出了 dLocal Defense 等系统，但未来仍需要在相关问题上做进一步的投入，以避免相关风险带来大量的损失。

（2）非洲支付公司 Flutterwave

2021 年 3 月 9 日，由 Iyinoluwa Aboyeji 和 Olugbenga Agboola 在 2016 年联合创立于尼日利亚，Aboyeji 担任公司首席执行官，Agboola 担任公司首席技术官的非洲 B2B 支付服务公司 Flutterwave 宣布完成 1.7 亿美元 C 轮融资，这也意味着，在此轮融资过后，Flutterwave 成为继 Interswitch 之后非洲第二个 Fintech 独角兽，也是非洲成长最快的 Fintech 独角兽。

目前东亚、北美、欧洲等地区经过多年的发展，加之人口增长速度下降等因素，互联网用户增长速度逐渐放缓，与之相反，东南亚、非洲与拉丁美洲地区增长潜力巨大，特别是非洲，人口众多，且由于发展相对落后，传统银行业并没有渗透到各个领域，存在大量的没有银行账户的人，近两年数字支付领域发展飞速，潜力巨大。但是，非洲各个地区的移动支付方式有很大差别，且种类繁多，个体经营的商户或者小型企业需要花费大量的时间与精力去处理支付方式不兼容的问题，同时工业基础设施的落后致使非洲的电力供应不稳定、跨银行金融机构结算系统低效，基于数字账户的第三方支付失败率很高，支付系统的落后导致外来的企业进行汇款结算会很复杂，这在一定程度上阻碍了非洲经济的发展。Flutterwave 致力于建立数字基础设施，用一个统一的应用程序编程接口（API）打通众多支付方式，减少支付时的摩擦，保障非洲企业顺利完成国际贸易。

针对不同的用户，Flutterwave 给出了不同的解决方案。对于企业面临的支付问题，Flutterwave 通过 Rave 平台提供集成的支付软件开发工具包来解决，Rave 平台支持上百种货币，为企业用户提供一体化的支付管理，使其可以接受来自世界各地的付款。款项到账快，安全性高，并且提供一个统一的 API，支持有自家网站的客户将 Rave 嵌入自己的网站。此外，Flutterwave 还基于 Rave 帮助企业发行自行设计的仅在尼日利亚提供的实体卡和在全球范围内可用的虚拟卡。对于个人面临的支付问题，Flutterwave 给出在 2019 年与 Visa 合作开发面向个人的小额支付工具 Barter，对于有银行卡的用户，可以选择绑定银行卡，没有银行卡也可以选择创建虚拟卡来使用 Barter，用户收到的所有款项都会存储在 Barter 余额中，以低廉的价格快速、安全地进行跨境收款和转账。对于创作者，Flutterwave 通过 Disha 平台帮助其展示作品、评估创作内容并获取报酬。创作者可以通过 Disha Payments 与世界各地的客户进行交易，平台支持上百种货币。对于金融科技公司，Flutterwave 推出了 FaaS，提供了一个统一的技术平台，建立并开放相关基础设施，使客户可以快速地将金融科技服务嵌入自己的应用程序、产品和服务中，此外，还有帮助跨国汇款的 Send、帮助公司注册的 Flutterwave Grow 以及商业贷款服务 Flutterwave Capital。

Flutterwave 通过诸多权威机构的认证，具有较高的安全性，同时与 PayPal、Forter、Uber 等诸多大型支付领域的国际企业合作以扩大覆盖范围，使得跨境支付更加方便快捷，进一步提升了用户的体验，再加上非洲地区数字支付市场巨大的潜力，未来 Flutterwave 有望保持目前的发展速度。但是，Flutterwave 同样有着强大的竞争对手，成立于 2002 年的 Interswitch 有着更高的市场占有率和更流行的代表产品 Verve 银行卡，Flutterwave 需要继续优化业务，进一步完善基于移动货币的支付服务，增加市场占有率，加强与相关企业的合作，同时考虑收购相关领域的金融科技公司，增强技术储备与技术应用，实现更快的增长。

（二）数字投融资

1. 市场状况

数字投资有两个定义，一个是指对数字货币进行投资，如果数字货币升值，就可以获取收益；另一个是指自动化投资服务和在线交易服务，可以分为机器人顾问和新经纪人两种类型的交易。机器人顾问是指自动化的投资服务，使私人投资者能够通过自动推荐如通过领先投资者、单独可配置的参数等来调整其投资策略或投资组合；新经纪人是指仅在数字领域运营，通常将自己定位为在线经纪人、交易平台、社交交易平台或零售投资平台的金融实体，本报告主要采取第二报告定义。

根据 Statista Digital Market Outlook（2022）估计，2021 年全球数字投资总额为 18230 亿美元，同比增长 32.5%。其中机器人顾问一项为 14280 亿美元，同比增长 35.0%；新经纪人一项为 3950 亿美元，同比增长 25.4%。到了 2022 年，由于通货膨胀以及俄乌冲突等原因，各项增幅均低于 2021 年，全球数字投资总额为 20750 亿美元，同比增长 13.8%。其中机器人顾问一项为 16580 亿美元，同比增长 16.1%；新经纪人一项为 4170 亿美元，同比增长 5.7%。两项中机器人顾问占比较多，且预计未来一段时间其占比仍会继续上升。2021 年中国的数字投资总额为 1240 亿美元，同比增长 33.3%；美国为 12050 亿美元, 同比增长 28.6%; 欧盟为 2700 亿美元, 同比增长 42.1%。2022 年中国的数字投资总额为 1490 亿美元, 同比增长 20.2%; 美国为 13840 亿美元, 同比增长 14.9%; 欧盟为 2700 亿美元, 与 2021 年持平 (见图7)。美国是全球最大的数字投资市场, 虽然近两年市场份额出现了一定的下滑, 但占比仍然超过 60%, 预计未来 5~10 年仍会是世界上最大的数字投资市场。中国近两年在数字投资领域发展迅速, 逐步成为仅次于美国的第二大市场参与者, 并在未来几年持续上升, 日本预计未来会成为第三大参与者, 随后是英国和德国。[①]

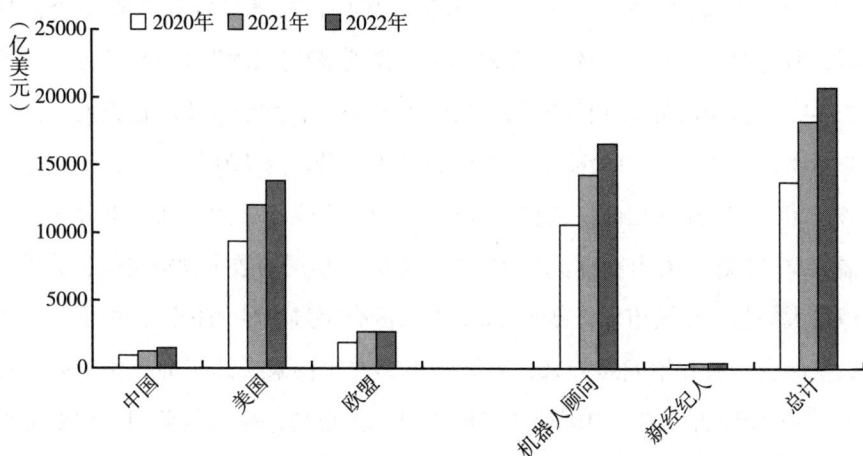

图 7　2020~2022 年数字投资总额与主要投资者

数字融资是指为私人借款者和企业客户提供的数字金融服务, 主要包括市场贷款、众贷、众筹投资和众筹集资四种类型的交易。其中市场贷款是指银行自主分配个人使用贷款, 也称为点对点贷款; 众贷是指仅用于商业目的面向中小企业的银行独立贷款分配; 众筹投资是指特别关注初创企业, 以投资换取公司股份; 众筹集资是指非货币性补偿的解决方案, 如音乐、艺术和电影融资等, 不考虑银行融资及任何超出中小企业范围的金融方面及基于捐

① CB Insight 数据库。

赠的众筹模式。

2021年全球数字融资总额为660亿美元，同比增长6.5%。其中市场贷款为330亿美元，同比增长3.1%；众贷规模为310亿美元，同比增长10.7%；众筹投资为20亿美元，同比增长50%；众筹集资和2020年一样，均为10亿美元。2022年，由于受到诸多负面影响，全球数字融资总额为650亿美元，同比减少1.5%。其中市场贷款为310亿美元，同比减少6.1%；众贷规模为310亿美元，与2021年相同；众筹投资为10亿美元，同比减少50%；众筹集资和前两年一样，均为10亿美元。可以看出，市场贷款、众贷两者占比相近，两者之和超过95%；众筹投资和众筹集资占比相近，加起来占比约为5%。[1] 2021年中国数字融资总额为160亿美元，同比增长14.3%。美国为350亿美元，同比增长2.9%；欧盟为100亿美元，同比增长25%。2022年，中国数字融资总额稳步上升，为170亿美元，同比增长6.3%；但欧美地区均出现一定的下滑，美国为340亿美元，同比下降2.9%；欧盟为90亿美元，同比下降10.0%（见图8）。情况与数字投资类似，美国是全球最大的数字融资市场，截至2022年仍占有超过50%的份额，由于其他各国数字融资领域开始发展起来，美国的市场占比在未来几年会有所下降，但5~10年仍会稳居首位，中国预计将成为第二大市场，随后是英国、印度尼西亚和日本。[2]

2. 创新产品与企业：智能投顾平台 Wealthfront

2022年9月，瑞银集团宣布终止对智能投顾平台 Wealthfront 的收购，引起了不少业内人士的关注。Wealthfront 由 Andy Rachleff 和 Dan Carroll 于2008年创立，总部位于加利福尼亚州帕洛阿尔托，最初名为 Kaching，于2011年12月更名为 Wealthfront，并改变业务成为一家以硅谷的科技公司 Facebook、Twitter 等的员工为目标的线上财富管理公司，借助计算机模型和技术，通过客户提供的信息为客户提供合适的投资建议。Wealthfront 的大部

---

① CB Insight 数据库。
② 参考 GP Bullhound, Fintech sector update Q4 2022, 其数据来源为 Tracxn 数据库。

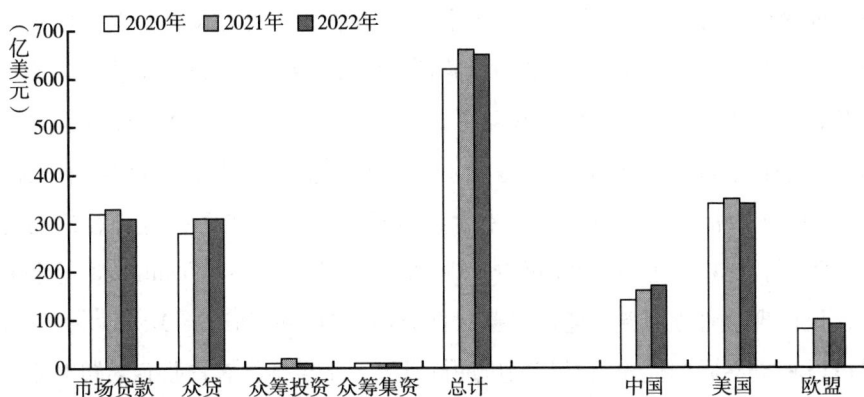

图8 全球数字融资总额与主要融资者

分客户不超过 50 岁，且多为教师、医护人员等高知群体，值得一提的是，Wealthfront 颇受 Apple、Google、Palantir 等科技公司的职员青睐。截至目前，Wealthfront 是美国最大的智能投顾平台之一，拥有数百名员工和将近 50 万名客户，管理着超过 240 亿美元的资产。

在 2011 年更名为 Wealthfront 后，公司业务就开始涉及智能投顾。Wealthfront 有比其他智能投顾公司更为细致的客户调查问卷，包含覆盖各个方面的 6 个主观风险问题和 4 个客观问题，以此来确定客户愿意承担的风险级别，同时对客户是否有足够的资金满足支出需求进行评估，通过这 10 个问题可以模拟更加精确的场景使客户能够更准确地表达出自己的投资意向，使得平台推荐的投资组合更加适合客户的投资偏好，并针对为什么提出这些问题做出解释，更加人性化，提高了客户的服务体验。此外，资产配置更为丰富全面也是 Wealthfront 的一大优点，在多年的发展历程中，Wealthfront 不断扩充自己的资产配置种类，涵盖美国国债、地方政府债券，以及来自多个国家的多种股票、房地产、自然资源等各类资产。近年来，Wealthfront 成为主要面向 C 端的集成型 App，并将其智能投顾业务进行了完善，通过 Path 算法分析收集来的客户收入信息、账户信息以及人生目标，然后提出个人财务建议；当客户资产超过 50 万美元时，Wealthfront 还提供免费的 Smart Beta 功能，即根据市值比重以外的如股息收益率、市场 Beta 和波动性等其他因素来调整客户资产分配；对于具有相对风险偏好的投资者，Wealthfront 推出风险平价基金，提供一些风险更大、收益更高的资产。当然，Wealthfront 的客户也可以在平台推荐的投资组合的基础上进行自定义，自主决定资金的分配，Wealthfront 会根据客户的风险承受能力调整投资组合使之更符合客户的意愿。除了智能投顾业务，Wealthfront 还在 2019 年推出了 Wealthfront 现金账户，提供现金管理服务，通过储蓄目标分类工具 Self-Driving Money™，使客户可以根据不同的优先级对其账户进行设置，平台会将客户收到的转账或收入转移到优先级较高的类别中，同时将剩余的资金转移到 Wealthfront 投资账户，帮助客户更好地进行财富规划。Wealthfront 还提供借贷业务，对账户中金额达到一定数额的客户提供无手续费和信用检查流程的借贷服务。

Wealthfront 还有着优秀的税收优化功能，很早就推出投资亏损节税，且Wealthfront 并未止步于此，而是不断地推陈出新，继续为客户进行税收上的优化，推出了直接指数编制。同时，Wealthfront 的收费框架和底层投资逻辑公开透明，不征收任何形式的佣金和隐藏费用，并且将投资逻辑及其使用的金融理论公开到公司官网上，使客户可以轻松查阅。此外，Wealthfront 还公开了自己的过往收益率、筛选规则和选择条件且给出详细解释，使投资者更加放心，而且与其他智能投顾公司不同，客户仅需下载 Wealthfront 的应用程序就能获得免费的财务规划服务。当然，Wealthfront 也有平台存量现金比例较高造成资金利用率不足、未开展人机混合的模式使一些困难难以解决等问题，未来，Wealthfront 还需要进一步完善现有的智能投顾框架，拓宽服务范围，给客户带来更好的服务体验。

（三）数字贷款与数字银行

1. 市场状况

数字贷款是指通过数字渠道进行贷款的过程，同时贷款人使用数字技术为信贷决策提供帮助。对于金融科技领域参与者来说，其贷款大多数是通过贷款平台进行，这些平台连接了借款人和贷款人，这些贷款机构自己不接受存款也不放贷，正因为这种特殊的形式，这些机构的业务不会承担一些风险，也不会像传统的借贷机构一样直接从借款人手中获得利息收入，而是以撮合借款人与贷款人产生的费用和佣金作为收入来源，目前数字贷款机构的主要收入来源大致有两种：银行的交易费用和服务费用。

数字贷款的出现，帮助借款人降低了借贷成本，增加了贷款人或投资者的收益，同时使人们更加方便地获得贷款，特别是传统贷款机构覆盖不到的一些消费者和小企业，这也是目前数字贷款的客户与传统借贷机构不同的一大原因。以美国为例，目前数字贷款主要由信用卡贷款、学生贷款和中小企业融资构成，2022年其数字贷款总额约为2540亿美元。中国大多采用线上对线下的模式，即投资者在网上寻找，而借款者则通过与非银行金融机构的合作等方式在线下提供服务；而欧美地区则有所不同，在欧美地区的数字贷款几乎完全基于在线模式。目前，全球排在前列的数字贷款机构有 Upstart、SoFI、Lending Club、Funding Circle 以及 Lendinvest 等。由于 2021~2022 年受各种负面因素影响，数字贷款机构均受到了一定程度的影响，图9~图11所示为 Upstart、SoFI 和 LendingClub 在 2021~2022 年最近几个季度的市值、营收增长率与息税前利润率。①

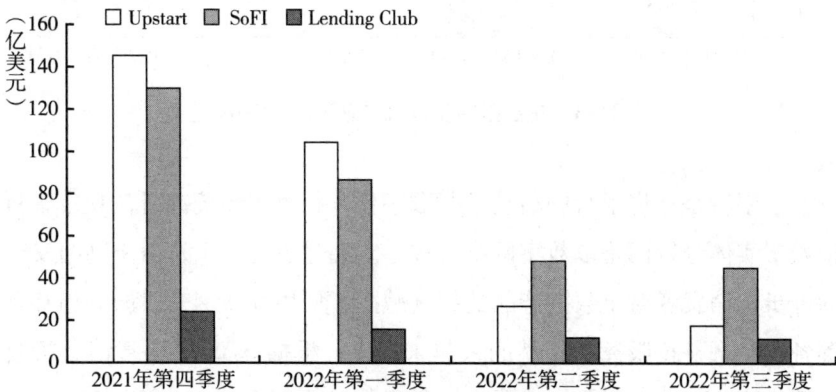

图9　主要数字贷款机构市值

---

① Capital IQ 数据库。

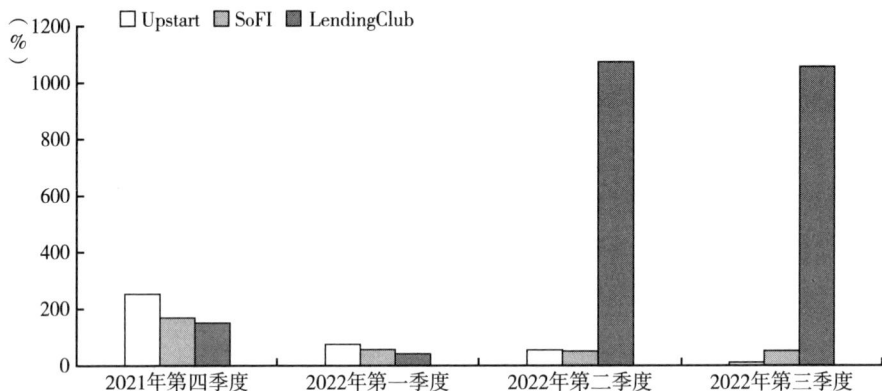

图10 主要数字贷款机构营收增长率

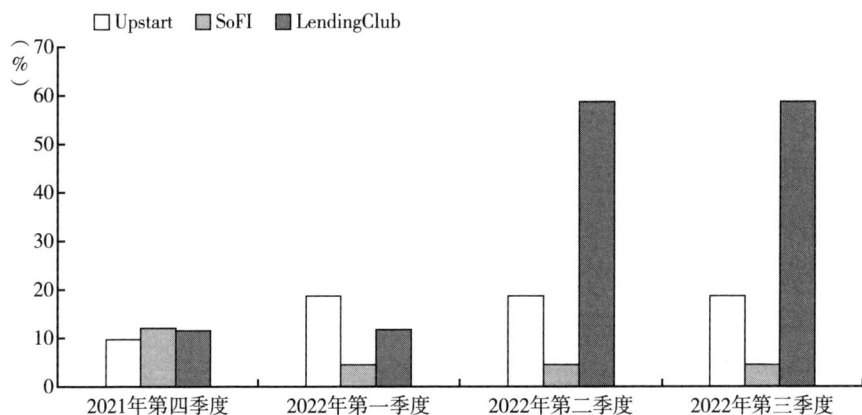

图11 主要数字贷款机构息税前利润率

数字银行是指将银行的活动进行数字化，相对于传统银行，数字银行不再依赖于实体分行而是以数字网络为核心。在过去几年里，由于网络安全技术的进步，消费者对于数字产品的担忧减少，使用互联网支付服务与移动支付等各种金融科技服务和产品的人越来越多，根据SaaS移动营销分析公司AppsFlyer 2021年的一项全球研究，各机构的金融科技应用程序下载量在2020年增加了132%。传统银行业的成本相比数字银行的成本要高，根据美国国家经济研究局对近一个世纪金融服务成本的一项研究表明，提供金融服务的平均成本约为资产价值的2%；同时疫情导致了对线上服务的需求大幅增长，传统银行业受到了巨大的冲击。[①]

当然，数字银行也有一些缺点，例如，由于没有相对统一的规章制度，各供应商的收费结构和细则有所不同，这导致了虽然借款人可以在短时间内从数字银行等机构获得评级与贷款，但他们将很难比较不同商品和服务的优劣，从而做出最优的选择。此外，与传统银行对各个领域均有所涉及不同，大多数金融科技企业只专注于一两个领域，这导致用户只能选择 Upstart、SoFI、Lending Club 等少数几个业务覆盖范围较为全面的大型数字金融机构，因为各机构系统与业务的差异性，在多个机构注册以办理业务会使得财务管理的复杂程度极大增加，进而使得时间消耗大幅上升。

传统银行同样意识到信息技术的发展带来的机遇与挑战，为了跟紧时代的步伐，保持相关性，近年来许多传统银行大规模收购金融科技公司，对初创的金融科技企业进行战略投资，同时与技术公司进行合作以充分利用两家公司的专业知识。传统银行和金融科技公司都希望通过在不同产品类别中开辟各自的市场来共存，金融科技企业具有技术优势，而传统银行则在规模体量上更具优势，未来，传统银行和金融科技公司有望共存。

2.创新产品与企业：无国界数字银行 Monese

总部位于英国伦敦的金融科技公司 Monese 由 Norris Koppel 创立于 2015 年，目前已经拥有数百万名用户，分布在 30 多个国家和地区。自创立至今已经经历了多轮融资，获得了上亿英镑的投资，估值超过 10 亿英镑，成为金融科技领域的独角兽企业。

移民问题在欧洲有着长期的争论，近年来法国、瑞典、挪威、芬兰等国家的移民政策受人权组织和右翼思想等的影响，出现了一定程度的放开，加之欧洲作为长期以来外来移民的净流入地，外来移民大量涌入欧洲；而移民无法提供被承认的身份与财务证明，想要获得银行服务异常困难，同时移民在思想文化、政治宗教、教育水平与经济水平等方面与本国民众有很大差异甚至是冲突，当地居民也存在抵制移民的声音，这些都使得移民获得银行服

---

① AppsFlyer 数据库，截至 2021 年 12 月。

务困难重重。对于传统银行在移民获得银行服务问题上的缺失，Monese 开发了同名的移动银行 App，其为移民群体提供即时按需的英国银行账户，使他们可以参与到银行活动中，满足他们的金融需求。

与传统银行开设账户不同，在 Monese 只需要提交身份证明、护照照片以及一张自拍照即可，随后就可以享受到低成本的普惠性金融服务如借贷、支付以及手机银行等。Monese 的产品依据客户的不同可大致分为三类。对于个体客户，新用户首先需要使用欧洲地区的手机号注册 Monese 账号，然后证明自己是欧洲经济区的居民，再上传护照照片以及自拍视频，最后上传签证和入境文件，就可以激活 Monese 账户。Monese 有 Simple、Classic 以及 Premium 三种基础信用卡，这三种信用卡在每月收费与交易手续费方面有所不同，基础信用卡可以免费提供多语言客服、免费首付款和授权定期付款等服务。除了基础信用卡，Monese 还推出关联信用卡，以一个 Monese 账户为基础开两张相关联的卡，以便管理自己与他人之间共有的财产。对于企业客户，Monese 推出企业信用卡，可以使个人财务与企业财务分离的同时，能够在同一个应用程序中操纵两个账户；还推出万事达卡商务借记卡，通过它可以在不收取服务费的情况下将国际汇款打入企业账户，可以在世界各地的非接触式终端机上付款或者 ATM 机上免费取款，也能开电子发票，给客户良好的服务体验。除了对个体客户和企业客户的服务以外，Monese 还与 PayPal、Avios 进行了合作，使 Monese、PayPal 和 Avios 的账户能相互兼容，合作使用。

由于俄乌冲突以及塞尔维亚政局不稳定，不歧视移民群体、对客户服务态度亲和且透明度高的 Monese 近两年受众颇多。此外，Monese 还非常注重技术研发与应用，通过新技术来优化服务体系，在近期应用大数据、云计算等技术搭建了能够迅速对接数据库进行交叉验证的身份验证系统，为用户建立信用档案，以增强自动识别与服务等功能，不仅极大提高了服务效率，还降低了服务成本。同时，Monese 还与各种类型的企业进行合作，实现资源与技术的互补，提升自己的市场竞争力。当然，Monese 也面临着来自传统银行和金融科技公司的竞争压力，特别是金融科技公司数量较多，竞争激烈，比如英国的 Monzo 就与 Monese 的业务有很大一部分的重合，技术思路也很类似。鉴于大规模冲突并非常态，再加上激烈的同业竞争，Monese 的客户群体可能会有所下降，未来 Monese 需要继续投入创新，同时与其他相关企业加强合作，完善自身的产品体系，在守住原有客户群体的情况下拓宽服务对象。

（四）数字货币与数字资产

1. 市场状况

数字货币是以电子货币形式存在的替代货币，是一种基于网络节点和数字加密算法的虚拟货币，通常由开发者发行和管理，被特定虚拟社区的成员接受和使用，数字金币和密码货币都属于数字货币。与虚拟世界中的虚拟货币不同，数字货币可以被用于真实的商品和服务交易。

数字资产是指以电子数据形式存在的非货币性资产，依托电子支付系统而发展，根据 Statista 的定义，数字资产主要包括加密货币和非同质化通证（NFT）。加密货币是指基于区块链技术的去中心化网络，区块链技术是一种分布式记账技术，在去中心化的计算机上自主记录点对点交易。非同质化通证，又称数字藏品，是指区块链网络里具有唯一性特点的可信数字权益凭证，在区块链上记录和处理多维、复杂属性的数据对象，代表现实世界或数字资产的所有权，如美术、音乐、收藏品等，可分为区块链作品版权和区块链数字出版产品两种类型。近两年，NFT 交易发展迅速，数字艺术品"Everydays：the First 5000 Days"在传统拍卖行佳士得以 6930 万美元的价格售出，仅在 2021 年 12 月，NFT 交易平台 OpenSea 上就交易了价值 24 亿美元的 NFT 产品。

由于数字资产的概念比较新，各个机构统计出的数据差异也比较大。根据 Statista Digital Market Outlook（2022）数据，2021 年全球数字资产交易额为 341 亿美元，同比增长 51.6%。其中加密货币为 325 亿美元，同比增长 44.4%；非同质化通证为 16 亿美元。美国 2021 年数字资产交易额为 160 亿美元，同比增长 45.5%，而 2022 年为 190 亿美元，增长 18.8%。美国是全球最大的数字资产市场，过去几年占全球市场的40%~50%，并在未来一段时间仍保持这个比例，印度在未来预计会成为第二大市场，随后是日本、英国和德国。[①]

根据平台DappRadar的统计数据，2021年NFT的交易量超过了230亿美元。[②] 根据加密货币市场分析平台Into The Block的数据，截至2022年4月18日，NFT的总交易量已超过1800万枚ETH，总价值为540亿美元。[③]

2. 创新产品与企业：线上区块链卡牌游戏NBA Top Shot

截至2022年上半年，NBA Top Shot平台上的注册用户超过100万，其产品累计交易量超过50万，交易额超过10亿美元，这也意味着NBA Top Shot成为NFT历史上销售额排名第六的数字藏品。NBA Top Shot是一款线上的区块链卡牌游戏，2020年由金融科技公司Dapper Labs和NBA合作推出，以虚拟货币为基础，使用Dapper Labs的Flow区块链运营，以数字卡片记录NBA赛场上任何球员得分时刻的影像，该卡片除拥有者之外，其他人都无法拥有这一精彩瞬间，即使他们也可以通过互联网观看这一幕。卡片销售收入和市场交易抽成是NBA Top Shot的两大主要收入来源。在经过多轮融资之后NBA Top Shot估值已超过了70亿美元。

NBA Top Shot的成功主要有两个方面的原因：背靠受众广泛的NBA以及当下火热的NFT市场。在NBA Top Shot推出之前，就曾经有多家企业推出过NBA实体球星卡并且均获得了不错的成绩，NBA Top Shot的数字卡片在原先实体球星卡上的稀有度和编号的基础上，增加了球星及关键球信息，大幅增加了对NBA球迷的吸引力，同时与NFT市场上数量最多的电子游戏类数字藏品相比，以NBA为基础的NBA Top Shot对收藏者的吸引力更大，持续时间更久。NFT市场的火热也是NBA Top Shot成功的一大因素，区别于其他加密资产，同种NFT之间的兑换是不被允许的，这也说明了每个NFT都有自己独特的地方，无法复制。从2021年上半年开始，全球NFT市

---

① CB Insights数据库。
② DappRadar数据库，截至2021年12月。
③ 加密货币市场分析平台Into The Block数据库，截至2022年4月18日。

场的交易就逐步升温，产品的价格不断上升。

NBA Top Shot 数字卡片按照稀有程度从低到高依次分为普通、粉丝、稀有、传奇和终极 5 个等级，其中终极级别的卡片只有通过拍卖才能获得，而等级的划分是根据卡片所包含的内容来决定的，例如，如果卡片包含 NBA 中比较有价值的称号或者球星，抑或是精彩的有纪念意义的时刻，都会使得卡片比较稀有，稀有程度往往和价格呈正相关。如果你手中的卡片上记录的球星在你购买后又获得了突出的成就，或者比赛中有精彩的表现，那么你手中的卡片就有很大的概率会升值。购买的时候卡片的各种信息都明确标注在购买界面上。除了单张的虚拟卡片，NBA Top Shot 也推出卡包，按照规则，售价 9 美元的是普通级别的卡包，由 9 张普通级别的卡片组成；售价 22 美元的是稀有级别的卡包，由 1 张稀有级别卡片和 7 张普通级别卡片组成；而传奇级别的卡包则由 1 张传奇卡、3 张稀有卡和 6 张普通卡组成。与单独购买不同，收藏者除了稀有度等级外并不知道卡包内卡片的具体信息。在 NBA Top Shot 的购买界面，收藏者可以通过比特币等主流虚拟货币支付，也可以选择使用信用卡等方式支付美元。

除了火热的市场外，NBA Top Shot 同样面临一些问题，NFT 以及虚拟货币的监管问题在全球范围内备受关注。另外，关于 NFT 交易是否合法合规也受到了多方的关注。由于传统意义上的 NFT 产品属于加密资产的一类，因此在国内面临严格的监管。目前，NBA 的品牌效应依然强劲，但 2022 年 NFT 市场不复 2021 年的火热状态，相关监管问题被提及的也越来越多，NBA Top Shot 在未来会何去何从仍是一件难以确定的事情。

四　我国数字金融发展建议

从国家角度来看，首先，要明确数字化转型的方向和重点，完善数字基础设施的建设，搭建数字化平台，构建普惠便捷的数字社会，让数字经济以服务实体经济为目标，推动金融更好地为实体经济服务。其次，由于数字金融的监管体系尚不完善，监管机构要在原有监管体系的基础上加快完善相关领域的监管方案，保障公民的合法权益，助力数字金融行业健康有序发展。再次，鉴于我国数字金融起步相对欧美地区较晚，基础比较薄弱，国家应出台相应的政策，通过税收优惠、财政补贴、融资担保等多种途径，提升企业对于数字化转型的积极性，助力各企业与机构完成数字化转型。最后，推动数字普惠金融，普及数字金融产品与服务，致力于弥合数字鸿沟，提高居民对网购、外卖、互联网、线上支付等技术的接受度，当地政府应该同企业进行合作，推出简单容易上手的应用程序，帮助老年人群体学会使用这些技术，推动数字金融促进消费的同时，让数字金融的红利可以被更多的人享受到。

从各产业各机构角度来看，要推动数字经济和实体经济深度融合，在各个领域，加快数字技术创新，应用互联网、大数据、云计算以及人工智能等新兴技术助力实体经济发展；传统金融机构和金融科技企业要相互合作，取长补短，既要发挥传统金融机构客户广泛、体系完善的优势，也要充分利用金融科技企业信息技术赋能的优势，两者融合发展，共同推动实现我国数字化转型目标，加快数字中国建设的进程。

总之，数字金融的发展需要政府、实体企业、科技公司和传统金融机构的相互合作、相互配合，制定方向明确、扶持有力的政策，建立清晰明了、标准统一的监管体系，共筑相互促进、融合发展的数字金融生态体系，共同助力我国数字金融行业健康有序发展。

参考文献

GP Bullhound, Fintech sector update Q4 2021, https：//max. book118. com/html/2023/0807/5300114043010304. shtm.

GP Bullhound, Fintech sector update Q1 2022, https：//www. doc88. com/p-63947037 246068. html.

GP Bullhound, Fintech sector update Q2 2022, https：//www. renrendoc. com/paper/248840235. html.

GP Bullhound, Fintech sector update Q3 2022, https：//www. sgpjbg. com/baogao/104207. html.

Dealroom, Fintech 2022 report, https：//www. baogaoting. com/info/233072.

CB Insights, State of Fintech——Global data and analysis on dealmaking, funding, and exits by private market fintech companies, https：//cloud. tencent. com/developer/article/2230385.

SVB, The State of Fintech—A Review of the Health and Trends of the Fintech Industry, https：//www. docin. com/p-3946509648. html.

Statista, FinTech-In-depth Market Insights & Data Analysis, https：//www. fxbaogao. com/detail/3467835.

CCAF, World Bank and World Economic Forum（2022）The Global Covid-19 Fintech Market Impact and Industry Resilience Report, University of Cambridge, World Bank Group and the World Economic Forum, https：//www. sgpjbg. com/baogao/80869. html.

毕马威国际：《金融科技动向（2021 年下半年）》，https：//kpmg. com/cn/zh/home. html。

毕马威国际：《金融科技动向（2022 年上半年）》，https：//kpmg. com/cn/zh/home. html。

恒生电子股份有限公司：《2023 金融科技趋势研究报告》，https：//www. doc88. com/p-73947006614589. html。

B.19
全球视野下金融科技治理趋势

肖　翔　丁洋洋　吕钰涛*

摘　要： 2021 年以来，全球主要国家、地区和国际组织在数字经济快速发展背景下积极推进金融科技创新应用和金融数字化转型，基本形成覆盖各类金融科技主要业态的监管规则体系，探索规范大科技公司金融业务、NFT 类加密资产等新业务、新模式，加快推进金融科技伦理治理和消费者数字金融素养建设，持续迭代优化监管沙盒等金融科技创新监管机制，进一步强化金融科技领域国际监管合作。

关键词： 金融科技　数字金融　大科技公司　金融科技伦理

2021 年以来，全球主要国家、地区和国际组织在数字经济快速发展背景下积极推进金融科技创新应用和金融数字化转型，基本形成覆盖各类金融科技主要业态的监管规则体系，探索规范大科技公司金融业务、NFT 类加密资产等新业务、新模式，加快推进金融科技伦理治理和消费者数字金融素养建设，持续迭代优化监管沙盒等金融科技创新监管机制，进一步强化金融科技领域国际监管合作，促进金融科技在提升金融服务能力、扩大金融覆盖半径、降低金融运营成本等方面发挥更大作用。

---

* 肖翔，博士，高级经济师，中国互联网金融协会法规咨询部（研究部）主任，北京大学数字金融研究中心特约高级研究员，主要研究领域为互联网金融、金融科技等；丁洋洋、吕钰涛，中国互联网金融协会法规咨询部（研究部）高级经理。

一 金融科技主要业态监管规则逐步成熟

经过多年的探索与实践，数字银行、众筹融资、数字贷款、先买后付等金融科技业态的监管规则体系基本成型，相关业态发展步入常态化监管阶段。总体而言，对金融科技业态的监管规则体现了对传统金融监管的延续性，按照风险为本、穿透一致的原则，根据相关业务模式的风险特征和功能属性纳入现行金融监管体系，同时也体现了对数字经济时代要求的匹配性，面向金融科技领域新技术、新业务、新主体及其可能带来的新风险，对传统监管规则进行适应性调整。根据世界银行金融科技监管政策数据库的最新数据，[①] 收录的 198 个国家中有 197 个国家已经实施或者正在制定数字银行相关监管规则，有 85 个国家已经实施或者正在制定个体网络借贷（借贷型众筹融资）相关监管规则。

（一）数字银行

数字银行主要通过数字渠道而非实体分支机构提供银行服务，目前主要是传统银行业务的网络化和线上化，很多国家的金融监管部门将数字银行纳入现有监管体系，按照"同样业务、同样风险、同样监管"的原则实施监管，部分国家对数字银行推出了专门牌照制度。比如，韩国金融服务委员会于 2021 年 6 月批准 Toss Bank 筹建数字银行，该银行的主要业务模式是依托大数据分析为长尾客群和小微企业主提供账户、信贷、汇款等银行服务，这是该国第三家获得数字银行牌照的银行机构。马来西亚央行于 2021 年 7 月宣布共收到 29 份数字银行牌照申请，申请机构包括商业银行、工业企业、电商平台、金融科技公司等。《土耳其数字银行运营规则》于 2022 年 1 月正式生效，原则上允许数字银行开展信贷机构可经营的所有业务活动。美国货币监理署于 2022 年 1 月有条件批准金融科技公司 SoFi 设立 SoFi 银行的申请，但 SoFi 银行

---

① https：//www.worldbank.org/en/topic/fintech/brief/global-fintech-enabling-regulations-database。

不能从事任何与加密资产相关的业务。新加坡金融管理局分别于 2022 年 1 月和 6 月推出加强数字银行安全管理的系列措施，主要包括：增加账户发生重大变化需要客户确认的要求，将单笔在线资金转账的默认交易限额设置为不高于 5000 新元（约合人民币 2.5 万元）；为客户提供一个紧急自助服务"终止开关"；在反诈骗中心安排银行工作人员，以便快速冻结账户；等等。

（二）众筹融资

众筹融资主要包括基于债权的众筹融资（也称为借贷型众筹、个体网络借贷等）和基于股权的众筹融资（也称为投资型众筹、股权众筹）。经过多年的发展，众筹融资作为互联网技术驱动的创新业务已趋于成熟，在多层次金融体系中发挥着区别于传统银行信贷的替代性融资功能。各国金融监管部门主要从市场准入、资本金要求、信息披露、利率和投融资限额、营销宣传等方面对众筹融资业务进行规范。比如，《欧洲商业众筹服务提供商监管条例》于 2021 年 11 月开始实施，该条例规定了众筹市场准入、项目信息披露、平台风险管理等方面的要求，旨在为众筹服务商（包括投资型众筹和借贷型众筹）提供欧盟范围内的统一监管规则，允许相关机构申请欧盟牌照，从而可以在整个欧盟区域提供众筹融资服务。爱尔兰央行于 2022 年 1 月制定了众筹服务商监管制度，明确众筹服务商需申请授权并遵守审慎监管和投资者保护要求，由爱尔兰央行负责监管。欧洲银行管理局于 2022 年 5 月发布监管标准，明确众筹服务商应向投资者披露信用评分计算和众筹价格等信息，以确保众筹定价的适当性。韩国金融服务委员会于 2022 年 5 月新批准 3 家 P2P 公司，该委员会提醒消费者谨慎投资 P2P，防范 P2P 公司倒闭对消费者权益的损害。

（三）数字贷款

数字贷款是依托互联网平台开展的在线信贷业务。针对不吸收公众存款、主要利用自有资金（或一定比例的债务融资）发放贷款、在表内承担信用风险的数字贷款业务，由于其与传统信贷业务的风险特征并无本质区别，很多国家金融监管部门将其纳入信贷业务监管框架，但往往会针对业务开展过程中的第三方合作、数据隐私保护等方面提出新的监管要求。比如，印度央行于 2022 年 8 月发布数字贷款新规，以更好地应对第三方不规范合作、不当销售、侵害数据隐私、息费过高等问题。该新规将数字贷款机构分为三类：受监管实体、依法被授权开展贷款业务的实体（但不受央行监管）以及突破法律范围放贷的机构，数字贷款业务只能由受监管实体和依法被授权开展贷款业务的实体提供。该新规同时明确：受监管实体与贷款服务商、数字贷款 App 等第三方合作达成的外包安排，不会减少其自身义务，应继续遵守现有外包规定；所有贷款支付和还款只能在借款人和受监管实体的银行账户之间进行；禁止未经借款人同意自动提高信用额度；在信贷中介过程中支付给第三方合作方的任何费用应由受监管实体直接支付，不应由借款人支付；受监管实体须在指定日期之前完善信贷系统和流程以确保符合新规。

（四）先买后付

近年来，先买后付作为一种新型消费支付模式在部分国家年轻消费群体中开始流行。该模式允许消费者先体验商品，满意后再进行一次性或者分期付款。先买后付业务模式有助于提升消费者购物体验、丰富消费支付方式，但同时也存在消费诱导、债务催收、数据不当收集、隐私泄露等方面的风险挑战。鉴于此，部分国家金融监管部门研究提出了针对性监管规则。比如，英国相关监管部门于 2022 年 6 月宣布将加强对先买后付服务的监管，要求从业机构调查借款人还款能力以确保借款人适当性，并修改广告宣传规则以确保先买后付广告公平清晰，不会误导消费者。在新加坡金融管理局指导下，新加坡金融科技协会和行业机构组成的先买后付工作组于 2022 年 10 月发布先买后付行业准则，其主要包括以下内容。一是每个先买后付服务商可允许客户累计不超过 2000 新元（约合人民币 1 万元）的未偿付款，除非进行额外的信用评估，一旦付款逾期，应暂停用户使用先买后付产品；先买后付服务商应加强客户未付金额和拖欠状况等信息的共享，以更好地评估客户信用额度。二是先买后付服务商应为滞纳金等所有费用设置上限，费用结构也应以清晰透明的方式与客户沟通。三是先买后付服务商应确保产品广告规范清晰，不具误导性或欺骗性。四是先买后付服务商应考虑面向经济困难的消费者提供援助，不对有关客户提起破产程序。另外，该准则还要求先买后付服务商进行审计和认证，以向客户表明其落实了先买后付准则。

二　大科技公司金融业务成为监管焦点

大科技公司是指拥有数字技术优势的大型技术公司，通常直接面向 C 端用户提供搜索引擎、社交网络、电子商务、数据存储处理等平台服务，并为其他机构提供基础设施服务，也称为平台类大科技公司、大型网络平台企业。近年来，随着网络基础设施的完善、数字技术的进步以及市场主体金融服务需求的日益多元，部分国家和地区的一些大科技公司在提升一站式客户体验、促进数据流量变现、追求营业收入多元化等因素的驱动下，依托网络平台在渠道、数据、技术等方面的优势，通过自营业务、合作业务、科技赋能等各种模式不同程度地涉足金融业（见表1）。

表 1　部分国家和地区大科技公司金融业务开展情况

许可证	美国			欧盟			英国			中国			巴西		
	银行	信贷	支付	银行	信贷	支付	银行	信贷	支付	银行	信贷	支付	银行	信贷	支付
亚马逊			√			√			√						
苹果		√													
Meta		√			√			√							
谷歌		√			√			√							
蚂蚁		√				√			√	√	√	√			√
百度										√	√	√			
京东										√	√	√			
腾讯										√	√	√			
Mercado Libre															√
NTT				√		√			√						
Rakuten		√		√	√				√						

注：灰色代表与持牌金融机构共同开展此类业务，√表示网络平台自身获得该类许可证。

资料来源：Crisanto，Ehrentraud and Fabian，Big Techs in Finance：Regulatory Approaches and Policy Options，FSI Briefs 12，March 2021。

大科技公司开展金融业务能够提高金融服务质效、满足消费者多元化金融需求，但同时也在金融稳定、消费者保护、市场诚信等方面带来监管挑战。近年来，美国、欧盟、韩国、英国等国家和地区以及国际组织针对大科技公司金融业务监管开展了一系列探索实践。

（一）美国：注重将大科技公司金融业务纳入现行监管体系

在美国，大科技公司直接提供金融服务必须持有特定的业务许可。比如，在美国提供支付和点对点转账的网络平台被视为货币服务业务的子类型，即资金传输者（money transmitters）。资金传输许可证对此类业务有特定要求，其提供的零售产品受金融消费者保护规定的约束。大科技公司利用与持牌金融机构的合作关系提供产品和服务会受到相应监管，如美国苹果、亚马逊与高盛信用卡合作，根据《银行服务公司法》规定，其作为银行第三方服务提供商须在有关金融业务、技术等方面接受银行监督检查。一些适用于合作银行信贷业务方面的规定，也适用于大科技公司，如《公平信用报告法》《平等信贷机会法》《诚实信贷法》等。

（二）欧盟：对大科技公司金融业务持相对谨慎态度

欧洲议会于2022年7月正式通过《数字市场法案》，大科技公司金融业务也适用于该法案。从规制内容来看，该法案提出新的事前规则以及欧盟层面的新监管框架，防止大型平台对企业和消费者施加不公平的条件；该法案重点关注谷歌、脸书和苹果等"守门人"平台如何受到监管，包括如何推广自身产品而非竞争对手的产品，防止其利用自身地位在市场上获得进一步的优势；该法案赋予欧盟委员会市场调查的权力，允许其在必要时采取行动制裁平台的不良行为。从适用对象来看，该法案适用于所有向联盟内商业客户或位于联盟的最终用户提供核心平台服务的"守门人"，无论其住所是否在欧盟。该法案提出，少数提供核心平台服务（core platform service）的大型企业已具备相当强的经济实力，符合"守门人"资格条件。在线中介服务（包括支付服务以及支持支付服务的技术服务）、在线搜索引擎、操作系统、在线社交网络、视频共享平台服务、独立于数字的人际通信服务、云计算服务、虚拟助理、网络浏览器和在线广告服务等，这些都有能力影响大量的最终用户和企业，可能带来不公平商业行为的风险，均被纳入核心平台服务的定义。

（三）韩国：总体较为支持大科技公司发展

消费者保护方面，韩国金融服务委员会（FSC）要求 Naver、Kakao 等具有市场支配地位的大科技公司遵守《金融消费者保护法》，该制度要求所有销售或代理基金、保险等产品的实体向韩国金融服务委员会登记。平台服务方面，允许银行在集成应用程序（平台）上提供保险、支付、证券等关联服务，支持金融机构扩大平台业务范围。创新监管方面，通过金融"监管沙盒"计划对存款、保险和 P2P 贷款产品开展基于在线平台的金融中介服务试点，对 Naver、Kakao 等平台提出开放应用系统内支付服务、禁止滥用技术优势和垄断地位、强化信息管理等监管要求。投资范围方面，支持金融机构扩大投资的金融科技领域范围，加强金融机构与金融科技公司合作。数据监管方面，实行《个人信息保护法》，建立并运行 MyData 金融数据服务，要求有关从业机构在导出个人数据之前必须征得数据当事人的同意。

（四）英国：通过设立专门机构和机制加强协同监管

英国将大科技公司金融业务监管纳入英格兰银行下属机构审慎监管局和独立于英格兰银行体系的监管机构——金融行为监管局（FCA）主导的双头监管体系。该国于 2020 年 7 月建立跨部门的数字监管合作论坛机制，促进金融监管部门、竞争监管部门和数据监管部门之间的监管合作，统筹解决促进市场竞争、维护数据安全和规范网络服务等问题。此外，该国于 2021 年 4 月在竞争及市场管理局框架下正式设立数字市场部门，负责大科技公司相关监管工作，主要向相关企业、政府和机构收集证据，要求大科技公司遵守其制定的监管规则，并在议会立法授权后开展相关执法工作。

（五）国际组织：初步形成国际监管共识规则

金融稳定理事会、国际清算银行、国际货币基金组织等国际组织日益关注大科技公司金融业务发展及其引发的监管挑战，在有关成员国监管实践的基础上开展了一些学术讨论和国际规则研制工作，形成了初步共识，主要包括以下内容。

一是与金融服务体系相对健全的发达经济体相比，由于传统金融服务覆盖面和可得性不足，新兴经济体的大科技公司在金融领域的扩张通常更为迅速和广泛，但其带来的消费者保护问题更为突出。大科技公司如果占据市场主导地位，将面临更高的平台运营风险和外溢性。在通信和金融基础设施薄弱的新兴经济体中，这种风险外溢更加明显。

二是应适用"相同风险、相同监管"和比例匹配的原则。传统金融机构的监管规定原则上同样适用于大科技公司的金融业务。以支付业务为例，多数国家要求大科技公司持有全面银行牌照、有限银行牌照或支付牌照才可开展相关业务。此外，应区分大科技公司和小型金融科技公司的相对规模和风险，确保监管与规模、风险相匹配。

三是应加强基于机构实体的监管与基于功能活动的监管的互补。在消费者保护、反洗钱等领域，基于功能活动的监管可能足以实现监管目标，但在金融稳定等领域，基于机构实体的监管是不可或缺的，建议针对大科技公司在现有监管基础上补充额外具体的监管措施，比如，要求大科技公司数据实现开放共享。

四是应平衡金融监管与金融稳定、效率、隐私之间的关系。大科技公司竞争市场效率高，但可能会威胁金融稳定。市场竞争加剧可能会引发大科技公司失范行为，也不利于银行等传统金融机构建立风险缓冲区。大科技公司金融业务监管还需平衡匿名性（隐私）、允许服务提供商访问数据（效率）以及出于审慎目的共享数据（金融稳定）等各类事项。

五是应加强金融监管、竞争监管、数据监管的协同。大科技公司开展金融业务属于金融监管、竞争监管、数据监管的交叉领域，应加强金融监管机构、竞争监管机构、数据监管机构的沟通协调，平衡不同领域的监管目标。比如，欧洲银行业管理局建议，促进在部门和多学科基础上共享有关数字平台的监管知识和经验，加强负责金融部门监管、消费者保护、数据保护和竞争的主管部门之间的有效对话，包括在欧洲银行业管理局金融科技知识中心协调下采取监管行动。

三 NFT 类加密资产风险监管力度加大

非同质化通证（Non-Fungible Token，NFT）作为一种基于区块链技术的数字资产，因其具有可被记录在不同区块链上以确保安全性和防篡改性等特点被运用于数字文创、数字版权、加密资产等领域。目前，NFT 尚处于较早期的探索阶段，存在炒作、洗钱、非法金融活动等风险隐患。美国、欧盟、英国、日本、韩国等国家和地区目前对 NFT 多持审慎态度，注重加强风险提示和业务规范。

（一）美国：以分类监管为原则推动建立监管分工框架

美国白宫于 2022 年 9 月发布《负责任开发数字资产的综合框架》，与NFT 相关的内容主要包括以下几点。一是保护消费者、投资者和企业，鼓励美国证券交易委员会、商品期货交易委员会对数字资产领域非法行为积极进行调查和执法行动，督促消费者金融保护局、联邦贸易委员会加强消费者投诉内容领域监管和执法，要求金融素养教育委员会帮助消费者了解数字资产所涉风险。二是促进金融稳定，美国财政部和经济合作与发展组织及金融稳定理事会等国际组织合作，致力于识别网络漏洞及与数字资产市场相关的新兴战略风险。三是打击非法金融行为，评估是否需要国会修改《银行保密法案》、禁止无牌汇款等相关法律制度，以明确其适用于数字资产服务提供商，包括数字资产交易所和 NFT 平台。

2021 年以来，美国证券交易委员会关注 NFT 是否会被用于不受监管的证券代币发行，多次要求 NFT 的创建者和各类加密资产企业、交易所提供特定 NFT

和其他代币产品的信息。美国司法部将现行刑事责任理论应用于 NFT 领域。因涉嫌在 NFT 业务中进行内幕交易，美国司法部于 2022 年 6 月对一家 NFT 平台的雇员提起诉讼。美国财政部关注 NFT 被用于洗钱和恐怖融资的风险，尤其是其背后的智能合约等技术逻辑不易被传统艺术品行业从业者理解，因此可能被犯罪者利用。2022 年 2 月，美国财政部在《通过艺术品交易开展洗钱和恐怖融资的研究》报告中提出，NFT 被归类为新兴数字艺术品市场并存在洗钱风险，根据 NFT 的性质和特征，平台可能被视为虚拟资产服务提供商（VASP）。

（二）欧盟：以穿透式监管应对 NFT 可能带来的金融风险

欧洲议会于 2022 年 10 月通过《加密资产监管市场法案》（MiCA）。该法案试图对未纳入监管范围的加密资产进行规制，以防范其交易可能带来的金融等风险。该法案提出，具有独特性的、与其他加密资产不可替换的加密资产不属于该法案的监管范围，欧盟委员会将在 18 个月内评估和创建 NFT 监管制度。不受 MiCA 监管的 NFT 类别具有独特性和功能性，且每个 NFT 的价值都无法通过同一市场比价手段或者统一资产来衡量，目前全球市场的大部分 NFT 不属于此类。因此，该法案将"作为一个系列或集合"发布的 NFT 视为碎片化 NFT（Fractionalized NFT），并且如果其持有人或创作者拥有与金融工具相关的特定权利（获取利润等权利），则可能被视为证券代币类资产。

（三）英国：注重防范 NFT 的洗钱风险

《2019 年洗钱和恐怖主义融资（修订）条例》指定英国金融行为监管局为反洗钱监管机构，目前主要监管思路是：通过识别 NFT 相关企业的性质，如特定 NFT 是否属于加密资产、企业的角色是否可能涉及提供加密资产交易托管等服务，从而决定其是否被纳入监管范围；如果特定 NFT 被视为艺术品，也将适用于英国艺术品市场反洗钱法规。英国法律委员会于 2022 年 7 月发布咨询文件，提议推进数字资产领域立法，探索将加密资产和 NFT 纳入个人财产法规范，并将加密资产和 NFT 归类为数据对象（data object）类别，该类别包括由数据库、软件、域名和加密技术等电子形式数据组成的集合。

（四）日本：发挥 NFT 领域自律组织作用

日本金融服务局于 2021 年 9 月提出要建立对 NFT 以及初始交易所发行（IEO）领域的监管框架，但目前尚未出台具体监管规则。日本执政党于 2022 年 1 月成立 NFT 政策审查项目组，将区块链和 NFT 相关业务纳入政府的增长战略，并将 NFT 产业视为"新的增长引擎"。但在日本发展 NFT 产业可能受到传统法律部门的监管，如 NFT 盲盒有被认定为赌博犯罪的风险。日本内容区块链倡议协会与其他区块链相关行业协会于 2022 年 10 月联合发布关于 NFT 盲盒的行业规则，对在一级、二级市场出售或转售盲盒及其 NFT 行为进行指导。此外，日本虚拟货币交换协会和证券通证发行协会也开展了对 NFT 的自律管理。

（五）韩国：对 NFT 监管持审慎态度

韩国金融监督局在 2022 年度工作计划中宣布，将提高 NFT 等新交易资产的监控力度，加强 NFT、元宇宙等领域新兴市场企业首次公开募股（IPO）的核查，并将针对数字资产市场对消费者造成损害的因素制定对策措施。韩国金融服务委员会发布监管加密货币的指导方针，将符合证券实质标准的加密货币纳入监管。和美国等国的监管经验一样，如果 NFT 的发行、转让和持有在实质上被认定为与证券投资类似，则将会被纳入该指导方针的监管范畴。此外，韩国将遵循反洗钱金融行动特别工作组（FATF）关于 NFT 及其监管的指导，如果 NFT 属于虚拟资产，则要求其根据《特定金融交易信息法》遵守反洗钱义务。

（六）其他国家和地区

新加坡金融管理局明确，对于 NFT 等数字代币，该局采取技术中立的立场，如果 NFT 具有新加坡《证券和期货法》规定的资本市场产品特征，将受到该局的监管约束。新加坡财政部表示，现行的所得税规则将适用于来自 NFT 交易的收入。新加坡法院在一则禁令中将 NFT 认定为有价值的、受法律保护的数字资产。中国香港对 NFT 采取分类监管的态度，香港证监会于 2022 年 6 月提醒投资者注意非同质化代币的相关风险，它提出，如果 NFT 是真正以数码形式存在的收藏品（电子图像、艺术品、音乐或影片），与之相关的活动便不属于香港证监会的监管范围；如果 NFT 跨越了收藏品与金融资产之间的界限，具有"证券"或"集体投资计划"下权益的类似结构，推广或分销 NFT 便可能构成《证券及期货条例》规定的受监管活动，需获得香港证监会的相应牌照。

四　金融科技伦理治理提上监管议事日程

金融科技伦理是金融科技从业机构开展技术研发、业务创新等金融科技活动过程中需要遵循的价值理念和行为规范。近年来，随着金融科技应用深度和广度的不断拓展，数字鸿沟、算法歧视、算法共谋、数据隐私泄露等科技伦理方面的风险挑战日益增多，加强金融科技伦理治理的必要性和紧迫性更加突出。鉴于此，部分国家和地区在金融科技伦理治理方面采取了一些政策举措，避免存在道德伦理瑕疵的金融科技产品和服务"带病上线"。

（一）建立专门的金融科技伦理治理组织

为加强金融科技伦理治理工作的专业性和有效性，部分国家和地区通过咨询专家组、专门委员会、行业协会等多种形式的组织机制，凝聚政产学各方力量，牵头或者协助金融监管部门开展金融科技伦理基础研究、伦理规范标准研制、伦理审查评估等工作。比如，新加坡金融管理局专门组建公平、道德、可问责和透明（fairness, ethics, accountability and transparency, FEAT）委员会，搭建新加坡金融业人工智能、数据分析等领域专家学者和从业人员的合作平台，促进从业机构负责任和合乎道德地使用人工智能和数据分析。该委员会由新加坡金融管理局首席数据官担任联合主席，成员主要是从业机构的首席数据官或技术负责人，并由司法部门等相关专家担任顾问。该委员会协助新加坡金融管理局发布人工智能和数据分析原则指引，创建 Veritas 评估框架，帮助金融机构根据 FEAT 原则评估其人工智能和数据分析的解决方案。欧洲保险和职业养老金管理局成立数字伦理咨询专家组，协助该局制定保险领域数字伦理规范，从公平和道德的角度，解决保险创新业务模式、保险科技应用、保险数据使用等方面存在的风险挑战。该咨询专家组成员主要来自欧盟成员国的保险公司、会计师事务所、律师事务所、咨询机构、财经媒体、行业组织、高校科研机构等。

（二）出台金融科技应用伦理规范

部分国家和地区金融监管部门以应用范围较广、对生产生活影响较深的人工智能技术为切入点，加强技术应用伦理规范。比如，欧洲保险和职业养老金管理局数字伦理咨询专家组于 2021 年 6 月发布《人工智能治理原则》，提出了保险领域应用人工智能伦理的六项原则：比例原则、公平与非歧视性原则、透明和可解释性原则、人的监督原则、数据治理原则、稳健和性能原则。韩国金融服务委员会于 2021 年 7 月发布《人工智能在金融服务中的应用指引》，主要内容包括以下几点。一是完善内部控制，比如，执行人工智能伦理准则，成立全流程内部监督小组，建立风险监测系统。二是加强数据来源和数据质量的管理，建立隐私保护系统，防止个人金融数据被滥用或误用。三是设置偏见控制机制，防止针对特定群体的歧视性服务，设立评估标准，确保服务提供的公平性。四是向消费者充分解释智能金融服务细节，帮助其更好理解和行使权利。五是由第三方开发运营的智能金融服务应适用同等级别的安全保障措施。部分金融监管部门发布的人工智能应用原则对比如表2所示。

表 2　部分金融监管部门发布的人工智能应用原则对比

监管当局	以人为本	公平公正	公开透明	可问责性	安全稳健	隐私保护	比例匹配
新加坡金融管理局	√	√	√	√			
荷兰中央银行	√	√	√	√	√		
韩国金融服务委员会	√			√		√	
欧洲保险和职业养老金管理局		√	√	√	√	√	√
欧洲银行管理局	√	√	√	√	√	√	

资料来源：笔者根据公开资料自行整理。

（三）开展金融科技伦理审查评估

开展伦理审查评估是促进金融科技伦理规范落地的重要抓手。从全球实践来看，新加坡金融管理局在这方面开展了有益探索，于 2019 年 11 月与金融行业合作创建 Veritas 框架，帮助金融机构根据"公平、道德、可问责和透明"原则评估其人工智能与数据分析的解决方案。2020 年 5 月，新加坡金融管理局宣布启动 Veritas 第一阶段，推出信用风险评分和客户营销两个场景的公平性指标，帮助相关金融机构对其人工智能与数据分析的解决方案进行公平性评估。2021 年 1 月，新加坡金融管理局宣布 Veritas 第一阶段结束，并发布《FEAT 公平性原则评估方法》。新加坡金融管理局 FEAT 公平性原则评估重点问题如表 3 所示。

表 3　新加坡金融管理局 FEAT 公平性原则评估重点问题

描述系统目标和背景	A1：系统的商业目标是什么？AIDA 模型是如何被用于实现该目标的？
	A2：哪些个体或群体面临被系统性地置于不利地位的风险？
	A3：由系统运行所产生的、与 A2 中个体或群体被置于不利地位的风险相关的损益是什么？
	A4：关于 A2 中的个体或群体以及 A3 中的损益，系统的公平性目标是什么？
检查数据和模型中的预期外偏差	B1：在系统使用的数据中存在哪些错误、偏差或特性可能会影响系统的公平性？
	B2：如何减轻上述影响？
	B3：系统如何运用 AIDA 模型（单独或与业务规则、人为判断等共同）实现目标？
	B4：如何评估系统中 AIDA 模型的性能？评估中存在哪些不确定性？
	B5：如何定量评估系统在实现商业目标方面的性能？评估中存在哪些不确定性？
衡量不利影响程度	C1：针对 A2 中的个体或群体以及 A3 中的潜在损益，如何对系统性能进行评估？
	C2：在系统的公平目标和其他目标之间可以达成的折中是什么？
	C3：为什么在系统中观察到的公平结果比这些折中更可取？
证明个人属性使用的合理性	D1：哪些个人属性会被用作系统操作或评估的一部分？
	D2：将个人属性纳入系统道德目标以及识别处于不利地位的个体的流程是什么？
	D3：考虑到系统目标、数据以及公平性，为什么将个人属性包含在内是合理的？
系统监控审查	E1：如何设计系统的监控和审查制度以检测异常操作对个体或群体的意外伤害？
	E2：系统监控和审查制度如何确保系统的影响符合公平性和其他目标（A1 和 A4）？
	E3：有哪些机制可以减轻系统运行对个体或群体造成的意外伤害？

资料来源：肖翔：《金融科技监管：理论框架与政策实践》，中国金融出版社，2021。

（四）将伦理规范上升为监管要求

部分国家和地区金融监管部门根据金融科技监管的客观需要，将部分行业普遍认可的底线型伦理要求上升为更加刚性的监管要求。比如，德国联邦金融监管局于2021年6月发布《金融机构在决策过程中使用算法、大数据和人工智能的监管原则》，制定了在决策过程中使用算法的一般性监管要求，具体包括以下几点。一是明确管理责任。高级管理层负责业务范围内的战略和指导方针及与使用基于算法的决策过程有关的规则，应当考虑这些过程的潜力及其限制和风险，并明确列出。二是适当的风险和外包管理。要求高级管理层建立一个适应基于算法的决策过程的风险管理系统，建立一个综合框架以考虑所有基于算法的决策过程和相互依存关系。三是防止偏见。确保在基于算法的决策过程中不存在有偏见的结果。四是排除法律禁止的差别化。就某些金融服务而言，法律规定某些特征不能用于计算风险和价格，如果根据这些特征有系统地规定条件，就有受到歧视的风险，而如果用近似值代替这些特征，也存在这样的风险，机构应建立统计和验证程序，以排除此类歧视。

（五）将伦理要求嵌入金融科技创新监管工具

部分国家在推进监管沙盒等金融科技创新监管工具时，注重将促进竞争、数据隐私、消费者权益等伦理要求作为评估和遴选项目的重要指标。比如，英国金融行为监管局要求申请机构在监管沙盒准入阶段制定风险防控机制，明确消费者保护方式，投资者可向金融申诉服务机构和金融服务补偿计划寻求救济。澳大利亚监管沙盒通过设置客户数量上限和风险敞口上限规定，获得金融科技牌照豁免的企业服务客户数量等。韩国监管沙盒在审查消费者保护方案完备性的基础上，还探索建立了"入盒"主体的强制保险制度。

五　消费者数字金融素养建设更加迫切

随着金融科技的广泛普及应用，金融服务覆盖半径和触达范围日益扩大，之前被传统金融体系所排斥的消费者越来越多地被纳入数字金融体系。但这些处于长尾市场的消费者群体往往在金融知识、风险意识、数字技能方面还存在欠缺，面对快速迭代创新的数字金融产品和服务时，更容易遭受数字鸿沟、技术性金融排斥、网络金融欺诈等方面的冲击。鉴于此，加快提升消费者数字金融素养，成为数字经济时代摆在各国相关管理部门和从业机构面前的紧迫课题。

根据普惠金融联盟（AFI）2021年5月发布的《数字金融素养指南》，数字金融素养是指为安全地使用数字金融产品和服务，根据个人面临的经济社会环境和自身最佳金融利益进行决策所需要的知识、技能、信心和能力素质。数字金融素养主要包括金融素养、金融能力和数字素养三个维度。近年来，越来越多的国家和地区重视消费者数字金融素养建设，结合本国国情和实际情况，从顶层设计、参与主体、渠道建设、教育资源供给等方面开展了一些有益探索。

（一）深化数字金融素养建设的政策规划

部分国家和地区通过将数字金融素养建设纳入国家金融教育战略、制订数字金融教育计划等方式，明确数字金融素养建设的路线图和任务书。比如，加拿大国家金融素养战略将"每个人都可以在日益数字化的世界中建立金融韧性"作为重要愿景，着力提升消费者数字金融能力。美国由金融消费者保护局牵头发起国家金融教育计划，强调通过线上线下相结合的形式开展金融知识普及。澳大利亚在《2022年国家金融能力战略》中提出，数字工具应补充传统金融教育和信息提供方式，为消费者提供有针对性的金融知识，并提供可操作和易于理解的说明，以帮助消费者做出财务选择。尼日利亚、斐济、约旦、墨西哥等普惠金融联盟成员国已将数字金融素养有关表述或规定纳入国家普惠金融战略等政策文件。

（二）注重数字金融素养建设的多元参与

数字金融素养建设是一项涉及面广、参与主体多元的系统性工程。多数国家和地区的数字金融素养建设由政府牵头发起，由政府部门、行业组织、从业机构等社会各方共同参与、协同发力。比如，美国成立由财政部主导，美联储、教育部、联邦贸易委员会等 19 个联邦机构共同参与的金融知识和教育委员会（FLEC），通过运营国家金融教育网站向公众普及金融知识。日本由有关专家和代表性金融组织（日本银行家协会）、产业组织（日本经济组织联合会）和其他组织（日本广播公司和消费者协会）的人员共同组成中央金融服务信息委员会，组织金融素养调查，定期开展线上线下金融教育培训活动。新加坡金融管理局、国际金融公司和联合国开发计划署合作，为亚洲和非洲的中小微企业启动了开放式金融教育和行动计划，帮助中小微企业主和相关从业人员掌握基本的数字金融技能。

（三）推进金融教育数字化渠道体系建设

近年来，在新冠疫情的冲击下，世界经济数字化转型按下"快进键"，许多国家和地区更加重视金融教育的数字化渠道建设，通过网站、移动应用程序、社交媒体平台、数字信息亭（digital kiosk）等多元渠道开展及时有效、开放共享的金融知识普及教育活动，同时注重加强渠道用户体验设计，着力增加消费者获取金融知识的可得性和便捷性（见表 4）。

表 4　部分国家和地区金融教育数字化渠道建设情况

渠道	国家	主要实践
网站	美国	通过国家金融教育网站（MyMoney. gov）的方式向美国公众普及金融知识和提供在线理财应用，部分州通过与金融科技公司合作开发建立数字化金融教育渠道，如新泽西州于 2022 年 4 月推出"NJ Finlit"数字平台，为居民提供免费的财务健康课程、财务状况评估应用、预算工具
	英国	英格兰银行设立线上金融教育资源库，除向学生、教师等群体提供金融服务相关课程和教育资源外，还可以线上预约讲座、申请研究资助等

渠道	国家	主要实践
网站	韩国	韩国金融服务委员会建立一站式在线金融教育网站，免费向社会公众提供多样化金融教育和咨询服务
	澳大利亚	建立政府金融教育网站，收录与国民金融素养有关的统计数据、监测框架以及政府、社会组织发起的各种项目，并在线提供金融知识、理财工具和供教师使用的课程资源
	墨西哥	墨西哥中央银行在其网站上提供各种信贷产品的利率对比工具，为用户提供产品成本、利率、费用、资格要求等信息
	葡萄牙	葡萄牙中央银行在其网站上提供家庭预算编制、储蓄、投资、信贷、保险等主题的课程资料，帮助用户通过费用比较工具对比与支付账户相关的服务费用
移动应用程序	印度	通过移动应用程序等渠道使消费者便捷地获取金融产品信息，并开通免费服务热线，解答客户投诉问题
	葡萄牙	保险和养老金监管局推出"我的保险"应用程序，为投保人提供保险范围、索赔、投诉渠道等信息
社交媒体平台	中国香港	投资者及理财教育委员会通过 Facebook Messenger 聊天机器人发起问答活动，帮助消费者提高对金融教育活动重要性的认识
	巴西	巴西中央银行在推特、脸书、领英等网络平台上发布 51 篇有关金融教育的帖子，浏览次数达 250 万次
	葡萄牙	在照片墙（Instagram）发起一项针对年轻人的数字金融教育活动，旨在提高"数字原生代"对安全使用数字金融服务的认识
数字信息亭	印度	通过数字信息亭等渠道让消费者获取金融产品信息

资料来源：中国互联网金融协会金融科技发展与研究专委会、复旦大学泛海金融学院：《中国数字金融素养白皮书：模型、度量和建设路径》，2023 年 4 月。

（四）加强数字金融教育基础资源的供给

部分国家和地区探索开发预算工具、游戏测验等金融教育创新载体，旨在通过培养受众特定技能和能力改变其金融行为，促进其合理规划收入、储蓄和支出。比如，美国有关政府部门在 FLEC 的协调推动下，通过官方网站、社交媒体等渠道提供财务、催收、信用、贷款、保险、加密货币等多元化金融知识素材。日本在中小学金融教育课程设计中及时增加电子货币、移动支付、加密资产、金融科技等内容。西班牙金融教育网站提供多种个人理财实用工具和应用程序，帮助用户编制个性化预算、计算贷款额度、了解个人负债水平。奥地利中央银行推出针对年轻人的数字化预算工具，用户可以使用该工具记录借记卡、信用卡、现金交易，进行余额预测，提醒用户在剩余时间内可用资金额度。卢森堡金融监管委员会在金融教育网站上提供一系列预算工具，为年轻人开发"金融模拟人生"游戏，以趣味方式模拟成年人的财务情况，用户必须进行良好的财务管理，才能进入游戏下一级，解锁更多功能，实现"寓教于乐"的数字金融教育效果。

六　金融科技创新监管机制持续迭代优化

如何实现促进创新与防范风险之间的平衡，统筹安全性监管目标和效率性监管目标，是各国金融监管部门面临的共性难题。近年来，越来越多的国家和地区金融监管部门运用监管沙盒、创新加速器、创新中心等金融科技创新监管工具，为金融科技创新应用在规模化进入市场前提供缓冲地带和观察窗口期，避免陷入"一放就乱、一管就死"的金融科技监管困局。这些创新监管工具并非互斥，部分国家和地区同时推进了其中两个以上的创新监管工具。根据世界银行金融科技监管政策数据库的最新数据，收录的198个国家中共有75个国家实施了监管沙盒等金融科技创新监管机制，部分国家还对监管沙盒机制进行了迭代创新，不断提升金融科技创新监管效能。

（一）英国：注重优化监管沙盒申请流程

一是取消批次限制，允许全年申请。英国金融行为监管局自2016年6月启动实施监管沙盒以来，已先后开展七批次项目测试，业务类型包括支付清算、数字身份认证、保险、消费信贷、加密资产等，测试技术涉及区块链、人工智能、应用程序接口等。2021年8月，FCA宣布取消监管沙盒特定批次窗口限制，允许企业全年提交申请，创新企业可在发展周期的适当时刻申请加入监管沙盒，从而将在市场环境中测试创新模型的优势发挥到最大。

　　二是推出疫情背景下面向初创企业的数字沙盒。FCA 与伦敦金融城于 2020 年 5 月联合启动了数字沙盒计划，帮助初创企业应对疫情带来的挑战。数字沙盒第一阶段重点关注三个方面：监测和预防欺诈、支持弱势金融消费者、改善中小企业融资渠道。2021 年 2 月，28 家入选企业结束了为期 11 周的数字沙盒试点测试。其中，12 家企业专门从事中小企业贷款服务，通过大数据分析、区块链、人工智能等技术加速中小企业贷款审批，18 家企业从事反欺诈、财务脆弱性等方面的服务。2021 年 11 月，FCA 启动数字沙盒第二阶段，重点关注 ESG（环境、社会和治理）信息披露领域创新。

　　三是倡议并推出提供跨境测试机会的全球金融创新网络。在 FCA 的倡议和推动下，2019 年 1 月正式启动全球金融创新网络（GFIN）。该沙盒机制由 70 多个国际金融监管机构和相关组织组成，旨在帮助相关企业以更加创新的方式与全球监管机构沟通互动。通过跨境测试，企业可在多个司法管辖区测试和扩展创新商业模式和技术。对申请 GFIN 跨境测试的要求与对监管沙盒的要求相同。2021 年以来，GFIN 将其目标从最初的重点促进负责任的跨境创新理念试验扩大到各种其他形式的监管合作，主要包括：监管科技、合规科技生态系统和监管报告。其中，监管科技特别小组由美国证券交易委员会牵头，旨在分享不同司法管辖区正在使用的监管科技项目的信息和经验，为监管工作计划提供信息并规划未来的监管合作。合规科技生态系统特别小组由澳大利亚证券交易委员会牵头，旨在分享有关合规科技生态系统的信息，提供监管知识并确定未来合作领域的行业用例。监管报告特别小组由根西岛金融服务委员会（GFSC）牵头，旨在分享知识，为 GFSC 的监管报告方式提供支持，并规划未来的监管合作。

（二）新加坡：推出增强版沙盒和跨境沙盒平台

　　一是推出附加更多功能和服务的增强版监管沙盒。2021 年 11 月，新加坡金融管理局推出增强版监管沙盒计划"沙盒+"（sandbox plus），旨在为创新公司提供监管支持和财政拨款的一站式帮助，进一步促进金融创新和金融科技的采用。"沙盒+"已于 2022 年 1 月生效，增强的功能包括以下几点。第一，扩大资格标准至技术创新的早期采用者，为新技术创新提供更有利的环境，为消费者和企业提供更多选择。第二，简化技术创新的先行者的财政补助申请程序，创新技术的首个应用机构可同时提出加入监管沙盒和获得最高25万新元的奖金，分别在满足特定要求、沙盒中期和退出沙盒三个阶段发放。第三，符合条件的申请人可参加 Deal Fridays 计划（新加坡金融科技节前的每月活动，旨在增加初创企业和投资者之间的交易机会），帮助沙盒企业与外部投资者建立联系，获得资金、技术和资源指导。

二是继续推进面向跨境金融创新的跨境沙盒平台。近年来，由新加坡金融管理局联合东盟银行家协会、世界银行集团国际金融公司成立的东盟金融创新网络（AFIN）依托跨境开放架构应用程序接口（API）市场和沙盒平台 API Exchange（APIX）持续推进跨境金融创新。相关金融机构和金融科技公司可通过 APIX 进行沙盒实验，基于云架构对解决方案进行集成和测试。APIX 沙盒主要包括三种。①标准沙盒，可跨领域（支付、贷款、风险管理等）集成 API 对金融科技创新解决方案进行试验和开发。②数字货币沙盒，可跨领域（支付和数字货币）集成 API 对数字货币用例进行试验和开发。③人工智能沙盒，可跨领域（支付、贷款、信用评分、KYC、风险和合规监控）集成 API 对人工智能和数据分析解决方案按照 FEAT 原则进行试验和开发。

（三）其他国家和地区

韩国金融服务委员会基于监管沙盒机制的运行经验，于2021年4月提出监管沙盒改进计划：通过推出数字沙盒机制，使得金融科技初创公司有更多机会对其创新想法进行虚拟测试，而不完全局限于提供监管豁免。2021年8月，FSC 选择20家金融科技初创企业参与数字测试平台计划（D-testbed），使其有机会利用金融业提供的数据，测试创新想法和技术的可行性，场景涉及弱势群体的金融服务、信用评估等预先指定的领域。

印度注重分行业、按主题、分批次开展沙盒测试，印度储备银行、证券交易委员会、保险监管和发展局相继推出面向各自主管行业的监管沙盒机制，致力于实现金融科技创新、消费者权益保护、健全金融监管等目标。印度监管沙盒机制分批实现，前四批沙盒测试的主题分别为零售支付、跨境支付、中小型企业贷款、预防和减少财务欺诈。

七 金融科技领域国际监管合作交流更加频繁

在全球金融市场开放性和网络基础设施联通性不断增强的情况下，由于不同国家在经济发展阶段、金融监管理念和金融制度环境等方面存在差异，金融科技应用可能带来监管套利、监管竞次、风险传染等跨境监管挑战。鉴于此，部分国家通过国际组织以及双多边合作机制，以网络安全、技术研发、数据治理、法定数字货币、综合政策等关键领域为切入点，探索建立针对跨境金融科技应用的监管信息共享、风险联动应对和危机处置安排，协同推进金融科技国际标准规则体系建设。

（一）网络安全

美国财政部与新加坡金融管理局于 2021 年 8 月签署《网络安全合作谅解备忘录》，加强以下领域的合作：加强金融网络安全规则、网络安全事件、网络安全威胁情报等方面的信息共享；开展网络安全领域员工培训和考察访问；强化跨境网络安全演习等能力建设。新加坡金融管理局、法兰西银行和法国金融审慎监理总署于 2022 年 6 月共同开展网络安全威胁的联合危机管理演习，测试各方在面对勒索软件、零时差攻击、IT 供应链攻击等场景时协调应对网络危机的有效性。

（二）技术研发

国际清算银行新加坡创新中心和新加坡金融管理局于 2022 年 3 月宣布合作开发平台原型 Project Ellipse，整合监管数据、文章、新闻等其他分析类数据，帮助监管机构识别潜在的银行单点风险和系统性风险。新加坡金融管理局和印度国际金融服务中心管理局于 2022 年 9 月签署合作协议，双方将利用各自管辖范围内的现有监管沙盒机制，支持金融科技创新应用，主要包括：将符合条件的机构推荐给对方的监管沙盒，并在两个司法管辖区进行跨境创新试验；共享金融产品、服务创新等非监管信息，就新兴金融科技问题开展讨论，参与联合创新项目。

（三）数据治理

美国和英国政府于 2022 年 6 月宣布举办隐私增强技术（PETs）挑战赛，支持市场机构开发先进的隐私保护、联邦学习解决方案，促进新形式的数据协作，应对洗钱危害并保护隐私。英国政府与韩国政府于 2022 年 7 月达成原则性协议，促进两国有关机构数据传输和共享，释放数字贸易潜力。该协议意味着双方希望维持或发展英国在韩国的机构（渣打银行）以及韩国将总部设在英国的公司（三星和 LG 电子），使它们能够更加便利地分享数据并保持高保护标准。

（四）法定数字货币

国际清算银行分别于 2021 年 6 月和 9 月联合瑞士、澳大利亚、马来西亚、新加坡和南非等国央行进行批发型央行数字货币结算试验，探索在区块链平台上如何提高跨境支付结算速度、效率和透明度。新加坡金融管理局于 2021 年 6 月与国际货币基金组织、世界银行、亚洲开发银行等联合组织零售央行数字货币解决方案国际挑战赛，旨在促进支付服务创新。国际清算银行创新中心和澳大利亚、马来西亚、新加坡、南非等国央行于 2022 年 3 月联合宣布，成功开发支持使用多国央行数字货币（mCBDCs）进行国际结算的通用平台原型。

（五）综合政策

英国和新加坡于 2021 年 6 月启动新的金融伙伴关系，进一步加强监管信息共享、国际论坛合作、双边网络安全合作，并推进绿色金融和碳市场、金融科技和稳定币等领域的对话交流。美国财政部和英国财政部于 2021 年

6月共同举办金融创新伙伴关系监管和商业会议，就加密资产和稳定币、数字支付、数字身份识别等领域的监管交换意见，并分享了央行数字货币最新进展。新加坡金融管理局与澳大利亚财政部于2022年4月签署金融科技桥协议，加强两国金融科技生态系统之间的合作，将重点关注区块链技术、数字身份识别、跨境数据联通、数据可移植性等领域。新加坡金融管理局与加纳银行、加纳开发银行于2022年11月签署谅解备忘录，推动加纳综合金融生态系统发展，提高加纳中小微企业的数字金融能力，并为两国之间的数字贸易和金融服务合作创造更多机会。

参考文献

Bank for International Settlements, Bigtech in Finance：Opportunities and Risks, Annual Economic Report, 2019.

Alliance for Financial Inclusion, Digital Financial Literacy, Guideline Note No. 45, 2021.

Agustín Carstens, Stijn Claessens, Fernando Restoy and Hyun Song Shin, Regulating big techs in finance, BIS Bulletin No 45, August 2021.

Johannes Ehrentraud, Jamie Lloyd Evans, Amélie Monteil and Fernando Restoy, Bigtech regulation：in Search of a New Framework, FSI Occasional Papers No 20, October 2022.

Leonardo Gambacorta, Fahad Khalil and Bruno M Parigi, Big Techs vs Banks, BIS Working Papers No 1037, August 2022.

Claudio Borio, Stijn Claessens and Nikola Tarashev, Entity-Based vs Activity-Based Regulation：a Framework and Applications to Traditional Financial Firms and Big Techs, FSI Occasional Papers No, August 2022.

中国财富管理50人论坛课题组：《构建金融科技伦理治理体系》，2022年4月。

李东荣：《加快推进金融科技伦理治理体系建设》，《金融经济》2021年第12期。

杨农：《全球视野下金融科技发展与治理趋势》，《银行家》2022年第9期。

肖翔、周钰博、何君荷：《新加坡人工智能金融应用伦理规范及其启示》，《金融电子化》2021年第5期。

肖翔、靳亚茹：《2021年全球金融科技政策与监管动态综述》，《当代金融家》2022年第2期。

肖翔、靳亚茹、吕钰涛：《2022年全球金融科技政策与监管动态综述》，《当代金融家》2023年第3期。

B.20
全球银行数字化发展研究报告

杜晓宇　杨望*

摘　要：　金融业作为数据密集型行业，在数字技术领域的探索一直走在行业前沿。在这样的背景下，商业银行正在加速数字化的进程，尝试银行的转型之路。全球银行数字化转型呈现战略指引、优质人才助推、"以下至上"导向、新型监管保障、科技赋能等特点，我国银行业优化用户交互、提升用户体验、推动运营全真化、激发数据动能、打造弹性架构。未来，银行数字化转型的方向是，通过全面上云，把物理空间里的人、事、物，进行跨时间、跨空间和跨内容维度的泛在连接，打造全真互联时代的数字银行，所以必须注重数字化技术，培养数字化人才和打造数字化服务。

关键词：　数字银行　金融科技　数字化转型

金融机构所服务的客户群体结构和社会运作逻辑近几年在产生快速的变化。比如，新冠疫情的反复，令远程服务逐渐成为常态，如何在效率、体验、安全中寻找新的金融服务平衡态是金融机构都在探索的话题；再比如，面对"千禧后"这些数字时代年轻客群，他们非常依赖数字化的生活和服务，这让金融机构在C端服务上产生许多新思考，金融服务的交互体验要更"有趣"、更"数字化"、更便捷；另外数字产业的蓬勃发展，衍生出许

---

*　杜晓宇，腾讯研究院副院长，研究方向为数字金融；杨望，腾讯研究院副秘书长，研究方向为数字金融。

多前所未有的数字产业链逻辑，这与传统的供应链金融逻辑，基于押品进行的对公信贷服务，也有许多不同，金融机构的 B 端服务和运营面临很多新课题。因此，以商业银行为代表的金融机构迫切需要新的增长引擎。当今如何通过转型适应新的数字经济成为所有银行面临的大挑战，中国银行与全球银行相互借鉴，在深化数字化转型道路上走出有中国特色并且领先时代的模式，给予经济有力且可靠的金融支撑。

一　全球银行数字化转型现状

2019 年以来，数字化业务受到重视，大数据、人工智能、区块链等技术的进步推动了数字化业务变化；"千禧后"这些数字时代年轻客群使用产品的习惯由下到上地影响银行数字化业务战略。在数字化大背景下，银行业的业务模式、竞争形式和人才构造也在不断变化，如何在数字化转型中抢占先机是全球银行都在思考的问题。国外商业银行的数字化转型经验可以给我们提供很多思考的新角度，总结全球银行的数字化转型现状可以分为以下几方面。

（一）战略指引数字化转型

跟随数字化经济，银行进行数字化转型，不仅涉及业务层面，还包括人才构造、资源调配等各个方面，所以需要有完善的战略作为指引，才能动员各个部门进行协作。国际银行大多很早就确定了数字化转型的战略计划，并不断更新。2012 年，美国最大的银行之一花旗银行，推出了"移动优先"的数字化战略方针，在 2017 年又改为"简单化、数字化、全球化"，在此方针指引下，花旗银行的数字平台的业务数量上升，客户数量也不断上升。摩根大通银行是目前美国最大的商业银行，该银行曾提出"为客户提供更多选择、保护客户与银行的信息安全、大力提升运营效率、量身打造个性化一体化客户体验"数字化战略。在 2017 年又提出了"移动为先，数化万物"的战略目标，在客户服务上，非常注重数字化改革。新加坡最大的银

行星展银行，2006 年就提出"带动亚洲思维"的数字化战略，以亚太地区
业务为主进行了数字化转型。

（二）优质人才助推数字化转型

数字化转型需要新型的数字化人才，与传统的银行人才不同，数字化人
才需要有数字化方面的技能和不断学习的能力，才能开拓数字化业务。西班
牙国际银行通过推出极具吸引力的数字创新激励项目，通过专项活动吸引数
字化人才的注意，收罗企业级 IT 架构、网络安全和大数据处理等领域的人
才，构建科学队伍建设。新加坡星展银行为了增强内部员工对数字化的了
解，从内部人才中选拔数字化先锋人才，举办了"黑客马拉松"活动，并
且将数字化课程收入关键绩效指标（KPI）考核体系中。

（三）"以下至上"导向数字化转型

数字化转型中大部分工作是提升顾客体验，所以"以下至上"的改革
方式尤为重要。摩根大通以 7×24 小时在线服务来解决客户对及时性的诉
求，通过将提升客户体验放在重要的位置，来提供个性化金融服务，激活客
户对银行的好感度，提升客户对银行的依赖性。阿布扎比第一银行使用全真
化虚拟现实服务带给客户全新的体验，通过构建线上服务的虚拟场景，来提
升客户的体验。澳大利亚联邦银行通过机器学习技术来提升客户的决策效
能，改造线上服务窗口，建设"客户参与引擎"平台，提升客户的参与度，
降低客户的参与成本。

（四）新型监管保障数字化转型

数字化转型会产生大量的新风险，旧的监管模式很难跟上新的业务形
式，这样很容易游走在法律边缘地带，为此各国政府在数字化制度建设方面
多有约束，政府颁发数字化牌照是常见的监管方式。比如，英国为"创新
先行者"颁发新型牌照，同时积极推进开放银行政策落地；新加坡金融管
理局发放数字银行牌照；等等。

（五）科技赋能数字化转型

数字化转型需要重视科技，走在领先位置的银行在技术上会增加不少投入。德意志银行在2016年建立了数据实验室（data lab），帮助其更好地利用数字化技术，全面研究和分析客户数据，强化自身运营效率。摩根大通和美国金融服务创新中心（center for financial services innovation，CFSI）共同创立金融解决方案实验室（financial solutions lab，FinLab），目标是发现、测试和培育有价值的创新项目，打造高质量的金融产品及服务方案，促进金融市场健康发展，提高普惠金融水平。

二 中国银行数字化发展现状

（一）政策背景

总体来看，我国数字经济已从包容审慎的观察期过渡到以应用导向、规范导向和普惠共享导向为特征的新阶段。2021年3月，《中华人民共和国国民经济和社会发展第十四个五年规划和2035年远景目标纲要》发布，其中多次强调要加快建设数字经济，打造数字经济新优势。2021年12月，国务院印发《"十四五"数字经济发展规划》（以下简称《规划》），这是我国在数字经济领域的首部国家级专项规划。《规划》提出，"到2025年，数字经济迈向全面扩展期，数字经济核心产业增加值占GDP比重达到10%，数字化创新引领发展能力大幅提升，智能化水平明显增强，数字技术与实体经济融合取得显著成效，数字经济治理体系更加完善，我国数字经济竞争力和影响力稳步提升"。《规划》明确了"十四五"时期推动我国数字经济健康发展的任务和目标。

随着数字化政策深入推进，数字银行受到重点关注。《规划》中提出"加快金融领域数字化转型"，这是重点行业数字化转型提升工程之一。《规划》中明确指出，要"合理推动大数据、人工智能、区块链等技术在银行、证券、保险等领域的深化应用，发展智能支付、智慧网点、智能投顾、数字化融资等新模式，稳妥推进数字人民币研发，有序开展可控试点"。由此可见，银行业的数字化转型是当前数字经济发展的重点目标。银行利用大数据和人工智能去重构业务，是银行数字化转型中的一部分。现在，银行业对数字化科技的投入持续上升。根据中国银保监会公布的数据，2020 年银行机构信息科技资金总投入为 2078 亿元。从上市银行年报来看，2021 年，A 股上市银行的信息技术资金投入共计 1681 亿元，同比增长了 22.93%。6 家大型国有银行的信息技术资金投入也超过了千亿元，同比增长了 10% 以上。原因之一是，从技术上来看，人工智能、机器学习和大数据已经进入比较成熟的阶段，成熟的技术推动了业务改革。原因之二是，随着年轻一代用户的使用习惯，对银行服务提出了新的更高的要求，也推动了银行的数字化转型。

（二）银行数字化转型应用

商业银行数字化转型继电子化、信息化、网络化、移动化和智能化时代后，现在正全速迈入全真互联时代。人工智能、数字孪生、云计算等科技赋能银行机构，将传统物理空间与数字空间建立技术泛在通道，提供客户全新个性化、沉浸式数字金融服务体验。目前我国商业银行数字化转型主要从渠道、营销、运营、风控、核心系统五方面应用场景，展现全真互联生态下银行数字化转型方案。

从渠道层面来看，随着金融科技的不断创新，在大数据风控、智能识别等技术的加持下，金融机构线上服务的安全性得到了保障，使得多数金融业务都能够实现全线上化办理。在数字化转型趋势下，银行获客渠道与运营模式不再以传统线下网点和自助银行设备为基点，而是借助以手机银行为核心的数字技术，目前线上渠道已成为大多数银行触客和提供的主要模式。北京银行以手机银行 App 搭建客户服务生态环境模式，通过独特原创的 IP 形象不断加强品牌自身影响力，有助于消费者对银行品牌印象的形象刻画，实现银行线上业务增长新势能，使其成为品牌的代表性活动；国内某些商业银行也测试应用远程银行推动银行渠道数字化转型。远程银行本质上是基于混合云的技术方式，利用腾讯云前沿的网络技术架构和实时音视频转接技术，借助音视频双向运输，客户在移动端就能够享受远程银行的柜员支持服务，便捷客户金融服务需求，灵活对接业务服务场景，达成从文字到音频，再到视频的服务创新升级。同时提升银行网点服务的深度和广度，即使客户在网点之外也能沉浸式体验网点服务。另外，还可以利用移动工作站远程银行的能力，把银行的服务从"坐商"升级为"行商"。

从营销层面来看，2020年修订的《商业银行法修改建议稿》具体要求，区域性银行在本地进行业务工作，禁止不具备异地业务资质的区域性银行借助互联网技术开展异地贷款及揽储的业务。这样的背景下，区域性银行放弃异地揽客吸储的业务发展方式，需要精准对接本地目标型客户群体，建立具有本地特色的客户服务模式和经营策略，成为区域性银行生存和发展的必经之路。长沙银行通过与微信相连接，融入包括朋友圈、公众号、小程序、视频号等在内的完整社交生态，支撑起银行与客户双向互动和完整交易闭环，对业务流程和管理流程进行数字化升级，对外形成客户管理体系，对内形成员工管理体系，帮助银行零售业务建设线上营销运营和跨渠道协同营销创新范式；某大型商业银行则采用以人工智能为核心的智能营销解决方案，进一步助推银行营销数字化转型，紧密结合机器学习技术与商业银行传统业务流程，通过智能化银行全业务程序，促进银行在线上线下双渠道获客模式、产品交叉营销等方面的能力升级。

从运营层面来看，在供给端，随着银行信贷业务的增长，以及用户对远程银行服务需求的增长，原有的远程银行的人工服务难以满足需求，出现人工审核等待时间长、人工服务成本高且服务时间有限、重复性工作质量难以保证等问题。如何应用数字技术实现信贷审核、账户开户、信息修改等过去必须在线下网点由人工办理的业务，是银行业务全方位线上化面临的关键问题。在需求端，越来越多的用户希望能够与品牌进行个性化的互动，即通过产品、门店、品牌让消费者找到共鸣、意义和认同感的过程，而随着金融服务的线上化，如何让客户感受有温度的金融服务，是值得目前大多数金融机构、互联网平台、金融科技企业深思的问题。某大型商业银行在腾讯云小微数智人的助力下，推动全面的数字员工服务，以坐席客服、审核面签、理财顾问等多种形象，为用户提供深度的人机智能交互服务体验，将 AI 融入金融业务的前中后各个流程。借助专业知识库，将高度拟人化的人工智能业务服务扩展至整个借款流程，实现全程面对面服务的拟人 AI 客服。交通银行从 2013 年开始，尝试将光符字符识别（OCR）技术、多模态融合等在金融场景中创新应用，积极打造的契合智慧化转型需求的智能识别引擎，融合计算机视觉、机器学习、AI 等新技术的图像集中识别平台，一方面提升业务效率和满足用户体验，另一方面缩减大量人力成本，成为交通银行数字化、智慧化转型期的重要实践成果之一。

从风控层面来看，智能风控决策体系的建设是银行数字化转型的必要任务。近年来，从国有银行到股份银行，纷纷开始布局智能风控。通过应用 AI 决策，精准传递实时、完整的风险信息，有利于解决信息不对称导致的问题，大幅提升风险管控的效率和范围。在外部环境复杂化与业务运营精细化的背景下，国内银行普遍面临着建立一套集合了大数据、人工智能以及专家经验策略的信贷风控体系的需求。中国光大银行为响应国家发展数字普惠金融的需求，积极贯彻银行金融科技转型的战略安排，联合腾讯云开发智能风控中台，搭建了一套基于大数据和人工智能以及专家经验策略集合的智能风控决策体系，将电商、出行、教育等多类型的生活消费场景金融化和数字化，接连在欺诈行为监测、风险评估预防、风险预警等多个风险管控环节进行智能风险管理产品更新升级，并实现成果转化。

从核心系统层面来看，在银行数字化转型如火如荼、疫情防控常态化、用户需求线上化的条件下，如何以数字化方式提升银行组织治理水平，成为银行考虑的重要方面。中国银联 2011 年开始对云的探索，并在内部持续研发升级和广泛深入应用。2020 年银联云产品正式对外发布，中国银联将与具备全栈云原生技术架构的合作伙伴共生成长，共同完成银联云的双重目标：内可支撑自身数字化转型升级的使命，外可对产业伙伴进行金融科技赋能。中国银联将通过银联云平台建设，打造开放、先进、安全、稳定、分布式的云计算平台，具备满足业务发展需要的统一技术平台能力，加快推进数字化转型，提升运营效率，防范化解风险，更好地服务金融行业机构。与此同时，中国银联搭建和运行跨行交易清算系统，构建国际化银行受理网络体系，有力促进银联卡大范围内的发行和使用。中国银联也积极践行金融行业安全合规需求及业务发展规范，建设多城市、多中心的金融云架构，满足相关业务的需求。

三　国内银行数字化转型的发展特点

银行业作为数据密集型行业，在数字技术领域的探索一直走在行业前沿。随着全真互联时代的到来，金融服务需求的转变、技术升级迭代促使银行数字化转型格局进入全新阶段，商业银行试图突破线上与线下的隔阂，向全真银行演进，带来技术的深度、市场的广度、服务的精度的升级。

（一）优化用户交互，渠道全真化

优化用户交互，推动渠道全真化，是打造全真银行的重点。伴随着科技赋能商业银行，商业银行的价值有望重构和解读，其将自身与客户全场景应用进行紧密融合。

要实现渠道全真化，就要在与用户交互的过程中，更加善于利用全真互联所涌现的新的交互形式。其中，有两个非常具有商业价值的领域，分别是"社交连接"和"数实共生"。"社交连接"是社群营销的基础，是以社交平台的高并发架构作为支撑，通过与社交平台建立连接，构建去中心化的流量运营，从而实现直接触达客户需求，提升业务经营效能，形成社交链路连接、技术支撑经营、提升业务经营效能的闭环优势，典型代表是小程序银行和社交银行（见图1）。

"数实共生"主要基于全真交互技术。以音视频交互、XR 全真体验、数字员工为代表的全真交互技术，给银行机构向客户提供友好、有趣、极致、人性化的服务提供了可能，典型代表是远程银行和全真营业厅。

图1 "社交连接"典型代表：小程序银行和社交银行

整体来看，实现渠道全真化主要包括以下三个方面。

一是打造空中渠道，实现银行服务的线上化、智能化。在服务层面，基于"社交连接"，融合金融机构内外部渠道、场景，同时利用远程服务的方式，提供更具交互体验的金融服务，形成获客、活客、业务转化、裂变的金融服务闭环。

二是聚焦能力建设，建立智慧远程服务。技术升级叠加疫情冲击，使得"非接触式"经济兴起，用户的远程金融服务需求不断增大。远程服务的最终效果，很大程度上受交互机器人在银行智能服务系统上的应用影响，而相关技术的完备和升级则进一步影响远程服务的效果，因此要通过技术手段实现精准对接用户需求，妥善应对用户频发需求，提升服务的预判性和精准性。同时，为提升远程服务体系建设的成功率，银行机构内部需要建立相配套的服务体系，使得"人治"向"人机共治"转变，扩大银行机构提供的服务范围，聚焦全生命周期的服务能力创造和建设。

三是实施前瞻性布局，布局全真营业厅。全真互联技术的兴起，为推出全真营业厅提供了发展条件，银行机构可利用自身服务优势，结合服务、技术、应用场景，突破传统网点的时间和空间的局限，去尝试探寻更多的未知与可能性。根据腾讯和埃森哲联合发布的《全真互联白皮书》，全真互联可应用至全链条场景，包括交流与协作、研发与生产、运营与管理、营销与服务，达到多场景的应用渗透、多功能触达，形成无感化、全真化、沉浸式的用户体验。

（二）提升用户体验，营销全真化

基于机器学习、智能语音等技术，人工智能与营销场景的融合，带来了营销的自动化和体验升级。精准性、自动化是智慧营销的主要特点，不仅提升了用户体验，而且提升了金融机构的营销质效。在获客阶段，营销方案的自动化智能决策，其核心技术包括机器学习、智能语音技术等。

此外，在客户运营阶段，智能营销中的自动化营销交互是最为重要的环节，这离不开人工智能技术体系中的智能语音技术。智能语音技术是人机沟通交流、促成智能交互的重要手段，主要包括语音识别技术和语音合成技术。在用户的营销体验方面，智能营销能够通过线上化、场景化的营销方式，提升金融产品营销的精准度，增加潜在客户，从而帮助金融机构实现潜在客户的吸引以及存量沉睡客户的唤醒。在金融机构营销效率方面，智能营销可以为金融机构带来用户交互能力以及用户管理能力的提升。与传统的基于社交关系的人工营销方式相比，智能营销一方面能够实现自动化的"智能决策"，为营销人员提供决策参考，实现"人机协同"，提升金融机构的营销成功率。另一方面，通过部署人工智能技术，金融机构能够根据客户的生命周期提供更合适的营销服务。而机器人的智能外呼，也极大减少了人工营销坐席的成本，从而实现全周期的互动服务，提升客户体验。

例如，腾讯金融云推出的智能营销平台，可以帮助金融机构对内部跨平台的数据进行整合，协助金融机构进行渠道、产品和人员的联动，有助于金融机构将金融服务与客户的衣食住行场景智能化、自动化联结，有效达到集约化、高效化的服务升级。与实体网点、地推等传统的营销方式相比，智能营销能够从用户体验和金融机构效率两个方面实现提升。

（三）助力基业长青，运营全真化

推动运营全真化，是助力基业长青、打造全真银行的关键。在全真互联时代，随着客户个性化需求的持续增加，商业银行需要更加准确地把握市场需求，掌握主动权和优先权，进行有效的分工和经营。这就要求银行在运营方面要契合骤变的外部环境，而基于数字技术的运营工具，则成为银行机构运营全真化的重点。

要实现银行内部运营全真化，必然要通过引入前沿技术应用，在客户服务过程中，实现精准识别客户需求，并带来针对性的服务。其中，智能客服是运营全真化的重要领域。在智能客服方面，应采用语音识别、人脸识别等人工智能技术，基于安全监测对自然语言进行深度分析，并进行精准回复，让服务"看得见""听得见"，在降低服务成本的同时，提升用户交互体验。

一是智能语音导航和智能问答。将自然语言处理（NLP）技术与知识库、知识图谱相结合，开发智能语音导航和智能问答功能，从而搭建起智能客服的核心。通过智能语音导航和智能问答，可以实现对客户的合理引导，将复杂的功能菜单扁平化，提升客服服务效率。

二是智能外呼和智能质检。一方面，要利用 NLP、语音识别等技术，将人工客服的录音进行转写，并在此基础上进行数据分析，形成专题质检分析。另一方面，将外呼营销、催收等过去由人工开展的业务，交由机器人办理，实现自动化的交互，朝着更优体验、更高效率的处理方案演进。

三是打造客服助手。客服助手可以在人工坐席服务时，为员工提供即时的话术支持，也可以根据人工坐席的需求，为人工坐席提供即时的协助，提升其工作效率。同时，金融机构应更强调人机协同，而非单一追求机器对人工客服的替代比率。数字员工借助于人工智能技术集成，进一步增强语义理解、对话策略学习能力，能够"看懂文字、听懂语言、做懂业务"，能够及时发现和理解客户微表情及情绪，迅速针对客户的需求进行交流与沟通，提高服务质量，满足客户体验程度，未来将应用于更多金融机构的客服环节。

智能客服以大型知识管理系统为技术支撑，能够妥善处理客户接待、客户管理和客户服务三方面的业务，能够充分提升客户的高效交互体验。比如，在客户与智能客服系统进行问答交互的过程中，智能客服能根据客户疑问迅速运行"应用—数据—训练"的流程，进而生成相应的解决方案，并借助运维服务层以语音、文本为主要形式传递给客户。除此之外，智能客服系统能收集客户提问，并对问题进行信息整合、聚类及分析。

长期以来，客服是金融机构人力资源最为密集的部门之一，但客服工作通常是标准的、重复的。在银行持续精细化运营的背景下，以新型技术为基础的智能客服，可以替代部分人工客服，缓解金融机构人工客服的成本压力。在疫情的冲击下，线上非接触式金融服务兴起，智能客服迎来了历史新机遇。在这种背景下，国内各家金融机构都在加紧布局智能客服。

（四）激发数据动能，风控全真化

激发数据动能，推动风控全真化，是打造全真银行的核心。从中国人民银行发布的《金融科技发展规划（2022—2025年）》可以看出，推动以数据分析为主要依据的业务决策和管理决策，已成为政策重点。

全真银行，需要激发数据要素动能，整合企业级数字平台，高质量推动产品创新和自动化流程创新，构建数据驱动业务发展模式，促进"业务数据化"到"数据业务化"的转型。其中，人工智能的全生命周期支撑技术、隐私计算与人工智能的结合、支持金融核心交易的金融级国产数据库是风控全真化的重要基础。

人工智能的全生命周期支撑技术，是激发数据要素"赋能"的关键。该技术不但能对复杂的业务决策提供支撑，对复杂的产品与服务（财富管理、风险管理）提供传统人工经验难以穿透的计算层级，还能实现业务一线的效能提升，如基于人工智能的智能客服、RPA等。

隐私计算技术体系在多方计算、联邦学习、可信执行环境等方面具有代表性，在银行与多个行业的深度合作过程中发挥重要作用。隐私计算与人工智能的结合，再加上越来越成熟的各类数据治理方法、数据存储与计算工具，可以让"数据"不再是"业务的使能"，而是新业务和新机遇的赋能者。

此外，在我国去 IOE 的背景下，支持金融核心交易的金融级国产数据库，也是打造数字银行的重要方面。金融级国产数据库可以从多个方面保证金融安全。一是确保企业级安全性，主要借助数据库防火墙、数据加密、自动脱敏处理等手段，避免用户因操作失误或黑客入侵引发的数据安全威胁。二是对资源、功能发挥良好的延伸性。三是保障金融级高可用，同时支持跨区容灾和故障自动修复。四是保持便捷的运维，完善租户端、自助化运营管理平台等配套设施。五是确保多副本架构下数据强一致。六是可进行智能性能分析，在实时诊断优化数据库、优化效果可预见、安全高效等方面有重要体现。

因此，在金融业务数据量爆发式增长的背景下，风控全真化对数据的储存、处理、分析都提出了更高的需求。一方面要通过布局联邦学习、人工智能等前沿技术，在保障数据安全的情况下，实现数据的有效融通，实现数据的充分利用。另一方面，要通过无缝对接金融级国产数据库，避免出现传统集中式并发量受阻的情形，有效减少系统建设、升级、运维的风险和成本。举例来说，目前国内排名前 10 的银行中，60% 都选择了腾讯国产数据库 TDSQL。某国有大行核心业务系统国产化的过程中，借助 TDSQL 方案，全面满足信创项目推进目标，全面促成基础硬件、操作系统、中间件、数据库、云平台等五大方面全栈式创新格局，激发风控全真化、国产化和信息创造潜力。

（五）打造弹性架构，核心系统全真化

打造弹性架构，推动核心系统全真化，是打造全真银行的"基础"。核心系统全真化的目标，是以分布式架构、多云协同为基础的技术集合，促使传统集中式架构转型为分布式架构，打造出可以适应业务变化的弹性架构，一方面可以重塑客户体验、降低运营成本，另一方面也能较好地满足当前灵活的市场需求。

在成为全真银行的道路上，无限算力、可信协议、泛在智能关键技术发展，是重要的基础支撑。其中，无限算力技术主要指云计算，其技术正在逐渐发展成熟，在应用深度、广度和规模上存在扩展空间。云计算技术整体将向着分布式云、高能效、集约化、基础设施化的方向发展。未来云计算与数字孪生、AI、区块链、大数据等技术的融合将进一步增强。其中，分布式云的发展将助推实现云计算能力的无处不在、随取随用和实时处理，为各类全真互联应用场景提供更充足的算力和便捷的计算载体。

传统的银行架构下，各个部门负责不同的业务，开发和运维、产品、运营、业务、理财等难以进行数据信息的沟通，实现通过打造新的系统架构打破"部门墙"的需求。全真架构是基于5G、人工智能、区块链、云计算、大数据、物联网、虚拟体验等技术支撑，将银行核心系统架构打造成轻核心、分布式架构。其中，轻核心只保留支付、结算、存贷等核心业务中的账务处理和会计处理，分布式架构则将不同模块与服务实时打包云化，成为各类独立的应用后集群化扩展，为银行降低基础设施投入成本、提高业务运行效率提供了可能。

较为典型的场景是在银行数据中台方面，云原生技术架构可精准对接数据中台建设需求。近年来，银行经营压力持续增大，亟待探索新的盈利增长点，对个性化数据分析和服务提出了新的诉求。但数据中台在打造金融领域数据服务场景的过程中，存在着存储成本浪费、效率传递低下、人力投入冗余、管控力度不足等痛点。随着云原生技术的发展，云原生（微服务和容器化）可针对性地解决上述痛点，推动数据中台在云原生领域的创新。

一是在数据储存方面，传统的数据通常以文件的方式传输至下游业务系统，对业务库的储存提出了较大挑战，特别是在通用场景数据，如用户的标签数据方面，对于储存资源的浪费更为明显。而云原生的"云化的异构存储能力"可满足集中化的储存与服务支撑，对于解决金融机构储存浪费大的痛点意义重大。

二是在传递效率方面，云原生技术可为金融机构提供对于指定内容的

"按需"调用功能，如指定的客户信息、指定的机构指标等。同时，借助于"微服务"的解耦和组装，数据中台可为前台的多种业务提供针对性的数据服务，满足特色业务的数据使用场景。

三是在人力投入方面，银行前端业务众多，也配备着众多的业务系统，这就意味着银行必须要投入大量的人力成本，维持各类业务系统的正常运行。在这部分工作集中回归于数据中台时，必须要保持与之前相同的快速响应能力和处理高并发能力。云原生的"云化的部署运营能力"不仅可以通过技术手段为该过程降本增效，也可以保持持续交付能力，增强金融机构的业务运营成效。

四是在管控数据方面，在传统方式下，数据以文件形式发送至下游系统中，通常无法统计数据使用场景、数据的使用频次等问题，因此数据的价值也难以量化评估，基于云原生的"云化的协作管理能力"对于提升数据管控能力、准确判断数据价值方面发挥着重要作用。

此外，面对金融机构多种云类型并存的挑战，"多云协同"可助力建立自动化的多云管理系统，配备安全和高可用方案，高效管控数字化时代的基础设施。虽然在当前的监管要求下，暂时不具备全面拥抱公有云的条件，但通过多云纳管机制，许多金融机构都会以公有云同源的技术体系去构建其本地化的私有云技术栈。例如，在一些非敏感业务上，尝试接入更经济划算的公有云；涉及金融机构间合作的场景，接入行业云。另外也可以将部分业务如会议系统部署在混合云上，助力金融机构找到安全与效率之间的平衡。

四 中国银行数字化转型的发展趋势及建议

（一）银行数字化转型的发展趋势

商业银行，正在进入全真阶段。通过全面上云，把物理空间里的人、事、物，进行跨时间、跨空间和跨内容维度的泛在连接，打造全真互联时代的数字银行。实践表明，以全真互联技术为支撑的商业银行，极大地释放了数字红利，即使是在银行面临宏观经济下行、行业竞争不断加大、用户需求发生变化、前期数字化转型未及预期等内外部压力的情况下，全真银行依然显示出了较强的竞争力。从技术的深度、市场的广度、服务的精度三个维度来说，全真银行正成为全真互联时代的新方向。

一是技术的深度。加大新型技术应用一直是银行机构转型升级的核心，在金融科技时代，区块链、大数据等技术的发展，推动产业链与数字链的结合，为银行对接及服务 B 端客户和 C 端客户提供了便捷。在全真互联大背景下，全真银行以"5ABCDE"作为技术底层的数字基础建设，叠加音视频技术、DevOps 等数字技术的创新性融合和迭代，体现了全真银行的技术深度在不断加强。以 DevOps 为例，其可以贯穿产品研发、测试和运营全生命周期，形成研发运维一体化平台，实现敏捷开发，快速交付。

二是市场的广度。全真银行通过布局全真互联技术，一方面，可以进一步提升银行服务的广度，通过音视频等技术，实现更多业务的远程办理和服务的远程提供。另一方面，可以融入更多场景，通过将金融机构内部生态与协作生态的融合，深入用户生活的方方面面，成为无处不在的银行。

三是服务的精度。产品多样化、服务生活化、体验便捷化逐步成为金融服务新方式，但用户沉浸式、无感式的金融服务需求与传统金融服务供给间存在错配。在全真银行模式下，与用户的交互方式发生重大转变，是其最显著的特征。对比来看，过去银行机构转型，更多强调的是电子化、便捷化。而全真银行则通过全真互联技术，在充分了解客户真实需求的前提下，为用户提供更具体验感的交互方案，体现出全真银行服务的精度。

（二）银行数字化转型的建议

对中国的银行来说，数字化是未来打造行业竞争力的重要方面，本文从以下几方面提出转型建议。

一是注重数字化技术。数字化转型是采用新兴技术对银行传统经营模式的拆解和重构，先进和安全的技术是转型的核心驱动力及在市场竞争中胜出的现实条件。因此，不应小看数字化技术，注重其发展速度，也注重其风险，做好创新和安全的平衡。

二是培养数字化人才。数字化的中心是技术，但是使用技术的是数字化人才，所以为了有效地使技术发挥最大效能，银行需要注重人才的选拔和培养。银行在注重数字转型化的同时，也要注重人才的转型。完善数字化转型配套的人才建设体系，打造有创新思维适应数字化转型的人才。在弥补传统业务与数字化业务之间的潜在差距的前提下，培养数字化人才是突破银行数字化转型瓶颈的重要契机。

三是打造数字化服务。用户服务是数字化应用的重要部分。具体来看，提升银行的服务体验，主要包括两个方面。首先是提升社交体验，让用户在全真环境中的互动，不仅包括用户与银行员工之间的互动，还包括用户之间的互动，通过社交体验的提升加大用户黏性；其次是提升操作体验，操作体验取决于用户和计算机的交流效率，无论是简单的线上交流还是通过 3D 产品仿真工具等复杂技术，用户交流的自如程度都是影响其体验感的决定性因素。随着新技术的不断发展和应用，金融机构应不断提升客服智能化水平，形成集客户接待、客户管理、客户服务于一体的综合性解决方案，使得客服应答更加精准、服务更加人性化、业务运行更加高效。

参考文献

Financial Services Digital Business Strategy and Innovation Primer for 2022，2022，Gartner.

Overcome the Retail Banking Talent Shortage，2022，Gartner.

麦肯锡：《Fintech 2030：全球金融科技生态扫描》，2021。

埃森哲：《全球及中国银行业趋势洞察 2022》，2022。

腾讯研究院：《数实共生·2022 金融科技十大趋势展望报告》，2022。

腾讯研究院：《价值共生·2022 年金融 AI 发展研究报告》，2022。

腾讯、埃森哲：《全真互联白皮书》，2022。

腾讯研究院：《价值共创：社会价值投资研究报告 2022》，2022。

北京金融科技产业联盟：《中国远程视频银行产业发展研究报告（2021）》，2021。

温雅婷：《全球商业银行数字化转型经验借鉴与启示》，《现代金融导刊》2022 年第 6 期。

B.21
国外消费金融发展模式与趋势

赵国庆*

摘　要： 金融科技深度介入消费金融行业，驱动消费金融行业发展以及格局嬗变。以人工智能、区块链、云计算、大数据等技术为代表的金融科技在消费金融行业的广泛应用增加了产品多样性，带动消费金融行业持续提升金融服务质效。本文首先介绍了近年来国外消费金融模式创新情况，包括金融科技背景下国外消费金融业务模式创新、国外消费金融的技术创新、国外消费金融监管模式创新三个方面；其次，介绍了在金融科技的广泛应用背景下，金融科技公司在消费贷款领域保持领先地位以及加密资产推动消费金融科技快速扩大资产规模成为国外消费金融的发展趋势；最后，近年来在移动支付、大数据、人工智能等技术快速发展背景下，国外消费金融的诸多发展经验值得中国从业务模式、技术运用、监管模式以及政府治理等方面进行借鉴。

关键词： 消费金融　金融科技　模式创新　监管

国外消费金融已经经历了相当长的发展历程，随着新冠疫情的出现，线下消费受到了前所未有的冲击，驱动着消费金融公司谋求新的业务模式以适应线下消费萎缩的局面。同时在金融科技深度介入消费金融行业背景下，消费金融业务模式、技术手段以及监管模式面临着新的创新转变。

---

* 赵国庆，马上消费金融股份有限公司董事长，北京中关村科金技术有限公司创始人、董事长兼 CEO。

一　国外消费金融模式创新情况

金融和科技的结合催生了金融科技理念（FinTech），二者融合是指人工智能、区块链、大数据、云计算等底层技术在金融领域的应用，融合的最终目的在于提高金融服务效率。金融科技的快速发展正改变着金融服务业，[1][2] Milian 等[3]将金融科技公司定义为凭借通信的可用性、互联网的普遍性以及信息的自动化处理的特点，能够在金融行业活跃的创新型公司；Schueffel[4]则给出了更广泛的定义，即金融科技是金融行业的创新发展成果，其能够用技术改善金融活动。金融科技的定位是处理和传输金融数据，使资本得到有效配置。金融科技的广泛应用以及技术平台的搭建，对于金融行业的商业模式、经营理念、技术手段、内部管理、营销等各方面进行了改造和重塑。2020年全球金融科技投资达到 1053 亿美元，风险投资（VC）对金融科技领域的投资达到 423 亿美元，至 2022 年增长至 1641 亿美元。[5] 金融科技通过利用社交媒体、大数据技术覆盖了金融的所有领域，包括支付、贷款和资产管理等，尤其在消费金融领域，金融科技的深度介入使得服务高效便捷、简单透明，同时降低了服务成本，对信贷模式产生了深远影响。消费者更倾向于选择便捷且更具成本效益的数字消费金融服务，金融服务供应商与客户之间通过数字工具进行互动使业务流程自动化，促进了金融服务提质增效。[6] 消费金融

---

① Ali O., Ally M., Dwivedi Y., "The State of Play of Blockchain Technology in the Financial Services Sector: A Systematic Literature Review," *International Journal of Information Management*, 2020, 54: 102199.

② Hornuf L., Klus M. F., Lohwasser T. S., et al., "How do Banks Interact with Fintech Startups?" *Small Business Economics*, 2021, 57: 1505-1526.

③ Milian E. Z., Spinola M. M., "de Carvalho M M. Fintechs: A Literature Review and Research Agenda," *Electronic Commerce Research and Applications*, 2019, 34: 100833.

④ Schueffel P., "Taming the beast: A scientific definition of fintech," *Journal of Innovation Management*, 2016, 4 (4): 32-54.

⑤ 毕马威（KPMG）:《2020 年下半年金融科技脉搏》，2021 年。

⑥ Palmié M., Wincent J., Parida V., et al., "The Evolution of the Financial Technology Ecosystem: An Introduction and Agenda for Future Research on Disruptive Innovations in Ecosystems," *Technological Forecasting and Social Change*, 2020, 151: 119779.

服务数字化转型能够加强同用户的沟通、增强客户黏性并保持长期关系、收集客户数据并提供定制化服务。[1][2][3][4]

随着金融科技深度介入消费金融产业，驱动消费金融产业完成了产业生命周期下的导入期、成长期和成熟期。[5] 在传统消费金融机构的市场竞争力逐渐下降的背景下，金融科技和消费金融产业的结合实现了发展格局的嬗变以及竞争力的提升。消费金融的业务模式可分为以下四种。一是商业银行类，主要以银行卡为主体。其具备资金优势，使该模式下的受众群体广泛。二是电商平台类，借助平台天然的消费场景优势，能够通过消费金融服务提升客户黏性。同时从消费金融的视角出发，场景可视作金融的入口，亦是金融的目的。三是技术优势更明显的消费金融公司。消费金融公司具有单笔授信额度小、审批速度快、无须抵押担保等特点，近年来受众群体数量逐年攀升。四是同样具备技术优势的消费分期平台，如 P2P 平台等。[6]

（一）金融科技背景下国外消费金融业务模式创新

2017 年何开宇[7]将国外消费金融业务创新趋势归为六类，涵盖了场景化营销、消费贷款预批核、创新按揭贷款审批方式、实施风险定价、贷款重

① Chou C. Y., Chen J. S., Liu Y. P., "Inter-Firm Relational Resources in Cloud Service Adoption and Their Effect on Service Innovation," *The Service Industries Journal*, 2017, 37 (3-4): 256-276.

② Palmié M., Wincent J., Parida V., et al., "The Evolution of the Financial Technology Ecosystem: An Introduction and Agenda for Future Research on Disruptive Innovations in Ecosystems," *Technological Forecasting and Social Change*, 2020, 151: 119779.

③ Suppatvech C., Godsell J., Day S., "The Roles of Internet of Things Technology in Enabling Servitized Business Models: A Systematic Literature Review," *Industrial Marketing Management*, 2019, 82: 70-86.

④ Ryu H. S., Lee J. N., "Understanding the Role of Technology in Service Innovation: Comparison of Three Theoretical Perspectives," *Information & Management*, 2018, 55 (3): 294-307.

⑤ 程雪军、范云朋:《金融科技深度介入消费金融产业的发展挑战与克服进路》，《兰州学刊》2022 年第 11 期，第 34~49 页。

⑥ 康远志、胡朝举:《互联网环境下消费金融的商业模式、发展趋势与价值创造》，《金融理论探索》2016 年第 4 期，第 64~68 页。

⑦ 何开宇:《国外消费金融最新六大业务创新趋势》，《中国银行业》2017 年第 2 期，第 90~93 页。

组、改善客户体验等。具体的创新模式包括场景化营销+CPL综合预授信方式、无须书面资料的预批核方式、人工智能技术对风险的有效预测研判、大数据分析技术下综合风险定价机制的构建、快速影像捕捉改善客户体验、"游戏"式互动提升贷款重组效率方式。但随着金融科技的快速发展，消费信贷模式在原有基础上加快创新转型发展。金融科技平台能够灵活提供金融服务的特点使其在2019年新冠疫情以来仍能实现快速发展，其在信贷行业的深度应用拓展了线上融资渠道，有效应对了疫情对线下实务处理的冲击。金融科技背景下国外消费金融业务模式不断创新，具体如下。

1. 先买后付业务模式

先买后付业务模式（buy now pay later，BNPL）是一种分期付款方式，能够为消费者提供短期付款计划，用户可以先购买商品，再进行分期付款，其核心特点是向B端机构而非C端消费者进行利息收取。BNPL有多种提供形式，就其简单实现形式而言，BNPL是消费者和贷方之间的协议，即向消费者提供信贷以购买商品或服务，随后由消费者还清债务。BNPL与分期付款存在区别，后者是向商家支付押金，全额支付后商家便向消费者提供商品或服务。[①] 疫情的冲击加速了传统线下消费模式向线上转变的进程，同时全球严峻的经济形势使消费者购买力呈下降趋势，因此BNPL业务模式深受众多消费者欢迎，[②] BNPL在其简单模式上又进行了创新。具体来看，新模式下的BNPL可视为消费者与第三方之间的协议，第三方从商家购买信贷销售，并通过合同约束由消费者向第三方支付销售金额，通常是分期付款形式。该形式与应收账款融资保理方法类似，[③] Phelps[④] 将保理定义为一项协议，根据协议

① Johnson D., Rodwell J., "Hendry T. Analyzing the impacts of financial services regulation to make the case that buy-now-pay-later regulation is failing," *Sustainability*, 2021, 13 (4)：1992.

② Feng L., Teng J. T., "Zhou F. Pricing and lot-Sizing Decisions on Buy-Now-and-Pay-Later Installments Through a Product Life Cycle," *European Journal of Operational Research*, 2023, 306 (2)：754-763.

③ Mian S. L., Smith Jr C. W., "Accounts Receivable Management Policy：Theory and Evidence," *The Journal of Finance*, 1992, 47 (1)：169-200.

④ Phelps C. W., "*The Role of Factoring in Modern Business Finance*," Commercial Credit Company, Educational Division, 1962.

保理商（融资人）承担客户信贷和收款职能，购买其应收账款而无须对信用损失进行追索。对于消费者而言，BNPL 付款计划与信用卡分期付款类似，但用户无须支付利息，支持消费者购买大额商品，且 BNPL 不受监管的特质进一步推动其兴起；[①] 对于商家来说，BNPL 能够提高平台的订单价值以及转化率，提升消费者购物欲望。BNPL 能够为商家带来 20%～30%的交易转化率，并能够将商户的交易笔均提高 30%～50%。[②] 旨在分析消费者使用 BNPL 支付的原因，2021 年 Strawhecker Group（2021）对 1500 名美国消费者进行了调查，研究发现：①39%的消费者尝试过使用 BNPL 支付，其中 55%的消费者倾向于比其他支付方式花费更多用于购买商品或服务；②使用 BNPL 的用户多为 18～44 岁的人群；③使用过 BNPL 服务的消费者中有 85%计划后期持续使用。由此可见，使用 BNPL 的用户呈现年轻化的特征，同时具有一定的客户黏性。

截至 2021 年底，美国共有四家公司主导 BNPL 行业，以小额信贷产品为主，包括意大利公司 Afterpay（2021 年移动支付公司 Square 宣布以 290 亿美元的价格收购该公司）、瑞典公司 Klarna、美国明尼阿波利斯的 Sezzle 公司、澳大利亚公司 Zip 等。与上述四家公司业务模式不同，美国金融科技公司 Affrm 主打 POS 贷款，即其支持大额购买且偿还期更长。此外，瑞典的先买后付独角兽 Klarna 在本地电商支付交易中占比高达 25%。2021 年先买后付成交额约为 1570 亿美元，占全球电子商务交易额的近 3%（见图 1），预计 2022 年有 65%的商户计划将 BNPL 作为支付选项之一。[③]

如图 1 所示，当前欧洲地区先买后付受欢迎程度最高，预计随着金融技术的快速发展，至 2025 年除中东非地区外，其余各地区先买后付业务皆会实现显著增长。随着先买后付业务模式的推广以及受欢迎程度的提升，目前主要入局企业以金融科技公司为主，如德国的 Billie 公司等。开展业务的公司多分布在供应链业务发展完善的欧美发达国家，同时公司基本通过支付、

---

① Guttman-Kenney B., Firth C., "Gathergood J. Buy now, pay later (bnpl)…on your credit card," *Journal of Behavioral and Experimental Finance*，2023：100788.

② Global Payments：2022 Commerce and Payment Trends Report。

③ 数据来源于《2022 全球支付报告》。

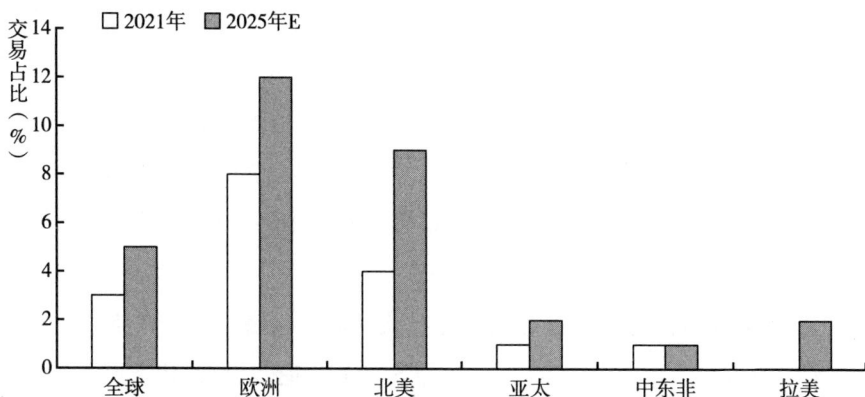

图1 全球及各市场电商交易先买后付交易占比

资料来源:《2022 全球支付报告》。

资金结算、风控自动化信用审批等一站式技术平台如 SaaS 为企业提供服务,进而扩展 B2B 先买后付业务。

BNPL 业务的未来发展前景并不乐观。针对 BNPL 等信贷产品免息延期付款的特征,Ando 和 Modigliani① 参考生命周期模型,认为在高通货膨胀环境下,以零利率成本平稳消费带来的福利改善并不明显。因此 BNPL 的延期还款特点存在福利损失的可能,超前消费特征将导致消费者过度消费进而步入"债务陷阱"。② 同时,BNPL 产品的关键特征是将今天的消费获得与以后的支付痛苦相分离,③ 在经济下行背景下虽能满足消费者偏好、熨平消费者收入周期并为商家提供拓客拉新和引流服务,④⑤ 但其模糊的定位势必会

① Ando A. , Modigliani F. , "The 'life cycle' hypothesis of saving: Aggregate implications and tests," *The American economic review*, 1963, 53 (1): 55-84.

② Allcott H. , Kim J. , Taubinsky D. , et al. , "Are High-Interest Loans Predatory? Theory and Evidence from Payday Lending," *The Review of Economic Studies*, 2022, 89 (3): 1041-1084.

③ Prelec D. , Loewenstein G. , "The Red and the Black: Mental Accounting of Savings and Debt," *Marketing Science*, 1998, 17 (1): 4-28.

④ O'Donoghue T. , Rabin M. , "Doing it now or later," *American Economic Review*, 1999, 89 (1): 103-124.

⑤ 侯圣博:《"先买后付"业务探源与金融风险治理》,《北方金融》2022 年第 10 期,第 83~86 页。

对金融监管产生挑战。例如，其存在干扰金融监管秩序的可能，其对开展BNPL 的提供方并无要求，导致电商平台、支付机构或科技公司均能够参与其中。由此产生变相经营消费金融业务的现象，容易出现金融监管套利的发生，同时造成债务风险向金融机构传导蔓延。因此，在监管趋严的大背景下，中国 BNPL 模式难以蔓延，同时国外 BNPL 模式是否具有持久性仍需观察。

2. 平台即服务

把服务器平台作为提供服务的商业模式，通过网络进行程序提供的服务称之为平台即服务（software as a service，SaaS），而云计算时代下服务器平台或者开发环境作为服务进行提供的模式便构成了 PaaS（platform as a service）。因此 PaaS 是一种云计算服务，允许用户构建、管理和使用业务应用程序，而无须构建和维护此类编程开发活动中使用的基础设施。PaaS 的优势在于作为服务平台，其支持开发者在平台上进行应用创新，能够降低成本并提升效率。同时凭借自身包括的信息安全保护功能，能够提高安全性并降低对内部安全技能的需求。PaaS 的主要类型是应用程序基础设施和中间件（AIM）、数据库管理系统（DBMS）、商业智能平台（BIP）和云应用程序开发。

传统的支付系统无法为金融机构提供高效管理大量数据的能力，故银行或消费金融机构希望通过金融科技的深度使用以实现自身金融服务的提质增效，由此其面临两个选择，即金融机构自己研发平台或是签约第三方公司进行平台的设计。这便催生了 PaaS 行业，经验丰富的金融科技人员将其专业知识与信誉优良的贷方资本合作，最终打造出嵌入式的借贷产品。第三方技术提供商将数据安全存储至云服务器上，承担了安全数据存储和管理的工作，并基于数据管理和分析改善客户体验。近年来，全球物联网 PaaS 市场规模一直保持增长趋势，从 2017 年的 535 亿美元增长至 2021 年的 946 亿美元，年均复合增长率达 15.31%。① 如图 2 所示，全球 PaaS 公有云服务市场规模近年来增长速度加快。应用方面：2021 年 1 月，微软公司推出了一项新的支持区块链技术的智能 PaaS 服务，该服务可供企业、移动运营商、

----

① 数据来源于中商产业研究院。

OTT 提供商、营销人员和行业监管机构使用，以提升其服务水平；2021 年 5
月，谷歌云计算推出 Vertex AI，其能够使企业快速便捷地管理模型，以此
满足不断变化的业务需求。金融机构在金融科技公司 PssS 模式下，能够提
升自身信贷风控能力和客户管理能力。金融科技公司为金融机构与商业机
构、征信机构深度合作的平台，并通过解决方案的提出保证金融业务的安全
开展，能够高效地开展信贷业务并进行借贷客户的管理。

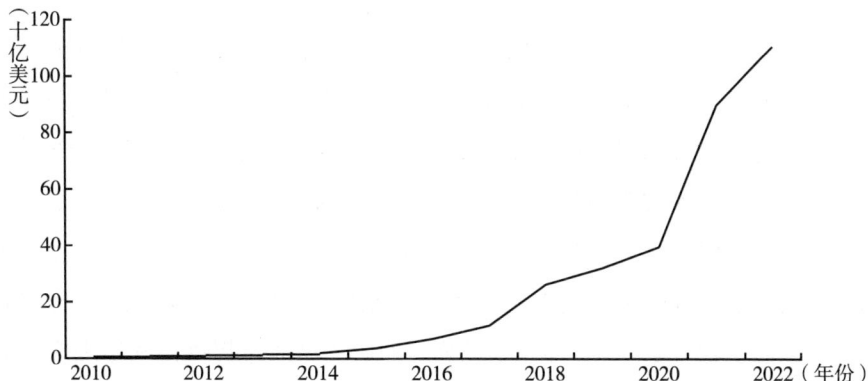

图 2　2010~2022 年全球 PaaS 公有云服务市场规模

资料来源：Wind。

　　PaaS 将是未来金融科技的发展趋势，会有更多的金融企业及机构采用
该技术进行服务升级，但不能否认其深入发展存在如下制约。其一，高度分
散的市场、缺乏科技创新意识的中小企业对 PaaS 技术的低采用率将阻碍平
台即服务市场的快速增长。其二，安全问题难以保障。企业希冀借助平台即
服务云模型时，将失去对部署的应用程序和数据的控制，而更多地要交给云
服务提供商（cloud service provider，CSP）。尽管 CSP 实施了一定程度的安
全机制，但最终由客户进行使用前的安全标准衡量以及使用后的安全性验
证，[①] 因此安全问题制约着 PaaS 向预期方向发展。

[①]　Isharufe W, Jaafar F, Butakov S. Study of Security Issues in Platform-as-a-Service (Paas) Cloud
　　Model, 2020 International Conference on Electrical, Communication, and Computer Engineering
　　(ICECCE), IEEE, 2020: 1-6.

（二）国外消费金融的技术创新

1. 嵌入式金融服务

嵌入式金融服务（embedded finance serrices）被定义为将金融服务或产品纳入非金融公司、组织或机构的平台。[1] 简言之，是通过终端用户日常使用的产品和服务，直接向终端用户提供金融服务，包括日常支付、借贷服务、保险或投资等皆可实现将金融服务嵌入非金融应用程序或平台（见图3）。嵌入式金融服务是将金融服务整合到非金融公司的产品、服务或流程中，其本质是嵌入式金融服务和非金融公司的合并。[2] 嵌入式金融服务是非金融公司通过与技术提供商合作并提供金融服务，而非银行或其他传统金融机构。针对于嵌入式金融服务的应用与推广，Smith 和 Wallraff[3] 在评估嵌入式金融服务价值后认为，金融机构应该根据自身资源禀赋构建适合自身发展的嵌入式金融服务策略。嵌入式金融服务能够将低成本的创新金融服务整合到客户体验中，[4] 其能够增加非金融公司的收入，通过提供便利增强客户黏性，并加强企业的核心业务竞争力。[5] 一方面，嵌入式金融服务能够有效降低与传统金融服务有关的摩擦，精准满足客户需求，使消费者和企业更便捷地获得金融服务；另一方面，随着金融服务可得性门槛的降低，加剧了金融行业的竞争，并进一步推动了技术的推陈出新，从而更易使普惠金融服务能力持续增强。因此，Anthemis[6] 强调了嵌入式金融服务的重要性，提倡机构

---

[1] Hensen J., Kötting B., "From Open Banking to Embedded Finance: The Essential Factors for a Successful Digital Transformation," *Journal of Digital Banking*, 2022, 6 (4): 308-318.

[2] Ozili P. K., "Embedded Finance: Assessing the Benefits, use Case, Challenges and Interest over time," *Journal of Internet and Digital Economics*, 2022 (Ahead-of-Print).

[3] Smith J., Wallraff M. Embedded, *Finance: this Decade's Largest Creator of Value*, Kore Fusion White Paper, 2021.

[4] Torrance S., "Embedded Finance: a ＄7 Trillion Game-Changing Opportunity for Incumbents," *A Rainmaking Report, København*, 2020.

[5] Ohnishi M., "New Digital Financial Services Offer the Prospect of High Customer Retention-Expectations for the Growing Trend of 'Embedded Finance'," A Mitsui and Co. Global Strategic Studies Institute Monthly Report.

[6] Anthemis., *Embedded finance: the future of the economy*, Anthemis White Paper, 2019.

提高对该服务的投资与价值挖掘等。与上述赞成加大嵌入式金融服务使用的观点相反，Principato[①]认为嵌入式金融服务将破坏传统金融服务模式。对于银行而言，嵌入式银行是其支付、信贷和其他银行服务与非金融公司或品牌的流程、平台的整合。当前融资服务的快捷、透明成为消费者的主要诉求，故金融机构寻求借助金融科技手段将信贷申请和融资报价嵌入商家网站，使消费者能够在移动端进行融资和购买。因此，当消费者转向使用嵌入式支付服务后，如 Apple Pay、Google Pay 等，银行将面临客户流失问题。

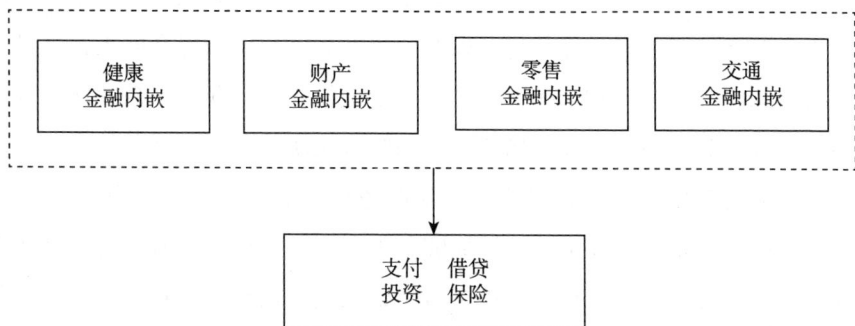

图3 嵌入式金融服务应用领域

嵌入式金融服务近年来逐渐成为金融科技行业最热门的趋势之一，2021年美国消费者和企业通过嵌入式金融服务完成了 2.6 亿美元的交易，同时预计全球嵌入式银行服务收入将在 2021~2025 年增长 41%。[②] 嵌入式金融服务最受欢迎的应用之一是嵌入式借贷。当非金融公司通过应用程序编程接口（API）与银行或其他贷款方合作并向客户提供贷款时，这种模式便视为嵌入式借贷。嵌入式贷款通过 API 将一种或多种贷款产品整合到非金融公司平台中，借助非金融公司的平台优势提高产品流量，能够满足借款人或借款企业的资金需求。此外，嵌入式金融服务的应用还包括嵌入式保险、嵌入式

---

① Principato C. How Embedded Finance will Disrupt Traditional Financial Services Brands, Morning Consult, Media Blog. Available at：https：//Morningconsult. Com/2022/01/25/How-Embedded-Finance-Will-Disrupt-Financial-Services-Brands/.

② 数据来源于数字咨询公司 Publicis Sapient。

支付、嵌入式投资、嵌入式贸易等应用模式。嵌入式金融服务的典型使用案例是在线或移动应用程序，例如，通过与高盛集团（Goldman Sachs）合作，苹果公司和亚马逊公司分别面向消费者和商家提供信用卡、信贷服务；星巴克和摩根大通（JPMorgan Chase & Co.）合作推出购物应用；等等。2022 年 9 月，毕马威在新加坡推出首个嵌入式金融中心，主要功能是为 120 多家进入支付、区块链、贷款、保险和财富等金融领域的非金融企业和金融机构提供孵化支持。

综上所述，整体来看，嵌入式金融服务的应用会是未来全球金融科技应用的主要方向，其带来的优势包括以下几点。其一，能够提高嵌入式金融服务参与者的收入。嵌入式金融服务通过将金融机构纳入业务平台并增强用户体验和黏性，为参与企业和机构建立新的收入来源并提高利润。其二，嵌入式金融服务能够使非金融公司成为金融服务提供者。随着 API 的使用和嵌入式金融服务的推广，非金融公司能够获得金融服务提供商所需的许可证和必要的监管批准。这意味将打破银行对于金融服务供给的垄断地位，扩大了金融服务的供给范围。其三，嵌入式金融服务为消费者带来更好的支付体验，且仍具有改善的潜力。消费者可以使用非金融公司提供的应用程序直接进行线上付款，而无须进行支付页面的跳转等。除此之外，嵌入式金融服务同样可以通过收集消费者行为数据，了解消费者购买行为和模式，进一步采用个性化定制服务和产品创新提高企业竞争力，并提高客户黏性等。但同样不能否认嵌入式金融服务的应用存在一系列挑战。一方面，当用户隐私数据受到侵犯时，哪一方需为此负责存在疑问，也对监管机构的管理提出挑战。对此，捋清嵌入式金融服务中金融机构、非金融机构、API 开发者或提供者何方需为数据泄露负责，将耗费监管机构大量时间和成本；另一方面，嵌入式金融服务将产生复杂的商业关系。以嵌入式贷款为例，在非金融公司使用平台进行贷款时，可能会因为银行无法确认嵌入贷款的借款人的信用水平导致坏账率的升高。复杂的商业关系同样导致消费者享受金融服务和使用产品时，当对产品或服务的特定部分进行投诉时，并不清楚向哪一方进行投诉。此外，嵌入式金融服务的使用将导致银行失去部分市场份额，因此金融机构与非金融机构合作的意愿可能并不强烈，缺少金融机构的合作将限制嵌入式金融服务的深入发展等。

2. 区块链技术的金融科技创新

区块链技术是具有高级加密的分布式分类账技术，用于记录两方或多方之间的交易。作为去中心化的数据库，用于保存每个事物的详细信息，同时允许持续互联的存储列表安全地对资产进行转移，且不受第三方的干预。此外，区块链技术运用在智能合约中，可以在满足预定条件自动执行的程序中自动执行协议或者合同中的所有操作。[①] 且在该计算机协议下，能够有效地解决数字资产保护问题，消除第三方成本和风险。[②] 在不可变的加密账本中验证、记录和传播交易是区块链创新的核心。[③] 作为加密货币的底层基础设施，区块链技术通过创建交易记录，替代了具有传统业务流程特征的手动监控系统。[④] 在金融领域，区块链技术能够促进数字支付普适普惠发展，多用于市场预测、集中运营、财务审计等，同时随着区块链技术带来大量的数字货币，基于数字货币的衍生品逐渐被使用，为衍生品市场带来巨大变化。[⑤][⑥][⑦] 区块链技术能够有效增强客户体验，[⑧] 其代币销售功能拓宽了企业

---

① Andoni M., Robu V., Flynn D., et al., "Blockchain Technology in the Energy Sector: A Systematic Review of Challenges and Opportunities," *Renewable and Sustainable Energy Reviews*, 2019, 100: 143-174.

② Wang R., Lin Z., Luo H., "Blockchain, Bank Credit and SME Financing," *Quality & Quantity*, 2019, 53: 1127-1140.

③ Zhao G., Liu S., Lopez C, et al., "Blockchain Technology in Agri-Food Value Chain Management: A Synthesis of Applications, Challenges and Future Research Directions," *Computers in Industry*, 2019, 109: 83-99.

④ Cocco L., Pinna A., Marchesi M., "Banking on Blockchain: Costs Savings Thanks to the Blockchain Technology," *Future Internet*, 2017, 9 (3): 25.

⑤ Ipid.

⑥ Hayes A.S., "Cryptocurrency Value Formation: An Empirical Study Leading to a Cost of Production Model for Valuing Bitcoin," *Telematics and Informatics*, 2017, 34 (7): 1308-1321.

⑦ Wang Y., Singgih M., Wang J., et al., "Making Sense of Blockchain Technology: How will it Transform Supply Chains?" *International Journal of Production Economics*, 2019, 211: 221-236.

⑧ Skan J., Dickerson J., Masood S., "The Future of Fintech and Banking: Digitally Disrupted or Reimagined," *Accenture*, *London*, 2015.

的融资渠道。[①] 首次代币发行（initial coin offering，ICO）是加密货币和区块链领域的公司或项目用来为其筹集资金的一种机制，Belleflamme 等[②]强调借助区块链技术的 ICO 能够为中小型企业更便捷地获得资金。

区块链技术并不是新技术，而是使用已有成熟技术的创新应用，其核心功能是为加密货币等数字资产创建防篡改账本。区块链技术能够优化完善金融科技水平，创建改变传统金融服务模式的科技生态系统。搭建在区块链上的金融交易无须第三方在场，全程能够做到交易的透明以及高效，同时借助区块链技术，用户能够实现资产的完全控制权。对于近年来区块链技术在金融领域的应用，Javaid 等[③]总结了以下多种应用模式和应用优势。其一，区块链技术能够规避需要多方验证交易的传统防欺诈技术，其能够保证所有交易皆通过加密技术进行进而保护整个交易不受篡改。其二，跟踪交易，由于区块链技术的去中心化特征，其能够跟踪数字交易，可以实现交易的零失误和问责跟踪系统的搭建。其三，数字资产管理，使用区块链技术能够以可追溯、自动化以及可预测的方式对数字资产进行全面管理。区块链技术虽然是当前金融科技领域热门的技术，将是未来的发展趋势，但其同样面临着多重技术风险和挑战。在非金融领域，一是缺乏互操作性和通用标准，即区块链、互联网之间无法通过数据传输进而实现协同操作。二是法律和监管的不确定性较强，区块链技术不需要第三方中介的干预，导致监管追责时容易出现主体的模糊。三是收益和成本量化难度大，区块链技术虽然能够提高产品来源的透明度，但是收益难以量化。同时区块链技术的使用成本不仅包括部署成本，还涵盖了人员理解底层业务流程的时间成本，同样难以量化。在金融领域，一是缺乏对消费者的保护，由

① Chen Y., "Blockchain Tokens and the Potential Democratization of Entrepreneurship and Innovation," *Business Horizons*, 2018, 61（4）：567-575.

② Belleflamme P., Lambert T., Schwienbacher A., "Crowdfunding：Tapping the Right Crowd," *Journal of business venturing*, 2014, 29（5）：585-609.

③ Javaid M, Haleem A, Singh R P, et al., "A review of Blockchain Technology applications for financial services," *Bench Council Transactions on Benchmarks, Standards and Evaluations*, 2022：100073.

于监管举措不完善，当出现意外情况时，如代币不符合证券定义、加密货币交易所倒闭等，投资者将难以收回资金。二是影响金融系统的稳定，导致出现监管套利的机会。随着区块链技术的大规模使用，将提高加密货币的重要程度并对已有货币和金融体系构成威胁，打击人们对金融体系的信心。同时监管法律的标准不统一，致使出现监管套利的可能。三是使用加密货币从事非法活动。加密货币的匿名性及易转移特征，使其成为非法组织进行洗钱、转移资金的首选工具等。

结合国外对于区块链的使用现状以及技术的优劣势，其未来发展趋势如下。第一，监管政策将逐渐完善。随着区块链技术的应用，对现有的监管体系造成冲击，在当前美国以及其他海外国家的监管体系中，对区块链技术的大规模应用仍保持审慎态度。如 2023 年美国众议院向国会提出《区块链监管确定法案》，以此确保加密领域的开发商和非托管服务提供商不被视为汇款人，并且不受与托管加密货币交易所相同级别的监管。第二，政府加快对区块链技术的应用。区块链技术为政府处理信息和流程组织提供新路径，政府将其应用于采购、身份管理、医疗保健、教育认证等成为趋势。第三，区块链即服务（BaaS）解决方案。BaaS 帮助其客户利用解决方案构建基于云的主机，并使他们能够在区块链及其应用程序上运行相关功能，而无须克服技术困难或支付运营开销，也无须投资更多的基础设施开发。BaaS 运营商帮助客户专注于他们的核心工作和区块链功能。

（三）国外消费金融监管模式创新

信息技术的发展促进了金融科技的繁荣，金融科技的发展进一步为金融市场注入了活力。金融科技的快速发展颠覆了传统的金融服务模式，加快了金融服务模式的创新。但当前金融科技的发展仍处于起步阶段，[①] 除了存在技术漏洞外，更多模式和技术实现路径徘徊在法律法规边缘而未能及时发现

---

① Wang X，Wu Z，Shen S. Financial Technology Risk Management and Control in the Big Data Era，International Conference on Cognitive Based Information Processing and Applications（CIPA 2021）Volume 2. Springer Singapore，2022：368-374.

和管控，极易演变成各种金融风险。并在此过程中，传统的金融监管逐渐难以适应多变、动态的金融创新生态系统。金融科技驱动金融服务提质增效的同时，也对金融监管体系带来了严峻的监管挑战。金融科技的发展催生出新部门、新平台，对原有部门造成破坏进而易引发系统性风险。因此，Wang[①]提出完善信息披露制度和强化风险提示、加强信息保护和数据安全、创新监管思路和方式。除此之外，监管科技是技术手段，监管沙盒是制度安排，近年来金融稳定监管中的监管技术（Reg-Tech）、实践中的监管沙盒模式成为预防由金融科技带来的金融风险的主要路径。

1. 监管技术

金融稳定是国民经济健康有序发展和社会长期稳定的重要保障，[②③] 金融稳定反映了金融系统的运行状态和资源配置情况，影响金融稳定的主要因素包括交叉性金融业务的风险监管、金融机构治理、金融风险转移和扩散等。[④] 因此，加强金融监管、风险预警以及风险处置是实现金融稳定的必经路径。[⑤] 监管技术（Reg-Tech）是金融技术的重要组成部分，[⑥] 其旨在利用人工智能技术实现智能识别和风险预警，是助力金融监管信息化、高效化的有效工具。[⑦] 2016 年英国金融行为监管局（FCA）将监管技术定义为帮助金

① Wang X., Wu Z., Shen S., Financial Technology Risk Management and Control in the Big Data Era, International Conference on Cognitive Based Information Processing and Applications (CIPA 2021) Volume 2. Springer Singapore, 2022：368-374.

② Milne A., "Distance to Default and the Financial Crisis," *Journal of Financial Stability*, 2014, 12：26-36.

③ Rampini A. A., Viswanathan S., Vuillemey G., "Retracted：Risk Management in Financial Institutions," 2020.

④ Kupiec P. H., "Will TLAC Regulations Fix the G-SIB Too-Big-to-Fail Problem?" *Journal of Financial Stability*, 2016, 24：158-169.

⑤ Battiston S., Farmer D., Flache A., et al., "Financial Complexity：Accounting for Fraud-Response," *Science*, 2016, 352 (6283)：302-302.

⑥ Anagnostopoulos I., "Fintech and Regtech：Impact on Regulators and Banks," *Journal of Economics and Business*, 2018, 100：7-25.

⑦ Chao X., Ran Q., Chen J., et al., "Regulatory Technology (Reg-Tech) in Financial Stability Supervision：Taxonomy, Key Methods, Applications and Future Directions," *International Review of Financial Analysis*, 2022：102023.

融机构有效满足金融监管合规要求的信息技术。随着信息技术的发展和金融风险外溢，Reg-Tech 的概念已经延伸到金融稳定检测，涵盖了金融市场风险预警、数字金融风险识别、跨境异常检测、反洗钱监测等领域。此外，Chao 等[1]在总结 Reg-Tech 在金融稳定监管中的应用时指出，Reg-Tech 中的复杂网络分析、图学习与知识图谱、动态系统、区块链、经典机器学习算法等工具作用路径不同，但皆能促进金融系统的稳定。例如，区块链技术具有去中心化、可追溯、开放共享等特点，能够解决网络借贷平台信息不对称问题，故多用于支付共享数据、交易记录、追溯等金融安全领域；经典机器学习算法能够从海量的金融数据中挖掘有效信息，金融机构借助机器学习、数据挖掘等技术，实现金融高效发展，机器学习多用于风险管理、自动化金融交易等领域。

2. 监管沙盒模式

金融科技如人工智能、区块链、大数据分析等数字技术的应用，逐渐加快了金融服务的创新发展。但由于合规成本高且缺乏监管意识，潜在风险将导致金融市场混乱。旨在应对由金融科技带来的风险，国外金融机构通过创新监管举措以控制风险，寻求以适当的监管解决方案在刺激科技创新的同时，能够确保金融市场稳定。[2] 其中监管沙盒机制逐渐成为较受各国欢迎的监管措施，并多用监管沙盒来应对市场风险和挑战。[3] 监管沙盒是为促进金融科技创新而建立的支持工具，[4] 在金融市场，监管机构通过借助监管沙盒机制吸引和支持金融科技初创企业。[5] 2019 年，中国启动金融科技创新监管

[1] Chao X., Ran Q., Chen J., et al., "Regulatory Technology (Reg-Tech) in Financial Stability Supervision: Taxonomy, Key Methods, Applications and Future Directions," *International Review of Financial Analysis*, 2022: 102023.

[2] Arner D. W., Barberis J., Buckey R. P., "FinTech, RegTech, and the Reconceptualization of Financial Regulation," *Nw. J. Int'l L. & Bus.*, 2016, 37: 371.

[3] Allayarov P. D. S., Mirzamakhmudov M., Mirzamakhmudova M., "Analysis of Regulatory Sandbox in the Netherlands that Promote Development of Innovativefintech Start-Ups," Получено из https://uzjournals.edu.uz/cgi/viewcontent.cgi? article = 1749&context = interfinance, 2020.

[4] Alaassar A., Mention A. L., Aas T. H., "Exploring a New Incubation Model for FinTechs: Regulatory Sandboxes," *Technovation*, 2021, 103: 102237.

[5] ESMA (European Securities and Markets Authority), FinTech: Regulatory Sandboxes and Innovation Hubs, 2019.

工具以来，监管创新举措不断，并随后在 2021 年于北京、上海、深圳等城市开展试点项目。简言之，中国金融监管的创新以及试点开展，多借鉴国外金融科技监管沙盒机制。

监管沙盒机制本质是一种安全隔离机制，用于检测及评估新开发的应用代码和应用程序对整个系统的影响程度。监管沙盒可视作一种试点政策，是当前监管方式的补充。该机制允许金融机构或金融科技公司在有限的时间内在经过修改且监管可调节的框架下测试新产品和新服务，同时在测试过程中监管机构能够更加熟悉创新技术实施的影响，进而帮助监管机构制定有利于企业创新的规则。监管沙盒机制最早由英国金融行为监管局率先提出，[①] 其提出通过为金融科技公司打造"安全空间"来检测和评估金融科技产品、服务、商业模式或营销方式等。借此避免金融监管滞后性问题，摆脱先技术创新、后监管弥补的弊端，在没有法律后果的测试环境中，金融科技公司能够测试并验证其商业模式。其后英国 FCA 和澳大利亚 ASIC 合作签署了金融科技桥梁协议，全球不同国家的监管机构合作组建了全球金融创新网络联盟（GFIN），旨在主动搭建或积极参与跨境监管沙盒合作与协调机制。实践证明，在率先引入监管沙盒的英国、新加坡、中国香港、澳大利亚、印度、加拿大、马来西亚、荷兰和日本等九个国家和地区中，监管沙盒的采用能够促进金融科技风险投资的增长，其具备消除监管不确定性的能力，在增加风险资本流入金融科技风险生态系统方面发挥重要作用。[②] 监管沙盒参与和使用主体分为金融监管部门和受测试的金融科技公司两部分，前者主要任务是设计金融科技监管沙盒制度，并对技术测试过程进行检测和评估；后者则是申请监管沙盒的对象，向金融监管部门提供自身测试产品。不同国家对监管沙盒准入条件如表 1 所示。

---

① Fan P. S., *Singapore Approach to Develop and Regulate FinTech*, Handbook of Blockchain, Digital Finance, and Inclusion, Volume 1. Academic Press, 2018：347-357.

② Goo J. J., Heo J. Y., "The Impact of the Regulatory Sandbox on the Fintech Industry, with a Discussion on the Relation Between Regulatory Sandboxes and Open Innovation," *Journal of Open Innovation：Technology, Market, and Complexity*, 2020, 6（2）：43.

表 1 不同国家对监管沙盒准入条件

国家	监管主体	适用对象
英国	英国金融行为监管局	初创企业为主,其余为银行和其他机构
新加坡	新加坡金融监管局	正在创新技术以提供新金融服务的公司
澳大利亚	澳大利亚证券投资委员会	金融科技企业
中国	中国人民银行、地方金融监督管理局、中国证监会	金融机构和科技企业、资本市场参与者

资料来源:广东南方金融创新研究院。

英国自 2016 年推出监管沙盒测试以来,至 2022 年底已批准 179 家,审批通过率达 32.6%。[①] 整体来看,近年来英国监管沙盒测试申请量和通过率呈下滑趋势,原因在于仅有部分占据一定市场规模的金融科技企业申请入盒测试,加之疫情影响,金融科技机构融资难,难以达到监管沙盒的"入盒"要求。英国金融科技监管沙盒项目涉及面广,主要包括个人金融业务,如转账、支付汇款等,其次是零售信贷、保险、企业融资等。疫情期间英国不断升级并优化监管沙盒机制,2021 年,英国金融行为监管局成立了一个基于大数据、人工智能等技术的风险监督预警系统——regulatory nursery,该预警系统能够自动收集、整合金融科技创新试点企业的数据信息,并通过系统内部的企业风险识别模型快速识别企业风险隐患,有助于监管机构监测并制止监管沙盒中的高风险活动。

美国由于实施联邦政府和州政府双重管理体制,故联邦政府和州政府可以单独实施监管沙盒机制,但美国监管部门对于监管沙盒机制的实行相对审慎,认为监管沙盒的实施成本高且难以解决监管核心问题,应将沙盒机制向监管审批明确、监管制度灵活引导。此外,旨在平衡金融创新和监管,2012年,美国消费者金融保护局(CFPB)启动项目催化计划(project catalyst);2020 年,CFPB 进一步推出"试验披露计划"以推动监管科技的发展,即在监管部门的批准下,金融机构主动提供创新的信息披露计划,据此监管部

----

① 数据来源于 FCA 官网。

门借助云计算和人工智能技术，并结合历史数据判断是否允许企业进行创新实践。2022年，美国消费者金融保护局推出监管沙盒框架，以此鼓励区块链和其他金融科技的创新。并通过成立创新和竞争办公室（office of innovation and competition）以取代创新办公室（office of innovation），创新和竞争办公室成立的主旨在于以促科技创新发展为主，用于处理无行动函的申请和监管沙盒的条款，专门审查数字货币、区块链技术平台、私人货币和个人小额贷款。

3. 小结

综上所述，监管技术能够稳定金融系统，且金融监管沙盒机制成为众多国家监管由金融科技带来风险的首要手段。监管沙盒的优势如下。一方面，其能够缩短上市周期，降低了相应的市场壁垒。[①] 具体来看，在金融行业监管趋严的背景下，企业需满足一系列监管要求方能开展业务，这延迟了业务的启动并延长了企业研发时间。而监管沙盒能够减少监管压力和监管不确定性进而缩短上市周期。另一方面，监管沙盒能够为监管机构和企业提供制度性对话平台，在对话过程中监管者和技术创新者能够互相学习。当市场出现具有破坏性创新技术时，监管机构能够快速评估风险，同时技术创新者能够进一步熟悉监管规则，并获得监管机构的支持。总的来说，在监管沙盒内，监管机构为企业提供明确且适当宽松的监管环境，在消除监管对企业创新约束的同时，还能够鼓励企业在法律不确定的"灰色地带"进行试验。但监管沙盒并非"灵丹妙药"，其同样存在弊端。如监管沙盒的使用将增加企业成本、降低绩效表现。Washington等[②]以美国数字银行为例，探究监管沙盒对数字银行绩效的影响，研究发现，监管沙盒对数字银行的财务业绩影响为

---

① Ringe W. G., "Christopher R. Regulating Fintech in the EU: the Case for a Guided Sandbox," *European Journal of Risk Regulation*, 2020, 11 (3): 604-629.

② Washington P. B., Rehman S. U., Lee E., "Nexus between Regulatory Sandbox and Performance of Digital Banks-A Study on UK Digital Banks," *Journal of Risk and Financial Management*, 2022, 15 (12): 610.

负，原因在于监管沙盒的使用增加了合规成本和效率成本；Hellmann 等[①]认为，英国监管沙盒的使用将增加资本投入，进而其与企业增资之间存在正相关关系，间接表明了监管沙盒的应用或将提高成本。此外，监管沙盒无法解除由金融科技带来的网络风险问题的威胁。同时，其还面临有限试点导致的业务规模小、测试企业业务类型受限等问题。

监管技术将是未来金融稳定监管的主流方向，如区块链技术可以促进金融交易平台监管的透明度，实现金融交易的安全；机器学习（machine learning，ML）的使用则能够重塑商业模式，提高信用评估和信贷风险管理，进而促进金融服务的提质增效等；知识图谱方面，通过关系搜索、关联匹配和路径预测，挖掘关键图节点，进而控制金融风险；金融网络则可以通过可视化特征实时监控金融市场风险状况。[②]

二　国外消费金融发展趋势

（一）金融科技公司在消费贷款领域保持领先地位

近年来，在数字革命的推动下出现了新的金融中介机构，由此导致许多国家的金融部门出现了结构性变化，[③]尤其在传统银行机构出现业务受限等情况下，金融科技公司借助技术创新发展能够提供针对性的解决方案，如为没有银行账户的客群提供信贷服务。[④]金融科技公司的创建目标是改善金融服务，通常针对的目标客群是现有金融机构未满足服务或服务未到的特定用

① Hellmann T. F., Montag A., Vulkan N., "The Impact of the Regulatory Sandbox on the FinTech Industry," *Available at SSRN* 4187295, 2022.

② Chao X., Ran Q., Chen J., et al., "Regulatory Technology (Reg-Tech) in Financial Stability Supervision: Taxonomy, Key Methods, Applications and Future Directions," *International Review of Financial Analysis*, 2022: 102023.

③ Hodula M. Interest Rates as a Finance Battleground? "The Rise of Fintech and Big Tech Credit Providers and Bank Interest Margin," *Finance Research Letters*, 2023: 103685.

④ Frost J., Gambacorta L., Huang Y., et al., "BigTech and the Changing Structure of Financial Intermediation," *Economic Policy*, 2019, 34 (100): 761-799.

户。科技公司的快速发展导致科技信贷余额迅猛增长，金融科技公司在消费贷款领域逐渐处于领先地位。金融科技深度介入消费金融领域，一方面，在信用风险分析中，金融科技使用替代数据、大数据、机器学习技术以及人工智能算法更精准地预测坏账和贷款违约行为。[1] 借助金融科技能够有效降低贷款违约风险，为贷方提供了更安全的业务实现路径。另一方面，金融科技信贷有助于借助数字技术和客户数据精准识别潜在客户，能够在降低成本、实现便捷交易的同时，兼顾风险评估的有效性。[2] Haddad 和 Hornuf[3] 使用全球 55 个国家作为研究样本，分析发现，当公司获得贷款难度越高时，金融科技企业成立的数量便越多。

新冠疫情对市场的冲击，使企业更频繁地借助金融科技促进数字支付业务的发展，[4] 疫情带来了数字支付的大幅增长。具体来看，疫情造成全球消费和投资减少、信贷收缩。[5][6] Teresiene[7] 以欧盟、美国和中国为例，探究疫情对消费者信心水平的影响发现，欧盟消费者信心水平最低，消费者情绪最悲观。传统商业银行在疫情期间普遍收紧了信贷政策，在后疫情时代的经济复苏过程中并没有表现出强劲的业务增长，一些大型商业银行净坏

---

① Berg T., Burg V., Gombovč A., et al., "On the Rise of Fintechs: Credit Scoring Using Digital Footprints," *The Review of Financial Studies*, 2020, 33 (7): 2845-2897.

② Jagtiani J., Lemieux C., "The Roles of Alternative Data and Machine Learning in Fintech Lending: Evidence from the LendingClub Consumer Platform," *Financial Management*, 2019, 48 (4): 1009-1029.

③ Haddad C., Hornuf L., "The Emergence of the Global Fintech Market: Economic and Technological Determinants," *Small Business Economics*, 2019, 53 (1): 81-105.

④ Alawi S. M., Karim S., Meero A. A., et al., "Information Transmission in Regional Energy Stock Markets," *Environmental Science and Pollution Research*, 2022: 1-13.

⑤ Maliszewska M., Mattoo A., Van Der Mensbrugghe D., "The Potential Impact of COVID-19 on GDP and trade: A Preliminary Assessment," *World Bank Policy Research Working Paper*, 2020 (9211).

⑥ Liu L., Wang E. Z., Lee C. C., "Impact of the COVID-19 Pandemic on the Crude Oil and Stock Markets in the US: A Time-Varying Analysis," *Energy Research Letters*, 2020, 1 (1): 13154.

⑦ Teresiene D., Keliuotyte-Staniuleniene G., Liao Y., et al., "The Impact of the COVID-19 Pandemic on Consumer and Business Confidence Indicators," *Journal of Risk and Financial Management*, 2021, 14 (4): 159.

账率也到达了低点。疫情期间，美国银行一直维持着存款增加和贷款减少的状态，净息差也处于历史低点，各银行都面临不小的压力。但是一些金融科技机构的消费者贷款增长势头强劲，放款量不断增长，金融科技公司在疫情下经受住了考验，疫情之后也有很好的表现。随着疫情管控的逐步放松，消费需求迅速释放，尤其是旅游、餐饮等接触性消费活动有了明显的增长。

（二）加密资产推动消费金融科技快速扩大资产规模

金融稳定委员会（financial stability board，FSB）将加密资产定义为依赖于加密分布式记账技术的数字资产，加密资产具有支付和转账效率高的优势，其特征包括去中心化、不可篡改性、价值波动大等。近年来，随着加密资产与传统金融（TraFi）的产品和服务共同出现在消费金融科技的应用程序中，助推了消费金融科技快速发展，资产规模逐渐扩大。作为加密资产的交易工具，以比特币为代表的加密货币市场呈爆发式增长。[1] 截至 2021 年 9 月，全球已经衍生 7400 种加密货币，总市值达 3423.44 亿美元，全球交易场所超过 3 万个，其中有逾 1900 种加密货币能够在交易平台直接以美元进行交易。[2] 但针对加密货币的使用一直存在争议，如 Kyriazis 等[3]认为，比特币市场存在价格泡沫，加之近年来数字资产衍生品交易所 FTX 暴雷、加密货币第一大交易所币安受到监管机构质询，使加密货币前景并不乐观；但 Bouri 等[4]认为，比特币是一种合适的避险工具，能够降低投资组合的风险。但与加密货币争议不断的发展道路不同，加密资产备受不同国家的欢迎。例如，2022 年底，

---

[1] Yuan L., Geng X., "Private Cryptocurrency and Capital Outflow-Taking Bitcoin as an Example," *Studies of International Finance*, 2020, 6: 14-24.

[2] Cao G., Xie W., "Asymmetric Dynamic Spillover Effect between Cryptocurrency and China's Financial Market: Evidence from TVP-VAR Based Connectedness Approach," *Finance Research Letters*, 2022, 49: 103070.

[3] Kyriazis N., Papadamou S., Corbet S., "A Systematic Review of the Bubble Dynamics of Cryptocurrency Prices," *Research in International Business and Finance*, 2020, 54: 101254.

[4] Bouri E., Molnár P., Azzi G., et al., "On the Hedge and Safe Haven Properties of Bitcoin: Is it Really More than a Diversifier?" *Finance Research Letters*, 2017, 20: 192-198.

新加坡和英国举行第七次"英国—新加坡金融对话会"（UK–Singapore financial dialogue），强调两国加强金融科技合作，并同意在加密资产等领域优先合作。同时新加坡鼓励数字资产创新，并抑制加密货币投机，进而推动打造加密资产枢纽。

三　国外消费金融发展对中国的启示

国外消费金融发展时间长，逐渐衍生了不同的运营模式。近年来，在移动支付、大数据、人工智能等技术快速发展的背景下，技术作为驱动力推动国外消费金融业务模式、技术运用、监管模式以及政府治理等方面产生诸多创新，值得中国同业借鉴。

（一）业务模式

传统的支付系统无法为金融机构提供高效管理大量数据的能力，根据国外的发展经验，国内应该鼓励银行或消费金融机构通过与科技实力强的机构深度合作，促使金融机构利用技术进行服务升级，以实现自身金融服务的提质增效，科技实力强的金融机构可自己研发平台，科技实力较弱的金融机构可与第三方科技公司合作，打造嵌入式的借贷产品。同时，提升自身信贷风控能力和客户管理能力，并不断完善风险解决方案保证业务的安全开展。

（二）技术运用

结合国外对于区块链的使用现状以及技术的优劣势，我国在技术运用上应充分利用区块链技术有效解决数字资产保护问题，并不断完善区块链技术的监管政策。政府层面要加快对区块链技术的应用，利用区块链技术为政府处理信息和流程组织提供新路径，并将其应用于采购、身份管理、医疗保健、教育认证等领域。

（三）监管模式

消费金融市场需要完备的金融监管体系。多数发达国家都为消费金融市场设置了严格的准入门槛和严格的监管标准。借鉴国外监管沙盒应用经验，中国可从以下几方面打造具有中国特色的监管沙盒模式。其一，确立监管沙盒的重要地位，切实明确监管沙盒的使用价值，并同全球金融创新网络展开积极合作，构建跨境监管沙盒合作机制。同时，以服务国家重大战略目标的主题子沙盒为重心，以服务国家科技创新为着眼点，以促进共同富裕、解决就业、实现绿色低碳等为落脚点，发挥监管沙盒效能，并通过对参与者的筛选与甄别，保障参与者的专业水平和风险判断能力。其二，实现监管沙盒参与主体的多样化。除参与监管沙盒测试的大型金融机构外，监管沙盒机制同样可以纳入更多中小型金融机构以及技术类企业、规范运行的类金融机构，同时设立事后的惩罚和救济模式，同步构建创新风险"防火墙"和"缓冲带"。其三，加大监管沙盒人力资源和预算投入，在当前金融监管体系重构背景下，建立监管沙盒工作小组，加大试点推广和试验工作等。

（四）政府治理

从国外消费金融的发展经验来看，消费金融的发展需要政府的支持和引导。比如，日本的消费金融公司因发展之初，政府没有给予高度的重视，引发了一系列的问题，随着政府的介入，消费金融市场走上了正规化、法治化的轨道。一方面，消费金融市场需要政府建立完善的法律体系。美国在20世纪五六十年代就相继出台了多项规范消费金融市场的法律法规，并建立了相对完善的消费金融市场的法律体系。另一方面，消费金融市场需要完备的征信基础设施作为基础。包括美国在内的很多发达国家都构建了涵盖不同维度、不同种类的个人信用体系，建立了以政府为主导和以市场为主导的信用管理模式。

附 录 2021~2022年数字金融创新与发展大事记

何 毅 王钰淇 郭泽帅*

2021年

1月6日 香港特区政府财经事务及库务局公布,"拍住上"金融科技概念验证测试资助计划("拍住上"资助计划)将于2月26日开始接受申请,计划旨在鼓励传统金融机构与金融科技企业合作,就创新金融服务产品进行概念验证测试。

1月7日 中国互联网协会主办的2021(第十一届)中国互联网产业年会在北京召开。中国互联网协会理事长尚冰出席会议并致辞。

1月8日 中国人民银行成都分行发布公告称,成都市金融科技创新监管试点首批6个创新应用已完成登记,将向用户正式提供服务。

1月12日 中国人民银行深圳市中心支行对外公示深圳市第二批4个创新应用。

1月13日 中国银保监会办公厅颁布《关于印发消费金融公司监管评级办法(试行)的通知》。

1月15日 中国银保监会办公厅 中国人民银行办公厅发布《关于规

* 何毅,博士,中央财经大学中国互联网经济研究院副研究员,主要研究方向为数字经济;王钰淇、郭泽帅,北京语言大学商学院研究生,研究方向为跨境金融。

范商业银行通过互联网开展个人存款业务有关事项的通知》。

1月22日　苏州、雄安新区金融科技创新监管试点工作组先后对外公示其第二批金融科技创新应用：苏州4个、雄安新区2个。

1月29日　中国人民银行金融科技委员会召开会议研究部署2021年重点工作，会议强调2021年要以深化金融数据应用为基础，以强化金融科技监管、加快金融数字化转型为主线，以风险技防能力建设为保障，全面提升金融科技应用和管理水平。

2月1日　《互联网保险业务监管办法》正式实施。本办法所称互联网保险业务，是指保险机构依托互联网订立保险合同、提供保险服务的保险经营活动。

2月6日　数字人民币在电费网银对公电力交费场景完成功能上线并验证成功。

2月7日　国务院反垄断委员会颁布《国务院反垄断委员会关于平台经济领域的反垄断指南》。

2月24日　香港金融管理局、泰国中央银行、阿拉伯联合酋长国中央银行及中国人民银行数字货币研究所宣布联合发起多边央行数字货币桥研究项目（m-CBDC Bridge），旨在探索央行数字货币在跨境支付中的应用。

3月12日　《中华人民共和国国民经济和社会发展第十四个五年规划和2035年远景目标纲要》提出，健全具有高度适应性、竞争力、普惠性的现代金融体系，构建金融有效支持实体经济的体制机制；稳妥发展金融科技，加快金融机构数字化转型；强化监管科技运用和金融创新风险评估，探索建立创新产品纠偏和暂停机制。

3月17日　北京国家金融科技认证中心将成立，与重庆国家金融科技认证中心形成一体两翼格局，共同服务国家金融科技监管。

3月26日　中国人民银行正式发布金融行业标准：《人工智能算法金融应用评价规范》。该规范规定了人工智能算法在金融领域应用的基本要求、评价方法、判定准则，适用于开展人工智能算法金融应用的金融机构、算法提供商、第三方安全评估机构等。

3 月 30 日 银保监会发布《关于银行保险机构切实解决老年人运用智能技术困难的通知》，该通知第 3 条要求，各银行保险机构实施金融互联网网站、移动互联网应用适老化改造。

4 月 6 日 由国家税务总局深圳市税务局、国家电网、公安部第三研究所、腾讯等近 10 家机构参与发起的《基于区块链技术的电子发票应用推荐规程》国际标准正式通过 IEEE-SA（电气和电子工程师协会标准协会）确认发布，成为全球首个基于区块链的电子发票应用的国际标准，也是国内税务系统首个国际标准。

4 月 7 日 度小满金融与西安交大宣布成立"西安交通大学—度小满金融人工智能联合研究中心"，双方将围绕大数据风控、自然语言技术、情感计算、多方安全计算等领域开展课题研究，推动人工智能在金融领域的前沿应用。

4 月 9 日 中国人民银行、中国银保监会、中国证监会、国家外汇管理局发布的《关于金融支持海南全面深化改革开放的意见》指出，鼓励海南法人银行加强与创投机构合作，探索科技金融新模式，支持海南加强深海科技创新。

4 月 12 日 中国人民银行、中国银保监会、中国证监会、国家外汇管理局等金融管理部门再次联合约谈蚂蚁集团。

4 月 15 日 中国人民银行印发《金融机构反洗钱和反恐怖融资监督管理办法》（中国人民银行令〔2021〕第 3 号），自 2021 年 8 月 1 日起施行。

4 月 16 日 中国人民银行等 7 部门启动金融科技赋能乡村振兴示范工程。

4 月 19 日 中国互联网协会发布《互联网平台企业依法合规经营倡议书》，首批 150 家互联网企业积极响应。

4 月 25 日 中国人民银行数字货币研究所与蚂蚁集团签署技术战略合作协议。

5 月 27 日 中国国际大数据产业博览会举办"金融数字化转型论坛"。

6 月 11 日 中国银保监会、中国人民银行发布《关于规范现金管理类理财产品管理有关事项的通知》，并自发布之日起实施。

6月24日　腾讯云与神州信息宣布推出"金融分布式核心"联合解决方案。

6月29日　中国人民银行、中国银保监会、中国证监会、财政部、农业农村部、乡村振兴局联合发布了《关于金融支持巩固拓展脱贫攻坚成果全面推进乡村振兴的意见》，强调创新金融产品和服务，健全金融组织体系，完善基础金融服务，引导更多金融资源投入"三农"领域。

7月6日　国务院金融稳定发展委员会召开第五十三次会议，会议强调发展绿色金融、数字金融，促进金融、科技、产业良性循环。

7月28日　在2021中关村金融科技系列活动开幕式上，中国人民银行科技司副司长李兴锋强调要加强金融科技创新审慎监管，坚守金融领域科技伦理底线。

8月3日　全球数字经济大会举办中国数字金融应用论坛，聚焦数字金融的发展与应用实践。

8月27日　中国互联网金融协会发布《关于2021年度移动金融客户端应用软件备案外部评估的通知》

9月1日　《中华人民共和国数据安全法》正式施行。

9月5日　珠海市出台的《关于加强隐私计算在城市数字化转型中应用的指导意见》强调，保障数据安全，促进数据合法有序流动。

9月7日　中国银保监会谈互联网平台金融业务监管：对违法违规行为"零容忍"。

9月10日　"2021中国（北京）数字金融论坛"在北京成功举办。

9月10日　中国人民银行数字货币研究所与丽泽金融商务区共同设立的国家数字金融技术检测中心正式揭牌。

9月10日　《粤港澳大湾区"跨境理财通"业务试点实施细则》正式发布。

9月13日　工信部表示，将在保障互联网安全的前提下，推动即时通信屏蔽网址链接等不同类型的问题，分步骤、分阶段得到解决。

9月13日 中国人民银行数字货币研究所首次向外界公开展示了"双离线支付"的应用和体验流程。

9月14日 中国人民银行和德意志联邦银行联合举办"金融科技与全球支付领域全景—探索新疆域"视频会议。

9月22日 花呗运营方公布接入中国人民银行征信系统工作进展：部分签署《个人征信查询报送授权书》的用户已能在自己的信用报告中查询到花呗的相关记录，未来将实现用户全面覆盖。

9月15日 中国人民银行、香港金融管理局同意内地基础服务机构和香港基础服务机构开展香港与内地债券市场互联互通南向合作，并于9月24日上线。

9月27日 中国人民银行正式发布《数字函证金融应用安全规范》（JR/T0234—2021）、《数字函证银行应用数据规范》（JR/T0235—2021）两项金融行业标准。

9月29日 蚂蚁集团联合中国信息通信研究院正式启动区块链一体机国际标准，围绕一体机硬件以及软件技术、架构层次、安全要求等作出规范，填补了区块链一体机国际标准的空白。

9月29日 上海证监局向辖区内证券公司下发的《关于规范证券从业人员利用自媒体工具开展业务活动的通知》要求，各证券公司对照自查，切实加强对员工利用自媒体工具展业行为的管控，提升风险管理的有效性。

9月30日 国际清算银行（BIS）与中国人民银行数字货币研究所、香港金融管理局、泰国央行以及阿联酋央行联合发布多边央行数字货币桥（mBridge）项目第一阶段报告。

10月7日 中国人民银行行长易纲参加国际清算银行（BIS）监管大型科技公司国际会议，并在会上分享中国对大型科技公司的监管实践。

10月13日 区块链技术助力数字人民币电费缴纳试点应用成功落地。

10月19日 中国银行保险监督管理委员会深圳监管局、中国人民银行深圳市中心支行、深圳市地方金融监督管理局发布的《关于推动金融业服务新发展格局的指导意见》提出，建设全球金融科技中心，培育数字人民币产业生态。

10 月 21 日　北京金融科技产业联盟发布了《金融分布式数字身份技术研究报告》。

10 月 22 日　中国银保监会发布《关于进一步规范保险机构互联网人身保险业务有关事项的通知》。

10 月 22 日　中国人民银行公开数据显示，已经开立数字人民币个人钱包 1.4 亿个，企业钱包 1000 万个，累计交易笔数达到 1.5 亿，交易额接近 620 亿元。

10 月 26 日　商务部、中央网信办、国家发展改革委印发《"十四五"电子商务发展规划》，鼓励跨境电商及支付相关发展。

10 月 27 日　中国人民银行与香港金融管理局签署《关于在粤港澳大湾区开展金融科技创新监管合作的谅解备忘录》。

11 月 4 日　全国首批数字人民币线上异地缴费社保医保场景落地。

11 月 9 日　民生银行与京东集团战略合作协议签约仪式在北京京东集团总部成功举行，标志着双方正式建立全面战略合作伙伴关系。

11 月 15 日　北交所正式开市，81 只股票集体亮相。

11 月 17 日　Tableau 停止在中国大陆的一切直接性经营活动，产品在中国区的销售将由阿里接手，整合到 Salesforce 与阿里的合作体系。

11 月 19 日　中国证券监督管理委员会北京监管局、北京市地方金融监督管理局公布了首批拟纳入资本市场金融科技创新试点的 16 个项目名单，向社会公开征求意见。

11 月 19 日　蚂蚁集团和深圳国家金融科技测评中心正式签署成立数据安全与隐私计算联合实验室。

11 月 29 日　中国工商银行上海市分行试点全国首笔 POS 渠道数字人民币缴纳社保业务。

12 月 8 日　河北省首笔数字人民币缴纳诉讼费业务在河北雄安新区中级人民法院成功落地，这标志着数字人民币的试点应用领域进一步扩大。

12 月 9 日　中国农业银行深圳分行联合华为发布业内首个数字人民币

云侧智能合约应用成果。

12月10日　由大华会计师事务所（特殊普通合伙）发起、平安银行回函的4笔全流程自动化电子函证成功落地，标志着中国银行业协会银行函证区块链服务平台正式投入实际业务应用。

12月17日　全国首笔数字人民币退税业务在中国农业银行大连分行成功办理，标志着大连市率先实现了财政领域预算收支退业务全场景覆盖。

12月24日　中国人民银行、国家发展改革委、财政部、中国银行保险监督管理委员会、中国证券监督管理委员会、国家外汇管理局、重庆市人民政府、四川省人民政府发布《成渝共建西部金融中心规划》。

12月24日　国家发改委、中国人民银行等九部门联合印发《关于推动平台经济规范健康持续发展的若干意见》，强化支付领域监管，依法治理支付过程中的排他或"二选一"行为，对滥用非银行支付服务相关市场支配地位的行为加强监管，研究出台非银行支付机构条例。严格规范平台企业投资入股金融机构和地方金融组织。完善金融消费者保护机制，不得劝诱超前消费。

12月28日　中国银保监会发布《加强金融消费者权益保护提升金融服务适老化水平》，大力发展适应老年人的金融科技。

12月30日　中国银保监会印发《银行保险机构信息科技外包风险监管办法》，以进一步加强银行保险机构信息科技外包风险监管，促进银行保险机构提升信息科技外包风险管控能力。

12月31日　中国人民银行、工业和信息化部、中国银保监会、中国证监会、国家网信办、国家外汇管理局、知识产权局发布《金融产品网络营销管理办法（征求意见稿）》公开征求意见。

2022年

1月1日　《关于规范金融机构资产管理业务的指导意见》正式实施，银行理财公司改革稳步推进，监管制度日臻完善，推动资管业务回归本源。

1月4日 国家互联网信息办公室发布第一批境内金融信息服务机构的名称及报备编号。

1月5日 中国人民银行印发的《金融科技发展规划（2022—2025年）》提出新时期金融科技发展指导意见，明确金融数字化转型的总体思路、发展目标、重点任务和实施保障。

1月6日 中国证券业协会下发《证券公司网络和信息安全三年提升计划（2023—2025）》。

1月6日 《国务院办公厅关于印发〈要素市场化配置综合改革试点总体方案〉的通知》提出，推动资本要素服务实体经济发展。

1月12日 国务院印发的《"十四五"数字经济发展规划》提出，坚持金融活动全部纳入金融监管，加强动态监测，规范数字金融有序创新，严防衍生业务风险。

1月21日 中国银保监会近日发布《银行保险机构信息科技外包风险监管办法》，助推保险机构稳健开展数字化转型。

1月26日 中国银保监会发布的《关于银行业保险业数字化转型的指导意见》提出数字化转型工作目标，到2025年，银行业保险业数字化转型取得明显成效。

1月30日 中国人民银行办公厅、税务总局办公厅、中国银保监会办公厅、中国证监会办公厅、中央网信办秘书局等十六部门联合发布国家区块链创新应用试点名单。

2月8日 中国人民银行、国家市场监管总局、中国银保监会、中国证监会发布《金融标准化"十四五"发展规划》，提出稳妥推进法定数字货币标准研制。

2月11日 中国证监会发布《境内外证券交易所互联互通存托凭证业务监管规定》。

2月11日 国际电信联盟第十六研究组召开全体会议，由中国信息通信研究院联合腾讯、蚂蚁集团、北京邮电大学、之江实验室等机构共同提出的《基于区块链的数字藏品服务技术框架》国际标准项目立项建议获得通过。

2 月 18 日 中国银保监会对"元宇宙"作出涉嫌"非法集资"的风险提示。

2 月 22 日 《中共中央 国务院关于做好 2022 年全面推进乡村振兴重点工作的意见》，即 2022 年中央一号文件发布，提出强化乡村振兴金融服务。

3 月 1 日 《互联网信息服务算法推荐管理规定》正式实施。

3 月 4 日 中国银保监会联合央行发布《关于加强新市民金融服务工作的通知》。

3 月 10 日 腾讯参投 G 轮 1.5 亿美元的沙盒游戏平台 Roblox 以元宇宙第一股的身份在美上市。

3 月 15 日 北京银保监局对学生群体发布风险提示，建议"理性消费不乱贷"，并点名批评"元宇宙""区块链"网络陷阱。

3 月 17 日 中国人民银行批准了中信金融控股有限公司（筹）和北京金融控股集团有限公司的金融控股公司设立许可，这是央行首次颁发金融控股公司牌照。

3 月 29 日 腾讯金融研究院、腾讯云和毕马威联合发布《数实共生·2022 金融科技十大趋势展望》。

3 月 30 日 中国人民银行召开 2022 年科技工作电视会议，提出深入实施金融科技赋能乡村振兴示范工程、金融数据综合应用试点，运用创新监管工具规范数字技术应用，持续推动金融数字化转型。

3 月 30 日 中国人民银行印发《关于做好 2022 年金融支持全面推进乡村振兴重点工作的意见》。

4 月 6 日 数字人民币试点地区新增天津市、重庆市、广东省广州市、福建省福州市和厦门市、浙江省承办亚运会的 6 个城市（杭州、宁波、温州、湖州、绍兴、金华）。

4 月 9 日 国家开发银行新一代核心业务系统工程成功上线。

4 月 15 日 《基于文本数据的金融风险防控要求（GB/T 41462—2022）》

行业标准发布。

4 月 19 日　中国人民银行、中国银保监会联合召开金融支持实体经济座谈会，会议强调抓好近期各项金融政策的落地工作，加大疫情防控和经济社会发展金融支持。

4 月 19 日　中国证监会发布《碳金融产品》金融行业标准（JR/T 0244-2022），为碳金融产品规范有序发展提供了依据。

4 月 20 日　中国互联网金融协会互联网银行专委会发布《产业数字金融研究报告（2021）》。

4 月 23 日　金融科技教育与研究 50 人论坛发起 2022 中国金融科技学术年会。

5 月 16 日　公募基金首个数字人"灵汐"以主播的身份入职同泰基金，是公募行业首个数字人。

5 月 20 日　《证券登记结算管理办法》审议通过。

5 月 23 日　上海证券交易所和中证指数有限公司正式发布科创板芯片指数。

5 月 26 日　中国人民银行印发《关于推动建立金融服务小微企业敢贷愿贷能贷会贷长效机制的通知》。

5 月 26 日　中国人民银行印发《关于推动建立金融服务小微企业敢贷愿贷能贷会贷长效机制的通知》。

6 月 1 日　中国银保监会印发《银行业保险业绿色金融指引》。

6 月 13 日　瞭望智库与百融云创研究院联合发布《智能化进入下半场——银行数字化转型白皮书（2022）》。

6 月 21 日　粤港澳大湾区金融科技跨境创新应用进入测试运行阶段。

6 月 24 日　农信银资金清算中心联合金科创新社推出《农村中小银行数字化发展研究报告（2022）》。

7 月 8 日　平安银行联合 IDC 联合发布的《中国开放银行白皮书 2022》指出，开放银行作为银行数字化转型的新阶段，重塑了银行整体价值链格局。

7月11日 红杉中国首位数字员工"Hóng"正式上岗，这是国内投资机构的首位虚拟员工。

7月12日 中国银保监会印发《关于加强商业银行互联网贷款业务管理 提升金融服务质效的通知》，进一步细化明确商业银行贷款管理和自主风控要求，推动商业银行和合作机构规范开展业务合作，促进互联网贷款业务高质量发展。

7月15日 中信金控正式问世，并迅速推出业界第一个数字人财富管理顾问——小信。

7月20日 京东科技发布支付科技To B产业服务全景图。

7月26日 招商信诺人寿官方App 5.0发布，旨在为客户提供便捷的在线保单管理和健康服务，通过科技赋能，践行招商信诺人寿"以客户为中心"的承诺。

7月27日 中国互联网金融协会互联网保险专业委员会召开2022年第一次工作会议，会议审议通过了《金融数据应用典型场景与合规指引》和《数据赋能智慧资管-保险资产管理数智化转型研究报告》。

7月29日 由中国人民银行西安分行和西安市金融工作局牵头组织，"7+1"试点和代理机构共同参与建设的"数字人民币西安通"小程序上线试运行，作为全国首个数字人民币官方信息平台上线试运行。

7月29日 银行间市场交易商协会作为主任单位，牵头绿色债券标准委员会发布《中国绿色债券原则》，标志着国内初步统一、与国际接轨的绿色债券标准正式建立。

7月30日 2022全球数字经济大会数字金融论坛，探讨新时期我国数字金融产业发展面临的新机遇、新挑战，打造具有全球影响力的数字金融科技论坛。

8月1日 《中华人民共和国期货和衍生品法》正式实施，这是我国首部规范期货交易和衍生品交易行为的法律。

8月3日 工信部召开中小企业数字化工作座谈会，强调要强化财政支持，推动中小企业数字化转型。

8 月 12 日　科技部等六部门印发《关于加快场景创新以人工智能高水平应用促进经济高质量发展的指导意见》的通知，鼓励银行、保险等金融机构研发面向中小企业场景创新的金融产品，为中小企业推动场景项目建设提供资金支持。

8 月 18 日　中国互联网金融协会联合招商银行、浦发银行、平安银行等单位共同发起建设的"基于区块链的金融机构反欺诈风险信息共享系统"，正式上线运行。

8 月 29 日　中国银保监会办公厅发布了《关于进一步加强消费金融公司和汽车金融公司投诉问题整治的通知》。

8 月 29 日　由百度智能云与国泰君安联手打造，证券行业可交互数字人"小安"正式亮相，可为客户提供专业的投资、理财和业务办理服务。

9 月 1 日　马上金融 App 成功取得重庆国家金融科技认证中心首发的金融科技产品认证证书。

9 月 3 日　中国互联网金融协会金融科技发展与研究专委会联合毕马威中国共同撰写的《2022 中国金融科技企业首席洞察报告》正式对外发布。

9 月 8 日　中国人民银行数字货币研究所在 2022 第二届中国（北京）数字金融论坛上发布了数字人民币智能合约预付资金管理产品——"元管家"。

9 月 16 日　温州首个数字人民币智慧食堂刷脸支付项目落地。

9 月 21 日　中国银行业协会发布《中国消费金融公司发展报告（2022）》。

9 月 28 日　京东科技与淄博高新国投达成战略合作，共同构建供应链金融科技平台。

10 月 9 日　中国人民银行正式发布《金融领域科技伦理指引》，明确在金融领域开展科技活动需遵循守正创新等 7 个方面的价值理念和行为规范。

10 月 21 日　建信消费金融有限责任公司获批重建，成为继中国银行、邮储银行之后的第三家大行系消费金融公司。

10 月 26 日　香港金融管理局联合国际清算银行（香港）创新中心、泰国中央银行、中国人民银行数字货币研究所以及阿联酋中央银行，正式发布《多边央行数字货币桥项目：以央行数字货币连接经济》。

10 月 29 日　中国人大网公布《国务院关于金融工作情况的报告》，提出研究推动出台数字人民币相关法律法规和行业配套政策。

10 月 31 日　科创板正式启动做市商机制。

11 月 8 日　广发银行立足银行金融科技开放生态，上线手机银行 App"薪未来"专区，助推企业人力资源管理的数字化转型。

11 月 10 日　南京银行正式上线元宇宙数字空间"你好世界"。

11 月 14 日　中国证监会发布《证券期货业数据安全管理与保护指引》。

11 月 15 日　重庆蚂蚁消费金融增资 105 亿元，多家上市公司参与认购。

11 月 17 日　中国信通院发布了《中国金融科技生态白皮书（2022 年）》。

11 月 21 日　中国人民银行等八部门印发《上海市、南京市、杭州市、合肥市、嘉兴市建设科创金融改革试验区总体方案》。

11 月 22 日　由中国工商银行承办的 2022 金融街论坛年会"金融助力产业革新与全球合作"平行论坛在北京成功举办。

11 月 22 日　中国证券业协会在 2022 金融街论坛年会上发布《证券公司数字化转型实践报告及案例汇编（2022）》。

11 月 22 日　首个科技金融指数武汉科技金融指数发布。

11 月 24 日　中国农业银行与新华指数合作发布"金融服务乡村振兴指数"首期研究报告，报告反映农村数字金融高速发展，"数字+技术"赋能乡村振兴。

11 月 29 日　在数字金融助力全面推进乡村振兴研讨会上，中国社会科学院农村发展研究所发布《中国县域数字普惠金融指数报告 2022》。

11 月 30 日　中国银保监会发布新版《银行保险机构公司治理监管评估办法》，其中首次将消费金融公司纳入监管范围。

12 月 6 日　中国人民银行深圳中心支行公示第三批深圳金融科技创新监管工具创新应用。

12 月 7 日　中国金融认证中心（CFCA）发布《2022 中国数字金融调查报告》。

12 月 8 日　资本市场金融科技创新试点（上海）专项工作组发布通知，

对首批 26 个资本市场金融科技创新试点项目进行公示。

12 月 8 日　国信证券建设了统一的数据分析能力共享平台，提供数据汇聚、海量计算、分析挖掘和数据服务能力，将数据转化为数据资产。

12 月 13 日　恒生电子在 2022 恒生金融技术大会正式发布《2023 金融科技趋势研究报告》。

12 月 13 日　2022 年度（第八届）北京金融论坛在京召开，本次论坛以"金融数字化拾级而上"为主题。

12 月 14 日　兴业消费金融成功发放首笔数字人民币消费贷款。

12 月 15 日　广州资本市场金融科技创新试点第一批 13 个试点项目正式启动。

12 月 15 日　数字人民币 App 悄然更新，"钱包快付管理"新增"支付平台"，与"商户平台"并列，支付宝成为首家支持数字人民币钱包快付功能的支付平台。

12 月 19 日　国务院发布《关于构建数据基础制度更好发挥数据要素作用的意见》，对于数据产权制度、数据交易制度、数据收益分配和安全治理制度进行了纲领性的指导。

12 月 21 日　2023 第十届中关村金融科技论坛年会上，中关村互联网金融研究院、中关村金融科技产业发展联盟联合发布《中国金融科技与数字普惠金融发展报告（2023）》。

12 月 22 日　国信证券发布金太阳 App 6.0，将金融科技深度融合财富管理业务。

12 月 28 日　资本市场金融科技创新试点专项工作组决定启动首批 26 个试点项目。

12 月 28 日　众安科技联合清华大学发布《保险科技创新指数 2022——科技赋能保险业高质量发展》白皮书。

Abstract

Blue Book of Digital Finance (2023) aims to deepen the application of digital technology, promote innovation in business models, support the development of the digital economy, and optimize the digital financial environment. With the theme of innovative development of digital finance, it discusses the development and governance of digital finance from four aspects: theoretical innovation, technological innovation, model innovation, and governance innovation. It analyzes the development trend of foreign digital finance, emphasizing and highlighting theoretical significance Empirical and practical.

Digital finance is a financial form that supports the development of the digital economy. This report proposes that digital finance is an advanced stage of development that combines finance and digital technology, and is the direction of financial innovation and financial technology development. The overall report of this book defines digital finance as a financial model in which licensed financial institutions use digital technology to create a smart financial ecosystem through data openness, collaboration, and integration, accurately providing customers with personalized, customized, and intelligent financial services. This report believes that since 2021, China's digital finance has shown the characteristics of integration, scenario based, intelligent, green, and standardized development. With the main focus on accelerating the digital transformation of financial institutions, the digital payment model continues to mature, and the pilot project of digital RMB has achieved breakthroughs in both scale and field. Industrial digital finance has become an important direction, creating a digital financial service platform, strengthening scene aggregation, and ecological docking, The digital transformation of banks is deeply rooted in scenario finance. The digitalization of the securities and insurance industries is accelerating the pace of development, and consumer finance is generally developing in a more efficient, healthy and orderly direction, providing diversified support for the development of the digital economy.

Looking ahead, this report predicts that China's digital finance will exhibit six major trends: dual wheel drive of digital technology and data elements, accelerating the pace of innovation in digital finance; The deep integration of digital finance and the real economy supports the digital transformation of industries; Collaborative promotion of industrial finance and consumer finance, promoting a virtuous cycle of "technology industry finance"; Make financial formats and models more green, and improve multi-level green financial products and market systems; Accelerate the promotion of digital RMB applications, expand digital RMB application scenarios, and increase transaction scale; Financial institutions are accelerating the digitization of their organizational systems and gradually establishing a technological innovation system for financial supervision. This report proposes that regulatory authorities and financial institutions should scientifically grasp the development laws and trends of digital finance, strengthen the dual drive of digital technology and data elements in financial innovation, accelerate the pace of financial digital transformation, continuously expand the reach radius and radiation range of financial services, improve the transparency and legalization level of financial supervision, and build a new pattern of digital finance that adapts to and supports the development of the digital economy.

The special report of this report is divided into five parts, which include sub reports from more than 20 experts and scholars studying digital finance and financial technology nationwide. It delves into new theories, technologies, models, governance, and trends in digital finance. Among them, the new theory and research section summarizes the overall research situation of digital finance, the research situation of digital inclusive finance, the research situation of industrial digital finance, and the development and research situation of consumer finance. The section on new technologies and applications summarizes the digital capabilities of financial institutions, the construction and comprehensive application of financial institution data capabilities, the application of artificial intelligence in the financial field, and the development status, existing problems, and development trends or suggestions of regulatory technology. The section on new formats and models analyzes situations such as digital renminbi, green finance, digital marketing models, and metaverse finance. The new achievements and new governance section studies the support of digital finance for the real economy, prevention and resolution of digital financial risks, digital transformation and scenario construction of the financial industry, and the financial technology governance system. The international reference section analyzes foreign digital finance innovation models, global financial technology governance trends, global banking digital development, and foreign consumer finance development trends. In addition, the appendix summarizes and sorts out the milestones of China's digital finance innovation and development from 2021 to 2022.

"Digital Finance Blue Book (2023)" is led by the China Internet Economy Research Institute of Central University of Finance and Economics, and jointly created by the School of Finance of Nankai University, Yiguan, and Zero One Think Tank. It has a high level of theoretical significance and in-depth analysis of practice. This blue book is rich in information, accurate in data, and logically clear. It provides an accurate analysis of the current situation and development trends of digital finance in China, and provides an overview of the development trend of digital finance abroad. It is authoritative, comprehensive, systematic, forward-looking, and practical. It is an important literature for studying and guiding the development of China's financial industry in the digital economy era, and has high reference value.

Keywords: Digital Finance; Digital Technology; Data Elements; Digital Transformation; Financial Innovation

Contents

I General Report

Abstract: From 2021 to 2022, the digital payment model will continue to mature, the digital RMB pilot will achieve a double breakthrough in scale and field, industrial digital finance will become an important direction, the digital transformation of banks will deepen scene finance, the digitalization of the securities industry and insurance industry will accelerate the pace of development, and consumer finance will generally develop in a more quality and efficiency, healthy and orderly direction. Integration, scenarioization, intelligence, green, and standardization are prominent features of the development of digital finance in China. The deep integration of digital technology and finance promotes the vigorous development of digital finance, the innovation of digital renminbi, green finance, inclusive finance and other models, supports the development of the real economy, and promotes the governance of digital finance toward the rule of law and standardization. In the future, China's digital finance will show six trends: dual-wheel drive of digital technology and data elements, deep integration of digital finance and the real economy, coordinated promotion of industrial finance and consumer finance, greener financial formats and models, accelerated promotion of digital RMB, and accelerated digitization of organizational systems by financial institutions. China promotes the innovation and development of digital finance with a better combination of effective market and promising government, emphasizes the construction of infrastructure such as data elements, strengthens the construction of digital financial rule of law, and improves the means, systems and mechanisms of digital financial governance.

Keywords: Digital Finance; Digital Technology; Technological Innovation; Model Innovation; Governance Innovation

II New Theory and New Research

B.2 Review of Digital Finance Research in 2021~2022

Wang Bo / 055

Abstract: Digital finance is a revolutionary product of deep integration of finance and technology in the era of digital economy. Many scholars have studied the economic effects generated by the development of digital finance. In this section, literature combing method is adopted to comb and summarize literatures related to digital finance in the past two years, and it is found that the influence of digital finance on economic activities is multi-dimensional. Mainly involved in the enterprise sector, banking sector, household sector and macroeconomic research. In terms of its impact on the enterprise sector, the development of digital finance solves the problem of corporate financing constraints, improves the total factor productivity, financial performance and innovation level of enterprises, and promotes the realization of high-quality development of enterprises. In terms of its impact on the banking sector, the development of digital finance has improved the operational efficiency, profitability and innovation level of banks and prompted them to better serve the real economy. In terms of its impact on the household sector, digital finance improves the allocation efficiency of household financial asset portfolio, improves residents' income level and consumption level, and reduces the poverty level of rural households. In terms of its impact on the macro economy, digital finance promotes the upgrading of industrial structure, improves the effectiveness of monetary policy, and promotes high-quality economic development. This section summarizes the domestic and foreign research results in the above aspects to form an understanding of the economic effects of the development of digital finance at the present stage for reference.

Keywords: Digital Finance; The Enterprise Sector; The Banking Sector; The Household Sector; Macroeconomy

B.3 Review of Research on Digital Financial Inclusion in 2021~2022

Liu Lanbiao, Wang Xiaomeng / 071

Abstract: In 2005, the United Nations for the first time in the "International Year of Microfinance" activities clearly put forward the concept of "inclusive finance", with the continuous improvement of digital technology, since then the digital inclusive finance strategy in the economic development of countries has been improving. In recent years, the research on inclusive finance has been continuously developed and the theoretical system has been continuously improved. By combing the relevant literature on digital inclusive finance at home and abroad in the past two years, this paper finds that the research literature mainly focuses on the three fields of digital inclusive finance for rural revitalization, promoting regional economic development and assisting the development of small and medium-sized enterprises. At present, most studies in the academic circle lag behind the actual development process of digital inclusive finance, and theoretical studies should be more forward-looking and instructive.

Keywords: Digital Finance; Inclusive Finance; Digital Technology; Technology Innovation

B . 4　Review of Industrial Digital Finance in 2021~2022

Gong Qiang / 088

Abstract： The development of industrial digital finance is not only an important direction of the digital transformation of the financial industry, but also a necessary promotion for the digital transformation and upgrading of industries. Based on the processing of industrial digital finance, we conclude the current status of industrial digital finance of China, and explore the existing researches in this emerging field from three aspects, including "how does the industrial digital finance guide the digital transformation of financial industry", "what are the effects and mechanism of industrial digital finance promotes the real economy" and "practice and governance of the industrial digital finance". Then, we extract some crucial points, that are industrial digital finance can improve the risk control system of financial institutions based on digital credit, benefit the long tail group of financial service, ease the enterprises' financial constraints, and construct the "technology-industry-finance" sound cycle is a vital area in the near future. Finally, taking the digital supply chain finance as an example, we conduct a deep analysis of the operation of industrial digital finance and puts forward some suggestions for regulatory reform on industrial digital finance.

Keywords： Industrial Digital Finance; Industrial Upgrading; Digital Finance

B . 5　Review of Consumer Finance in 2021~2022

Yang Yating, Zeng Yan / 110

Abstract： Consumer finance has played a positive role in expanding consumption and economic growth in China, which has become a research hotspot in recent years. On the basis of explaining the research scope of consumer finance, this paper firstly analyzes the achievements and problems faced by the development of China's consumer finance industry from 2021 to 2022. Secondly, this paper uses

CiteSpace to sort out the literature in the past two years, and discusses the main research directions of scholars through keyword clustering. Thirdly, this paper summarizes three core issues in the field of consumer finance, and discusses the key research content of each issue in detail. Finally, this paper points out the possible practice innovation and research direction of consumer finance in the future from different angles.

Keywords: Consumer Finance; Bibliometric; Techniques and Data Factors; Risk Management; Economic Development

III   New Technology and New Application

B.6   Report on the Development of Digital Capabilities of Financial Institutions in 2021~2022   *Analysys* / 138

Abstract: In 2021~2022, financial institutions will have a deeper understanding that the core of digital capacity building is to face customers' digital behavior, establish a digital business perspective and user-based business thinking, deepen the integration of business scenarios and technologies, embed digital technology genes into daily service scenarios such as product creation, marketing channels, refined operation, and enhance online, intelligent and personalized service capabilities, and improve financial service efficiency. However, there are still some problems in the development of digital capabilities and data security and compliance. In the future, with the continuous expansion of private computing, artificial intelligence, blockchain and other financial application scenarios, financial institutions need to continue to make efforts in strengthening dislocation competition, strengthening data protection and other aspects.

Keywords: Digitalization Capability; Technology Application; Scenario Digitalization

B.7 Report on the Data Capacity Building and Comprehensive

Application of Financial Institutions in 2021~2022

Analysys / 157

Abstract：With the development of the digital economy, data has become the core production factor, and data capacity building has risen to the national strategic height. As a pioneer of digital transformation, the financial industry actively promotes the construction of data strategy driven by a series of policies, strengthens data capacity building and application under the guidance of strategic planning, comprehensively improves the digital level, and helps The development of the digital economy. This paper analyzes the background, application status, development characteristics and existing problems of the current data capacity building of financial institutions from the key stages of data strategy, data infrastructure construction, data governance and data application, and discusses the development trend and coping strategies of data capacity of financial institutions.

Keywords：Data Elements; Data Capabilities; Financial Technology; Data Governance; Innovative Applications

B.8 Report on the Development of Artificial Intelligence in

Digital Finance in 2021~2022   *Analysys / 180*

Abstract：The application of artificial intelligence technology in the digital finance sector is growing rapidly and is profoundly affecting all aspects of the financial industry. This report analyses the current status of AI technology business scenario applications and technology development from the core needs of financial institutions to reduce costs and improve quality and efficiency, and summarises its most significant current development features. The report also discusses the existing problems and future development trends of AI technology in digital finance, and makes some suggestions and outlooks. Overall, the application of AI technology in digital finance will continue to grow in the future, bringing more opportunities and challenges to the financial industry.

Keywords: Artificial Intelligence; FinTech; Digital Finance; Application Scenarios

B.9 Report on the Development of RegTech in 2021~2022

Analysys / 198

Abstract: From 2021 to 2022, China has achieved important milestones in the fight to prevent and resolve financial risks. Maintaining the safety and stable operation of the financial sector is not only an important bottom line to ensure China's national financial security, but also an important component of modern financial governance. Based on the new stage of the 14th Five-Year Plan, the development of the digital economy is still on the rise, and various new industries, new models, new products and new platforms have emerged, accelerating the penetration speed through the Internet and other channels, which poses great challenges to the concealment of financial risks. In this context, RegTech, as a powerful tool to ensure financial security, needs to be in line with international standards, through the application of new technologies to establish a sound system and process of financial information exchange and business transactions, thus improving the level of financial sector supervision and financial institutions' compliance. Driven by the dual engines of market and regulation, the development of RegTech is expected to continue to accelerate and advance in terms of coverage scenarios and breadth and depth of application. From the perspective of specific measures, the development of RegTech not only requires the integration of scientific and technological innovation factors, but also covers the improvement of the overall framework, operational mechanisms, standards and norms, laws and regulations, thus providing more convenience and guarantees to the development of regulatory technology, so as to significantly improve the energy efficiency thereof.

Keywords: RegTech; Financial Regulation; FinTech

Ⅳ　New Format and New Model

B.10　Development of e-CNY in 2021~2022

01*caijing.com* / 218

Abstract：2021~2022 is a period of rapid development of e-CNY. After a long period of research and refined design, the e-CNY finally began to pilot at the end of 2020 and the beginning of 2021, and gradually constructed and showed the public the picture of its application. The pilot area of e-CNY has gradually expanded, involving 17 provinces, and the number of users is increasing and the application scenarios are constantly enriched. Compared with the wide application of mobile payment, the development of e-CNY is still relatively slow, and there are still some problems in public awareness and technological innovation. In the future, the further development of the e-CNY will require the efforts of many parties to gradually form its own advantages and become a new financial infrastructure to serve the construction of the financial system with Chinese characteristics.

Keywords：Central Bank Digital Currency; E-CNY; Controllable Anonymous; User Stickiness

B.11　Evaluation of China's Green Financial

Development in 2022

01*caijing.com* / 239

Abstract：The development of green finance is the only way to promote green development. Since the 18th National Congress of the Communist Party of China, in order to further promote the construction of ecological civilization, China has successively formulated a series of green finance policies and standards, and constantly improved the top-level design. Based on its important connotation of sustainability and new development mode of financial industry, green finance is becoming an important force to promote high-quality development and has important research significance. Therefore, based on the connotation of green finance, this report constructs the index system of green finance from the two dimensions of policy support and market effect, uses CRITIC objective weighting method to determine the index weight, and calculates China's green finance development index from 2010 to 2022. Then, based on the general index of green finance development and two sub indexes of policy guidance and market promotion, this paper analyzes the historical trend and internal reasons of China's green finance development, and clarifies the role of financial technology in promoting green finance activities.

Keywords: Green Finance; Policy Support; Market Effect; FinTech

B. 12 Development of Digital Intelligence Marketing Model in 2021~2022 *01caijing. com / 263*

Abstract: The digital transformation of finance has been included in the national " 14th Five-Year Plan ". In recent years, financial regulators have successively issued a number of guidance and regulations on digital transformation and digital marketing. The digital infrastructure of financial institutions has gradually matured, but the development and production of fintech tools have not effectively helped front-line marketing teams solve the pain points and problems they are currently facing. To realize the digitalization and intelligence of marketing models, financial institutions need to start from the market, start from customers, and start from front-line employees, optimize and iterate scientific and technological tools, business management strategies and customer group marketing strategies.

Keywords: Digital Transformation; Digital Technology; Marketing Model; Marketing Strategy

Abstract: Metaverse Finance has gradually entered the public's field of vision, causing widespread heated discussions in the society. This paper is based on the analysis of the financial practice model of the metaverse and explores the risks inherent in it. The results show that the current practice mode of Metaverse Finance can be native-like Metaverse Finance, grafted Metaverse Finance, and converged Metaverse Finance. Metaverse finance contains data security risks, bubble risks, and compliance risks. In order to avoid repeating the mistakes of forced rectification of Internet finance, Metaverse Financial institutions need to strengthen the control of these risks.

Keywords: Blockchain; Metaverse Finance; NFT

V New Achievements and New Governance

Abstract: From 2021 to 2022, The complex environment of once-in-a-century global changes and a pandemic of the century have put significant pressure on the operation of China's economy, posing higher requirements for the quality and efficiency of financial services for the real economy. Digital finance gives full play to its advantages, effectively empowers the real economy, and actively contributes to the digital transformation of the real economy, the development of small and medium-sized enterprises, rural revitalization and green development. Digital inclusive finance has expanded and developed in depth. Industrial digital finance has become a new driving force for the development of digital finance. Digital finance and green finance have an obvious trend of integration and development. At present, digital financial services for the real economy also face problems such as the uneven progress of digital transformation of financial institutions, the low level of digitalization of the real economy, the need to improve the data governance system, and the need to improve the ability of industrial digital financial services. It is suggested to take measures to accelerate the digital transformation of small and medium-sized financial institutions, strengthen the construction of digital financial infrastructure, improve the financial data governance system, and create a good environment for the development of industrial digital finance.

Keywords: Digital Finance; Inclusive Finance; Real Economy

B . 15 Situation of Preventing and Resolving Digital Financial
Risks in 2021~2022 *Dong Ximiao, Hou Xiaoyi* / 309

Abstract: Digital technology has had a profound impact on all areas and businesses of the financial industry, which has not only continuously improved the competitiveness and service effectiveness of financial institutions, but also put forward higher requirements for financial risk prevention, for example, business strategy risk, model algorithm risk, and technology network risk in the field of digital finance are gradually emerging. Since 2021, China has taken measures in improving laws and regulations, strengthening financial supervision, carrying out special rectification, and adhering to planning and guidance to further prevent and defuse financial risks, and achieved remarkable results. However, there are still some problems and shortcomings, and it is recommended to continuously improve laws and regulations, strengthen strategic planning guidance, reform the financial supervision system, and optimize the risk management mechanism.

Keywords: Digital Finance; Financial Risks; Digital Technology; Data Empowerment

B.16　Situation of Digital Transformation and Scenario

　　Construction of Financial Industry in 2021~2022

Huang Mai, *Li Menghan and Wu Wanqin* / 329

Abstract：Digital transformation is an important driving force for high-quality development of the financial industry. In recent years, the policy level has repeatedly stressed the need to accelerate the digital transformation in the financial sector. The online and digital level of financial business has been continuously improved, and significant progress has been made in the construction of key scenarios. At present, the Digital transformation of the financial industry pays more attention to the effectiveness of technology empowerment, the degree of development is structurally differentiated, and the competition for scenarios is more focused on the B-sides and G-sides. At the same time, in the Digital transformation, some financial institutions also have problems such as insufficient attention, insufficient capacity, unclear data empowerment, unclear scenario construction, and inadequate understanding of key risks. Finally, in combination with the trend and direction of Digital transformation of the financial industry in the future, research and put forward suggestions on accelerating Digital transformation and scenario construction.

Keywords：Financial Technology；Digital Transformation；Scenario Finance

B.17　Report on Fintech Governance System Building in

　　2021~2022　　　　　　　　　　*Li Quan*, *Zhan Kaiyan* / 348

Abstract：In recent years, China's financial technology has set sail in the tide of digital transformation, The empowerment of science and technology has improved the quality and efficiency of financial services, and brought a series of new risks intertwined at the level of financial system and technology. Fintech has experienced loose "inclusive" governance in the embryonic stage and strict "sports" governance in the rectification stage. In 2019, according to the development path and reality of Fintech, China has gradually established a "cooperative" governance system with multi-sector coordination and participation and public-private power interaction. At the beginning of 2022, The Central Bank issued the *Outline of Financial Science and Technology Development Plan 2022-2025*, which put forward clear requirements and clear plans for the construction of China's financial science and technology governance system. From 2021 to 2022, China's financial technology governance system has made significant achievements, the top-level design has been increasingly improved, and risk management and control has become more comprehensive. However, it cannot be ignored that there are still some key problems in current financial technology governance, such as weak awareness of industry standards, lack of consumer protection, and lack of Compound financial technology talents. In the future governance practice, the financial technology governance system should be further improved and optimized to ensure that technology is positively enabling finance and better serve the development of the digital economy.

Keywords: Financial Technology; Risk Control; Collaborative Governance

VI International Reference

B.18 Model Innovation and Case Analysis of Foreign
Digital Finance in 2021~2022

Yin Zhentao, Wang Guanwei / 366

Abstract: In recent years, the research and development and application of information technology have developed rapidly, coupled with the impact of the epidemic and other factors, digital finance, as a financial model conforming to the era of digital economy, has become increasingly important. This paper first summarizes the development status and model innovation of digital finance in foreign countries in the past two years, and then introduces the development status of digital payment, digital investment and financing, digital loans and digital assets, and gives a detailed introduction to representative and innovative companies or products. The study found that the digital financial market in economically developed regions is more active than that in developing countries, and the competition in related markets is also more intense, while the relatively backward regions such as Africa, Latin America and Southeast Asia are more likely to attract investors´ attention.

Keywords: Digital Payments; Digital Investment and Financing; Digital Lending; Digital Assets; NFT

B.19 FinTech Governance Trends: A Global Perspective

Xiao Xiang, Ding Yangyang and Lv Yutao / 394

Abstract: Since 2021, major countries, regions, and international organizations around the world have actively promoted FinTech innovation and finance digital transformation in the rapidly evolving digital economy. A regulatory framework covering the main business systems of various types of FinTech has been established. In addition, Efforts have been made to explore new models for regulating big techs' financial businesses, crypto assets like NFT and other emerging businesses. Collaborative endeavors have also been undertaken to expedite consumer financial literacy and the ethical governance of FinTech. Moreover, regulatory mechanisms for FinTech innovation are constantly evolving and being iterated upon. All parties also further reinforce international regulatory cooperation in the field of FinTech. This section identifies the seven major trends shaping the FinTech governance from a global perspective.

Keywords: FinTech; Digital Finance; Big Technology Firm; Ethics of Finance Technology

B . 20   Report on Digital Development of Global Banking

Du Xiaoyu , Yang Wang / 418

Abstract: In recent years, with the popularization of cloud computing characterized by high elasticity, high concurrency, and low cost, as well as the full development of digital twin technology, audio and video technology, artificial intelligence computing power, etc. , the world is entering the era of global connectivity. The digital economy is the main economic form following the agricultural economy and industrial economy. It is a new economic form that takes data resources as the key element, modern information networks as the main carrier, information and communication technology integration and application, and full factor Digital transformation as the important driving force to promote a more unified fairness and efficiency. As a data-intensive industry, the financial industry has always been at the forefront of exploration in the field of digital technology. Against this backdrop, commercial banks are accelerating the process of digitization and attempting the path of bank transformation. Based on the analysis of the current situation of Digital transformation of global commercial banks, and the summary of the practical experience of Digital transformation of global banks, this paper takes the application scenario of Digital transformation of banks in five aspects, namely, channel, marketing, operation, risk control, and core system, as the starting point, to show the development characteristics and plans of Digital transformation of banks in China's fully connected ecology, and deeply analyze the development trend of Digital transformation of Chinese commercial banks, And put forward suggestions on Digital transformation based on China's national conditions and the characteristics of commercial banks.

Keywords: Digital Banking; Financial Technology; Digital Transformation

B.21 Research on the Development Trends and Innovation

Model of Foreign Consumer Finance　*Zhao Guoqing* / 436

Abstract：Financial technology is deeply involved in the consumer finance that drives the rapid development of the consumer finance. The widespread application of financial technology represented by artificial intelligence, blockchain, cloud computing and big data in the consumer has increased product diversity. And depending on it, consumer finance industry continues to improve the quality and efficiency of financial services. Firstly, this report introduces the current development trends of consumer finance in foreign countries, including fintech companies maintaining a leading position in the field of consumer loans, and encrypted assets promote the rapid expansion of asset scale in consumer finance technology. Secondly, it introduces that in the context of the widespread application of financial technology, buy now pay later, embedded financial services, blockchain and plat as a service have gradually become innovative trends in foreign credit models. Finally, regulatory technology is a technological method and regulatory sandbox is an institutional arrangement. The report further summarizes the innovative trends in foreign consumer finance regulatory models from the perspectives of regulatory technology and regulatory sandbox practices. Among them, regulatory technology relies on artificial intelligence technology by maintain the stability of the financial system. And the regulatory sandbox mechanism, as a security isolation, can avoid problem of lagging financial regulation and overcome the drawbacks of technological innovation before regulatory compensation.

Keywords：Consumer Finance; FinTech; Innovation Model; Regulation

Appendix：Digital Finance Innovation and Development Memorabilia

in 2021~2022　*He Yi, Wang Yuqi and Guo Zeshuai* / 460

社会科学文献出版社

皮 书

智库成果出版与传播平台

❖ 皮书定义 ❖

皮书是对中国与世界发展状况和热点问题进行年度监测,以专业的角度、专家的视野和实证研究方法,针对某一领域或区域现状与发展态势展开分析和预测,具备前沿性、原创性、实证性、连续性、时效性等特点的公开出版物,由一系列权威研究报告组成。

❖ 皮书作者 ❖

皮书系列报告作者以国内外一流研究机构、知名高校等重点智库的研究人员为主,多为相关领域一流专家学者,他们的观点代表了当下学界对中国与世界的现实和未来最高水平的解读与分析。截至2022年底,皮书研创机构逾千家,报告作者累计超过10万人。

❖ 皮书荣誉 ❖

皮书作为中国社会科学院基础理论研究与应用对策研究融合发展的代表性成果,不仅是哲学社会科学工作者服务中国特色社会主义现代化建设的重要成果,更是助力中国特色新型智库建设、构建中国特色哲学社会科学"三大体系"的重要平台。皮书系列先后被列入"十二五""十三五""十四五"时期国家重点出版物出版专项规划项目;2013~2023年,重点皮书列入中国社会科学院国家哲学社会科学创新工程项目。

皮书网

（网址：www.pishu.cn）

发布皮书研创资讯，传播皮书精彩内容
引领皮书出版潮流，打造皮书服务平台

栏目设置

◆ **关于皮书**

何谓皮书、皮书分类、皮书大事记、
皮书荣誉、皮书出版第一人、皮书编辑部

◆ **最新资讯**

通知公告、新闻动态、媒体聚焦、
网站专题、视频直播、下载专区

◆ **皮书研创**

皮书规范、皮书选题、皮书出版、
皮书研究、研创团队

◆ **皮书评奖评价**

指标体系、皮书评价、皮书评奖

◆ **皮书研究院理事会**

理事会章程、理事单位、个人理事、高级
研究员、理事会秘书处、入会指南

所获荣誉

◆ 2008 年、2011 年、2014 年，皮书网均
在全国新闻出版业网站荣誉评选中获得
"最具商业价值网站"称号；
◆ 2012 年，获得"出版业网站百强"称号。

网库合一

2014年，皮书网与皮书数据库端口合
一，实现资源共享，搭建智库成果融合创
新平台。

皮书网

"皮书说"
微信公众号

皮书微博

权威报告·连续出版·独家资源

皮书数据库
ANNUAL REPORT(YEARBOOK)
DATABASE

分析解读当下中国发展变迁的高端智库平台

所获荣誉

- 2020年，入选全国新闻出版深度融合发展创新案例
- 2019年，入选国家新闻出版署数字出版精品遴选推荐计划
- 2016年，入选"十三五"国家重点电子出版物出版规划骨干工程
- 2013年，荣获"中国出版政府奖·网络出版物奖"提名奖
- 连续多年荣获中国数字出版博览会"数字出版·优秀品牌"奖

皮书数据库　　"社科数托邦"
　　　　　　　　微信公众号

成为用户

　　登录网址www.pishu.com.cn访问皮书数据库网站或下载皮书数据库APP，通过手机号码验证或邮箱验证即可成为皮书数据库用户。

用户福利

- 已注册用户购书后可免费获赠100元皮书数据库充值卡。刮开充值卡涂层获取充值密码，登录并进入"会员中心"—"在线充值"—"充值卡充值"，充值成功即可购买和查看数据库内容。
- 用户福利最终解释权归社会科学文献出版社所有。

数据库服务热线：400-008-6695
数据库服务QQ：2475522410
数据库服务邮箱：database@ssap.cn
图书销售热线：010-59367070/7028
图书服务QQ：1265056568
图书服务邮箱：duzhe@ssap.cn

社会科学文献出版社　皮书系列
SOCIAL SCIENCES ACADEMIC PRESS (CHINA)
卡号：415989968238
密码：

S 基本子库
UB DATABASE

中国社会发展数据库（下设 12 个专题子库）

紧扣人口、政治、外交、法律、教育、医疗卫生、资源环境等 12 个社会发展领域的前沿和热点，全面整合专业著作、智库报告、学术资讯、调研数据等类型资源，帮助用户追踪中国社会发展动态、研究社会发展战略与政策、了解社会热点问题、分析社会发展趋势。

中国经济发展数据库（下设 12 专题子库）

内容涵盖宏观经济、产业经济、工业经济、农业经济、财政金融、房地产经济、城市经济、商业贸易等 12 个重点经济领域，为把握经济运行态势、洞察经济发展规律、研判经济发展趋势、进行经济调控决策提供参考和依据。

中国行业发展数据库（下设 17 个专题子库）

以中国国民经济行业分类为依据，覆盖金融业、旅游业、交通运输业、能源矿产业、制造业等 100 多个行业，跟踪分析国民经济相关行业市场运行状况和政策导向，汇集行业发展前沿资讯，为投资、从业及各种经济决策提供理论支撑和实践指导。

中国区域发展数据库（下设 4 个专题子库）

对中国特定区域内的经济、社会、文化等领域现状与发展情况进行深度分析和预测，涉及省级行政区、城市群、城市、农村等不同维度，研究层级至县及县以下行政区，为学者研究地方经济社会宏观态势、经验模式、发展案例提供支撑，为地方政府决策提供参考。

中国文化传媒数据库（下设 18 个专题子库）

内容覆盖文化产业、新闻传播、电影娱乐、文学艺术、群众文化、图书情报等 18 个重点研究领域，聚焦文化传媒领域发展前沿、热点话题、行业实践，服务用户的教学科研、文化投资、企业规划等需要。

世界经济与国际关系数据库（下设 6 个专题子库）

整合世界经济、国际政治、世界文化与科技、全球性问题、国际组织与国际法、区域研究 6 大领域研究成果，对世界经济形势、国际形势进行连续性深度分析，对年度热点问题进行专题解读，为研判全球发展趋势提供事实和数据支持。

法律声明

"皮书系列"（含蓝皮书、绿皮书、黄皮书）之品牌由社会科学文献出版社最早使用并持续至今，现已被中国图书行业所熟知。"皮书系列"的相关商标已在国家商标管理部门商标局注册，包括但不限于LOGO（▪）、皮书、Pishu、经济蓝皮书、社会蓝皮书等。"皮书系列"图书的注册商标专用权及封面设计、版式设计的著作权均为社会科学文献出版社所有。未经社会科学文献出版社书面授权许可，任何使用与"皮书系列"图书注册商标、封面设计、版式设计相同或者近似的文字、图形或其组合的行为均系侵权行为。

经作者授权，本书的专有出版权及信息网络传播权等为社会科学文献出版社享有。未经社会科学文献出版社书面授权许可，任何就本书内容的复制、发行或以数字形式进行网络传播的行为均系侵权行为。

社会科学文献出版社将通过法律途径追究上述侵权行为的法律责任，维护自身合法权益。

欢迎社会各界人士对侵犯社会科学文献出版社上述权利的侵权行为进行举报。电话：010-59367121，电子邮箱：fawubu@ssap.cn。

社会科学文献出版社